DIRK SCHELLACK

Selbstermittlung oder ausländische Auskunft unter dem europäischen Rechtsauskunftsübereinkommen

Schriften zum Prozessrecht

Band 138

Selbstermittlung oder ausländische Auskunft unter dem europäischen Rechtsauskunftsübereinkommen

Von

Dirk Schellack

Duncker & Humblot · Berlin

Die Deutsche Bibliothek – CIP-Einheitsaufnahme

Schellack, Dirk:
Selbstermittlung oder ausländische Auskunft unter dem europäischen
Rechtsauskunftsübereinkommen / von Dirk Schellack. – Berlin :
Duncker und Humblot, 1998
  (Schriften zum Prozessrecht ; Bd. 138
  Zugl.: Freiburg (Breisgau), Univ., Diss., 1997
  ISBN 3-428-09316-X

Alle Rechte vorbehalten
© 1998 Duncker & Humblot GmbH, Berlin
Fotoprint: Werner Hildebrand, Berlin
Printed in Germany

ISSN 0582-0219
ISBN 3-428-09316-X

Gedruckt auf alterungsbeständigem (säurefreiem) Papier
entsprechend ISO 9706 ♾

Meiner Familie

Τις ποθεν εις ανδρων;
ποθι τοι πολις ηδε τοκηες;

Homer, Odyssee I, 170

Vorwort

Die vorliegende Arbeit entstand im Rahmen des durch die Deutsche Forschungsgemeinschaft geförderten Graduiertenkollegs *Internationalisierung des Privatrechts* der Albert-Ludwigs-Universität Freiburg i. Br. Den beteiligten Professoren, im besonderen Herrn Professor Dr. Dieter Leipold, und den Kollegiaten sei für die interessanten Anregungen und spannenden Diskussionen herzlich gedankt. Außerordentlicher Dank gebührt meinem Doktorvater, Herrn Professor Dr. Rolf Stürner, welcher mit einem herausragenden Engagemant das Fortkommen der Arbeit durch Rat und Tat förderte. Für die zügige Erstellung des Zweitgutachtens ist Herrn Professor Dr. Dr. h.c. Peter Schlechtriem besonders zu danken, ebenso wie der Deutschen Forschungsgemeinschaft für ihre freundliche Unterstützung. Die Stoffsammlung war im wesentlichen bis Ende des Jahres 1996 abgeschlossen. In dieser Hinsicht ist außerdem Herrn Barz vom Max-Planck-Institut für ausländisches und internationales Privatrecht in Hamburg zu danken. Bedeutenden Aktualisierungen konnte noch vor der Drucklegung in den Fußnoten Rechnung getragen werden.

Denjenigen, die die Arbeit und mich in dieser Zeit mit väterlichen Ratschlägen, mütterlicher Fürsorge sowie freundschaftlicher Verbundenheit und liebevoller Zuneigung begleitet haben, fühle ich mich persönlich zutiefst zu Dank verpflichtet.

Berlin, 1997

Dirk Schellack

Inhaltsverzeichnis

A. **Einführung** 23

B. **Rechtsvergleichende Darstellung** 27

    I. Schweiz 27

        1. Die Verteilung der Ermittlungsaufgabe 28

        2. Die Mitwirkung der Parteien 29

        3. Die Ermittlung ausländischen Rechts 30

        4. Die Bedeutung des Europäischen Rechtsauskunftsübereinkommens 32

        5. Die Behandlung der Nichtermittelbarkeit 33

        6. Das ausländische Recht vor dem Bundesgericht 33

   II. Österreich 34

        1. Die Zuweisung der Ermittlungsaufgabe 35

        2. Die Mitwirkung der Parteien 36

        3. Die Erkenntnisquellen und das Europäische Rechtsauskunftsübereinkommen 36

        4. Die Nichtermittelbarkeit und Behandlung ausländischen Rechts durch den OGH 38

  III. Italien 39

        1. Die Rechtslage vor der Reform des IPR 39

        2. Die Zuweisung der Ermittlungsaufgabe 43

        3. Die Folgen für die Ermittlung und das Europäische Rechtsaukunftsübereinkommen 44

        4. Die Mitwirkung der Parteien 45

        5. Die Konsequenzen der Nichtermittelbarkeit 46

        6. Ausländisches Recht vor dem Kassationshof 47

IV. Frankreich	47
1. Die Rechtsprechung zu Art. 12 Abs. 1 NCpc und deren Wirkung für die Anwendung ausländischen Rechts	48
2. Die Verteilung der Ermittlungsaufgabe	50
3. Die Erkenntnismittel zur Feststellung ausländischen Rechts	52
4. Das Europäische Rechtsauskunftsübereinkommen	55
5. Ausländisches Recht vor der Cour de Cassation	56
V. England	57
1. Die Behandlung ausländischen Rechts	57
2. Der Einfluß internationaler Übereinkommen	59
3. Der Beweis ausländischen Rechts	61
4. Das Europäische Rechtsauskunftsübereinkommen	64
VI. Zusammenfassende Stellungnahme	66

C. Die Behandlung ausländischen Rechts im Zivilprozeß 70

I. Historische Entwicklung	72
1. Vorläufer in historischen Prozeßordnungen	72
2. Die Rechtsprechung des Reichsgerichts	75
3. Die Rechtsprechung des Bundesgerichtshofs	75
II. Pflicht zur Ermittlung ausländischen Rechts von Amts wegen	76
1. § 293 ZPO als Grundlage der Amtsermittlungspflicht	77
2. Amtsermittlungspflicht als Konsequenz der normativen Qualität ausländischen Rechts	79
3. Amtsermittlung als notwendige Folge des Rechtsanwendungsbefehls	81
a) Die materiellrechtliche Verweisung	83
b) Die Behandlung eines Auslandssachverhalts	84
c) Die Prozeßkostensicherheit des Ausländers, § 110 Abs. 1 ZPO	85
4. Zwischenergebnis	87
III. Gegenstand des ausländischen Rechts	88
1. Völkerrecht und Recht der Europäischen Gemeinschaften	90

Inhaltsverzeichnis 11

    a) Völkervertragsrecht und allgemeine Regeln des Völkerrecht 90

    b) Europarecht 92

        aa) EG-Richtlinie als Gegenstand des § 293 ZPO 94

        bb) Alternatives Verfahren: EG-Richtlinie als Gegenstand der Vorabentscheidung 96

  2. Nichtstaatliches Einheitsprivatrecht 97

  3. Das Recht der ehemaligen DDR 98

  4. Berücksichtigung ausländischer Rechtsquellen 99

    a) Ausländisches Gewohnheitsrecht 100

    b) Brauchtum und religiöse Vorschrift 102

        aa) Gruppenspezifische Bräuche 102

        bb) Religiöse Rechte 103

    c) Die fremde Verkehrssitte und der ausländische Handelsbrauch 104

        aa) Die Ermittlung eines inländischen Handelsbrauchs 107

        bb) Die Behandlung des ausländischen Handelsbrauchs durch die Rechtsprechung 109

        cc) Fazit 110

    d) Die ausländische Rechtsprechung 112

  5. Konsequenzen für das Erkenntnismittel 117

  6. Ausländisches Recht zwischen Rechtsnorm und Tatsache 118

D. Die Ermittlung ausländischen Rechts 121

  I. Reichweite der richterlichen Ermessensfreiheit 121

    1. Auswahlermessen 121

    2. Verfahrensrechtliche Erweiterung des Beweisbegriffs 123

    3. Der sogenannte Freibeweis und die Ermittlung ausländischen Rechts .. 128

    4. Konflikt zwischen förmlichem und formlosen Vorgehen 132

  II. Die einzelnen Erkenntnisquellen und ihre prozessuale Behandlung 136

    1. Das Europäische Rechtsauskunftsübereinkommen 136

        a) Entstehungsgeschichte und Motive 137

b) Der Mechanismus des Übereinkommens 140
      aa) Aufgabe der staatlichen Verbindungsstellen................................ 140
      bb) Anforderungen an ein Auskunftsersuchen 143
      cc) Die anfallenden Kosten 146
      dd) Die Unzulässigkeit der Vernehmung, § 4 AuRAG 149
   c) Haftung des Auskunftspflichtigen... 154
   d) Bewertung und Verbesserungsvorschläge 156
 2. Gerichtsinterne Selbstermittlung 164
   a) Verbesserte Kommunikationstechniken 166
   b) Zwischenergebnis 168
   c) Problembewältigung durch organisatorische Maßnahmen 170
 3. Die Einholung von Auskünften im formlosen Verfahren 171
   a) Ausländische Vertretungen im Inland 171
   b) Deutsche Auslandsvertretungen 173
   c) Auskünfte von vorgesetzten Justizbehörden 174
   d) Direkte Anfragen an ausländische Gerichte 175
   e) Die prozessuale Behandlung einer amtlichen Rechtsauskunft 177
 4. Mitwirkung der Parteien 179
   a) Grundlagen der Parteibeteiligung 180
   b) Behandlung des Parteivorbringens 182
   c) Mitwirkungspflicht der Parteien 186
      aa) Parteivortrag im Säumnisverfahren und einstweiligem Rechts-
          schutz 198
      bb) Wirkung einer prozeßleitenden Verfügung 202
         (1) Zurückweisung verspäteten Vorbringens im Verwaltungs-
             verfahren 203
         (2) Verfassungsrechtliche Vorgaben 205
         (3) Stellungnahme 206
III. Verhältnis der Erkenntnisquellen 207

Inhaltsverzeichnis 13

    1. Kriterien für die Auswahl des Erkenntnismittels durch das Gericht 207

        a) Verbindung zwischen Schwierigkeitsgrad und Auskunftstiefe 208

        b) Prozeßökonomische Kriterien 210

        c) Stellungnahme 211

    2. Abgrenzung zwischen Fehlern im Ermittlungsvorgang und Rechtsanwendungsfehlern 212

        a) Verstoß gegen die Amtsermittlungspflicht durch Ermessensunterschreitung 214

        b) Überschreitung der Ermessensgrenzen durch den Abbruch weiterer Ermittlungsbemühungen 215

        c) Bindung an verfahrensrechtliche Vorschriften 218

        d) Kausalität 218

        e) Stellungnahme 219

E. Nichtermittelbarkeit ausländischen Rechts 221

    I. Feststellbares ausländisches Recht bei kontroverser Rechtslage 225

        1. Fortbildung ausländischen Rechts 227

        2. Relative Nichtermittelbarkeit 233

    II. Folgen der Nichtermittelbarkeit 235

        1. Anwendung der lex fori als Ersatzrecht 237

        2. Die Anwendung des nächst verwandten Rechts 239

        3. Anwendung allgemeiner Rechtsgrundsätze und internationalen Einheitsrechts 240

        4. Kollisionsrechtliche Ersatzanknüpfung 242

    III. Stellungnahme 242

F. Schlußbetrachtung 249

Literaturverzeichnis 253

Anhang 269

Sachregister 277

Abkürzungsverzeichnis

a.A.	anderer Ansicht
a.a.O.	am angegebenen Ort
Abs.	Absatz
A.C.	Appeal Cases (English Law Reports)
AcP	Archiv für die civilistische Praxis
a.E.	am Ende
All E.R.	All England Law Reports
allg.	allgemein
Anh.	Anhang
Anm.	Anmerkung
AnwBl.	Anwaltsblatt
Art., Artt.	Artikel
Aufl.	Auflage
AuRAG	Gesetz zur Ausführung des Europäischen Übereinkommens vom 7.Juni 1968 betreffend Auskünfte über ausländisches Recht und seines Zusatzprotokolls (Auslands-Rechtsauskunftgesetz)
AVAG	Anerkennungs- und Vollstreckungsausführungsgesetz
AWD	Außenwirtschaftsdienst des Betriebs-Beraters (Bd.4 1958-Bd.20 1974, vgl.RIW)
BAGE	Entscheidungen des Bundesarbeitsgerichts
BAnz.	Bundesanzeiger
Bayer. JMBl.	Bayerisches Justizministerialblatt
Bayer.PO	Prozeßordnung in bürgerlichen Rechtstreitigkeiten für das Königreich Bayern, 1869
BayObLGZ	Entscheidungen des Bayerischen Obersten Landesgerichts in Zivilsachen

BB	Der Betriebs-Berater
BBl.	Bundesblatt der schweizerischen Eidgenossenschaft
Bd.	Band
BFH	Bundesfinanzhof
BG	Bundesgesetz
BGBl.	Bundesgesetzblatt
BJM	Basler Juristische Mitteilungen
Bl.	Blatt
BMJ	Bundesministerium der Justiz
BR-Drucks.	Bundesratsdrucksache
Bspr.	Besprechung
BT-Drucks.	Drucksachen des Deutschen Bundestages
Bull.civ.	Bulletin des arrêts de la Cour de Cassation, Chambre civile
bzgl.	bezüglich
bzw.	beziehungsweise
Cass.civ.	Cour de Cassation, Chambre civile
Cass.com.	Cour de Cassation, Chambre commerciale
Cc	Codice civile
CC.	Code Civile
CCBE	Consultative Committee of the Bars and Law Societies of the European Community
C.C.R.	County Court Rules
c.d.	combinato depositato
ch.	chapter
Ch.	Chancery Division (Law Reports Third Series)
Clunet	Journal du Droit International, begründet von Clunet
Cpc	Codice di procedura civile
CPO	Civilprozeßordnung
DAV	Deutscher Anwaltverein
ders.	derselbe

Abkürzungsverzeichnis

DIP	Droit International Privé
D.i.p.	Diretto internazionale privato
disp.att.cod.proc.pen.	disposizioni di attuazione del codice di procedura penale
DNotZ	Deutsche Notar-Zeitschrift
D.P.R.	Decreto del Presidente della Repubblica
DRiZ	Deutsche Richterzeitung
DVBl.	Deutsches Verwaltungablatt
EAGV	Vertrag zur Gründung der Europäischen Atomgemeinschaft (EURATOM)
EG	Europäische Gemeinschaft
EGKSV	Vertrag über die Gründung der Europäischen Gemeinschaft für Kohle und Stahl, (Montanunion)
EGV	Vertrag zur Gründung der Europäischen Gemeinschaft
Einl.	Einleitung
Entw.	Entwurf
E.R.	English Reports
EuGH	Gerichtshof der Europäischen Gemeinschaften
EuGVÜ	Brüsseler Übereinkommen über die gerichtliche Zuständigkeit und die Vollstreckung gerichtlicher Entscheidungen in Zivil- und Handelssachen, v. 27.9. 1968
EuR	Europarecht
EuRAÜ	Europäisches Übereinkommen betreffend Auskünfte über ausländisches Recht
EV	Einigungsvertrag, v. 31.8.1990
EVÜ	Römisches EWG-Übereinkommen über das auf vertragliche Schuldverhältnisse anzuwendende Recht vom 19.6.1980
EWiR	Entscheidungen zum Wirtschaftsrecht
EWR -Abk.	Abkommen über den Europäischen Wirtschaftsraum
EWS	Europäisches Wirtschafts- und Steuerrecht
Ex./Exch.	English Exchequer Reports (Welsby, Hurlstone & Gorden)

f., ff.	folgend (-e)
FamRZ	Zeitschrift für das gesamte Familienrecht
FN.	Fußnote
Foro pad.	Il Foro padano
FS	Festschrift
Gaz. uff.	Gazzetta ufficiale
Giur. it.	Giurisprudenza italiana
Giust. civ.	Giustizia civile
GRUR	Gewerblicher Rechtsschutz und Urheberrecht
GS	Gedächnisschrift
H.L.C.	(Clark's) House of Lords Cases
hrsg.	herausgegeben
Hrsg.	Herausgeber
HS	Halbsatz
HZPrÜbk	Haager Übereinkommen über den Zivilprozeß v.1.3. 1954
I.C.L.Q.	International and Comparative Law Quarterly
i.d.F.	in der Fassung
insb.	insbesondere
Int.Enc.Comp.L.	International Encyclopedia of Comparative Law
Int.J.L.L.	International Journal of Law Libraries
IPG	Gutachten zum internationalen und ausländischen Privatrecht
IPR	Internationales Privatrecht
IPRax	Praxis des Internationalen Privat- und Verfahrensrechts
IPRE	Österreichische Entscheidungen zum internationalen Privatrechts, (hrsg. von M. Schwimann)
IPRspr.	Die deutsche Rechtsprechung auf dem Gebiet des internationalen Privatrechts
i. S.	im Sinne
i.V.m.	in Verbindung mit

IWF-Abk.	Bretton-Woods-Abkommen über den Internationalen Währungsfond vom 1.-22.7.1944
IZPR	Internationales Zivilprozeßrecht
IZVR	Internationales Zivilverfahrensrecht
JA	Juristische Arbeitsblätter
Jbl.	Juristische Blätter (Zeitschrift Österreich)
J.C.P.	Juris Classeur Périodique, édition générale, la semaine juridique
Jhb.	Jahrbuch
Jhb.f.ital.R.	Jahrbuch für italienisches Recht
Jhg.	Jahrgang
JR	Juristische Rundschau
JURA	Juristische Ausbildung
JurBüro	Das juristische Büro
JuS	Juristische Schulung
JW	Juristische Wochenschrift
Kap.	Kapitel
K.B.	King's Bench (Law Reports Third Series)
KG	Kammergericht
krit.	kritisch
LdR.	Lexikon des Rechts
lit.	litera
L.J.	Lord Justice
Lloyd's Rep.	Lloyd's Law Reports (seit 1951), [1919-1950: Lloyd's List Law Reports]
LM	Nachschlagewerk des BGH, hrsg. v. Lindenmaier und Möhring
L.Q.R.	The Law Quarterly Review
MPI	Max-Planck-Institut für ausländisches und internationales Privatrecht, Hamburg
M.R.	Master of the Rolls

m.w.N.	mit weiteren Nachweisen
NCpc	Noveau Code de procédure civile
NJB	Nederlands Juristenblad
Nordd. Entw.	Entwurf einer Civilprozeßordnung für die Staaten des Norddeutschen Bundes, 1870
Nr.	Nummer
NVwZ	Neue Zeitschrift für Verwaltungsrecht
OAG	Oberappellationsgericht
OG	Bundesgesetz über die Organisation der Bundesrechtspflege (Schweiz)
OGH	Oberster Gerichtshof (Österreich)
OLG	Oberlandesgericht
Ord.	Order
ORG	Oberstes Rückerstattungsgericht
österr.	österreichisch (es/-en)
OT	Obertribunal
P.	Probate Division (Law Reports Third Series)
Q.B.	Queen's Bench (Law Reports Third Series)
r (-r).	rule(s)
RabelsZ	Rabels Zeitschrift für ausländisches und internationales Privatrecht
Rev.crit.dr.int.pr.	Revue critique de droit international privé
Rev.int.dr.comp.	Revue internationale de droit comparé
Riv.dir.int.	Rivista di Diritto internazionale
Riv.dir.int.priv.proc.	Rivista di Diritto internazionale privato e processuale
RIW	Recht der internationalen Wirtschaft (zwischen 1958-1974 Außenwirtschaftsdienst des Betriebs-Beraters)
Rn.	Randnummer
Rpfleger	Der Deutsche Rechtspfleger
R.S.C.	Rules of the Supreme Court
RWS	Kommunikationsforum Recht Wirtschaft Steuern

RzW	Rechtsprechung zum Wiedergutmachungsrecht
s.	section(s)
S.	Seite
schweiz.	schweizerisch (es/-en)
Seufferts Arch.	Archiv für Entscheidungen der obersten Gerichte in den deutschen Staaten, hrsg. v. J.A. Seuffert
SJZ	Schweizerische Juristen-Zeitung
Slg.	Sammlung der Rechtsprechung des EuGH
Sp.	Spalte
SR	Systematische Sammlung des Bundesrechts
Striethorsts Arch.	Archiv für Rechtsfälle des königlichen Obertribunals, hrsg. v. Striethorst
S.U.	Sezioni Unite
Suppl.ord.	Supplemento ordinario
SZIER	Schweizerische Zeitschrift für internationales und europäisches Recht
TGI	Tribunal de Grande Instance
T.L.R.	Times Law Reports
TranspR	Transport- und Speditionsrecht
u.	und
v.	versus (against)
v.	von (-m)
VersR	Versicherungsrecht
vgl.	vergleiche
Vol.	Volume
Vor./ Vorbem.	Vorbemerkung
WeimRVerf	Weimarer Reichsverfassung, v. 11.8.1919
W.L.R.	Weekly Law Reports
WRP	Wettbewerb in Recht und Praxis
WuB	Entscheidungssammlung zum Wirtschafts- und Bankrecht
Württ.CPO	Civilprozeßordnung Königreich Württemberg von 1869

Z.	Ziffer
z. B.	zum Beispiel
ZEuP	Zeitschrift für Europäisches Privatrecht
ZfRV	Zeitschrift für Rechtsvergleichung
ZGB	(schweizerisches) Zivilgesetzbuch
zgl.	zugleich
ZIP	Zeitschrift für Wirtschaftsrecht und Insolvenzpraxis
ZRHO	Rechtshilfeordnung in Zivilsachen
ZRP	Zeitschrift für Rechtspolitik
ZVglRWiss	Zeitschrift für vergleichende Rechtswissenschaft
ZZP	Zeitschrift für Zivilprozeß

A. Einführung

Durch das schrittweise Zusammenwachsen des europäischen Wirtschaftsraumes und infolge der Intensivierung der internationalen wirtschaftlichen Beziehungen nehmen Privatrechtsverhältnisse mit Auslandsberührung zu. Neben internationalen Geschäftsverbindungen sind der Zuzug von Ausländern, die Anstellung von ausländischen Arbeitnehmern sowie der Auslandstourismus ursächlich dafür, daß sich die deutschen Gerichte in steigendem Maße mit ausländischem Recht beschäftigen[1].

Dem liegen der grenzüberschreitende Austausch von Waren und Dienstleistungen sowie die Freizügigkeit zugrunde, wie sie unter anderem durch die Grundfreiheiten des EG-Vertrages gewährleistet werden. Auf Störungen, die aus dem grundsätzlich ungesteuerten Nebeneinander der Privatrechtsordnungen resultieren, reagiert die Europäische Union zunehmend mit Harmonisierungsbestrebungen, so daß man zu einem Teil europäischen Privatrechts in den Bereichen gelangt, die der Zuständigkeit der Gemeinschaft unterliegen. Keinesfalls kann die Einführung partieller Regelungsbereiche aber zu einer Ersetzung der nationalen Rechtsordnungen führen. Dies kommt insbesondere durch das Subsidiaritätsprinzip deutlich zum Ausdruck[2]. Die Rechtsangleichung ändert aber ebensowenig das grundsätzliche Nebeneinander der staatlichen Rechte. In vielen Fällen bleibt ein Unterschied bestehen, weil den Mitgliedstaaten häufig Spielräume und Wahlmöglichkeiten für die inhaltliche Gestaltung ihres Rechts gelassen werden[3]. Infolgedessen verliert die Anwendung nationalen, autonomen Rechts auch angesichts europäischer Vereinheitlichungstendenzen nicht an Gewicht, sondern besitzt weiterhin eine ungebrochene Aktualität.

---

[1] Denkschrift zum Übereinkommen in BT-Drucks. VII Nr. 992; *Bülow/Böckstiegel/ Geimer/Schütze - Pirrung* Bd. I A I, S. 380 1; *Volken*, Rechtshilfe, Kap. 4 Rn. 48; *Hetger*, DNotZ 1994, S. 88; *ders.*, FamRZ 1995, S. 654; *Sommerlad/Schrey*, NJW 1991, S. 1377; *Fastrich*, ZZP 97 (1984), S. 423; *Otto*, FS Firsching, S. 209; *ders.*, Jhb.f.ital.R. Bd. 4 (1991), S. 139; *Ferid*, FS Möhring, S. 1; *Luther*, RabelsZ 37 (1973), S. 660.

[2] Art. 3 b EG-Vertrag; *Jayme/Kohler*, IPRax 1992, S. 346, 347; vgl. *Küster*, S. 1.

[3] Vgl. Art. 189 Abs. 3 EG-Vertrag; *Kohler*, IPRax 1992, S. 277, 280; *Jayme/Kohler*, IPRax 1992, S. 346, 347.

Darüber hinaus hat das deutsche internationale Privatrecht im Jahre 1986 eine Neuregelung erfahren. Während zuvor weitgehende Möglichkeiten mehrfacher Anknüpfung existierten, sind nunmehr Mehrfachanknüpfungen nur noch bei Personen mit mehreren Staatsangehörigkeiten möglich. Die Reduzierung der Anknüpfungsmomente auf einige Grundtatbestände, wie die (gemeinsame) Staatsangehörigkeit, der (gemeinsame) gewöhnliche Aufenthalt oder die engste Bindung an einen Staat führen desgleichen dazu, daß deutsche Gerichte in zunehmendem Maße ausländisches Recht anzuwenden haben[4].

Mit der wachsenden Anzahl an Auslandsrechtsfällen gewinnt daher die Frage an Bedeutung, wie die Feststellung des berufenen ausländischen Rechts im inländischen Verfahren zu erfolgen hat. Im Rahmen der Untersuchung wird dabei den Unsicherheiten und Schwierigkeiten zu begegnen sein, die sich bei der systematischen Einordnung der vielfältigen Erkenntnisquellen in die von der Zivilprozeßordnung vorgesehenen Möglichkeiten der Erkenntnisgewinnung ergeben. Daneben ist zu bedenken, daß die praktizierte Rechtsanwendung der allgemeinen Lage einer zunehmenden Auslandsberührung Rechnung zu tragen hat. Ein noch so perfektes und differenziertes Verweisungssystem hängt in der Luft, wenn das zur Anwendung bestimmte Recht nicht hinreichend ermittelt werden kann[5].

Vor diesem Hintergrund wird es überwiegend als ein vordringliches Ziel des IPR verstanden, einen möglichst hohen Grad an internationalem Entscheidungseinklang zu erreichen, so daß ein Rechtsstreit bei feststehendem Sachrecht, unabhängig in welchem Staat er anhängig ist, inhaltlich übereinstimmend entschieden wird[6]. Die umfassende Kenntnis des Auslandsrechts, die ein ausländisches Gericht regelmäßig besitzt, wäre sicherlich wünschenswert, scheint aber, von Ausnahmen abgesehen, aus praktischen Gründen kaum erzielbar zu sein. Dafür fehlen teils die personellen, teils die organisatorischen, zumindest die sachlichen Voraussetzungen[7]. Darüber hinaus wird es dem Tatrichter zweifellos schwerfallen, eine ausländische Vorschrift im Einklang mit der gesamten ausländischen Rechtsordnung auszulegen, wenn ihm diese in ihrer Gesamtheit nicht bekannt ist. Ebenso große Schwierigkeiten scheint eine gezielte Ermittlung der einschlägigen Vorschrift des ausländischen Rechts oh-

---

[4] *Ranke*, Praktische Erfahrungen mit den IPR-Gesetzen, S. 125, 141.

[5] *Ferid*, FS Möhring, S. 1; *Schnyder*, Anwendung, S. 2; *Jessel-Holst*, StAZ 1982, S. 357.

[6] *v.Bar*, IPR Bd. 1, Rn. 374; *Kegel*, IPR § 15 III, S. 365; *Schack*, IZVR, Rn. 209; *Kropholler*, IPR § 31 I.2. u. § 59 I.; *Firsching/v.Hoffmann*, IPR, § 3 Rn. 140; *Otto*, FS Firsching, S. 209, 214; *Müller*, Kolloquium MPI, S. 66, 68; *Kralik*, ZfRV 1962, S. 75, 81; krit. *Broggini*, AcP 155 (1956), S. 469, 471; *Neuhaus*, RabelsZ 20 (1955), S. 201, 244 f.

[7] *Otto*, IPRax 1995, S. 299, 301; *Fastrich*, ZZP 97 (1984), S. 423, 431 f.; *Volken*, Rechtshilfe, Kap. 4 Rn. 3, S. 140.

ne Kenntnis der Rechtssystematik aufzuwerfen[8]. Aufgabe des Ermittlungsverfahrens muß es dementsprechend sein, dem Gericht die Kenntnisse zu verschaffen, um die einschlägige Problemstellung im ausländischen Recht zu erkennen und unter Berücksichtigung des ausländischen Rechtssystems zu lösen. Während über den Gegenstand des ausländischen Rechts im Grundsatz Einigkeit besteht, fehlt es an einer Konkretisierung der daraus resultierenden Anforderungen an das Verfahren der Ermittlung[9].

Die Gerichtspraxis beharrt größtenteils auf ihrer Angewohnheit, Sachverständigengutachten im Inland über den Inhalt ausländischen Rechts einzuholen[10]. Erst vor kurzer Zeit stieß die Entscheidung des zweiten Senats des BGH[11], nach der die Einholung eines inländischen Institutsgutachten nicht ausreichte, um den Nachweis über venezolanische Schiffspfandrechte zu führen, auf heftige Reaktionen[12], die zu einer weiteren Auseinandersetzung mit den übrigen Erkenntnismitteln anregen. In seinem Urteil hielt der BGH das Gutachten zum Nachweis ausländischen Rechts für unzureichend, weil es nur auf der Auswertung der zur Verfügung stehenden Literatur beruhte, nicht aber die ausländische Praxis berücksichtigt hätte.

Im Anschluß daran drängt sich insbesondere die Frage auf, ob nicht vielmehr ausländische Stellen besser geeignet erscheinen, entsprechende Auskünfte über ihr Recht zu erteilen. Grenzüberschreitende Sachverhalte führen häufig zu einer Inanspruchnahme ausländischer Behörden. Eine allgemeine internationale Rechtshilfe ist notwendigerweise Ausdruck territorial begrenzter Hoheitsgewalt. Nicht nur die eigene sowie fremde Gerichtsgewalt, sondern auch die damit in der Regel verbundene Rechtskenntnis machen an den Staatsgrenzen halt; anders die privaten Interessen, deren Schutz der Zivilprozeß dient. Für eine angemessene Rechtsverwirklichung bedarf es daher vielfach einer internationalen Kooperation, die auch Grundlage des Europäischen Rechtsauskunftsübereinkommens ist[13].

---

[8] *Fastrich*, ZZP 97 (1984), S. 423, 428 f.; *Broggini*, AcP 155 (1956), S. 469, 470.

[9] *Fastrich*, ZZP 97 (1984), S. 423, 428; vgl. *Geisler*, ZZP 91 (1978), S. 176, 190 u. 192.

[10] *Otto*, FS Firsching, S. 209, 219 u. 228; *Hetger*, DNotZ 1994, S. 88; *ders.*, DRiZ 1983, S. 233; *Kegel*, FS Hübner, S. 504 , 515 f. u. 520; *ders.*, FS Nipperdey, S. 453, 465; *Fastrich*, ZZP 97 (1984), S. 423, 432; *Brendref*, MDR 1983, S. 892, 894; *ders.*, DRiZ 1983, S. 145; *Simits*, StAZ 1976, S. 6, 7; *Jayme*, StAZ 1976, S. 358, 360; *Schütze*, DIZPR, S. 118.

[11] BGH NJW 1991, 1418 = NJW-RR 1991, 1211.

[12] *Samtleben*, NJW 1992, S. 3057, 3059 f.; *Sommerlad*, RIW 1991, S. 856; *Kronke*, IPRax 1992, S. 303; 304; *Thode*, WuB VII A. § 293 ZPO 2.91, S. 929, 931; *Schütze*, EWS 1991, S. 372, 373; *Hanisch*, IPRax 1993, S. 69, 72.

[13] *Volken*, Rechtshilfe, Kap. 4 Rn. 26 f.; *Schack*, IZVR, Rn. 168 ff.

Soweit sich die Untersuchung dem Europäischen Übereinkommen widmet, müssen jene Auslandsrechtsfälle grundsätzlich unberücksichtigt bleiben, bei denen das Übereinkommen mangels Geltung als Ermittlungshilfe nicht in Betracht kommt. Auf derartige Konstellationen finden regelmäßig die alternativen Erkenntnismöglichkeiten Anwendung, wobei es nicht auszuschließen ist, daß auch ausländische Auskünfte aufgrund internationaler Courtoisie im Wege nationalen Entgegenkommens erteilt werden[14].

Ziel der Arbeit ist es, aus der Perspektive der Rechtsvergleichung die Praktikabilität der ausländischen Auskunft nach Maßgabe des Europäischen Rechtsauskunftsübereinkommens näher zu prüfen. Ferner wird untersucht, inwieweit Ermittlungen zum ausländischen Recht durch selbständige Bemühungen im Inland möglich sind. Auf eine umfassende Angabe bibliographischer Nachweise wird jedoch verzichtet. Im Vordergrund steht jeweils die rechtliche Einordnung der Erkenntnismittel aus Sicht des Verfahrens.

Die Auseinandersetzung wird durch eine rechtsvergleichende Darstellung eröffnet. Anhand von fünf ausgewählten Rechtsordnungen, die zugleich zu den ältesten Vertragsstaaten des Europäischen Rechtsauskunftsübereinkommens gehören, werden die Verteilung der Ermittlungstätigkeit, das Verhältnis der Erkenntnisquellen und die Konsequenzen der Nichtermittelbarkeit erörtert. Infolgedessen zeichnet sich bereits der Stellenwert des Europäischen Übereinkommens in den dargestellten Rechtsordnungen ab. In einem zweiten Schritt wird nach den Ursachen für die Zuweisung der Ermittlungsaufgabe im inländischen Verfahren gesucht. Für den Ermittlungsumfang und schließlich mit Blick auf die Erkenntnismittel ist von Bedeutung, wie weit der Begriff des ausländischen Rechts zu fassen ist, so daß daraufhin der Versuch einer näheren Eingrenzung unternommen wird. Das Europäische Rechtsauskunftsübereinkommen bildet den Anfang des Abschnitts, der sich den Erkenntnisquellen zuwendet. Im Rahmen dessen ist vor allem das Verhältnis der Erkenntnismittel und ihre prozessuale Behandlung von Interesse. Dabei ist auch auf die Einbeziehung und Mitwirkung der Verfahrensbeteiligten bei der Feststellung ausländischen Rechts einzugehen. Als Konsequenz des Scheiterns der Ermittlung zeigt der folgende Teil den Tatbestand der Nichtermittelbarkeit und seine Folgen auf. Die herausgearbeiteten Standpunkte und Ergebnisse schließen unter Bezugnahme auf die europäischen Prozeßrechte die Arbeit ab. Auf Grundlage der gewonnenen Erkenntnisse werden Stellungnahmen zur Verbesserung der infragestehenden Problematik erörtert.

---

[14] § 3 Abs. 1 Nr.2 ZRHO; dazu *Bülow/Böckstiegel/Geimer/Schütze* Bd. III G I, S. 900.8 Nr. 15 a.E.; *Volken*, Rechtshilfe, Kap. 4 Rn. 29; *Wieczorek/Schütze - Schütze* Einl. §§ 1-49 ZPO, Rn. 176; *ders.*, DIZPR, S. 118 u. 244; *Schack*, IZVR, Rn. 126 u. 170.

B. Rechtsvergleichende Darstellung

I. Schweiz

Am 1. Januar 1989 ist in der Schweiz mit dem Bundesgesetz über das Internationale Privatrecht Art. 16 in Kraft getreten, der die unterschiedliche Praxis in den einzelnen Kantonen[1] zur Anwendung und Ermittlung ausländischen Rechts einer einheitlichen Regelung unterstellt. Der Gesetzgeber hat sich diesbezüglich für eine differenzierte Lösung entschieden:

Art. 16 IPR-Gesetz

[1] Der Inhalt des anzuwendenden ausländischen Rechts ist von Amts wegen festzustellen. Dazu kann die Mitwirkung der Parteien verlangt werden. Bei vermögensrechtlichen Ansprüchen kann der Nachweis den Parteien überbunden werden.

[2] Ist der Inhalt des anzuwendenden ausländischen Rechts nicht feststellbar, so ist schweizerisches Recht anzuwenden.

In der Schweiz besteht eine überwiegende Einigkeit darüber, daß der Richter kollisionsrechtlich berufenes Recht von Amts wegen zu berücksichtigen hat[2]. In Anbetracht dessen verzichtete der Gesetzgeber auf die Aufnahme einer entsprechenden Vorschrift in das IPR-Gesetz[3]. Dem zwingenden Charakter des Kollisionsrechts hätte es durchaus entsprochen, die inhaltliche Feststel-

---

[1] Dazu *Bosshard*, Aufgabe des Richters bei der Anwendung ausländischen Rechts, S. 56 ff., insb. S. 61-73; *Schnyder*, Anwendung, S. 59-70; *Troller*, FS Wengler, S. 839, 840; *v.Overbeck*, Les problèmes actuels, S. 62, 64 ff.; *ders.*, IPRax 1983, S. 49, 50; *Volken*, Rechtshilfe, Kap. 4 Rn. 12, S. 143; *Koehler*, JR 1951, S. 549, 551.

[2] *Heini/Keller - Girsberger* Art. 16 Rn. 10; Schlußbericht der Expertenkommission zum IPR-Gesetzesentwurf, S. 62, *Keller/Siehr* § 38 I.2.a), S. 495 f.; *Walter*, IZPR Schweiz, § 6 II 1 a), S. 242; *v.Overbeck*, S. 91, 95; *ders.*, IPRax 1983, S. 49, 50; *ders.* IPRax 1988, S. 329, 333; a.A. *Sturm*, FS Moser, S. 3, 5 u. 8 bzgl. Bagatellsachen; vgl. *Staudinger/Sturm/Sturm* Einl zum IPR Rn. 176.

[3] *Schnyder*, IPR-Gesetz, S. 32; *v.Overbeck*, S. 91, 95; *ders.*, IPRax 1988, S. 329, 333.

lung ausländischer Rechtssätze einer unbedingten Amtsermittlung zu unterstellen[4].

1. Die Verteilung der Ermittlungsaufgabe

Art. 16 IPRG unterwirft einer uneingeschränkten Amtsermittlungspflicht hingegen nur Ansprüche, die nicht vermögensrechtlicher Natur sind[5]. Die Differenzierung findet ihre vermeintliche Rechtfertigung darin, daß in Verfahren um materielle Werte den Parteien und nicht dem Gericht die Schwierigkeiten der Ermittlungen auferlegt sein sollen[6]. Der Begriff der vermögensrechtlichen Ansprüche wird im Gesetz nicht näher definiert. In Art. 44 OG, wo dieser im Zusammenhang mit der Festlegung der Streitwertgrenze verwendet wird, werden damit sämtliche Ansprüche auf Geld oder auf geldwerte Leistungen bezeichnet. Nach einer Ansicht ist der Begriff der vermögensrechtlichen Ansprüche in Art. 16 Abs. 1 Satz 3 IPRG ebenfalls weit zu fassen[7]. Eine derart weite Sichtweise läßt sich jedoch nach einer anderen Auffassung nur mit Schwierigkeiten mit der Anwendung und Ermittlung ausländischen Rechts vereinbaren[8]. Anderenfalls wären auch Ansprüche betroffen, die zum Schutz einer Partei der kollisionsrechtlichen Privatautonomie entzogen sind[9]. Geldwerte Ansprüche, die selbst materiellrechtlich oder kollisionsrechtlich in Staatsverträgen geregelt sind, wären gleichermaßen davon erfaßt. Es scheint jedoch dem Sinn des Gesetzes zu widersprechen, wenn die Verbindlichkeit internationaler Übereinkommen durch einen den Parteien obliegenden Rechtsnachweis relativiert werden könnte[10]. Eine den Parteien auferlegte Pflicht zum Nachweis ausländischen Rechts im Sinne von Art. 16 Abs. 1 Satz 3 IPR-Gesetz müßte infolgedessen auf geldwerte Ansprüche beschränkt sein, die kollisionsrechtlich der Parteiautonomie unterstellt sind. Fraglich ist, an wen sich die richterliche Aufforderung zum Nachweis des ausländischen

---

[4] *Staudinger/Sturm/Sturm* Einl zum IPR Rn. 189; *Volken*, Rechtshilfe, Kap. 4 Rn. 5, S. 140 f.; *Schnyder*, IPR-Gesetz, S. 32; *v.Overbeck*, S. 91, 99; *Küster*, S. 25.

[5] Schlußbericht der Expertenkommission zum IPR (1979), S. 314 f.: der Vorentwurf (v. 30.Juni 1978) enthielt in Art. 15 Abs. 1 noch keine Differenzierung bezüglich vermögensrechtlicher Ansprüche; zur Entstehunggeschichte: *v.Overbeck*, Les problèmes actuels, S. 62, 68 f.; *Heini/Keller - Girsberger* Art. 16 Rn. 8.

[6] *v.Overbeck*, S. 91, 103 f.

[7] *Bucher*, DIP, S. 150 Rn. 375; vgl. *Hartley-Bucher/Siehr*, Foreign Law and European Systems, 45 I.C.L.Q. (1996), 271, 277 f.

[8] *Heini/Keller - Girsberger* Art. 16 Rn. 31 f.

[9] *v.Overbeck*, S. 91, 103; *Heini/Keller - Girsberger* Art. 16 Rn. 33.

[10] Vgl. Art. 1 Abs. 2 IPRG; *Schnyder*, Anwendung, S. 36; *ders.*, IPR-Gesetz, S. 33; *Heini/Keller - Girsberger* Art. 16 Rn. 35.

Rechts richtet. Einerseits wird vertreten, daß sie an beide Parteien gleichzeitig ergehen muß[11], während nach einer anderer Ansicht die Frage, welche Partei den Nachweis erbringen muß, analog gemäß den bundesrechtlichen Regeln über die Beweislast zu beantworten ist[12]. Danach hätte diejenige Partei den Nachweis zu führen, deren Anspruch sich aus dem fremden Recht herleitet. Der anderen Partei stünde daraufhin der Gegenbeweis offen. Hervorzuheben ist, daß es dem Richter auch in vermögensrechtlichen Angelegenheiten nicht verwehrt ist, eigene Forschungen anzustellen. Mit dem Hinweis auf Art. 43 Abs. 1 lit.b OG wird vorgeschlagen, diesen Weg zur Regel zu erheben, soweit es sich um das Recht benachbarter Länder handelt[13].

2. Die Mitwirkung der Parteien

Bereits bei nicht vermögensrechtlichen Ansprüchen stellt Art. 16 IPRG in Absatz 1 Satz 2 auf die Mitwirkung der Parteien ab. Diese ist grundsätzlich keine Einschränkung der Amtsermittlung, sondern, wie die Systematik des Absatz 1 zu erkennen gibt, deren Folge[14]. Zur Aufforderung der Parteien bedienen sich die Gerichte in der Regel einer prozeßleitenden Verfügung, durch welche den Parteien eine Frist zu zweckdienlichen Angaben über das ausländische Recht gesetzt wird[15]. Die inhaltlichen Anforderungen an die Mitwirkungshandlung sind weder gesetzlich vorgegeben noch lassen sich diese abstrakt bestimmen. Eine Mitwirkung soll vor allem darin bestehen, dem Richter schwer zugängliche Gesetzesquellen und Entscheidungen zu beschaffen oder aber besonders rechtskundige Spezialisten sowie Amtsstellen zu benennen[16]. Unterschiede zwischen der Mitwirkungs- und Nachweispflicht gemäß Satz 3 zeigen sich deutlich in der Rechtsfolge der Säumnis[17]: Während die Untätigkeit beim Nachweis vermögensrechtlicher Ansprüche unmittelbar zur Anwendung schweizerischen Rechts führt, ist das Gericht gegenüber der mitwirkungsverpflichteten Partei von seiner Ermittlungsaufgabe nicht befreit. Die

---

[11] *Staehlin*, BJM 1989, S. 169, 173; in diesem Sinne auch *Bucher*, DIP, S. 150 Rn. 377.

[12] *Heini/Keller - Girsberger* Art. 16 Rn. 39; *v.Overbeck*, S. 91, 112; *Schnyder*, Anwendung, S. 33; *ders.*, IPR-Gesetz, S. 32.

[13] *v.Overbeck*, S. 91, 104, Wiedergabe von Art. 43 Abs. 1 lit.b OG in FN.44.

[14] *Heini/Keller - Girsberger* Art. 16 Rn. 25; vgl. *Küster*, S. 26; abweichend *Staehlin*, BJM 1989, S. 169, 172.

[15] *Staehlin*, BJM 1989, S. 169, 172; *Schwander* Bspr. Urteil Handelsgericht Zürich, SZIER 1993, S. 76 f.; *Küster*, S. 26.

[16] *Heini/Keller - Girsberger* Art. 16 Rn. 26; *v.Overbeck*, S. 91, 102.

[17] *Heini/Keller - Girsberger* Art. 16 Rn. 27; *Staudinger/Sturm/Sturm* Einl zum IPR Rn. 189.

Parteien können höchstens mit den dadurch bedingten Mehrkosten von Rechtsgutachten belegt werden[18]. Vertreten wird auch, daß die verweigerte Mitwirkung zu einer Verminderung der richterlichen Erforschungspflicht führe, da weitschweifige Nachforschungen vom Gericht daraufhin nicht mehr verlangt werden könnten[19]. Gelangt infolgedessen schweizerisches statt ausländisches Recht zur Anwendung, soll es den Parteien jedoch unbenommen bleiben, Berufung beim Bundesgericht einzulegen[20].

3. Die Ermittlung ausländischen Rechts

Anerkannt ist, daß ausländisches Recht, das in der Schweiz angewendet wird, seinen Normcharakter beibehält[21]. Daher stellt dessen Ermittlung auch keinen Tatsachenbeweis im eigentlichen Sinne dar. Blosse Behauptungen über die anwendbaren Rechtsnormen genügen in der Regel nicht, auch wenn sie von der Gegenpartei nicht bestritten werden. Im Gegensatz zu Tatsachen, die mangels Bestreitens als wahr gelten und keines Beweises mehr bedürfen, muß auch der unbestrittene Inhalt des ausländischen Rechts nachgewiesen werden. Anderenfalls käme man zu einer Art Rechtswahl frei erfundenen Rechts[22]. Zum Teil wird angenommen, daß der Gesetzgeber bewußt von Nachweis und nicht von Beweis spricht, da sich dessen Feststellung nicht nach Maßgabe des formellen Beweisverfahrens vollziehe[23]. Die Verwendung der Begriffe *preuve* sowie *prova* in der französischen bzw. italienischen Fassung erzeugen hingegen ein anderes Bild. Daher bleibt festzuhalten, daß sich das Verfahren des Nachweises von Auslandsrecht, insbesondere die prozessualen Formen und Fristen, weiterhin nach den kantonalen Verfahrensvorschriften richtet. Die Gestaltung des Verfahrens soll die Anwendung des internationalen Privat-

---

[18] Botschaft zum Bundesgesetz über das internationale Privatrecht (IPR-Gesetz) v. 10.11.1982, BBl. 1983 I, S. 263, 312; *Staehlin*, BJM 1989, S. 169, 172; *Heini/Keller - Girsberger* Art. 16 Rn. 28; die Ermittlungskosten hätten die Parteien ohnehin zu tragen, dazu Küster, S. 28.

[19] *Heini/Keller - Girsberger* Art. 16 Rn. 63.

[20] *Staehlin*, BJM 1989, S. 169, 172, vgl. Art. 43a Abs. 1 OG.

[21] Kassationsgericht Zürich, SJZ 1994, S. 357; *Schnyder*, Anwendung, S. 23 f.; *Keller/Siehr* § 48 V 3, S. 601; *Heini/Keller - Girsberger* Art. 16 Rn. 37; das war nicht immer so vgl. Hinweise bei *Staehlin*, BJM 1989, S. 169, 170; *v.Overbeck*, Les problèmes actuels, S. 62, 67; *Bucher*, DIP, S. 147 Rn. 365.

[22] *Staehlin*, BJM 1989, S. 169, 173; vgl. Urteil Handelsgericht Zürich SJZ 1992, S. 37 f. = SZIER 1993, S. 73, 74, krit. *Schwander* a.a.O., S. 76, 77.

[23] *v.Overbeck*, S. 91, 101 u. 104; Küster, S. 26 FN. 152; a.A. vgl. *Heini/Keller - Girsberger* Art. 16 Rn. 37 u. 45; *Schwander* Bspr. Urteil Handelsgericht Zürich v. 19.9.1991, SZIER 1993, S. 76 f.

rechts jedoch nicht vereiteln, so daß die Beweisvorschriften der Kantone, die für Verhältnisse ohne einen internationalen Bezug gelten, nicht einfach analog, sondern dem kollisionsrechtlichen Zweck entsprechend flexibel anzuwenden sind[24].

Als Erkenntnismittel zur Feststellung ausländischen Rechts dienen neben Publikationen und Datenbankrecherchen Rechtsauskünfte durch sachverständige Stellen[25]. Zur Verfügung stehen neben Universitätsinstituten amtliche Stellen sowie vor allem die *Sektion IPR des Bundesamtes für Justiz* in Bern, welche Auskünfte über ausländisches Recht, insbesondere auf dem Gebiet des Familien- und Erbrechts, erteilt[26]. Inhaltlich handelt es sich jeweils um kurze Antworten, nur selten um umfassende Rechtsgutachten[27]. Im Rahmen dessen können auch ausländische diplomatische oder eigene konsularische Vertretungen im Ausland um Hilfe gebeten werden[28]. Lassen sich Einzelfragen aufgrund der verfügbaren Dokumentation nicht schlüssig eruieren oder besteht über die einschlägige ausländische Gerichtspraxis Unsicherheit, läßt das *Bundesamt für Justiz* die Frage in der Regel durch den Vertrauensanwalt der schweizerischen Vertretung im entsprechenden Staat klären[29]. Seit 1982 unterstützt das Schweizerische Institut für Rechtsvergleichung in Lausanne den Richter bei seiner Ermittlungsaufgabe[30]. Es wird empfohlen, das Institut bei Anfragen umfassend zu instruieren und gegebenenfalls die Akten zu übersenden[31]. Im Gegensatz dazu sind abstrakte Rechtsfragen über einen bestimmten Punkt weniger praktikabel. Denn möglicherweise ist ausländisches Recht gar nicht anwendbar, oder es könnten Fragen betroffen sein, die der berufenen Rechtsordnung eigen sind und im schweizerischen Recht keine Parallele haben[32]. Während mangels personeller Ausstattung ausführliche Institutsgutachten nicht in demselben Umfang erteilt werden wie im deutschen Gerichtsall-

---

[24] *Heini/Keller - Girsberger* Art. 16 Rn. 45.

[25] *v.Overbeck*, S. 91, 105 f.; *Keller/Siehr* § 38 I.3.a), S. 498; *Heini/Keller - Girsberger* Art. 16 Rn. 50 f.; *Walter*, IZPR Schweiz, § 6 II 1 b), S. 244.

[26] *Heini/Keller - Girsberger* Art. 16 Rn. 55; *Volken*, Rechtshilfe, Kap. 4 Rn. 33 f., S. 149 f.; *v.Overbeck*, S. 91, 106; *Keller/Siehr* § 38 I.3.a), S. 498; *Schnyder*, Anwendung, S. 95.

[27] *Volken*, Rechtshilfe, Kap. 4 Rn. 35, S. 150.

[28] *Keller/Siehr* § 38 I.3.a), S. 498; krit. *Troller*, FS Wengler, S. 839, 848.

[29] *Volken*, Rechtshilfe, Kap. 4 Rn. 25, S. 146 FN. 36, Rn. 36, S. 150.

[30] Schlußbericht der Expertenkommission zum IPR-Gesetzesentwurf, S. 61; BG v. 6.10.1978 über das Schweizerische Institut für Rechtsvergleichung, SR 425.1, BBl. 1978 II, 868; *Volken*, Rechtshilfe, Kap. 4 Rn. 37, S. 150.

[31] *Heini/Keller - Girsberger* Art. 16 Rn. 53; *v.Overbeck*, S. 91, 107.

[32] *v.Overbeck*, S. 91, 107; vgl. *Ferid*, IPR, § 4-91, S. 155.

tag[33], wird oft zugleich auf die Möglichkeit der Benutzung der Präsenzbibliotheken hingewiesen[34]. Gegenüber Privatgutachten, die häufig von ausländischen Korrespondenzanwälten oder anderen Spezialisten eingeholt werden, wird angeführt, daß diese regelmäßig die Gefahr der Einseitigkeit in sich tragen, sobald der Sachverständige nur von einer Partei benannt und bezahlt wird[35]. Anläßlich der Beurteilung der Rechtmäßigkeit einer nach italienischem Verfahrensrecht erhobenen Telefonabhörmaßnahme hat sich das Kassationsgericht des Kantons Zürich allgemein zum Verhältnis der verschiedenen Erkenntnismittel geäußert: Eine generelle Pflicht zur Einholung eines Gutachtens wird grundsätzlich abgelehnt, soweit es sich insbesondere um das Recht eines Nachbarstaates handelt. Erst wenn eine gerichtsinterne Feststellung durch Literatur- und Quellenstudium oder auch durch weitere Erkenntnisquellen, z.B. das Europäische Rechtsauskunftsübereinkommen, nicht möglich wäre, sei der Richter verpflichtet, zur Ermittlung und Auslegung ausländischen Rechts ein Gutachten beizuziehen[36].

4. Die Bedeutung des Europäischen Rechtsauskunftsübereinkommens

Das Europäische Rechtsauskunftsübereinkommen wird von der Schweiz hingegen wenig genutzt[37]. Ein Grund für die Zurückhaltung der Gerichte mag darin liegen, daß es ihnen entweder nicht hinreichend bekannt ist oder sie die damit verbundenen sprachlichen Schwierigkeiten scheuen, wenn eine Rechtsauskunft im Inland einfacher zu erlangen ist[38]. Als zuständige Übermittlungsstelle nimmt das Bundesamt für Justiz hierbei eine entscheidende Filterfunkti-

---

[33] *v.Overbeck*, Les problèmes actuels, S. 62, 75; *ders.*, S. 91, 106; *Schnyder*, Anwendung, S. 96; vgl. *Küster*, S. 28.

[34] BG v 6.10.1978 über das Schweizerische Institut für Rechtsvergleichung, SR 425.11, Art. 6; *v.Overbeck*, S. 91, 105 u. 107; *Heini/Keller - Girsberger* Art. 16 Rn. 53.

[35] *Heini/Keller - Girsberger* Art. 16 Rn. 56; *Sturm*, FS Moser, S. 3, 9.

[36] Kassationsgericht Zürich SJZ 1994, 357; vgl. *Heini/Keller - Girsberger* Art. 16 Rn. 38.

[37] *Volken*, Rechtshilfe, Kap. 4 Rn. 48, S. 154; *v.Overbeck*, S. 91, 106; *ders.*, Les problèmes actuels, S. 62, 76 FN. 70; *Walter*, IZPR Schweiz, § 6 II 1 b), S. 245; *Heini/Keller - Girsberger* Art. 16 Rn. 54; *Bucher*, DIP, S. 149 Rn. 373; *Schnyder*, Anwendung, S. 94; *Duden*, Praktische Erfahrungen, S. 143, 162 f.

[38] *Keller/Siehr* § 38 I.3.a), S. 499; *Bucher*, DIP, S. 149 Rn. 373; *Staehlin*, BJM 1989, S. 169, 171; *Walter*, IZPR Schweiz, § 6 II 1 b), S. 245.

on wahr, indem nur diejenigen Ersuchen ins Ausland weitergeleitet werden, deren Beantwortung durch das Bundesamt selbst nicht möglich ist[39].

5. Die Behandlung der Nichtermittelbarkeit

Die Nichtermittelbarkeit des berufenen ausländischen Rechts führt nach Absatz 2 des Art. 16 IPRG zur ersatzweisen Anwendung des schweizerischen Rechts[40]. Ebenso sind die Fälle zu behandeln, in denen die zulässigerweise zum Fremdrechtsnachweis verpflichteten Parteien diesen Nachweis nicht erbringen können[41]. Vor dem Hintergrund der Ansicht, nach der die Nachweispflicht einer Partei obliegt, wird der Gedanke weitgehend abgelehnt[42], der den Rückgriff auf die lex fori nur dann zuläßt, wenn dieses vom ausländischen Recht zuungunsten der nachweispflichtigen Partei abweicht[43]. Eine derartige Abweichung ließe sich gerade bei ungenügenden Ermittlungen zum ausländischen Recht schwer feststellen.

6. Das ausländische Recht vor dem Bundesgericht

Um einer allzu großzügigen und voreiligen Anwendung der vorangegangenen Vorschrift vorzubeugen, hat der schweizerische Gesetzgeber in Art. 43a Abs. 1 OG zugleich die Möglichkeit einer Überprüfung der angestellten Bemühungen durch das Bundesgericht aufgenommen[44]. Die differenzierte Regelung des Art. 16 IPRG zieht ebenfalls Konsequenzen für die inhaltliche Über-

---

[39] *Frau Monique Jametti Greiner*, Sektionschefin im Bundesamt für Justiz, Bern, sei an dieser Stelle für wertvolle Hinweise gedankt; vgl. *Duden*, Praktische Erfahrungen, S. 143, 150; *Volken*, Rechtshilfe, Kap. 4 Rn. 35 f., S. 150.

[40] Schlußbericht der Expertenkommission zum IPR (1979), S. 314 f.: dagegen ordnete der Vorentwurf in Art. 15 Abs. 3 Satz 1 im Falle der Nichtermittelbarkeit noch die Anwendung des nächstverwandten Rechts an; zur Entstehunggeschichte *v.Overbeck*, S. 91, 107 f.; *ders.*, Les problèmes actuels, S. 62, 69 f.; *Heini/Keller - Girsberger* Art. 16 Rn. 6 f. u. 72 f.; vgl *Jessel-Holst*, StAZ 1983, S. 357, 358.

[41] *Schnyder*, IPR-Gesetz, S. 33; *ders.* in *Bülow/Böckstiegel/Geimer/Schütze* Bd. III, 1121-6.

[42] *Staehlin*, BJM 1989, S. 169, 173 f.; *Heini/Keller - Girsberger* Art. 16 Rn. 44; *Bucher*, DIP, S. 150, 152 Rn. 377 u. Rn. 382.

[43] *Schnyder*, Anwendung, S. 32 f.; vgl. *Koehler*, JR 1951, S. 549, 551.

[44] Mit der Berufung kann auch geltend gemacht werden, der angefochtene Entscheid habe zu Unrecht festgestellt, die Ermittlung ausländischen Rechts sei nicht möglich (Art. 43a Abs. 1 lit.b. OG); *Heini/Keller - Girsberger* Art. 16 Rn. 68; *v.Overbeck*, Les problèmes actuels, S. 62, 77 f.; *ders.*, IPRax 1983, S. 49, 50; *Bucher*, DIP, S. 156 Rn. 395; vgl. *Reichert-Facilides*, S. 42 f.

prüfung der Fremdrechtsanwendung durch das Bundesgericht nach sich. Neben der Revisibilität der kollisionsrechtlichen Anknüpfung kann nur im Falle einer nicht vermögensrechtlichen Streitigkeit gerügt werden, daß der angefochtene Entscheid eine unrichtige Anwendung des ausländischen Rechts darstelle, Art. 43a Abs. 2 OG[45].

II. Österreich

Innerhalb der österreichischen Rechtsordnung wird der normative Charakter ausländischen Rechts gleichermaßen anerkannt wie in der Schweiz[46]. Den Ausgangspunkt der prozessualen Behandlung ausländischen Rechts bildete früher § 271 der österreichischen ZPO[47], der seinem Wortlaut nach nahezu dem § 293 der deutschen ZPO entspricht. Soweit er die Ermittlung fremden Rechts betrifft, sind an seine Stelle die §§ 3 und 4 des IPR-Gesetzes, vom 15. Juni 1978, getreten:

§ 3 IPRG

Ist fremdes Recht maßgebend, so ist es von Amts wegen und wie in seinem ursprünglichen Geltungsbereich anzuwenden.

§ 4 IPRG

[1] Das fremde Recht ist von Amts wegen zu ermitteln. Zulässige Hilfsmittel hierfür sind auch die Mitwirkung der Beteiligten, Auskünfte des Bundesministeriums für Justiz und Sachverständigengutachten.

[2] Kann das fremde Recht trotz eingehendem Bemühen innerhalb angemessener Frist nicht ermittelt werden, so ist das österreichische Recht anzuwenden.

---

[45] Art. 43a Abs. 2 OG lautet: „Bei nicht vermögensrechtlichen Zivilstreitigkeiten kann außerdem geltend gemacht werden, der angefochtene Entscheid wende das ausländische Recht nicht richtig an"; *Schnyder*, IPR-Gesetz, S. 33; *ders.* in *Bülow/Böckstiegel/Geimer/Schütze* Bd. III, 1121-6.

[46] OGH 11.2.1988, IPRE 3/48, S. 109, 111; *Schwind*, IPR, S. 54 Rn. 126 f.; *ders.*, Les problèmes actuels, S. 121, 122.

[47] § 271 ZPO (1) Das in einem anderen Staatsgebiete geltende Recht, Gewohnheitsrechte, Privilegien und Statuten bedürfen des Beweises nur insofern, als sie dem Gericht unbekannt sind. (2) Bei Ermittlung dieser Rechtsnormen ist das Gericht nicht auf die von den Parteien angebotenen Beweise beschränkt; es kann alle zu diesem Zwecke ihm nötig scheinenden Erhebungen von Amts wegen einleiten und insbesondere, soweit erforderlich, das Einschreiten des Bundesministeriums für Justiz in Anspruch nehmen.

Obgleich die amtswegige Anwendung des kollisionsrechtlich berufenen Rechts bereits aus dem imperativen Wortlaut der österreichischen Verweisungsnormen gefolgert wurde[48], ordnet § 3 IPRG diese nun ausdrücklich an. Auch ohne ein besonderes Parteibegehren ist fremdes Recht von Amts wegen anzuwenden, sofern ein internationaler Sachverhalt vorliegt und die für die Anknüpfung maßgebenden Umstände geklärt sind[49].

1. Die Zuweisung der Ermittlungsaufgabe

In bezug auf die Zuweisung der Ermittlungsaufgabe trifft § 4 Abs. 1 IPR-Gesetz eine eindeutige Regelung, indem diese dem Gericht auferlegt wird. Eine Pflicht zur Amtsermittlung wurde zuvor grundsätzlich mit dem Rechtscharakter ausländischer Normen begründet[50]. Insoweit enthalten die §§ 3, 4 des IPR-Gesetzes lediglich eine klarstellende Funktion und können als Reaktion auf die unklare Bestimmung des § 271 österr. ZPO aufgefaßt werden[51].

Muß der österreichische Richter nach Maßgabe des IPR ausländisches Recht anwenden, wird es vom inländischen Anwendungsbefehl zur „Gänze" umfaßt[52], wie § 3 IPRG deutlich hervorhebt. Ausländische Rechtssätze sind daher von den österreichischen Gerichten in der Gestalt anzuwenden, wie sie in der betroffenen Rechtsordnung zum Ausdruck kommen, d.h. unter Berücksichtigung der im Ausland geltenden Auslegungsregeln, allgemeinen Rechtsgrundsätzen und der praktizierten Rechtswirklichkeit[53]. Fehlen ausdrückliche Vorschriften, so ist das maßgebliche Recht auf der Grundlage von Rechtsprechung und, subsidiär, der Lehre des Ursprungslandes zu ermitteln[54].

---

[48] OGH 19.5.1983, IPRE 1/ 2, S. 18, 19; *Schwimann*, Grundriß IPR, S. 51; *ders.*, Kolloquium MPI, S. 81, 82.

[49] *Baier*, IPR-Gesetz in der Praxis, S. 7, 11.

[50] *Schwimann*, Grundriß IPR, S. 52; *ders.*, Kolloquium MPI, S. 81, 84 f.; *Schwind*, IPR, S. 56 Rn. 133; offen *Rechberger*-Kommentar ZPO § 271 österr. ZPO, Rn. 1; a.A. *Kralik*, ZfRV 1962, S. 75, 86 aus dem Wortlaut des § 271 (2) österr. ZPO.

[51] Vgl. OGH 20.10.1981, IPRE 1/ 5, S. 20, 21; OGH 12.11.1987, IPRE 2/ 7, S. 32, 34; *Kralik*, ZfRV 1962, S. 75, 86; *Küster*, S. 22.

[52] So schon *Kralik*, ZfRV 1962, S. 75, 97.

[53] OGH 8.6.1978, IPRE 1/ 7, S. 22, 24; OGH 26.2.1985, IPRE 2/ 2, S. 16, 18; OGH 19.3.1986, IPRE 2/ 105, S. 215, 217; OGH 25.2.1988, IPRE 3/ 135, S. 279f.; OGH 25.10.1988, IPRE 3/ 69, S. 151, 152; *Baier*, IPR-Gesetz in der Praxis, S. 7, 11; *Schwimann*, Kolloquium MPI, S. 81, 84.

[54] OGH 7.7.1988, IPRE 3/ 14, S. 49, 50 = ZfRV 1989, S. 51 f.

2. Die Mitwirkung der Parteien

Die Parteien können sich aktiv an der Feststellung ausländischen Rechts beteiligen, sofern sie rechtskundig oder rechtskundig vertreten sind[55]. Die Bezugnahme auf die Mitwirkung der Beteiligten als zulässiges Hilfsmittel in § 4 Abs. 1 Satz 2 IPRG führt hingegen nicht dazu, daß das Gericht die Ermittlungspflicht auf die Parteien abwälzen kann[56]. Eine Beweislast wird infolgedessen mangels Sanktionslosigkeit abgelehnt[57]. Die Untätigkeit der Parteien entläßt den österreichischen Richter nicht aus seiner Verantwortung[58]. Vor diesem Hintergrund werden gerichtliche Beschlüsse, die einer Partei auftragen, bestimmte ausländische Rechtsnormen nachzuweisen, vereinzelt sogar als unzulässig angesehen und seien durch die Rechtsmittelinstanz regelmäßig aufzuheben[59]. Die Mitwirkung der Beteiligten wird im Verhältnis zu einer Nachweispflicht als ein aliud qualifiziert[60].

3. Die Erkenntnisquellen und das Europäische Rechtsauskunftsübereinkommen

Die Darstellung der Erkenntnisquellen zur Feststellung des Inhalts ausländischen Rechts in § 4 Abs. 1 Satz 2 IPRG gibt weder eine bestimmte Reihenfolge vor noch ist sie abschließend. Sie eröffnet lediglich die Benutzung „auch" zulässiger Erkenntnismöglichkeiten[61]. Dem Richter stehen daher für die Erforschung ausländischen Rechts nicht nur zweckdienliche außerprozes-

---

[55] *Schwimann*, Grundriß IPR, S. 52.

[56] OLG Innsbruck 18.7.1979, IPRE 1/ 12, S. 31 f. = ZfRV 22 (1981), S. 51, 52; *Schwind*, IPR, S. 55 Rn. 129; *Rechberger*-Kommentar ZPO § 271 österr. ZPO, Rn. 2.

[57] OLG Innsbruck 18.7.1979, IPRE 1/ 12, S. 31, 32; *Baier*, IPR-Gesetz in der Praxis, S. 7, 12; *Schwimann*, Kolloquium MPI, S. 81, 86: Untätigkeit bleibt sanktionslos; a.A. *Kralik*, ZfRV 1962, S. 75, 93: führt Erzwingungsstrafen und negative Kostenfolgen ein. Dieses noch auf § 271 österr. ZPO gestütztes Ansinnen ist mit der gesetzlichen Einordnung der Parteimitwirkung als ein *auch* zulässiges Hilfsmittel wohl nicht mehr zu vereinbaren.

[58] *Rechberger*-Kommentar ZPO § 271 österr. ZPO, Rn. 2; *Schwimann*, Grundriß IPR, S. 53.

[59] *Baier*, IPR-Gesetz in der Praxis, S. 7, 12.

[60] OLG Innsbruck 18.7.1979, IPRE 1/ 12, S. 31, 32 = ZfRV 22 (1981), S. 51, 52; *Schwind*, IPR, S. 55 Rn. 129; *Küster*, S. 23; *Schwimann*, Kolloquium MPI, S. 81, 86.

[61] OGH 31.3.1981, IPRE 1/ 10, S. 27, 28; *Schwind*, Les problèmes actuels, S. 121, 123; *Evangelou*, IPRax 1987, S. 263, 264; a.A. *Kralik*, ZfRV 1962, S. 75, 86, tritt für Reihenfolge ein: zunächst außerprozessuale, als ultima ratio prozessuale Erkenntnismittel.

suale, sondern auch alle geeigneten prozessualen Mittel zur Verfügung, wobei weder die Beweiswirkung von Urkunden Geltung entfaltet, noch die beweisbefreiende Wirkung des Geständnisses eintreten kann[62]. Der Richter ist an das Parteivorbringen auch im Rahmen von Versäumnisfällen nicht gebunden. Neue Ausführungen und Beweise der Parteien über den Inhalt ausländischen Rechts dürfen vom Gericht nicht mit der Begründung zurückgewiesen werden, sie seien in Verschleppungsabsicht verspätet vorgebracht und deshalb präkludiert[63]. Nach Ansicht Schwimanns ist der Richter im Rahmen dessen grundsätzlich nicht verpflichtet, primär persönliche Forschungen anzustellen, sondern soll sich schon von vornherein fremder Hilfe bedienen können[64].

Sehr häufig wird in der Praxis, soweit dem Richter die Ermittlung im eigenen Wirkungsbereich nicht möglich erscheint, eine Rechtsauskunft des Justizministeriums eingeholt, die entweder vom Ministerium selbst erteilt oder über die Vertretungen im Ausland beschafft wird[65]. Dafür ist, ebenso wie beim Europäischen Rechtsauskunftsübereinkommen, die zu ermittelnde Rechtsnorm bzw. die zu lösende Rechtsfrage eindeutig zu bezeichnen[66]. Das Ministerium teilt diesbezüglich nur Gesetzestexte und Entscheidungen mit, ohne gutachterlich Stellung zu nehmen[67]. Anderenfalls würde dies als eine Einmischung der Justizverwaltung in die Rechtsprechung aufgefaßt und könnte als ein Verstoß gegen den Gewaltenteilungsgrundsatz gewertet werden[68].

Sowohl die eigenen Auskünfte des BMJ als auch die Vermittlung ausländischer Auskünfte auf Grundlage bilateraler Auskunftsregelungen werden von Teilen des österreichischen Schrifttums jedoch als sehr zeitraubend beschrieben[69]. Sachverständigengutachten werden überwiegend von qualifizierten Privatpersonen erstattet[70], während wissenschaftliche Institute nur selten beauftragt werden. Als eine Ursache wird diesbezüglich angeführt, daß die österreichischen Hochschulen häufig nicht über die erforderliche Ausstattung verfü-

---

[62] *Schwimann*, Kolloquium MPI, S. 81, 85 f.
[63] *Kralik*, ZfRV 1962, S. 75, 85 u. 89; *Schwimann*, Kolloquium MPI, S. 81, 86.
[64] *Schwimann*, Grundriß IPR, S. 52.
[65] *Baier*, IPR-Gesetz in der Praxis, S. 7, 12; *Mänhardt/Posch*, IPR, 1.2.6.2., S. 34; *Schwind*, IPR, S. 57 Rn. 135; *Evangelou*, IPRax 1987, S. 263, 264; *Otto*, FS Firsching, S. 209, 226; *Volken*, Rechtshilfe, Kap. 4 Rn. 21, S. 146.
[66] *Mänhardt/Posch*, IPR, 1.2.6.2., S. 34.
[67] *Schwimann*, Kolloquium MPI, S. 81, 86: ohne nähere Begründung nur auf die Mitteilung von Normen abstellend; dagegen *Kralik* ZfRV 1962, S. 75, 87, der auch den ausländischen Gerichtsgebrauch als mitteilungsbedürftig ansieht.
[68] *Schwind*, IPR, S. 56 f. Rn. 134; *ders.* in Diskussion, Kolloquium MPI, S. 187.
[69] *Schwimann*, Grundriß IPR, S. 53 m.w.N. bilateraler Rechtshilfeverträge; *Schwind*, IPR, S. 57 Rn. 135; a.A. *Baier*, IPR-Gesetz in der Praxis, S. 7, 13.
[70] *Schwimann*, Grundriß IPR, S. 53.

gen[71]. An den Antrag einer Partei zur Einholung eines Rechtsgutachtens ist das Gericht grundsätzlich nicht gebunden[72]. Wenig Beachtung findet das Europäische Rechtsauskunftsübereinkommen. Das Bundesministerium ist vielfach selbst in der Lage, aus eigenen Erfahrungen und Vorakten den Gerichten die notwendigen Kenntnisse mitzuteilen[73].

4. Die Nichtermittelbarkeit und Behandlung ausländischen Rechts durch den OGH

§ 4 Abs. 2 IPRG eröffnet einen schnellen Ausweg bei Ermittlungsschwierigkeiten, indem er die Anwendung österreichischen Rechts für den Fall vorsieht, daß sich das ausländische Recht nicht bzw. nicht innerhalb einer *angemessenen* Frist feststellen läßt[74]. Es würde jedoch regelmäßig einen revisiblen Verfahrensfehler darstellen, wenn infolgedessen keine ernsthaften Versuche unternommen werden, um den Inhalt des nach IPR maßgebenden fremden Rechts zu ermitteln[75]. Die versäumte Ermittlung des maßgeblichen Rechts kann im Rahmen des Revisionsverfahrens vom OGH amtswegig nachgeholt werden[76]. Die Mißbrauchsgefahr dieser Ausweichklausel ist allerdings evident[77].

§ 3 des IPR-Gesetzes bildet darüber hinaus die Grundlage für die Möglichkeit einer inhaltlichen Überprüfung der Anwendung ausländischen Rechts in der Revisionsinstanz[78]. Um die Einhaltung der Intention des § 3 IPRG sicherzustellen, muß zugleich die Rechtsanwendung im Auslandsstaat nachvollzo-

---

[71] *Schwind*, IPR, S. 57 Rn. 135; vgl. allg. *Baier*, IPR-Gesetz in der Praxis, S. 7, 12.

[72] OGH 29.11.1989, IPRE 3/ 156, S. 328, 329 = ZfRV 1990, 306 f.

[73] *Schwind*, IPR, S. 56 f. Rn. 134; *ders.*, Les problèmes actuels, S. 121, 123; *Baier*, IPR-Gesetz in der Praxis, S. 7, 12; *Duden*, Praktische Erfahrungen, S. 143, 150 u. 162 f.; Nach offizieller Mitteilung des österr. BMJ beläuft sich die Anzahl der ausgehenden Ersuchen jährlich auf 10 mit leicht steigender Tendenz, während eingehende, ausländische Ersuchen weit unter 10 liegen.

[74] OGH 11.2.1988, IPRE 3/ 48, S. 109, 112 (einstweilige Verfügung); OGH 14.3.1990, IPRE 3/ 77, S. 162, 163 f.; *Baier*, IPR-Gesetz in der Praxis, S. 7, 13; vgl. schon *Schwimann*, Kolloquium MPI, S. 81, 86 f.

[75] OLG Innsbruck 5.9.1990, IPRE 3/ 61, S. 138 f.; OGH 19.9.1989, IPRE 3/ 134, S. 276, 278 = Jbl. 1990, 183 f.; OGH 8.6.1978, IPRE 1/ 7, S. 22, 24; *Mänhardt/Posch*, IPR, 1.2.6.4., S. 35.

[76] OGH 22.2.1989, IPRE 3/ 55, S. 125 = ZfRV 1989, 219.

[77] OGH 14.3.1990, IPRE 3/ 77, S. 162, 164; *Schwimann*, Grundriß IPR, S. 54.

[78] Vgl. *Schwimann*, Kolloquium MPI, S. 81, 84.

gen werden[79]. Bereits vor der Einführung des § 3 IPRG ging die Rechtsprechung und mit ihr die österreichische Lehre von der Revisibilität des ausländischen Rechts aus[80].

III. Italien

In Italien ist am 1. September 1995 ein neues Internationales Privat- und Verfahrensrecht in Kraft getreten[81].

1. Die Rechtslage vor der Reform des IPR

Bislang war die Rechtslage im Hinblick auf die Behandlung und Ermittlung ausländischen Rechts im italienischen Zivilverfahren nicht eindeutig: Im Anschluß an die in Italien entwickelte Ansicht der Rezeption ausländischer Rechtssätze, indem diese über die inländischen Kollisionsnormen dem italienischen Recht einverleibt werden[82], wurde zum Teil der italienische Richter als verpflichtet angesehen, sich die Kenntnis des berufenen ausländischen Recht von Amts wegen zu verschaffen[83]. Die Amtsermittlungspflicht ließ sich als eine Folge des Grundsatzes „iura novit curia" auffassen, der angesichts der

---

[79] OGH 31.1.1985, IPRE 2/ 8, S. 35, 36 f.; OGH 3.9.1987, IPRE 2/ 12, S. 39, 40 f.; OGH 22.10.1987, IPRE 2/ 13, S. 42, 43; OGH 25.2.1988, IPRE 3/ 135, S. 279 f., erkennen, „daß der Rechtsprechung des Revisionsgerichts wegen der fehlenden Leitfunktion im ursprünglichen Geltungsbereich keinerlei Bedeutung zukommt. Der höchstrichterlichen Rechtsprechung im Inland kommt nicht die Aufgabe zu, die Einheitlichkeit oder gar die Fortentwicklung fremden Rechts zu gewährleisten. Es widerspräche aber dem in § 3 IPRG kodifizierten Grundsatz und damit der Rechtssicherheit, falls bei der Entscheidung im Inland eine im Auslandsstaat in Rechtsprechung und Lehre gefestigte Ansicht mißachtet würde".

[80] OGH 26.6.1979, IPRE 1/ 77, S. 155 f.; *Schwind*, Les problèmes actuels, S. 121, 124; *Schwimann*, Kolloquium MPI, S. 81 u. 84, *Kralik*, ZfRV 1962, S. 75, 98.

[81] Riforma del sistema italiano di diretto internazionale privato, Gesetz Nr. 218 v. 31. Mai 1995, Suppl.ord. Nr. 68, Gaz. uff. Nr. 128 v. 3.6.1995; vgl. dazu allgemein *Pesce*, Die Reform des italienischen Internationalen Privat- und Verfahrensrecht, RIW 1995, S. 977-983; *Staudinger/Sturm/Sturm* Einl zum IPR Rn. 447 ff.; *Hartley-Giardina/Pocar*, 45 I.C.L.Q. (1996), 271, 290.

[82] *Zajtay*, ZfRV 1971, S. 271 f.; *Brauksiepe*, S. 146 f., mit Recht krit. zur Rezeption.

[83] Corte di Cassazione, Nr. 237 v. 29.1. 1964, Riv.dir.int. (1964), 644, 645 f.; Nr. 486 v. 16.2.1966, Riv.dir.int. (1966), 408, 409 = Giur. it 1966, I, 1403, 1413; Nr. 903 v. 23.3. 1978, Riv.dir.int.priv.proc. 14 (1978), 814, 818 f.; vgl. *Theiss*, S. 100 u. 115 f.; *Cappelletti*, Kolloquium MPI, S. 28, 36 f.; *Schnyder*, Anwendung, S. 42 f.; *Zajtay*, ZfRV 1971, S. 271, 272.

Gleichbehandlung von fremden und einheimischem Recht infolge der Inkorporation auch auf ausländisches Recht ausgedehnt werden konnte[84].

Der Kassationsgerichtshof, der noch bis in die Mitte der sechziger Jahre von einem Tatsachencharakter ausländischen Rechts ausging[85], nahm daraufhin zunächst in seiner Rechtsprechung eine Amtsermittlungspflicht auf[86], später relativierte er diesen Ansatz aber wieder. Es gab in der Folge Entscheidungen, die sich bemühten, einen Kompromiß zwischen den entgegengesetzten Ausgangspunkten zu finden[87]: Zwar nahm der Kassationsgerichtshof teilweise auf das Prinzip „iura novit curia" Bezug, jedoch nicht mit der daraus folgenden Konsequenz für die Verantwortung der Auslandsrechtsermittlung[88]. Der Nachweis ausländischen Rechts schien danach wie bei Tatsachen weiterhin den Parteien zu obliegen[89]. Die Rechtsprechung war größtenteils vom Bemühen getragen, die Parteien im Sinne einer Zusammenarbeit an der Ermittlung zu beteiligen[90].

---

[84] *Cappelletti*, Kolloquium MPI, S. 28, 30 u. 39; *Nagel*, IZPR Rn. 464; *Schnyder*, Anwendung, S. 14 und 42 f.; *Kralik*, ZfRV 1962, S. 75, 92; *Otto*, Jhb.f.ital.R. Bd. 4 (1991), S. 139, 141.

[85] Corte di Cassazione, Nr. 3690, Riv.dir.int. 42 (1959), 315, 316; *Cappelletti*, Kolloquium MPI, S. 28, 31 m.w.N; *Otto*, Jhb.f.ital.R. Bd. 4 (1991), S. 139, 141; *Theiss*, S. 98.

[86] Corte di Cassazione, Nr. 1089 v. 13.4. 1959, Riv.dir.int. (1959), 620, 622; Nr. 237 v. 29.1.1964, Riv.dir.int. (1964), 644, 645 f.; Nr. 486 v. 16.2.1966, Riv.dir.int. (1966), 408, 409 = Giur. it 1966, I, 1403, 1413; vgl. *Cappelletti*, Kolloquium MPI, S. 28, 36-39.

[87] *Otto*, Jhb.f.ital.R. Bd. 4 (1991), S. 139, 141; *Schneider*, RIW/AWD 1978, S. 619 f.

[88] Corte di Cassazione, Nr. 1942 v. 19.6.1972, Riv.dir.int.priv.proc. 9 (1973), 637, 641; Nr. 4778 v. 15.9.1979, Riv.dir.int.priv.proc. 60 (1980), 648; Nr. 903 v. 23.2.1978, Riv.dir.int.priv.proc. 14 (1978), 814, 818 f.; *Campeis/dePauli*, S. 16; *Schneider*, RIW/AWD 1978, S. 619, 620; *Schnyder*, Anwendung, S. 43; *Theiss*, S. 115 f.

[89] Corte di Cassazione, Nr. 362 v. 23.1.1990, RIW 1991, 247, mit Anm. *Kindler*, Nr. 2894 v. 10.3.1993, Riv.dir.int.priv.proc. 31 (1995) 684; Nr. 2796 v. 15.7.1976, Giust.civ. 1976, I, S. 1782; Nr. 1877 v. 25.5.1977, Riv.dir.int.priv.proc. 13 (1977), 88, 95 = Riv.dir.int. 1977, 188 ff.= RIW/AWD 1978, 619; Nr. 410 v. 28.1.1978, Riv.dir.int.priv.proc. 15 (1979), 685, 687; Nr. 149 v. 19.1. 1985, Riv.dir.int.priv.proc. 22 (1986), 344 = Foro pad. 1985, I, 336; vgl. *Pesce*, RIW 1995, S. 977, 980 FN. 38; *O'Malley/Layton*, European Civil Practice, Rn. 53.54; *Otto*, Jhb.f.ital.R. Bd. 4 (1991), S. 139, 141; *Schneider*, RIW/AWD 1978, S. 619.

[90] *Zajtay*, ZfRV 1971, S. 271, 275; *Cappelletti*, Kolloquium MPI, S. 28, 35 f.; schon Corte di Cassazione, Nr. 1089 v. 13.4.1959, Riv.dir.int. (1959), 620, 622; Nr. 237 v. 29.1.1964, Riv.dir.int. (1964), 644, 646; Nr. 486 v. 16.2.1966, Riv.dir.int. (1966), 408, 409; *Brulliard*, J.C.P. 1973 I 2580, Nr.28 a.E.; *Bartoli*, Riv.dir.int.priv.proc. 19 (1983), S. 333, 336; *Otto*, Jhb.f.ital.R. Bd. 4 (1991), S. 139, 141; *Nagel*, IZPR, Rn. 464; *Schnyder*, Anwendung, S. 43; *Theiss*, S. 119 f.,129 f.

Unklar blieb, wer infolgedessen die Verantwortung für die Ermittlungen trug. Der von Teilen der Literatur geforderten Amtsermittlungspflicht hat sich die Rechtsprechung nicht angeschlossen[91]. Der Beweis der rechtlichen Entscheidungsgrundlagen wurde jedoch nur in den Fällen für notwendig erachtet, in denen das ausländische Recht dem Gericht unbekannt war. Infolgedessen konnte der Richter auch eigene Kenntnisse verwenden und selbst Nachforschungen anstellen[92]. An Parteivorträge war das Gericht nicht gebunden. In der Praxis war daher die an der Anwendung ausländischen Rechts interessierte Partei gehalten, regelmäßig selbst Nachweise über das jeweilige Auslandsrecht zu erbringen[93], wollte sie die Anwendung der lex fori verhindern.

Trotz der Freiheit bei der Wahl der Beweismittel scheiden Geständnis und Parteieid zum Nachweis fremden Rechts aus. Ein gängiges Beweismittel war der Urkundenbeweis durch die Vorlage von Texten in Form einer beeidigten Übersetzung ausländischer Vorschriften[94]. Daneben konnte der Nachweis auch mittels eines Sachverständigen, *consulente tecnico*, geführt werden, der ebenfalls auf Initiative des Gerichts hinzugezogen werden kann[95]. Dem Sachverständigengutachten ist zwar anfänglich eine besondere Bedeutung zugemessen worden, mangels materieller und personeller Ausstattung entsprechender Institute hat sich dieser Erkenntnisweg in der Praxis jedoch nicht durchsetzen können[96]. Darüber hinaus fanden auch Auskünfte Verwendung, die sowohl von inländischen als auch ausländischen Behörden erteilt wurden[97]. Eine Grundlage für die Anfrage gegenüber eigenen Konsulaten und Botschaften im

---

[91] *Cappelletti*, Kolloquium MPI, S. 28, 33 u 39 f.; *Bartoli*, Riv.dir.int.priv.proc. 19 (1983), 333, 338 f.; *Campeis/dePauli*, S. 15; *Hartley-Giardina/Pocar*, 45 I.C.L.Q. (1996), 271, 290; *Nagel*, IZPR Rn. 464; vgl. *Schnyder*, Anwendung, S. 43; Corte di Cassazione, Nr. 1877 v. 25.5.1977, Riv.dir.int.priv.proc. 13 (1977), 88, 95 = Riv.dir.int. 1977, S. 188 ff. = RIW/AWD 1978, 619; *Otto*, Jhb.f.ital.R. Bd. 4 (1991), S. 139, 141; *ders.*, Jhb.f.ital.R. Bd. 8 (1995), S. 229, 230; *Winkler*, Jhb.f.ital.R. Bd. 4 (1991), S. 101, 104 FN. 21.

[92] *Bartoli*, Riv.dir.int.priv.proc. 19 (1983), 333, 339; *O'Malley/Layton*, European Civil Practice, Rn. 53.54; *Schneider*, RIW/AWD 1978, S. 619, 620; *Brauksiepe*, S. 40.

[93] *Thieme*, Jhb.f.ital.R. Bd. 8 (1995), S. 83, 155; *Schneider*, RIW/AWD 1978, S. 619, 620; *O'Malley/Layton*, European Civil Practice, Rn. 53.54; *Schnyder*, Anwendung, S. 43.

[94] *Schneider*, RIW/AWD 1978, S. 619, 620; *Brauksiepe*, S. 63.

[95] Vgl. Artt. 61-68, 191 ff. Cpc; *Bartoli*, Riv.dir.int.priv.proc. 19 (1983), 333, 335 f., FN. 9; *O'Malley/Layton*, European Civil Practice, Rn. 53.53; *Theiss*, S. 155.

[96] *Walter*, ZZP 109 (1996), S. 3, 21; *Thieme*, Jhb.f.ital.R. Bd. 8 (1995), S. 83, 154; *Theiss*, S. 155 f., 226; allg. *Broggini*, AcP 155 (1956), S. 469, 481 f.; *Cappelletti* in Diskussion, Kolloquium MPI, S. 188.

[97] Corte di Cassazione, Nr. 894 v. 3.4.1970, Riv.dir.int.priv.proc. 7 (1971), 617; Nr. 921 v. 14.5.1965, Giust. civ. 1965, I, 1586; *Brauksiepe*, S. 63.

betroffenen Auslandsstaat bildet die Bestimmung des Art. 49 des italienischen Konsulargesetzes[98]. Danach kann die Konsularbehörde selbst Bestätigungen über die Gesetze und Gewohnheitsrechte ausstellen, wie sie im Aufenthaltsstaat gelten. Dieses Hilfsmittel beschränkt sich jedoch auf die bloße Mitteilung des Gesetzeswortlauts oder eines Gewohnheitsrechts und findet in der Rechtspraxis infolgedessen wenig Beachtung[99]. Bilaterale Auskunftsabkommen gibt es unter anderem gegenüber Österreich, Ungarn sowie der Tschecheslowakei und dem ehemaligen Jugoslawien[100]. Seit 1972 ist Italien Vertragsstaat des Europäischen Rechtsauskunftsübereinkommens, welches bislang ebensowenig wie die bilateralen Rechtshilfeabkommen genutzt wird[101]. Neben grundsätzlicher Zustimmung, mit der die Hoffnung auf unabhängige und umfangreiche Auskünfte verbunden war, richteten sich anfänglich Bedenken gegen eine befürchtete Verlagerung der Rechtsfindung außerhalb des Prozesses[102]. Diese Befürchtungen werden jedoch durch die Kritik an der Effizienz des Übereinkommens ausgeräumt, die darauf abstellt, daß die Auskünfte ohne konkrete Schlußfolgerung für den Einzelfall ergehen[103].

Die wechselhafte Rechtsprechung, der allgemeine Ermittlungsschwierigkeiten zugrunde liegen, ist schließlich als ursächlich dafür anzusehen, daß sich im Hinblick auf das ausländische Recht keine eindeutige Ermittlungspraxis der italienischen Gerichte entwickelt hat[104]. In der Regel genügten formlose Nachweise der Parteien, die die Abschrift ausländischer Normen oder die Stellungnahme eines Korrespondenzanwalts aus dem Ausland enthielten[105].

---

[98] Art. 49, D.P.R., 5.1.1967, Nr. 200 (c.d. Legge Consolare): „L'autorità consolare [..] può rilasciare attestazioni concernenti leggi e consuetudini vigenti [..] nello Stato di residenza [..]"; *Campeis/dePauli*, S. 17; *Bartoli*, Riv.dir.int.priv.proc. 19 (1983), 333, 335.

[99] *Carbone*, Riv.dir.int.priv.proc. 31 (1995), 960, 969; *Bartoli*, Riv.dir.int.priv.proc. 19 (1983), 333, 335 u. 337; *Theiss*, S. 157.

[100] *Brauksiepe*, S. 63; *Theiss*, S. 159 m.w.N.

[101] *Otto*, Jhb.f.ital.R. Bd. 4 (1991), S. 139, 144; *ders.* in Jhb.f.ital.R. Bd. 8 (1995), S. 229 f.; *Kindler* in Anm. zu Corte di Cassazione, Nr. 362 v. 23.1.1990, RIW 1991, S. 247; *Carbone*, Riv.dir.int.priv.proc. 31 (1995), 960, 969; *Walter*, ZZP 109 (1996), S. 3, 21; *Thieme*, Jhb.f.ital.R. Bd. 8 (1995), S. 83, 154; *Theiss*, S. 159.

[102] Vgl. *Bartoli*, Riv.dir.int.priv.proc. 19 (1983), 333, 335 u. 338 f.; *Theiss*, S. 160 m.w.N.

[103] *Carbone*, Riv.dir.int.priv.proc. 31 (1995), 960, 969; *Bartoli*, Riv.dir.int.priv.proc. 19 (1983), 333, 335.

[104] *Walter*, ZZP 109 (1996), S. 3, 21; *Thieme*, Jhb.f.ital.R. Bd. 8 (1995), S. 83, 154; *Theiss*, S. 214.

[105] *O'Malley/Layton*, European Civil Practice, Rn. 53.54; *Schneider*, RIW/AWD 1978, S. 619, 620; *Theiss*, S. 156.

2. Die Zuweisung der Ermittlungsaufgabe

Art. 14 des neuen Gesetzes für Internationales Privatrecht (D.i.p.) regelt nunmehr ausdrücklich, daß das ausländische Recht von den Gerichten von Amts wegen festzustellen ist, und stellt damit eine für die italienische Rechtsordnung innovative Bestimmung dar[106]:

Art. 14
(Conoscenza della legge straniera applicabile)

1. L'accertamento della legge straniera è compiuto d'ufficio dal giudice. A tal fine questi può avvalersi, oltre che degli strumenti indicati dalle convenzioni internazionali, di informazioni acquisite per il tramite del Ministero di grazia e giustizia; può altresì interpellare esperti o istituzioni specializzate.

2. Qualora il giudice non riesca ad accertare la legge straniera indicata, neanche con l'aiuto delle parti, applica la legge richiamata mediante altri criteri di collegamento eventualmente previsti per la medesima ipotesi normativa. In mancanza si applica la legge italiana.

1. Die Ermittlung ausländischen Rechts wird durch den Richter von Amts wegen wahrgenommen. Zu diesem Zweck kann sich dieser, außer der in den internationalen Übereinkommen aufgezeigten Mitteln, der Auskünfte bedienen, die er durch das Justizministerium erhalten hat; er kann ebenfalls Sachverständige oder spezialisierte Institutionen befragen.

2. Wenn der Richter das einschlägige ausländische Recht nicht feststellen kann, nicht einmal mit Hilfe der Parteien, wendet er das Recht an, das mittels anderer Anknüpfungskriterien berufen ist, die eventuell gesetzlich vorgesehen sind. Anderenfalls ist italienisches Recht anzuwenden.[107]

Die damit vollzogene Abkehr von der Auffassung des Tatsachencharakters führt dazu, daß der italienische Richter das berufene ausländische Recht auch anzuwenden hat. Dies wird sowohl aus dem Grundsatz *iura novit curia* als auch unmittelbar aus Artt. 14 und 15 D.i.p. gefolgert, die ihrerseits voraussetzen, daß das einschlägige ausländische Recht von Amts wegen zu berücksichtigen ist[108]. Denn anderenfalls wäre eine Amtsermittlungspflicht sowie die Bestimmung des Art. 15 D.i.p. entbehrlich, nach der das ausländische Recht

---

[106] *Pesce*, RIW 1995, S. 977, 980; *Winkler*, Jhb.f.ital.R. Bd. 4 (1991), S. 101, 104.

[107] Vgl. in diesem Sinne auch die Übersetzungen von *Walter* in ZZP 109 (1996), S. 3, 6, u. *Jayme* in SZIER 1996, S. 279, 283; *ders.*, IPRax 1996, S. 356, 358.

[108] *Carbone*, Riv.dir.int.priv.proc. 31 (1995), 960, 961 ff.; *Broggini*, SZIER 1996, S. 1, 17 f.; *Giardina*, Rev.crit.dr.int.pr. 85 (1996), 1, 13 f.; vgl. Erläuterungen zum Reformentwurf in Riv.dir.int.priv.proc. 25 (1989), 932-985 (953).

insbesondere im Sinne der eigenen, aktuellen Kriterien der Auslegung anzuwenden ist[109].

3. Die Folgen für die Ermittlung und das Europäische Rechtsauskunftsübereinkommen

Mit Art. 14 Abs. 1 D.i.p. haben neben der Zuweisung der Ermittlungsaufgabe erstmals die verschiedenen Erkenntnisquellen einen gesetzlichen Niederschlag gefunden. Auch wenn das Europäische Rechtsauskunftsübereinkommen keine ausdrückliche Erwähnung findet, lenkt der Begriff der internationalen Konventionen den Blick in erster Linie auf dieses multilaterale Abkommen[110]. Die gesetzliche Bezugnahme könnte damit durchaus zu einer vermehrten Nutzung des Übereinkommens seitens der italienischen Gerichte führen.

Art. 14 Abs. 1 Satz 2 D.i.p. ermöglicht dem Richter desweiteren, Auskünfte über das italienische Justizministerium zu beziehen. Dadurch hat die frühere Rechtspraxis eine gesetzliche Bestätigung erfahren, die sich zunächst in Analogie zu Art. 55 disp.att.cod.proc.pen. gebildet hat, wonach der Strafrichter das Justizministerium um Auskünfte über ausländische Gesetzestexte ersuchen kann[111]. Diese Praxis ist 1985 schließlich vom Kassationshof eingedämmt worden[112]. Einer zunehmenden Inanspruchnahme des Europäischen Übereinkommens wird die Auskunftserteilung durch das Justizministerium aber eher entgegenstehen. Denn es ist damit zu rechnen, daß nur die Anfragen weitergeleitet werden, die durch das Justizministerium selbst nicht beantwortet werden können. Darüber hinaus eröffnet Art. 14 Abs. 1 D.i.p. die Möglichkeit, spezialisierte Einrichtungen sowie sachverständige Personen über den Inhalt ausländischer Rechtssätze und ihre Anwendung auf den konkreten Fall zu befragen[113]. Dieser Hinweis wird zur Zeit noch als wenig hilfreich angesehen, da

---

[109] Art. 15 D.i.p. (*Interpretazione e applicazione della legge straniera*) „La legge straniera è applicato secondo i propri criteri di interpretazione e di applicazione nel tempo".

[110] *Carbone*, Riv.dir.int.priv.proc. 31 (1995), 960, 969; *Broggini*, SZIER 1996, S. 1, 18; *Walter*, ZZP 109 (1996), S. 3, 20.

[111] Art. 55 disp.att.cod.proc.pen. „L'autorità giudiziaria, a cui per ragioni di ufficio ocorre conoscere il testo di leggi straniere, può farne richiesta al Ministero di grazia e giustizia, indicandone il motivo"; Corte di Cassazione, Nr. 903 v. 23.2.1978, Riv.dir.int.priv.proc. 14 (1978), 814, 819; *Theiss*, S. 157 f.

[112] Corte di Cassazione, Nr. 2879 v. 9.5.1985, Riv.dir.int.priv.proc. 22 (1986), 924 f.; *Theiss*, S. 158.

[113] *Carbone*, Riv.dir.int.priv.proc. 31 (1995), 960, 969 f.; *Bartoli*, Riv.dir.int. priv.proc. 19 (1983), 333, 336.

infolge mangelnder Ermittlungspraxis ein etabliertes Gutachtenwesen fehlt[114]. Dennoch trägt die Erwähnung dazu bei, daß an der Zulässigkeit des Sachverständigenbeweises über Auslandsrecht keine Zweifel mehr bestehen[115]. Aus den vielseitigen Informationsmöglichkeiten in Art. 14 Abs. 1 D.i.p. wird gefolgert, daß die Wahl der Erkenntnismittel in das freie Ermessen des italienischen Richters gestellt ist[116].

4. Die Mitwirkung der Parteien

Sobald die Feststellung der rechtlichen Entscheidungsgrundlagen weder durch amtliche noch durch sonstige vom Richter angeordnete Maßnahmen möglich ist, wird als Ergänzung die Hilfe der Parteien angeführt. Die Mitwirkung der Parteien in Absatz 2 hat damit nur eine akzessorische Funktion erhalten[117]. In dem Reformentwurf aus dem Jahre 1989 blieb die Unterstützung durch die Parteien noch gänzlich unerwähnt[118]. Damit ist die Rechtsprechung des Kassationshofs zunächst vernachlässigt worden, der bereits in seiner grundlegenden Entscheidung aus dem Jahre 1959 auf die Zusammenarbeit, *collaborazione*, zwischen Richter und den Parteien hingewiesen hatte[119]. Im Anschluß daran erfuhr die Mitwirkung der Parteien als ein wichtiges und wesentliches Instrument zum Beweis ausländischen Rechts eine ungeteilte Zustimmung[120]. Vorgeschlagen wird darüber hinaus, die verweigerte Mitwirkung zum Nachteil der passiven Partei ausschlagen zu lassen, sofern es sich um Rechte handelt, die der Disposition der Parteien unterstehen[121]. Die subsidiäre Bezugnahme auf die Hilfe der Parteien in Art. 14 Abs. 2 D.i.p. scheint dem

---

[114] *Walter*, ZZP 109 (1996), S. 3, 21; *Thieme*, Jhb.f.ital.R. Bd. 8 (1995), S. 83, 154; *Theiss*, S. 155 f. u. 214.

[115] *Carbone*, Riv.dir.int.priv.proc. 31 (1995), 960, 970 m.w.N. in FN. 29; *Theiss*, S. 156.

[116] Erläuterungen zum Reformentwurf in Riv.dir.int.priv.proc. 25 (1989), S. 932-985 (953); *Carbone*, Riv.dir.int.priv.proc. 31 (1995), 960, 970.

[117] *Pesce*, RIW 1995, S. 977, 980; *Walter* ZZP 109 (1996), S. 3, 20; *Giardina*, Rev.crit.dr.int.pr. 85 (1996), 1, 14.

[118] Dort unter Art. 12 (*Conoscenza del diritto applicabile*) Reformentwurf, Riv.dir.int.priv.proc. 25 (1989), S. 932-985 (934).

[119] Corte di Cassazione, Nr. 1089 v. 13.4. 1959, Riv.dir.int. (1959), 620, 622.

[120] *Carbone*, Riv.dir.int.priv.proc. 31 (1995), 960, 970 f.; *Bartoli*, Riv.dir.int. priv.proc. 19 (1983), 333, 336; *Cappelletti*, Kolloquium MPI, S. 28, 35 f.; *Zajtay*, ZfRV 1971, S. 271, 275; *Brulliard*, J.C.P. 1973 I 2580, Nr. 28 a.E.; *Nagel*, IZPR, Rn. 464.

[121] *Carbone*, Riv.dir.int.priv.proc. 31 (1995), 960, 971.

allgemeinen Stellenwert der Beteiligung nicht hinreichend Rechnung zu tragen.

In der Praxis wird daher kaum angenommen, daß der Richter eine selbständige Ermittlung von Amts wegen noch für erforderlich hält, wenn die Parteien eine Urkunde über das ausländische Recht vorlegen, deren Gültigkeit und Inhalt unumstritten ist[122]. Auch die Anwendung ausländischen Rechts nach Maßgabe der im Ausland geltenden Auslegungs- und Anwendungskriterien i.S.d. Art. 15 D.i.p. steht dem nicht entgegen. Auf diese Weise soll nur sichergestellt werden, daß das Gericht die Grenze der einheimischen Rechtskultur überwindet, um schließlich der Gefahr zu begegnen, infolge der Rezeption ausländischen Rechts inländische Maßstäbe anzulegen[123].

5. Die Konsequenzen der Nichtermittelbarkeit

Läßt sich das einschlägige ausländische Recht trotz Beteiligung der Parteien nicht feststellen, so findet nach Art. 14 Abs. 2 D.i.p. zunächst das Recht Anwendung, welches über eine kollisionsrechtliche Ersatzanknüpfung berufen wird. Soweit Normen über Hilfsanknüpfungen vorhanden sind, ordnet Art. 14 Abs. 2 Satz 1 D.i.p. ihre Heranziehung an. In Ermangelung einer kollisionsrechtlichen Ersatzanknüpfung ist schließlich subsidiär italienisches Recht anzuwenden. Dem liegt die Auffassung zugrunde, daß die Anwendung der lex fori nur als ultima ratio zu erfolgen hat[124]. Die Nichtermittelbarkeit ausländischen Rechts entläßt den Richter damit nicht zwangsläufig aus der Auseinandersetzung mit einer ausländischen Rechtsordnung. Während eine derartige Lösung angesichts der Wahrung internationalprivatrechtlicher Vorstellungen besticht, wird sie jedoch mangels ausreichender Ersatzanknüpfungen eher der Ausnahmefall bleiben[125].

---

[122] *Pesce*, RIW 1995, S. 977, 980.

[123] *Pesce*, RIW 1995, S. 977, 980; *Carbone*, Riv.dir.int.priv.proc. 31 (1995), 960, 968; *Brauksiepe*, S. 146.

[124] Reformentwurf in Riv.dir.int.priv.proc. 25 (1989), S. 932-985 (953); *Carbone*, Riv.dir.int.priv.proc. 31 (1995), 960, 971; vgl. *Winkler*, Jhb.f.ital.R. Bd. 4 (1991), S. 101, 104.

[125] *Broggini*, SZIER 1996, S. 1, 18; vgl. *Walter*, ZZP 109 (1996), S. 3, 21.

6. Ausländisches Recht vor dem Kassationshof

Die Anwendung ausländischen Rechts durch die Tatsachengerichte unterlag bereits vor der Reform des italienischen IPR der Kontrolle durch den Kassationshof, wobei lediglich die richtige Anwendung überprüft werden konnte, nicht hingegen, ob die Vorinstanz ausreichende Ermittlungen angestellt hat[126]. Die Kontrolle der Anwendung ausländischen Rechts richtete sich insoweit nach dem Umfang der von den Instanzgerichten getroffenen Feststellungen[127]. Vor dem Hintergrund einer fehlenden Amtsermittlung erscheint dieses Ergebnis als folgerichtig.

Mit Einführung der Artt. 14 und 15 D.i.p. ist der italienische Richter aufgefordert, die einschlägigen ausländischen Vorschriften im Kontext der fremden Rechtsordnung zu interpretieren und ihre Ermittlung von Amts wegen vorzunehmen. Kommt das Gericht dieser gesetzlichen Aufforderung nicht nach, so stellt sein Vorgehen zugleich einen Verstoß gegen inländisches Gesetzesrecht dar. Um die Einhaltung der Amtsermittlungspflicht zu gewährleisten, wird man nunmehr auch die Ermittlung der rechtlichen Entscheidungsgrundlagen einer Überprüfung durch den Kassationshof unterstellen müssen. Anderenfalls ließe sich die Amtsermittlung ganz einfach aushöhlen, indem sich das Gericht durch einen geringen Ermittlungsaufwand seiner Pflicht sanktionslos entziehen könnte. Die Behandlung ausländischen Rechts durch den Kassationshof hat infolgedessen durch Artt. 14 und 15 D.i.p. sowohl eine Bestätigung als auch eine Erweiterung erfahren.

IV. Frankreich

In Frankreich hat die Rechtsprechung ihre traditionelle Zurückhaltung gegenüber ausländischem Recht abgebaut. Im Gegensatz zur langgeübten Rechtspraxis, die es im Sinne eines fakultativen Kollisonsrechts in das freie

---

[126] Corte di Cassazione S.U., Nr. 2205 v. 1.7.1968, Riv.dir.int.priv.proc. 5 (1969), 996, 1000; Corte di Cassazione, Nr. 2129 v. 19.10.1965, Riv.dir.int.priv.proc. 2 (1966), 365, 368; Corte di Cassazione, Nr. 1089 v. 13.4.1959, Riv.dir.int. (1959), 620; vgl. *Cappelletti*, Kolloquium MPI, S. 28, 39 f.

[127] Corte di Cassazione, Nr. 2879 v. 9.5.1985, Riv.dir.int.priv.proc. 22 (1986), 924, 925; *Theiss*, S. 189 u. 227; abweichend noch Corte di Cassazione, Nr. 486 v. 16.2.1966, Riv.dir.int. (1966), 408, 409 = Giur. it. 1966, I, 1403, 1413; *Bartoli*, Riv.dir.int.priv.proc. 19 (1983), 333, 339; *Campeis/dePauli*, S. 18.

Ermessen des Richters gestellt hat[128], ob er dem kollisionrechtlichen Auftrag folgt, hat das Gericht nunmehr im Grundsatz die französischen Kollisionsnormen zu beachten, auch ohne daß eine Partei die Anwendbarkeit ausländischen Rechts geltend macht.

1. Die Rechtsprechung zu Art. 12 Abs. 1 NCpc und deren Wirkung für die Anwendung ausländischen Rechts

Anlaß für die Rechtsprechungsänderung war einerseits die Klage einer Algerierin auf Feststellung der Vaterschaft ihrer minderjährigen Tochter[129], anderseits der Nachlaß eines in der Schweiz ansässigen Erblassers[130]. In beiden Fällen war die Vorinstanz mangels eines entsprechenden Parteivortrages der Verweisung des französischen IPR nicht gefolgt. Die klagende Mutter scheiterte an der Beweislastverteilung französischer Vorschriften, im anderen Fall führte die Anwendung französischen Rechts zur Unwirksamkeit einer Schenkung des Erblassers. Der Kassationshof entschied, daß das jeweilige ausländische Recht anstelle der lex fori anzuwenden gewesen wäre. Als Begründung wurde Art. 12 Abs. 1 Noveau Code de procédure civile[131] angeführt. Diese Vorschrift besagt, daß der Richter für seine Entscheidung die Rechtsnormen heranzieht, die auf die Streitigkeit anwendbar sind. Den in dieser Norm verwendeten Indikativ faßte der Kassationshof als Imperativ auf[132]. Er gelangte somit zu einer Pflicht des Gerichts, alle anwendbaren Rechtssätze zu berücksichtigen und den Rechtsstreit nach dem kollisionsrechtlich maßgeblichen Recht von Amts wegen zu prüfen[133].

---

[128] Cass.civ. 12.5.1959 (arrêt *Bisbal*), Rev.crit.dr.int.pr. 49 (1960) 62; Cass.civ. 2.3.1960 - (arrêt *Chemouny*), Rev.crit.dr.int.pr. 49 (1960) 97; krit.: *Evangelou*, IPRax 1987, S. 263 f.; *Hübner/Constantinesco*, Einführung, S. 243; *Staudinger/Sturm/Sturm* Einl zum IPR Rn. 192; allg. zum fakultativen Kollisionsrecht: vgl. *Flessner*, RabelsZ 34 (1970), 547, 582; *Koerner*, S. 4 ff.; *Reichert-Facilides*, S. 36.

[129] Cass.civ 11.10.1988 - (arrêt *Rebouh*) Rev.crit.dr.int.pr. 78(1989) 368 = J.C.P. 1989 II, 21327 mit Anm. *Courbe*; vgl. Art. 311-14 CC.

[130] Cass.civ. 18.10.1988 -(arrêt *Schule*) Rev.crit.dr.int.pr. 78(1989) 369 = Clunet 116 (1989) 350 mit Anm. *Alexandre*; *Schack*, Höchstrichterliche Entscheidungen IPR Nr. 10, S. 40 f.

[131] „Le juge tranche le litige conformément aux règles de droit qui lui sont applicables".

[132] *Hartley-Gaudemet-Tallon*, 45 I.C.L.Q. (1996), 271, 279; *Koerner*, S. 23 u. 34; vgl. *Ferrand*, ZEuP 1994, S. 126, 128.

[133] *Lequette*, L'abandon de la jurisprudence Bisbal, Rev.crit.dr.int.pr. 78 (1989), 277-339 (336) Nr. 53 f.; *Bureau*, L'application d'office de la loi etrangère, Clunet 117 (1990), 317, 330; *Hantel*, RabelsZ 55 (1991), S. 143, 151; *Schack*, IZVR, Rn. 654; *Reichert-Falicides*, S. 38.

In jüngeren Entscheidungen hat die Cour de cassation die Tragweite des 1988 eingeleiteten Rechtsprechungswandels jedoch eingeschränkt[134]. Eine Pflicht (*obligation*) des Richters zur amtswegigen Anwendung der Kollisionsnormen wird danach nur noch bei staatsvertraglichen Kollisionsnormen[135] angenommen und in den Fällen, in denen die streitigen Rechte nicht der Disposition der Parteien unterliegen[136]. Die Verfügbarkeit des Streitgegenstandes ist dabei auf Grundlage der lex fori zu beurteilen[137]. In diesem Zusammenhang sind Zweifel geäußert worden, ob in dem Fall, in dem die Parteien zwar über ihre Rechte frei verfügen können, aber zugleich staatsvertragliches Kollisionsrecht vorliegt, unter den Voraussetzungen des Art. 12 Abs. 4 NCpc noch die Möglichkeit eines Rückzugs auf die lex fori besteht[138]. Angesichts integrationspolitischer Wirkungen völkerrechtlicher Verträge wäre dies nur dann zulässig, soweit der Staatsvertrag selbst eine entsprechende Parteieinigung vorsieht und damit das Rechtsverhältnis der Disposition der Partei unterstellt[139].

Beruft sich keine Partei auf die Anwendung ausländischen Rechts und wird der Auslandsbezug im Prozeß auch nicht offenbar, so wird das Gericht in der Regel das maßgebliche ausländische Recht nicht von Amts wegen zur Anwendung bringen[140]. Soweit der Beibringungsgrundsatz gilt, steht einer richterlichen Ermittlung der Anknüpfungstatsachen Art. 7 Abs. 1 NCpc entgegen.

---

[134] Cass.civ. 4.12.1990 - (arrêt *Coveco*), Bull.civ. 1990 I Nr.272 = Rev.crit.dr.int.pr. 80 (1991) 558 = Clunet 118 (1991) 371; Cass.civ. 18.12.1990, J.C.P. 1992 II. 21824 Anm. *Ammar*, Cass.civ. 10.12.1991, Rev.crit.dr.int.pr. 81 (1992), 316, Anm. *H.Muir Watt*, Cass.civ. 18.11.1992, Rev.crit.dr.int.pr. 82 (1993) 276 = Clunet 120 (1993) 309.

[135] Cass.civ. 18.12.1990, J.C.P: 1992 II. 21824 Anm. *Ammar*, *Jayme*, Zum Stand des IPR in Europa, IPRax 1996, S. 65 zum EVÜ m.w.N.; *Batiffol/Lagarde*, Traité de Droit Internationale Privé, Bd.1, 8. Aufl. 1993, S. 534 f. u. 536; *Staudinger/Sturm/Sturm* Einl zum IPR Rn. 192.

[136] Cass.civ. 18.11.1992, Rev.crit.dr.int.pr. 82 (1993) 276 = Clunet 120 (1993) 309; *Ferrand*, ZEuP 1994, S. 126, 129; *Hartley-Gaudemet-Tallon*, 45 I.C.L.Q. (1996), 271, 279; *Batiffol/Lagarde*, Traité de Droit Internationale Privé, Bd.1, S. 534.

[137] *Reichert-Falicidis*, S. 39 f.

[138] Nach Art. 12 Abs. 4 NCpc kann der Richter die rechtliche Einordnung oder Grundlage nicht ändern, wenn die Parteien, soweit sie über ihre Rechte frei verfügen, durch ausdrückliche Einigung den Prozeß in rechtlicher Hinsicht verbindlich beschränkt haben; *Hartley-Gaudemet-Tallon/Lagarde*, 45 I.C.L.Q. (1996), 271, 279 f. u. 281.

[139] Cass.civ. 19.4.1988, Rev.crit.dr.int.pr. 78 (1989), 68; Cass.civ. 4.10.1989, Rev.crit.dr.int.pr. 79 (1990), 316; *Batiffol/Lagarde*, Traité de Droit Internationale Privé, Bd.1, S. 537; *Hartley-Gaudemet-Tallon*, 45 I.C.L.Q. (1996), 271, 279 f.; vgl. *Reichert-Facilides*, S. 40.

[140] *Hantel*, RabelsZ 55 (1991), S. 143, 146; *Bureau*, L'application d'office de la loi etrangère, Clunet 117 (1990), 317, 347.

Nach Art. 8 NCpc kann der Richter aber darauf hinwirken, daß sich die Parteien über alle erheblichen Tatsachen erklären[141].

In Anbetracht der zunehmenden Anzahl staatsvertraglicher Kollisionsnormen wird der französische Richter grundsätzlich eher als verpflichtet denn als berechtigt angesehen, ausländisches Recht anzuwenden[142].

2. Die Verteilung der Ermittlungsaufgabe

Die Rechtsprechung zur amtswegigen Beachtung der Kollisionsnormen hat sich zugleich auf die Aufgabenverteilung bei der Ermittlung des einschlägigen Auslandsrechts ausgewirkt. Der Kassationshof hat die Ermittlungsaufgabe mit der amtswegigen Feststellung der berufenen Rechtsordnung verknüpft[143]. Das betrifft sowohl die Verfahren, in denen der Streitgegenstand der Verfügungsbefugnis der Parteien entzogen ist, als auch jene, welche aufgrund von Staatsverträgen kollisionsrechtlich einer Regelung unterworfen sind. Selbst wenn sich eine Partei auf die Anwendung ausländischen Rechts beruft, ist das Gericht danach nur dann verpflichtet, den Inhalt des anwendbaren Rechts zu ermitteln, soweit es die Kollisionsnormen von Amts wegen berücksichtigen muß[144]. In den übrigen Fällen müssen die Parteien weiterhin neben der Geltendmachung der Anwendbarkeit desgleichen den Inhalt ausländischen Rechts nachweisen.

Bereits vor dem Rechtsprechungswandel im Jahre 1988 nahm der Kassationshof zur Verantwortung für die Inhaltsermittlung und ihren Folgen einen differenzierten Standpunkt ein. Während die lex fori Anwendung fand, sobald sich der Inhalt ausländischen Rechts generell nicht ermitteln ließ, sollte das Klagebegehren abgewiesen werden, wenn bestimmte Regelungen des fremden Rechts nicht nachgewiesen wurden[145]. Die Beweislast oblag jeweils dem Klä-

---

[141] „Le juge peut inviter les parties à fournir les explications de fait qu'il estime nécessaires à la solution du litige"; vgl. als Parallelvorschrift Art. 13 NCpc das anwendbare Recht betreffend; dazu *Brulliard*, J.C.P. 1973 I 2580, Nr. 25.

[142] *Jayme*, Zum Stand des IPR in Europa, IPRax 1996, S. 65; *Koerner*, S. 29; *Reichert-Facilides*, S. 41; vgl. *Staudinger/Sturm/Sturm* Einl zum IPR Rn. 186.

[143] Cass.civ. 5.11.1991 - (arrêt *Masson*), Rev.crit.dr.int.pr. 81 (1992), 314 mit Anm. *H. Muir Watt*.

[144] Cass.civ. 5.11.1991, Rev.crit.dr.int.pr. 81 (1992), 314; *Ferrand*, ZEuP 1994, S. 126, 132; vgl. Cass.civ. 18.10.1988, Rev.crit.dr.int.pr. 78 (1989), 369 = Clunet 116 (1989), 349; *Lequette*, L'abandon de la jurisprudence Bisbal, Rev.crit.dr.int.pr. 78 (1989), 277(336); *Herzfelder*, RIW 1990, S. 354, 357; *Hantel*, RabelsZ 55 (1991), S. 143, 151; *Schack*, IZVR, Rn. 654.

[145] Cass.civ. 24.1.1984 - (arrêt *Thinet*), Rev.crit.dr.int.pr. 74 (1985), 89 = Clunet 111 (1984) 874 ; vgl. *Koerner*, S. 68.

IV. Frankreich 51

ger, auch wenn dieser französisches Recht entscheiden lassen wollte und sich lediglich der Beklagte auf die Anwendung ausländischen Rechts berief[146]. Danach mußte grundsätzlich der Kläger den Inhalt der ausländischen Entscheidungsgrundlagen beweisen, um seinen Anspruch zu rechtfertigen[147]. In der Praxis stellte dies einen Anreiz für die betroffene Partei dar, zum ausländischen Recht ausführlich Stellung zu nehmen, während die beklagte Partei den Einwand der Anwendbarkeit ausländischen Rechts unter Umständen als Mittel der Prozeßverzögerung einsetzen konnte[148].

In seinem jüngeren Urteil hat der Kassationshof zwar an der Aufgabenverteilung bei der Auslandsrechtsermittlung zwischen dem Gericht und den Parteien festgehalten, im Hinblick auf die Zuweisung der Beweislast weicht er jedoch von seinem ursprünglichen Ansatz entscheidend ab. Nunmehr trägt die Partei die Beweislast, die sich auf die Anwendung ausländischen Rechts beruft[149]. Sie muß beweisen, daß das Auslandsrecht zu einem anderen Ergebnis führt als die Anwendung des französischen Rechts. Anderenfalls - in Ermangelung eines derartigen Beweises oder einer Geltendmachung der Anwendbarkeit ausländischen Rechts - findet die lex fori Anwendung. Im Unterschied zu dem früheren Ansatz muß nun nicht mehr differenziert werden zwischen der allgemeinen Nichtermittelbarkeit, die eine Anwendung der lex fori nach sich zog, und dem mißlungenen Nachweis, der zur Klageabweisung führte[150]. In Anbetracht der Tatsache, daß den Parteien die Verantwortung für die Inhaltsermittlung nur insoweit obliegt, als sie über ihre Rechte frei verfügen können und die Anwendung ausländischen Rechts nicht durch staatsvertragliche Kollisionsnormen vorgegeben ist, läßt sich die Bezugnahme auf die lex fori in die Zuweisung der Ermittlungsaufgabe interessengerecht einfügen[151].

Im Hinblick auf die Fälle, in denen die Parteien zwar über den Streitgegenstand frei verfügen können, jedoch zugleich völkerrechtliche Abkommen betroffen sind, werden Bedenken geäußert, ob das Gericht ausländisches Recht

---

[146] Cass.civ. 25.5.1948 - (arrêt *Lautour*), Rev.crit.dr.int.pr. 38 (1949), 89= J.C.P. 1948 II. 4532; Cass.civ. 24.1.1984 - (arrêt *Thinet*), Rev.crit.dr.int.pr. 74 (1985), 89: „La charge de la preuve de la loi étrangère pèse sur la partie dont la prétention est soumise à cette loi et non sur celle qui l'invoque, fût-ce à l'appui d'un moyen de défence"; *Alexandre*, Les problèmes actuels, S. 11, 23 f. Nr. 35-36.

[147] Cass.civ. 15.6.1982 - (arrêt *Dame Moatty*) Rev.crit.dr.int.pr. 72 (1983), 300; *Brauksiepe*, S. 43.

[148] *Hartley-Lagarde*, 45 I.C.L.Q. (1996), 271, 280.

[149] Cass.com. 16.11.1993 - (arrêt *Amerford*), Rev.crit.dr.int.pr. 83 (1994), 332, mit Anm. *Lagarde*; so schon *O'Malley/Layton*, European Civil Practice, Rn. 50.54.

[150] Vgl. *Hartley-Lagarde*, 45 I.C.L.Q. (1996), 271, 281.

[151] *Lagarde* Anm. zu Cass.com. 16.11.1993 - (arrêt *Amerford*), Rev.crit.dr.int.pr. 83 (1994), 338 f.; *Hartley-Lagarde*, 45 I.C.L.Q. (1996), 271, 281.

für anwendbar erklären kann, obwohl sich keine Partei auf dieses berufen hat[152]. Infolgedessen sei es unklar, ob sich das Gericht bei Fehlen eines entsprechenden Nachweises auf die lex fori zurückziehen kann oder selbst von Amts wegen den Inhalt des ausländischen Rechts ermitteln muß.

Diese Bedenken lassen sich mit Blick auf die gewonnenen Erkenntnisse auflösen, da das Gericht, sofern staatsvertragliches Kollisionsrecht vorliegt, dem Verweisungsbefehl grundsätzlich folgen und daher von Amts wegen ausländisches Recht ermitteln muß. In Ermangelung eines geeigneten Nachweises über den Inhalt des maßgeblichen Auslandsrechts wird französisches Recht Anwendung finden.

Eine andere Frage wirft die Situation auf, in der das Gericht nicht verpflichtet ist, ausländisches Recht anzuwenden, jedoch entsprechend verfahren möchte. Fraglich erscheint, ob die Feststellung der rechtlichen Entscheidungsgrundlagen dann einer amtswegigen Ermittlung zu unterstellen ist[153]. In dem Fall wäre es konsequent, die Verantwortung für die Inhaltsermittlung auch auf das Gericht übergehen zu lassen, doch wurde diese Position durch die Rechtsprechung bislang noch nicht bestätigt[154].

3. Die Erkenntnismittel zur Feststellung ausländischen Rechts

Obgleich die Cour de cassation ausländisches Recht nicht mehr ausdrücklich als Tatsache (*élément de fait*) bezeichnet[155], folgt die Art und Weise der Ermittlung weitgehend den Regeln des Tatsachenbeweises[156]. Dazu kann grundsätzlich jedes Erkenntnismittel benutzt werden, während das Gericht in

---

[152] *Hartley-Lagarde*, 45 I.C.L.Q. (1996), 271, 281.

[153] *Hartley-Lagarde*, 45 I.C.L.Q. (1996), 271, 281.

[154] Cass.civ. 5.10.1994 - (arrêt *Société. Damart*), Rev.crit.dr.int.pr. 84 (1995), 60, mit Anm. *Bureau*; vgl. *Hartley-Lagarde*, 45 I.C.L.Q. (1996), 271, 281.

[155] Die Cour de cassation behandelte ausländisches Recht ursprünglich als „*du fait*" (Tatfrage), um es den allgemeinen Beweisgrundsätzen zu unterstellen, nach denen die Parteien die Tatsachen beibringen und damit beweisen müssen; dazu krit. *Zajtay*, Stellung des ausländischen Rechts im franz. IPR, S. 16, 30 ff.; *ders.*, Kolloquium MPI, S. 15, 16; *ders.* in Int.Enc.Comp.L. Vol. III: IPR (1970), S. 3, 5, u. in ZfRV 1971, S. 279, 280; *Ferrand*, ZEuP 1994, S. 126, 129 und 133; *Hantel*, RabelsZ 55 (1991), S. 143, 149; *Brulliard*, J.C.P. 1973 I 2580, Nr. 9; *Brauksiepe*, S. 40 f.; *Koerner*, S. 29 u.68 f.; vgl. *Schnyder*, Anwendung, S. 44.

[156] *Alexandre*, Les problèmes actuels, S. 11, 25 Nr. 39; *Ferrand*, ZEuP 1994, S. 126, 132; *Hartley-Kessedjian*, 45 I.C.L.Q. (1996), 271, 281; *Hübner/Constantinesco*, Einführung, S. 243; *Koerner*, S. 66.

IV. Frankreich 53

der Würdigung frei ist[157]. In Betracht kommt eine Bezugnahme auf ausländische Gesetzestexte, richterliche Entscheidungen oder Schrifttumshinweise[158]. Der Richter kann zwar im Zuge übereinstimmender sowie zugestandener Behauptungen den Inhalt ausländischen Rechts als erwiesen ansehen, ist darüber hinaus aber nicht an die Erklärungen gebunden, sondern kann durchaus sein Wissen und eigene Ermittlungen zugrunde legen[159]. Daraus wird gefolgert, daß weder ein Geständnis (*aveu*) über den Inhalt der rechtlichen Entscheidungsgrundlagen möglich noch der Eid (*serment*) zulässig sei[160]. Auch wenn der inhaltlich übereinstimmende Parteivortrag keine bindende Wirkung auslöst, wird der unbestrittene Vortrag in der Regel aber als eine Vermutung für den dargelegten Inhalt angesehen[161]. Bei eigenen Ermittlungen muß das Gericht den Parteien unter Beachtung des Prinzips der *contradiction* hinreichend Gelegenheit geben, zur Anwendung und Auslegung des maßgeblichen Rechts Stellung zu nehmen[162].

In der Praxis wird der Nachweis ausländischen Rechts größtenteils über die *certificats de coutume* geführt[163]. Diese sind als Beweismittel ansonsten nicht vorgesehen. *Certificats de coutume* sind Zeugnisse, die von Privatpersonen, entweder ausländischen Juristen oder französischen Auslandsrechtsexperten, angefertigt werden. Sie werden schriftlich erteilt und enthalten abstrakte Auskünfte über das ausländische Recht. Dazu führen sie in der Regel den entspre-

---

[157] *Batiffol/Lagarde*, Traité de Droit Internationale Privé, Bd.1, S. 542; *Ferrand*, ZEuP 1994, S. 126, 132; *O'Malley/Layton*, European Civil Practice, Rn. 50.54; *Zajtay*, Kolloquium MPI, S. 15, 20; *Koerner*, S. 66.

[158] *Alexandre*, Les problème actuels, S. 11, 26 Nr.40; *Brulliard*, J.C.P. 1973 I 2580, Nr. 8; *Hartley-Kessedjian*, 45 I.C.L.Q. (1996), 271, 282; *O'Malley/Layton*, European Civil Practice, Rn. 50.54; Brauksiepe, S. 64.

[159] *Brulliard*, Rev.int.dr.comp. 25 (1973), S. 389, 390; ders., J.C.P. 1973 I 2580, Nr. 12; *Batiffol/Lagarde*, Traité de Droit Internationale Privé, Bd.1, S. 541f.; *Alexandre*, Les problèmes actuels, S. 11, 25 Nr. 38; *Hartley-Kessedjian*, 45 I.C.L.Q. (1996), 271, 282; *O'Malley/Layton*, European Civil Practice, Rn. 50.54; *Nagel*, IZPR, Rn. 462; a.A. noch *Brauksiepe*, S. 41.

[160] Cass.civ. 30.3.1966, Bull.civ. 1966 I Nr. 219 = Rev.crit.dr.int.pr. 56 (1967), 705; *Koerner*, S. 66; *Brauksiepe*, S. 63.

[161] Cass.com. 13.11.1968, Bull.civ. 1968 IV Nr. 318; *Koerner*, S. 66.

[162] Vgl. Section VI, insb. Art. 16 NCpc; Cass.civ. 4.4.1978, Rev.crit.dr.int.pr. 68 (1979), 88; *Batiffol/Lagarde*, Traité de Droit Internationale Privé, Bd.1, S. 540; *Brulliard*, J.C.P. 1973 I 2580, Nr. 12; *Schnyder*, Anwendung, S. 44.

[163] Zeugnis über die Gewohnheit, Bescheinigung über ein im Ausland geltendes Recht; *Brulliard*, Rev.int.dr.comp. 25 (1973), S. 389, 390; ders., J.C.P. 1973 I 2580, Nr. 9 f.; *Batiffol/Lagarde*, Traité de Droit Internationale Privé, Bd.1, S. 542; *Alexandre*, Les problèmes actuels, S. 11, 26 Nr. 40; *Evangelou*, IPRax 1987, S. 263, 264.

chenden Gesetzestext und den Stand der Rechtsprechung an[164]. Überwiegend bestehen sie jedoch nur aus der kurzen Mitteilung und Übersetzung von Rechtsnormen[165]. Ihr Beweiswert entspricht dem einer einfachen Auskunft, selbst wenn sie von maßgebender Seite, *d'une personnalité compétente*, erteilt werden[166]. Soweit sich die von den Parteien dargelegten *certificats de coutume* als widersprüchlich erweisen, muß sich der Richter über den Wert der Auskünfte deutlich aussprechen[167]. Anderenfalls setzt er sich der Gefahr aus, daß seine Entscheidung wegen mangelnder gesetzlicher Grundlage, *défaut de base légale*, vom Kassationshof aufgehoben wird[168].

In der Regel werden die *certificats de coutume* von den Parteien über Korrespondenzanwälte im Ausland beschafft[169]. Sie können aber auch nach Art. 10 i.V.m. Art. 143 NCpc von den Gerichten angefordert werden[170]. Trotz ihrer häufigen Verwendung wird den *certificats de coutume* teilweise kritisch entgegengebracht, daß sie als abstrakte Antworten wenig hilfreich und nicht zuverlässig seien, da die Sachkunde und Unabhängigkeit des Befragten weitgehend im Dunkeln blieben[171].

Für den Richter besteht darüber hinaus die Möglichkeit, nach Maßgabe des Art. 232 NCpc das Erkenntnismittel des Sachverständigen zu wählen. Danach

---

[164] Cass.civ. 17.6.1958, J.C.P. 1958 IV., 113; *Brulliard*, J.C.P. 1973 I 2580, Nr. 10; *Koerner*, S. 67; *Brauksiepe*, S. 64.

[165] *Brulliard*, Rev.int.dr.comp. 25 (1973), S. 389, 390; *Ferid*, IPR § 4-93, S. 156; *Kegel*, FS Nipperdey 1965, S. 453, 463.

[166] Cour d'appel d'Aix 10.11.1947, Rev.crit.dr.int.pr. 37 (1948), 275; *Zajtay*, Kolloquium MPI, S. 15, 20; *ders.*, Int.Enc.Comp.L. Vol. III: IPR (1970), S. 3, 17; *Batiffol/Lagarde*, Traité de Droit Internationale Privé, Bd.1, S. 542; *Brausiepe*, S. 64.

[167] Cass.civ. 4.4.1978, Rev.crit.dr.int.pr. 68 (1979), 88; *Hartley-Kessedjian*, 45 I.C.L.Q. (1996), 271, 282; *Batiffol/Lagarde*, Traité de Droit Internationale Privé, Bd.1, S. 542; *Zajtay*, Kolloquium MPI, S. 15, 20.

[168] Vgl. Art. 604 NCpc; Cass.civ 26.4.1950, Rev.crit.dr.int.pr. 39 (1950), 429; Cass.civ 10.10.1978, Rev.crit.dr.int.pr. 68 (1979), 775; *Zajtay*, Kolloquium MPI, S. 15, 20; *Alexandre*, Les problème actuels, S. 11, 32 Nr. 61: *contrôle des motifs*.

[169] *Brulliard*, J.C.P. 1973 I 2580, Nr.10 f.

[170] Art. 10 NCpc: „Le juge a le pouvoir d'ordonner d'office toutes les mesures d'instruction légalement admissbles"; Art. 143 NCpc: „Les faits dont dépend la solution du litige peuvent, à la demende des parties ou d'office, être l'objet de toute mesure d'instruction légalement admissble"; *Alexandre*, Les problèmes actuels, S. 11, 26 Nr. 40; *Koerner*, S. 67.

[171] *Batiffol/Lagarde*, Traité de Droit Internationale Privé, Bd.1, S. 541; *Brulliard*, Rev.int.dr.comp. 25 (1973), S. 389, 390; *ders.*, J.C.P. 1973 I 2580, Nr.10 f. u. 22; *Zajtay*, Kolloquium MPI, S. 15, 19; *ders.* in Diskussion, Kolloquium MPI, S. 188; *ders.*, Int.Enc.Comp.L. Vol. III: IPR (1970), S. 3, 17; *Kegel*, Generalreferat Kolloquium MPI, S. 157, 171; *Zweigert*, RabelsZ 37 (1973), S. 435, 449.

kann sowohl die Erstellung einer *expertise* angeordnet werden als auch die Befragung und Anhörung eines Sachverständigen[172]. Zum Teil werden Befürchtungen geäußert, daß der Richter dadurch die Auseinandersetzung mit dem ausländischen Recht vollständig auf den Sachverständigen übertragen könnte, soweit dieser zugleich juristische Schlußfolgerungen für den konkreten Fall ziehen würde[173]. Dem stünde allerdings Art. 238 Abs. 3 NCpc entgegen, der es dem Sachverständigen verwehrt, eigene juristische Schlußfolgerungen vorzunehmen[174]. In der Praxis wird von der Befragung von Auslandsrechtsexperten im Rahmen der *consultation* sowie der Erstellung von Gutachten hingegen wenig Gebrauch gemacht[175].

4. Das Europäische Rechtsauskunftsübereinkommen

Dem Europäischen Rechtsauskunftsübereinkommen wird angesichts der Ähnlichkeit mit den *certificats de coutume* vom deutschen Schrifttum vielfach ein hoher Stellenwert in Frankreich eingeräumt[176]. Die geringe Inanspruchnahme spricht jedoch dagegen[177]. Im Zuge der Ausstattung des Richters mit mehr Einflußmöglichkeiten durch die Reform des französischen Zivilprozeßrechts[178] wurde das Übereinkommen zunächst als ein Mittel betrachtet, das die Unabhängigkeit des Gerichts gegenüber den beigebrachten *certificats de coutume* erhöht[179]. Damit wurde zugleich die Hoffnung verbunden, objektive sowie authentische Auskünfte zu erhalten[180], die Zusammenarbeit zwischen Ge-

---

[172] *Batiffol/Lagarde*, Traité de Droit Internationale Privé, Bd.1, S. 541; *O'Malley/Layton*, European Civil Practice, Rn. 50.54; vgl. schon *Brulliard*, J.C.P. 1973 I 2580, Nr. 9; *ders.*, Rev.int.dr.comp. 25 (1973), S. 389, 390 f.

[173] *Alexandre*, Les problème actuels, S. 11, 26 Nr. 40; *Koerner*, S. 67.

[174] Art. 238 Abs. 3 NCpc: „Il ne doit jamais porter d'appreciations d'ordre juridique".

[175] *Brulliard*, J.C.P. 1973 I 2580, Nr. 9; *Evangelou*, IPRax 1987, S. 263, 264; *Küster*, S. 20.

[176] *Stein/Jonas-Leipold* § 293 ZPO Rn. 81; *Küster*, S. 20 f.

[177] *Alexandre*, Les problème actuels, S. 11, 26 Nr. 40 gibt nach Auskunft des zuständigen *Bureau de Droit européen et international, Ministère de la Justice*, die durchschnittliche Anzahl der jährlichen Ersuchen mit 4 an.

[178] *Brulliard*, J.C.P. 1973 I 2580, Nr. 25; vgl. allg. *Hübner/Constantinesco*, Einführung, S. 228 f.; zur alten Rechtslage Brauksiepe, S. 40 f.

[179] *Brulliard*, J.C.P. 1973 I 2580, Nr. 28; vgl. *ders.*, Rev.int.dr.comp. 25 (1973), S. 389, 391 u. 396 auf die Verbesserung der Qualität abstellend.

[180] *Brulliard*, Rev.int.dr.comp. 25 (1973), S. 389, 395; *ders.*, J.C.P. 1973 I 2580, Nr. 27.

richt und Parteien fördern zu können[181] und sich von der Lehre des fakultativen Kollisionsrechts zu lösen[182]. Die Richter und Anwälte könnten schließlich mit Hilfe des Übereinkommens häufiger zur Berücksichtigung des kollisionsrechtlichen Auftrages gelangen[183]. Tatsächlich spielt das Übereinkommen bei der Ermittlung ausländischen Rechts in Frankreich nur eine untergeordnete Rolle. Diese schreibt man sowohl der Unkenntnis vieler Richter zu als auch der Dauer des Verfahrens[184]. Eine weitere Ursache kann darin liegen, daß das für die Übermittlung zuständige Ministerium selbst über eine umfangreiche Dokumentation verfügt[185].

5. Ausländisches Recht vor der Cour de Cassation

Grundsätzlich eröffnet die unrichtige Anwendung ausländischen Rechts keinen *pourvoi* zum Kassationshof. Mit Blick auf die tatsachenähnliche Behandlung beschränkt sich eine inhaltliche Überprüfung auf die Fälle, die sich in Analogie zur Lehre der *dénaturation* herausgebildet haben[186]. Danach gibt die Cour de Cassation einer auf Verletzung ausländischen Rechts gestützten Beschwerde nur statt, soweit der klare und eindeutig ermittelte Sinn einer ausländischen Rechtsnorm verkannt oder entstellt ist[187]. In der Praxis sind derartige Entscheidungen jedoch äußerst selten[188].

---

[181] *Brulliard*, J.C.P. 1973 I 2580, Nr. 28 a.E.

[182] *Brulliard*, J.C.P. 1973 I 2580, Nr. 29.

[183] *Brulliard*, Rev.int.dr.comp. 25 (1973), S. 389, 396; *ders.*, J.C.P. 1973 I 2580, Nr. 30.

[184] *Batiffol/Lagarde*, Traité de Droit Internationale Privé, Bd.1, S. 542; *Hartley-Kessedjian*, 45 I.C.L.Q. (1996), 271, 282; *Alexandre*, Les problème actuels, S. 11, 26 Nr. 40; *Koerner*, S. 67.

[185] *Alexandre*, Les problème actuels, S. 11, 26 Nr. 40 u. 63, erwähnt insbesondere das Recht der ehemaligen Mittelmeerkolonien.

[186] *Alexandre*, Les problème actuels, S. 11, 31 Nr. 57-59; *Hartley-Kessedjian*, 45 I.C.L.Q. (1996), 271, 282.

[187] Cass.civ. 21.11.1961, Rev.crit.dr.int.pr. 51 (1962), 329 = Clunet 89 (1962) 686; Cass.civ. 2.2.1982, Rev.crit.dr.int.pr. 71 (1982), 706; *Ponsard*, La pratique judiciare, S. 34, 36; vgl. *Nagel*, IZPR, Rn. 462.

[188] *Alexandre*, Les problème actuels, S. 11, 31 Nr. 59; *Hartley-Kessedjian*, 45 I.C.L.Q. (1996), 271, 282.

V. England

Das englische Zivilverfahren unterscheidet sich wesentlich von dem kontinentalen Prozeßverständnis. Da dem englischen Zivilverfahrensrecht der Grundsatz „iura novit curia" unbekannt ist, obliegt es den Anwälten, sogar Präjudizien zum inländischen Recht selbst vorzutragen[189]. Ursächlich dafür ist das „adversary system" des englischen Verfahrens, das dem Richter grundsätzlich eine passive Rolle zuweist[190]. Dies bleibt nicht ohne Auswirkung auf die Aufgabenverteilung bei der Ermittlung ausländischen Rechts.

1. Die Behandlung ausländischen Rechts

In einem Fall mit Auslandsberührung muß zunächst die Anwendbarkeit der ausländischen Rechtsordnung von einer Partei bereits in ihrem *pleading* behauptet werden[191]. In Ermangelung eines derartigen Vorbringens findet englisches Sachrecht Anwendung[192]. Ausländisches Recht gilt im Rahmen dessen als „question of fact of a peculiar kind"[193]. Dem liegt die Ansicht zugrunde, daß die Ermittlung weitgehend den Regeln der Tatsachenfeststellung folgt. Das einschlägige Auslandsrecht bedarf daher im Prozeß grundsätzlich des

---

[189] *Graef*, ZVglRWiss 95 (1996), S. 92, 98; *Keller/Siehr* IPR, § 38 I.2.b), S. 496 f.; *Küster*, S. 5.

[190] *Kessel*, ZVglRWiss 92 (1993), S. 395, 397; *Graef*, ZVglRWiss 95 (1996), S. 92, 97 u.106.

[191] Supreme Court Practice (1995), Vol.1, R.S. C. Ord.18 r.8 Rn. 8; *O'Malley/Layton*, European Civil Practice, Rn. 9.04; *Schlesinger*, RabelsZ 27 (1962/63), S. 54, 57; *Brauksiepe*, S. 60.

[192] *The King of Spain v. Machado* (1827) E.R. 38, 790; *Lloyd v. Guibert* (1865) 1 Q.B., 115, 129; *Nouvelle Banque de l'Union v. Ayton* (1891) 7 T.L.R., 377; *Re A/S Tank of Oslo and Agence Strauss* (1940) 1 All E.R., 40, 42; *Re Parana Planatations Ltd.* (1946) 2 All E.R., 214, 217f.; *Hartley*, 45 I.C.L.Q. (1996), 271, 283; *Fentiman*, L.Q.R. Vol.108 (1992), 142, 148; *O'Malley/Layton*, European Civil Practice, Rn. 9.05; *Kessel*, RIW 1996, S. 293, 295; *Staudinger/Sturm/Sturm* Einl zum IPR Rn. 190; anders bei Verfahren der freiwilligen Gerichtsbarkeit, dazu *Reichert-Facilides*, S. 34 f.; *Schmitthoff* in Diskussion, Kolloquium MPI, S. 185.

[193] *Parakasho v. Singh* (1968) P., 233, 250; *Dalmia Dairy Industries Ltd. v. National Bank of Pakistan* (1978) 2 Loyd's Rep., 223, 286; *Bumper Corpn. v. Comr of Police of Metropolis* (1991) 1 W.L.R., 1362, 1370; *Hartley*, 45 I.C.L.Q. (1996), 271, 284; *Fentiman*, L.Q.R. Vol.108 (1992), 142, 145; *O'Malley/Layton*, European Civil Practice, Rn. 9.03.

Beweises durch die Partei, die sich auf die Anwendung ausländischen Rechts beruft[194].

In Anbetracht des Tatsachencharakters lag die Entscheidungkompetenz über das Vorliegen ausländischen Rechts ursprünglich bei der Jury, soweit sie an dem Verfahren beteiligt war[195]. Infolge von Änderungen der Verfahrensregeln ausgehend vom *Administration of Justice Act* von 1920 entscheidet jetzt allein der Richter über den erwiesenen Inhalt ausländischer Rechtssätze[196]. Falls die Parteien in ihren Ausführungen, *pleadings*, auf die Darlegung ausländischen Rechts verzichten, ist es dem Richter verwehrt, sein persönliches Wissen in den Prozeß einzubringen oder sogar selbständige Nachforschungen anzustellen[197]. Der englische Richter holt infolgedessen nicht von Amts wegen private oder amtliche Auskünfte ein[198]; es sei denn, ein spezielles Gesetz erfordert die besondere Kenntnisnahme durch das Gericht (*judicial notice*)[199].

Die Anwendung englischen Rechts und damit die Notwendigkeit eines Vorbringens durch die Parteien wird jedoch in dem Fall abgelehnt, in dem der Inhalt ausländischen Rechts als gerichtsbekannt gelten kann, wie die Gesetzmäßigkeit des Roulettespiels in Monte Carlo[200]. Eine weitere Besonderheit findet sich in Verfahren des *summary judgement* unter der Ord.14 R.S.C., wonach die Anwendung der lex fori anstelle des fremden Rechts ausgeschlossen ist. In derartigen Fällen wird bei fehlenden Beweisen über den Inhalt ausländi-

---

[194] *Ascherberg v. Casa Musicale Sonzogno* (1971) 1 W.L.R., 173; *Hartley*, 45 I.C.L.Q. (1996), 271, 282 f.; *Fentiman*, L.Q.R. Vol.108 (1992), 142, 146; *Kessel*, ZVglRWiss 92 (1993), S. 395, 416; ders., RIW 1996, S. 293, 295; *Bülow/Böckstiegel/Geimer/ Schütze- Schütze* Bd. III, 1156-10; *Schack*, IZVR, Rn. 651.

[195] *Hartley*, 45 I.C.L.Q. (1996), 271, 284.

[196] Administration of Justice Act, 1920 (in statutes 1920 ch. 81), s.15.; Supreme Court Act, 1981 (II ch.54), s.69(5): für den High Court; County Courts Act, 1984 (I ch.28), s.68: für die county courts.

[197] *Di Sora v. Phillipps* (1863) 10 H.L.C., 624, 640; *Bumper Corpn. v. Comr of Police of Metropolis* (1991) 1 W.L.R., 1362, 1370.

[198] *O'Malley/Layton*, European Civil Practice, Rn. 9.09; *Hartley*, 45 I.C.L.Q. (1996), 271, 283 Note 59. u. 284; *Nagel*, IZPR, Rn. 459; ohne eine Beweiserhebung wandte des Gericht in *Re Cohn* (1945) Ch.5 deutsches Recht an; *Dicey & Morris*, Vol.1, Rule 18, S. 228 f. m.w.N. in FN. 29: Kolonialrecht betreffend; *Schmitthoff*, Kolloquium MPI, S. 88, 97; vgl. *Brauksiepe*, S. 46; *Küster*, S. 5.

[199] Maintenance Orders Act 1950 s.22 (2): schottisches und nordirisches Recht; Civil Evidence Act 1972, ch.30 s.4.-(2); *Dicey & Morris*, Vol.1, Rule 18, S. 227; *O'Malley/Layton*, European Civil Practice, Rn. 9.11; *Schnyder*, Anwendung, S. 48.

[200] *Saxby v. Fulton* (1909) 2 K.B., 208, 211; vgl. *Harmann v. Konig* (1933) 50 T.L.R., 114, 117; *O'Malley/Layton*, European Civil Practice, Rn. 9.09; *Dicey & Morris*, Vol.1, Rule 18, S. 227; *Fentiman*, L.Q.R. Vol.108 (1992), 142, 147; *Schmitthoff*, Kolloquium MPI, S. 88, 97.

schen Rechts der Eilantrag in der Regel abgelehnt, ohne daß die Übereinstimmungsvermutung eingreift[201].

Nicht in jeder Hinsicht folgt die Feststellung fremden Rechts dementsprechend den Regeln des Tatsachenbeweises. Während der Beweis von Tatsachen nur selten einer Überprüfung durch die Rechtsmittelgerichte unterliegt, kann die Feststellung und Interpretation ausländischen Rechts durchaus zum Gegenstand eines *appeals* und damit einer inhaltlichen Kontrolle vor den *appellate courts* gemacht werden[202].

2. Der Einfluß internationaler Übereinkommen

Im übrigen sollen zwingende Vorschriften internationaler Abkommen, die einen Vertrag im entsprechenden Ausland für unzulässig erklären, grundsätzlich nicht über den Umweg der englischen Jurisdiktion umgangen werden können[203]. Dem liegen zwei Entscheidungen zugrunde, die jeweils Art. VIII 2 (b) des IWF-Abkommens betreffen. Sie führten dazu, daß die Gerichte, sobald sie von den im Ausland geltenden Konvertibilitätsbeschränkungen Kenntnis erlangten, die Anwendung englischen Rechts verweigerten und den Kläger aufforderten, die Gültigkeit des Vertrages nach ausländischem Recht zu beweisen. Mangels eines derartigen Nachweises haben die Gerichte daraufhin die Klagen abgewiesen[204]. Fraglich erscheint, ob ausländischem Devisenrecht angesichts des Art. VIII 2 (b) IWF-Abkommen nicht ein höherer Stellenwert

---

[201] *National Shipping Corporation v. Arab* (1971) 2 Lloyd's Rep., 363, 366 (L.J. *Buckley*: „it does not seem to [..] be satisfactory that the plaintiffs should obtain summary judgement in a case in which foreign law is clearly involved upon the basis of the presumption that the law of a foreign country is the same as English law except where evidence is adduced to show that it is different"); *Hartley*, 45 I.C.L.Q. (1996), 271, 287; *O'Malley/Layton*, European Civil Practice, Rn. 9.05.

[202] *Parakasho v. Singh* (1968) P., 233, 254; *Dalmia Dairy Industries Ltd. v. National Bank of Pakistan* (1978) 2 Loyd's Rep., 223, 286; vgl. *The Amazonia* (1989) 1 Lloyd's Rep., 403, 408; *Bumper Corpn. v. Comr of Police of Metropolis* (1991) 1 W.L.R., 1362, 1370; *Hartley*, 45 I.C.L.Q. (1996), 271, 284 f.; *O'Malley/Layton*, European Civil Practice, Rn. 9.03; *Fentiman*, L.Q.R. Vol.108 (1992), 142, 145; *Küster*, S. 6; a.A. noch *Brauksiepe*, S. 122.

[203] Art. VIII. 2.(b) des IWF-Abkommen (Bretton Woods) betreffend *United City Merchants Ltd. v. Royal Bank of Canada* (1983) 1 A.C., 168, 189 = (1982) 2 Lloyd's Rep., 1, 10, vgl. Vorinstanz (1982) Q.B., 208, 241 f.; *Singh Batra v. Ebrahim* (1982) 2 Lloyd's Rep., 11, 13 (Lord Denning M.R.); *Dicey & Morris*, Vol.2, Rule 210, S. 1597 ff.; *Reichert-Facilides*, S. 33.

[204] Vgl. *Hartley*, 45 I.C.L.Q. (1996), 271, 288; bzw. dem *appeal* aus anderen Gründen stattgegeben, vgl. *United City Merchants Ltd. v. Royal Bank of Canada* (1982) 2 Lloyd's Rep., 1, 10 f.

als sonstigem Auslandsrecht einzuräumen ist. Trotz dieses unbestreitbaren Ausnahmecharakters läßt sich daraus schließen, daß englische Gerichte regelmäßig an ausländische Verbotsgesetze gebunden sind, soweit internationale Konventionen vorsehen, Verträge als unwirksam zu behandeln, die nach Maßgabe des nationalen Rechts nichtig sind[205]. Ein derartiges Vorgehen setzt zugleich selbständige richterliche Ermittlungen voraus, die auf die Existenz ausländischer Verbote gerichtet sind, deren Anerkennung auf internationalen Verpflichtungen beruht. Die Selbstermittlung findet somit ihre Rechtfertigung darin, daß nur auf diesem Wege sowohl völkerrechtliche Verpflichtungen als auch schließlich die Interessen des Auslandsstaates gewahrt bleiben[206].

Der Ausnahmecharakter, den diese beiden Entscheidungen in der Praxis einnehmen, wird im folgenden anhand des römischen Schuldrechtsübereinkommens deutlich. Denn in Bezug auf die Umsetzung des Römischen Übereinkommens über das auf vertragliche Schuldverhältnisse anzuwendende Recht wird angenommen, daß dies nicht dazu führt, angesichts einer Rechtswahlmöglichkeit, die eine internationale Konvention einräumt, von der bisherigen Behandlung ausländischen Rechts abzurücken[207]. Aus Art. 1 Abs. 1 EVÜ könnte auf den ersten Blick gefolgert werden, daß die Berücksichtigung ausländischen Rechts durch die englischen Gerichte von Amts wegen zu erfolgen hätte[208]. Demgegenüber wird allgemein festgestellt, daß das Römische Übereinkommen die Einführung sowie den Beweis des anwendbaren Rechts im Prozeß unberührt läßt. Nach Art. 1 Abs. 2h) EVÜ sei eine derartige Erstreckung auf das Verfahrens- und Beweisrecht ausgeschlossen[209]. Damit besteht nach britischen Verständnis keine Notwendigkeit die Grundregel der „fact-doctrine" bei der Feststellung ausländischen Rechts wegen des Beitritts

---

[205] Vgl. L.J. *Lawton*: „As a result of combination of the Act and the Order made under it, it is the duty of an English Court, when there is an agreement of this kind, to look at the law of the foreign country; and, if under the law of the foreign country an agreement is deemed to be unenforceable, then it is the duty of every English Court to refuse to enforce the agreement.", in *Singh Batra v. Ebrahim* (1982) 2 Lloyd's Rep., 11, 13; *Reichert-Facilides*, S. 34.

[206] *Hartley*, 45 I.C.L.Q. (1996), 271, 286 f. u. 289 zu weiteren Ausnahmen, die das öffentliche Interesse u. odre public betreffen.

[207] *Hartley*, 45 I.C.L.Q. (1996), 271, 288; offen *O'Malley/Layton*, European Civil Practice, Rn. 9.05 Note 22; Es bleibt das Inkrafttreten der Brüsseler Protokolle abzuwarten, die die Auslegungskompetenz dem EuGH übertragen.

[208] *Hartley*, 45 I.C.L.Q. (1996), 271, 290; *Kessel*, ZVglRWiss 92 (1993), S. 395, 415; *Jayme/Kohler*, IPRax 1991, S. 361, 367.

[209] *Dicey & Morris*, Vol.1, Rule 18, S. 229; *Kessel*, RIW 1996, S. 293, 295; *Hartley*, 45 I.C.L.Q. (1996), 271, 290 f.; *Fentiman*, L.Q.R. Vol.108 (1992), 142, 144.

zum EVÜ zu ändern[210]. Auch vor dem Hintergrund des Arbeitnehmer- und Verbraucherschutzes in den Artt. 5 und 6 EVÜ wird eine amtswegige Ermittlung ausländischen Rechts abgelehnt, da die Partei durch ihre wirtschaftlich schwächere Position nicht davon abgehalten sei, ausländisches Recht vorzutragen[211].

3. Der Beweis ausländischen Rechts

Der Beweis ausländischen Rechts ist in den Fällen entbehrlich, in denen entweder eine Partei den Ausführungen der Gegenpartei zustimmt oder in ihren *pleadings* auf sie Bezug nimmt[212]. Neben dem Zugeständnis können die Parteien auf eine Beweiserhebung ganz verzichten und einverständlich dem Richter die Erforschung des Inhalts fremden Rechts überlasssen[213]. Soweit es um die Beibringung der rechtlichen Entscheidungsgrundlagen geht, können die Parteien den Richter aber nicht verpflichten, selbst Ermittlungen anzustellen[214]. Dementsprechend verweigern sich die Gerichte in der Praxis gegenüber einer Verlagerung der Ermittlungstätigkeit[215].

Der Beweis ausländischen Rechts wird in der Verhandlung, *trial*, hauptsächlich durch die Vernehmung eines sachverständigen Zeugen (*expert witness*) erbracht. Dieser wird in der Regel von einer Partei benannt und im Anschluß an seine Aussage ins Kreuzverhör genommen[216]. Die Vorlage fremder Gesetzestexte und Entscheidungen ist für den Nachweis ausländischen Rechts

---

[210] *Jayme*, Zum Stand des IPR in Europa, IPRax 1996, S. 65; *Kessel*, RIW 1996, S. 293, 295.

[211] *Hartley*, 45 I.C.L.Q. (1996), 271, 291, räumt eine Hinweismöglichkeit des Gerichts ein, ebenda zu Art. 7 Abs. 1 EVÜ, der in England nicht in Kraft ist, vgl. Art. 22 Abs. 1a EVÜ u. Contracts Applicable Law Act 1990 s.2(2), Fälle des Art. 3 Abs. 3 EVÜ seien ohnehin von der Ausnahme erfaßt, vgl. FN. 206.

[212] *Moulis v. Owen* (1907) 1 K.B., 746; *Lloyd v. Guibert* (1865) 1 Q.B., 115, 119 (Schweigen); *Prowse v. The European and American Steam Shipping Co.* (1860) 15 E.R, 182, 190.

[213] *Beatty v. Beatty* (1924) 1 K.B., 807, 814 f.; *Jabbour v. Custodien of Israeli Absentee Property* (1954) 1 W.L.R., 139, 147 f.; *Dalmia Dairy Industries Ltd. v. National Bank of Pakistan* (1978) 2 Loyd's Rep., 223, 286; *O'Malley/Layton*, European Civil Practice, Rn. 9.09; *Hartley*, 45 I.C.L.Q. (1996), 271, 292; *Dicey & Morris*, Vol.1, Rule 18, S. 228.

[214] *O'Malley/Layton*, European Civil Practice, Rn. 9.09.

[215] *O'Malley/Layton*, European Civil Practice, Rn. 9.09; Dicey & Morris, Vol.1, Rule 18, S. 228; vgl. *Brauksiepe*, S. 46.

[216] *Graef*, ZVglRWiss 95 (1996), S. 92, 102 f.; *Kessel*, RIW 1996, S. 293, 295; *Zweigert*, RabelsZ 37 (1973), S. 435, 449.

allein nicht ausreichend[217]. Dieses Material kann nur als Teil und Ergänzung der sachverständigen Aussage des *expert witness* dienen, ohne dessen Erläuterung das Gericht jenes Material nicht bewerten und interpretieren kann[218].

Seit 1850 war es ein etablierter Grundsatz des englischen Verfahrensrechts, daß als Sachverständiger für ausländisches Recht nur ein Experte in Betracht kommen konnte, der in dem Staat praktiziert hatte, dessen Recht bewiesen werden sollte. Damals wurde der juristische Berater des preußischen Konsuls in London, der in Leipzig Rechtswissenschaft studiert hat, aber nie als Anwalt tätig war, nicht als Sachverständiger für deutsches Recht zugelassen[219]. Damit war gleichermaßen der Nachweis durch inländische Auslandsrechtsexperten ausgeschlossen. Sowohl der *Civil Evidence Act* von *1968* als auch aus dem Jahre *1972*, der erstmals den Beweis fremden Rechts behandelt, führten zu einer erheblichen Erleichterung der Beweisführung. Nach section 4. (1) des *Civil Evidence Act* von *1972* ist nunmehr der Beweis auch durch einen Sachverständigen zulässig, der nicht in dem betreffenden Ausland praktiziert hat, sondern auf anderem Wege über eine hinreichende Kenntnis und Erfahrung im Umgang mit dem ausländischen Recht verfügt[220].

In bestimmten Verfahrensarten kann der Nachweis ausländischen Rechts ausnahmsweise auch durch eine gutachterliche Äußerung in der Gestalt einer schriftlichen, eidesstattlichen Versicherung (*affidavit*) geführt werden[221]. Diese Form des Nachweises kommt vornehmlich in Betracht bei nichtstreitigen Verfahren, insbesondere vor Nachlaßgerichten[222]. Allerdings steht ein derarti-

---

[217] *Beatty v. Beatty* (1924) 1 K.B., 807, 814 f.; *Hartley*, 45 I.C.L.Q. (1996), 271, 274 u. 283 Note 59; *O'Malley/Layton*, European Civil Practice, Rn. 9.06; *Dicey & Morris*, Vol.1, Rule 18, S. 230; *Fentiman*, L.Q.R. Vol.108 (1992), 142, 146; *Kessel*, ZVglRWiss 92 (1993), S. 395, 416 f.; *Brauksiepe*, S. 64.

[218] *Dicey & Morris*, Vol.1, Rule 18, S. 230; *O'Malley/Layton*, European Civil Practice, Rn. 9.08; *Phipson*, ch.32, Rn. 46, S. 837; *Kessel*, ZVglRWiss 92 (1993), S. 395, 417.

[219] *Bristow v. Sequeville* (1850) 19 L.J. Ex., 275, 289; *Kegel*, Generalreferat MPI, S. 157, 169; *ders.* IPR § 15 III, S. 364.

[220] Civil Evidence Act 1972, s.4 (1): „It is hereby declared that in civil proceedings a person who is suitably qualified to do so on account of his knowledge or experience is competent to give expert evidence as to the law of any county or territory outside the United Kingdom, or of any part the United Kingdom other than England and Wales, irrespective of wether he has acted or entitled to act as a legal practitioner there"; *Kessel*, RIW 1996, 293, 296 zu den aktuellen Anforderungen; *Schack*, IZVR, Rn. 651.

[221] R.S.C. Ord.38, r.2 i.V.m. r.7 (3); *O'Malley/Layton*, European Civil Practice, Rn. 9.08; *Phipson*, ch.32, Rn. 48, S. 840; *Brauksiepe*, S. 64.

[222] *Re Arton* (1896) 1 Q.B., 509, 511 (FN. 1) u. 516; *Henaff v. Henaff* (1966) 1 W.L.R., 598; Supreme Court Practice (1995), Vol. 2, Non-contentious Probate Rules

V. England

ges Vorgehen unter dem Vorbehalt, daß das Gericht etwas anderes bestimmen oder auf Antrag das persönliche Erscheinen des Sachverständigen zum Zwecke des Kreuzverhörs anordnen kann[223].

Offen ist, ob darüber hinaus *affidavits* aufgrund parteilichen Einvernehmens in der Verhandlung zuzulassen sind[224]. Die Zulässigkeit des Austausches von schriftlichen *witness statements* läßt diesbezüglich in der Praxis eine Klärung als hinfällig erscheinen. Denn neben *affidavits* besteht die Möglichkeit nach Maßgabe der Verfahrensregeln, auch schriftliche *expert reports* in den Prozeß einzuführen[225]. Dem liegt ebenfalls der *Civil Evidence Act* von *1972* zugrunde, durch den der Austausch von sachverständigen Berichten als *out-of-court statements* eine weitergehende Zulassung erfuhr[226]. Den Erkenntnismitteln ist allgemein zu entnehmen, daß die Geltung des strengen Grundsatzes der Mündlichkeit im englischen Beweisverfahren durchaus Einschränkungen unterliegen kann[227].

Zur weiteren Beweiserleichterung enthält der *Civil Evidence Act 1972* in section 4 (2) eine widerlegbare Vermutung, daß das aktuelle ausländische Recht den Inhalt hat, der in einer früheren Entscheidung englischer Gerichte zum Ausdruck kommt[228]. Diese Bestimmung stellt zugleich einen Einbruch in den vom Faktizitätsverständnis geprägten Ausgangspunkt dar[229]. Denn danach wäre den Urteilen englischer Gerichte über ausländisches Rechts keine bindende Wirkung zugekommen, da insbesondere die Würdigung von Tatsachen nicht auf einen anderen Fall hätte übertragen werden können[230]. Die Anzahl der in Betracht kommenden, einschlägigen Entscheidungen englischer Gericht-

---

1987, r.19 (a), Rn. 10-078; R.S.C. Ord.38, r.2. (3); *Cohn*, RabelsZ 38 (1974), S. 155, 158; *Bülow/Böckstiegel/Geimer/Schütze- Schütze* Bd. III, 1156-10.

[223] R.S.C. Ord.38, r.2 (3); C.C.R. Ord.20, r.5; *Cohn*, RabelsZ 38 (1974), S. 155, 158.

[224] R.S.C. Ord.38, r.2, Rn. 9; so *Nagel*, IZPR, Rn. 459.

[225] R.S.C. Ord.38, r.36 i.V.m. r.41; County Court Practice (1995), C.C.R. Ord.20, rr.27-28; *O'Malley/Layton*, European Civil Practice, Rn. 9.08; *Cohn*, RabelsZ 38 (1974), S. 155, 159.

[226] Civil Evidence Act 1972 (ch.30), s.1-3 i.V.m Civil Evidence Act 1968, s.2 ; R.S.C. Ord.38, r.41, Rn. 1; *Cohn*, RabelsZ 38(1974), S. 155, 159 f.

[227] R.S.C. Ord.38, r.1; *Cohn*, RabelsZ 38 (1974), S. 155, 159.

[228] R.S.C. Ord.38, r.7 Rn. 1; C.C.R. Ord.20, r.25.

[229] Vgl. schon *Schmitthoff* in Diskussion, Kolloquium MPI, S. 189 u. 214.

[230] *Hartley*, 45 I.C.L.Q. (1996), 271, 283 Note 59.; *Cohn*, RabelsZ 38 (1974), S. 155, 163; *Schnyder*, Anwendung, S. 48; *Küster*, S. 8; *Brauksiepe*, S. 65.

te wird jedoch in der Praxis als überaus gering bezeichnet[231], so daß die mit dieser Regelung angestrebte Hilfestellung bislang weitgehend ins Leere läuft.

Noch im vergangenen Jahrhundert wurden die englischen Gerichte durch drei Gesetze, *statutes*, autorisiert, fremde Gerichte über den Inhalt ihres Rechts im streitigen Fall befragen zu können[232]. Der *Foreign Law Ascertainment Act* von 1861 galt jedoch nur in Verbindung mit einer Ausführungsverordnung (*order*), die sich auch auf den entsprechenden ausländischen Staat erstreckt. In Ermangelung derartiger Verordnungen blieben der *Foreign Law Ascertainment Act* und damit direkte Gerichtsauskünfte praktisch ohne Bedeutung[233], so daß der *Foreign Law Ascertainment Act* schließlich 1973 aufgehoben wurde[234]. Die unmittelbare Befragung ausländischer Gerichte hätte in der Praxis eine engere Zusammenarbeit der Rechtsschutzorgane der einzelnen Länder erfordert[235]. Die Einholung ausländischer Auskünfte sollte dabei dem Ermessen der englischen Gerichte obliegen, sie wären weder durch den Antrag einer Partei noch an die erteilte Antwort gebunden[236].

4. Das Europäische Rechtsauskunftsübereinkommen

Im Hinblick auf den Beitritt zu dem Europäischen Rechtsauskunftsübereinkommen steht die strenge Grundregel: „Foreign law is always deemed to be a question of fact to be proved to the court by foreign witnesses", einer Inanspruchnahme von englischer Seite eher hindernd entgegen[237]. Das wird im Rahmen der praktischen Umsetzung durch das kaum zu verzeichnende Eingehen englischer Auskunftsersuchen bestätigt[238]. Um eine schriftliche, ausländische Auskunft einzuholen, ist zudem grundsätzlich eine Einigung beider Par-

---

[231] *Cohn*, RabelsZ 38 (1974), S. 155, 164; *Schnyder*, Anwendung, S. 49; *Küster*, S. 8.

[232] *British Law Ascertainment Act, 1859*, für das Commonwealth, vgl. R.S.C. Ord.39, rr.2-3, Rn. 10; *Foreign Jurisdiction Act, 1890*, für britische Protektorate, Mandatsgebiete und sonstige beherrschte Gebiete; *Foreign Law Ascertainment Act, 1861*, für das Ausland; *Dicey & Morris*, Vol.1, Rule 18, S. 230.

[233] *Schmitthoff*, Kolloquium MPI, S. 88, 95; *Kegel*, Generalreferat Kolloquium MPI, S. 157, 169; *Brauksiepe*, S. 65.

[234] *Dicey & Morris*, Vol.1, Rule 18, S. 237 FN. 11; *Hartley*, 45 I.C.L.Q. (1996), 271, 283 Note 59.

[235] *Kralik*, ZfRV 1962, S. 75, 100 erkannte darin insb. eine Chance für das Revisionsverfahren.

[236] *Schmitthoff*, Kolloquium MPI, S. 88, 95.

[237] Vgl. *Nagel*, IZPR, Rn. 459.

[238] Nach Auskunft des *Foreign & Commonwealth Office* ist von englischer Seite bislang nur ein Ersuchen ausgegangen (1996 nach Spanien).

teien notwendig[239]. Möchte eine Partei zum Beweis ihrer Rechtsposition den Weg des Übereinkommens beschreiten, so müßte sie zunächst das Einverständnis des Gegners zur Ersetzung der mündlichen Aussage durch eine schriftliche Auskunft erzielen. Zwar könnte ungeachtet des Widerspruchs der anderen Prozeßpartei die Ersetzung der mündlichen Vernehmung durch die Vorlage eines schriftlichen Berichts angeordnet werden, der Richter wird das Recht zum Kreuzverhör in der Regel jedoch nur selten beschränken[240]. Damit eine Einigung über das Verfahren zustandekäme, müßte sich der Konflikt zwischen den Parteien daher auf die Klärung der materiellen Rechtsfrage begrenzen lassen. In der Praxis kann eine derartige Verständigung zwischen den Parteien jedoch bezweifelt werden. Dem Europäischen Rechtsauskunftsübereinkommen ist bislang weder inländische Gesetzeskraft noch Geltungskraft im Sinne einer *court-rule* verliehen worden, d.h. es fehlt eine innerstaatliche Bestimmung, die eine Inanspruchnahme des Übereinkommens vorsieht[241], so daß es auch deswegen an einer hinreichenden Aktzeptanz des Abkommens mangeln könnte. Vorgeschlagen wird in diesem Zusammenhang, eine Inanspruchnahme auf die allgemeinen Vorschriften über die gegenseitige gerichtliche Hilfe zu stützen[242]. Eine Grundlage für ein Auskunftsersuchen könnten infolgedessen die Bestimmungen über die Beweisaufnahme im Ausland bilden, wie sie in R.S.C. Ord.39, rr.2-3 geregelt wird[243]. Ferner ließe sich ein Vorgehen auf die dem Gericht eigene Zuständigkeit gründen[244]; danach könnte sich die Inanspruchnahme des Übereinkommens aus einer Analogie zu den Fällen ergeben, in denen das Gericht einen Sachverständigen (*court expert*) hinzuziehen kann[245]. Ungeachtet einer fehlenden innerstaatlichen Grundlage ist der Anwendungsbereich des Übereinkommens nach Art. 3 Abs. 1 Satz 1 i.V.m. Art. 4 Abs. 4 EuRAÜ desgleichen für Ersuchen eröffnet, die von einer Partei abgefaßt und gerichtlich genehmigt sind[246]. Es soll damit

---

[239] R.S.C. Ord.38 r.36; C.C.R Ord.20, r.27; *Cohn*, RabelsZ 38 (1974), S. 155, 159 f.

[240] *Cohn*, RabelsZ 38 (1974), S. 155, 159.

[241] *O'Malley/Layton*, European Civil Practice, Rn. 9.13; *Hartley*, 45 I.C.L.Q. (1996), 271, 283 Note 59.; *Dicey & Morris*, Vol.1 Rule 18, S. 237.

[242] *O'Malley/Layton*, European Civil Practice, Rn. 9.13; vgl. *Dicey & Morris*, Vol.1 Rule 18, S. 237.

[243] R.S.C. Ord.39 rr.2-3, Rn. 10; *O'Malley/Layton*, European Civil Practice, Rn. 9.13 Note 91; *Hartley*, 45 I.C.L.Q. (1996), 271, 283 Note 59.

[244] *Panayiotou v. Sony Musical Entertainment (UK) Ltd* (1994) Ch., 142, 148 f.; *O'Malley/Layton*, European Civil Practice, Rn. 9.13; *Hartley*, 45 I.C.L.Q. (1996), 271, 283 Note 59.

[245] R.S.C. Ord.40, rr.1-6, Rn. 1; *O'Malley/Layton*, European Civil Practice, Rn. 9.08. u. 9.13 Note 92.

[246] Dem entspricht ein Vorgehen nach R.S.C. Ord.38 r.36 i.V.m. r.41; C.C.R Ord.20, r.27, s.o.

5 Schellack

66   B. Rechtsvergleichende Darstellung

gerade den Verfahrensordnungen Rechnung getragen werden, die den Parteien die Ermittlung ausländischen Rechts auferlegen.

Angesichts der alternativen Erkenntnismöglichkeiten und der dadurch gewährleisteten Mündlichkeit und Unmittelbarkeit der Beweisaufnahme leidet zugleich indirekt der Beweiswert einer ausländischen Auskunft, die gerade die Kompetenz des Auskunfterteilenden nicht erkennen läßt. Bleibt die Qualifikation der auskunfterteilenden Person jedoch im Dunkeln, so erscheint es zweifelhaft, ob die Person die Voraussetzungen von section 4. (1) *Civil Evidence Act 1972* überhaupt erfüllt. Mit dem Wesen des englischen Zivilverfahrens scheint das Übereinkommen schwer vereinbar zu sein.

Kann ausländisches Recht nicht bewiesen werden und ist es demnach nicht ermittelbar, so kommt englisches Sachrecht zur Anwendung. Dem liegt schließlich der Ausgangspunkt in der Gestalt der Vermutung zugrunde, daß das ausländische Recht mit dem englischen übereinstimme, sofern sich aus den beigebrachten Nachweisen nichts anderes ergibt[247].

VI. Zusammenfassende Stellungnahme

Der vergleichende Blick über die Rechtsordnungen läßt erkennen, daß die unterschiedliche Behandlung ausländischen Rechts jeweils auf abweichende Ansätze zurückzuführen ist. Ursächlich dafür sind neben dem Prozeßverständnis rein pragmatische Gesichtspunkte. Wie sich gezeigt hat, gilt selbst im strengen, englischen Zivilverfahren der Grundsatz der Dispositionsfreiheit im Hinblick auf den Inhalt ausländischen Rechts nicht uneingeschränkt. Die Ansicht, wonach die Anwendung ausländischen Rechts als rechtfertigungsbedürftige Ausnahme vom universalen Geltungsanspruch der lex fori verstanden wird, begegnet zunehmend integrationspolitischen Gesichtspunkten. Mit der wachsenden Globalisierung sind zugleich völkerrechtlichen Verpflichtungen Rechnung zu tragen, deren Durchsetzung vermehrt eine amtswegige Berücksichtigung ausländischen Rechts und damit eine Amtsermittlung der rechtlichen Entscheidungsgrundlagen erfordern. Auch die Abkehr von einem fakultativen Kollisionsrecht in Frankreich unterstreicht diese Tendenz. Es besteht kein Bedürfnis, kollisionsrechtliche Bestimmungen, die nicht auf der Privatautonomie aufbauen, verfahrensrechtlich zur Disposition der Prozeßparteien zu stellen[248].

---

[247] Vgl. FN.201, dazu *Dicey & Morris*, Vol.1, Rule 18, S. 226 f., krit. S. 238; *Fentiman*, L.Q.R. Vol.108 (1992), 142, 148; *Kessel*, RIW 1996, S. 293, 295; *Schack*, IZVR, Rn. 651.

[248] *Evangelou* IPRax 1987, S. 263; vgl. *Küster*, S. 18.

VI. Zusammenfassende Stellungnahme

Die Aufgabe der Ermittlung ausländischen Rechts wird in den dargestellten Rechtsordnungen überwiegend mit der Pflicht zur Beachtung der kollisionsrechtlichen Verweisung verknüpft. Ist die Unabdingbarkeit des IPR vorgeschrieben, so folgt aus ihr in der Regel auch eine Amtsermittlungspflicht, da anderenfalls das kollisionsrechtliche Ergebnis schließlich wieder zur Disposition stünde. Soweit allein oder vorwiegend das Prinzip des Parteibeweises gilt, ist dieses größtenteils eine Folge des Grundsatzes, nach dem ausländisches Recht wie eine Tatsache zu behandeln ist[249]. Aus dieser Gleichstellung ergibt sich nahezu zwangsläufig, daß die Verhandlungsmaxime oder ein entsprechendes Prinzip angewandt wird, das dem Richter in Bezug auf den Nachweis der rechtlichen Entscheidungsgrundlagen eine allgemeine Passivität zuweist[250]. Dieser Ansatz ist nicht unbedenklich, da er dazu führt, daß der Richter keine eigenen Ermittlungen anstellt, sondern auf die beigebrachten Nachweise der Parteien beschränkt ist. Er wird sich daher nicht auf den Teil ausländischen Rechts beziehen, der nicht Gegenstand des Beweises war[251]. Damit steigt die Gefahr, daß das berufene Auslandsrecht keine authentische Anwendung erfährt.

Es hat sich gezeigt, daß die Rechtsordnungen, in denen ausländisches Recht prozessual als Tatsache aufgefaßt wird, seine Behandlung nicht in allen Belangen den Regeln des Tatsachenbeweises unterstellen. Ebenso wird in den Rechtsordnungen, die den normativen Charakter des berufenen Rechts anerkennen, das einschlägige Auslandsrecht nicht in jeder Hinsicht dem Inlandsrecht gleichgesetzt. Dem ist zu entnehmen, daß die Einordnung ausländischer Rechtssätze als Tatsachen bzw. als Recht generell ungeeignet ist, die prozessuale Behandlung näher zu begründen. Hier besteht die Gefahr, die Wirkung mit der Ursache zu verwechseln. Die Zuordnung besitzt in diesem Zusammenhang lediglich einen formelhaften Charakter. Die Kriterien Tatsache bzw. Recht dienen diesbezüglich nur als Abkürzung, um die Behandlung ausländischen Rechts jeweils im Hinblick auf die Ermittlungsinitiative sowie die Erkenntnismittel und Revisibilität näher zu veranschaulichen[252]. Dabei ist jedoch zu bedenken, ob einer begriffsbeschwerten Anschauungsweise nicht die praktische Notwendigkeit gegenübersteht, nach der das Gericht unter Benutzung aller zugänglichen Erkenntnismöglichkeiten schnell und präzise genaue In-

---

[249] *Evangelou*, IPRax 1987, S. 263, 264.

[250] Vgl. *Brauksiepe*, S. 58.

[251] *Hartley*, 45 I.C.L.Q. (1996), 271, 292; *Fentiman*, L.Q.R. Vol.108 (1992), 142, 147; *Popescu*, S. 72, 77.

[252] *Dölle*, De l'application du droit étrenger par le juge interne, Rev.crit.dr.int.pr. 44 (1955), S. 233, 237; *Zajtay*, Generalreferate MPI, S. 193, 195 ff. u. 201; *Kegel*, IPR § 15 II., S. 365; *Luther*, RabelsZ 37 (1973), S. 660, 666 f.; vgl. *Popescu*, S. 72, 79.

formationen über den Inhalt der rechtlichen Entscheidungsgrundlagen erhalten müßte[253].

In Anbetracht der aktuellen Rechtsprechungs- und Gesetzesänderungen läßt sich eine allmähliche Abkehr von dem Verständnis verzeichnen, nach dem die Feststellung ausländischen Rechts infolge der fehlenden Rechtsnatur den Parteien obliegt. Herausragende Konsequenz aus dieser Absage ist die Pflicht der Gerichte zur Anwendung ausländischen Rechts und der Übergang der Ermittlungsverantwortung. Auch wenn die Verantwortung der Parteien bezüglich der Auslandsrechtsfeststellung in den einzelnen Rechtsordnungen schrittweise reduziert wird, sind die Parteien an der richterlichen Ermittlungstätigkeit weiterhin beteiligt, indem sie als Kompensation überwiegend eine Mitwirkungsobliegenheit trifft. Soweit der Nachweis ausländischen Rechts mit Beweismitteln geführt wird, richtet sich die Ermittlung nach den verfahrensrechtlichen Vorschriften. Darüber hinaus sind die Erkenntnismöglichkeiten vielseitig. Das Europäische Rechtsauskunftsübereinkommen stößt in der Praxis der dargestellten Rechtsordnungen hingegen auf wenig Resonanz und scheint daher die daran geknüpften Erwartungen bislang nicht erfüllen zu können[254].

Die starre Anwendung der lex fori für den Fall, in dem sich das ausländische Recht nicht hinreichend feststellen läßt, führt mit Blick auf das Parteiverhalten faktisch dazu, daß sich in der Regel lediglich die Partei um die Darlegung ausländischen Rechts bemüht, zu deren Gunsten dieses vom inländischen Recht abweicht. Wird vor diesem Hintergrund der Nachweis von einer beweisbelasteten Partei nicht oder nur unzureichend geführt, so gelangt die lex fori als Ersatzrecht zur Anwendung, obwohl das ausländische Recht objektiv ermittelbar wäre.

Sofern, wie in England und Frankreich, eine strikte Beweisführungslast gegenüber demjenigen beibehalten wird, der sich auf das ausländische Recht beruft, ist zu bedenken zu geben, daß diese zugleich zu einer ungerechtfertigten Umkehr der Beweislastregel führen könnte[255]. Wenn das inländische Recht für den Kläger günstiger wäre und sich deshalb nur der Beklagte auf das Auslandsrecht beruft, müßte dieser unter Umständen einen umfassenden Beweis für den Inhalt des ausländischen Rechts antreten, wollte er die Anwendung der für ihn ungünstigeren lex fori vermeiden. Neben einer amtswegigen Ermittlung der ausländischen Entscheidungsgrundlagen ließe sich ein Ausweg dadurch eröffnen, grundsätzlich den Kläger mit dem Nachweis ausländischen

---

[253] Vgl. *Zajtay*, Generalreferate MPI, S. 193, 199; *Hay*, Kolloquium MPI, S. 102, 127.

[254] *Evangelou*, IPRax 1987, S. 263, 264.

[255] Vgl. *Brauksiepe*, S. 43 u. 46.

VI. Zusammenfassende Stellungnahme

Rechts zu belasten, um seinen Anspruch zu rechtfertigen. In dieser Hinsicht könnte die *Amerford*-Entscheidung in Frankreich daher zugleich als Rückschritt empfunden werden. Indem auch der mißlungene Nachweis ausländischen Rechts zur Anwendung der lex fori führt, bleibt zu befürchten, daß dieser Weg häufiger beschritten wird, ohne ausländisches Recht mit dem Einsatz aller zugänglichen Mittel festzustellen.

Im Anschluß an die jüngsten Novellierungen könnte eine entsprechende Klarstellung, wie sie sich in Italien, der Schweiz und Österreich vollzogen hat, auch in Deutschland zu erwägen sein[256]. Mit der Neuregelung des IPR im Jahre 1986 ließ der Gesetzgeber bereits eine Möglichkeit ungenutzt verstreichen[257]. Inwieweit in der deutschen Verfahrensordnung ein ähnliches Klarstellungsbedürfnis besteht, wird sich im folgenden näher abzeichnen.

---

[256] Vgl. *Otto*, IPRax 1995, S. 299, 300; *Hanisch*, IPRax 1993, S. 69, 72; *Neuhaus/Kropholler*, RabelsZ 44 (1980), S. 326, 340 f.

[257] *Pirrung*, IPRax 1983, S. 201, 207; *ders.*, IPR-Neuregelung, S. 206 f.; *Jessel-Holst*, StAZ 1981, S. 357.

C. Die Behandlung ausländischen Rechts im Zivilprozeß

Da als Folge des Grundsatzes „forum regit processum" das Verfahrensrecht dem Recht des Gerichtsortes zu entnehmen ist[1], richtet sich, unbeschadet einer nach IPR gebotenen Anwendung materiellen Auslandsrechts, das Verfahren seiner Ermittlung nach deutschem Prozeßrecht[2]. Die Anwendung des lex-fori-Prinzips führt auch entgegen grundsätzlicher Bedenken[3] in diesem Zusammenhang nicht zu einer Verzerrung des Rechtsanwendungsbefehls des IPR, da nicht die unmittelbare Durchsetzung des materiellen Rechts, sondern zunächst dessen Feststellung in der Form von allgemeinen Verhaltensanforderungen an das Gericht und die Parteien betroffen ist, unabhängig von der Bedeutung der jeweils zu ermittelnden konkreten Rechtsfolge[4]. Maßgebend für die Ermittlung ausländischen Rechts vor deutschen Gerichten ist daher die Vorschrift des § 293 ZPO, die in ihrer unveränderten Fassung vom 12. September 1950 dem Wortlaut ihres Vorgängers aus dem Jahre 1877 in § 265 CPO entspricht[5]:

> „Das in einem anderen Staate geltende Recht, die Gewohnheitsrechte und Statuten bedürfen des Beweises nur insofern, als sie dem Gericht unbekannt sind. Bei der Ermittlung dieser Rechtsnormen ist das Gericht auf die von den Parteien beigebrachten Nachweise nicht beschränkt; es ist befugt, auch andere Erkenntnisquellen zu benutzen und zum Zwecke einer solchen Benutzung das Erforderliche anzuordnen."

Als Erkenntnisvorschrift ist § 293 ZPO grundsätzlich im gesamten zivilprozessualen Verfahren zu berücksichtigen[6]. Welche Bedeutung die Feststellung ausländischen Rechts im Säumnisverfahren hat, und inwieweit sie im Verfahren des einstweiligen Rechtsschutzes eine Einschränkung erfahren kann, wird Gegenstand einer späteren Betrachtung sein. Darüber hinaus findet

---

[1] BGH NJW 1985, 552, 553; BGHZ 78, 108, 114; BGH WM 1977, 793, 794; BGHZ 59, 23, 26.

[2] BGH NJW-RR 1990, 248, 249; BGH LM § 293 ZPO Nr.14; *Baumbach/Lauterbach/Albers/Hartmann - Hartmann* § 293 ZPO Rn. 5; *Geimer*, IZPR, Rn. 2292; *Schmidtchen*, RabelsZ 59 (1995), S. 56 ,84.

[3] *Schack*, IZVR, Rn. 44; *Geimer*, IZPR, Rn. 333.

[4] Vgl. *Coester-Waltjen*, Rn. 132 u. 142.

[5] Civilprozeßordnung v. 30. Januar 1877, vgl. *Förster* CPO, Bd.I, S. 473; in der CPO v. 17.5.1898 bereits unter § 293 geführt, vgl. *Petersen/Anger* CPO, S. 622.

[6] Für den Urkundenprozeß BGH Urteil v. 13.5.1997 (IX ZR 292/96, bislang unveröffentlicht); so schon *Dölle*, FS Nikisch, S. 185, 196.

C. Die Behandlung ausländischen Rechts im Zivilprozeß

§ 293 ZPO sowohl im arbeits- als auch im verwaltungsgerichtlichen Verfahren eine entsprechende Anwendung, vgl. § 46 Abs. 2 ArbGG bzw. § 173 VwGO[7]. § 293 ZPO gilt desgleichen im Rahmen der Schiedsgerichtsbarkeit, soweit sie dem deutschen Verfahrensrecht unterstellt ist[8]. Ist innerhalb des vereinfachten Verfahrens im Sinne des § 495a ZPO ausländisches Recht anzuwenden, so kann nur das Verfahren, nicht aber das materielle Recht nach billigem Ermessen bestimmt werden[9]. Im Bereich der freiwilligen Gerichtsbarkeit wird die Anwendung des § 293 ZPO überwiegend abgelehnt[10], da der verfahrensleitende Richter nicht als befugt angesehen wird, sich den Inhalt ausländischen Rechts von den Beteiligten nachweisen zu lassen.

Der einleitende Grundsatz als Rechtfertigung des Vorrangs der lex fori und die daraus resultierende Nichtanwendbarkeit ausländischen Verfahrenrechts ist jedoch nur so weit zu fassen, als darunter die Unmöglichkeit zu verstehen ist, dieses Recht unmittelbar mit seiner Rechtsfolge wirken zu lassen. Er besagt hingegen nicht, daß ausländisches Verfahrensrecht im deutschen Zivilprozeß grundsätzlich nicht zu prüfen sei. Als Tatbestandselement inländischer Sachnormen können ausländische Verfahrensvorschriften durchaus Berücksichtigung finden, wie in den §§ 55 (Prozeßfähigkeit), 110 Abs. 2 Nr. 1. (Gegenseitigkeit bei Sicherheitsleistungen), 328 Abs. 1 Nr.5., 606a Abs. 1 Nr. 4. (ausländische Anerkennungspraxis) und 723 Abs. 2 ZPO (Vollstreckung ausländischer Entscheidungen) vorgesehen[11].

---

[7] BAGE 27, 99, 100; BVerwG NJW 1989, 3107 = DVBl. 1989, 267 (Leitsätze); NVwZ 1985, 411; MünchKomm-*Prütting* § 293 ZPO Rn. 15; *Stein/Jonas-Leipold* § 293 ZPO Rn. 70 (zu Tarifverträgen).

[8] *Zöller-Geimer* § 1034 ZPO Rn. 33c u. § 293 ZPO Rn. 30; ders., IZPR Rn. 3878; MünchKomm-*Prütting* § 293 ZPO Rn. 15.

[9] *Baumbach/Lauterbach/Albers/Hartmann* - Hartmann § 495a ZPO Rn. 47; MünchKomm-*Prütting* § 293 ZPO Rn. 15; a.A. für den Rückgriff auf die lex fori bei Bagatellsachen, vgl. *Staudinger/Sturm/Sturm* Einl zum IPR Rn. 176f.

[10] OLG Köln Rpfleger 1988, 66, 67; LG Frankenthal IPRspr 1981 Nr.2; *Soergel-Kegel* Vor Art. 3 EGBGB, Rn. 181 m.w.N.; MünchKomm-*Prütting* § 293 ZPO Rn. 15; *Zöller-Geimer* § 293 ZPO Rn. 23; *Sommerlad/Schrey*, NJW 1991, S. 1377, 1378 FN. 6; a.A.: MünchKomm-*Sonnenberger* EGBGB/IPR Einl. Rn. 453; *Kralik*, ZfRV 1962, S. 75, 89.

[11] *v.Bar* IPR Bd.I, Rn. 364.

C. Die Behandlung ausländischen Rechts im Zivilprozeß

I. Historische Entwicklung

1. Vorläufer in historischen Prozeßordnungen

Fremdes Recht wurde von den früheren Verfahrensordnungen in Deutschland überwiegend noch als Tatsache behandelt[12]: Der Richter war nicht berechtigt, ohne ausdrückliche Behauptung der Parteien ausländisches Recht anzuwenden. Die Beweislast oblag demjenigen, der eine Abweichung von dem heimischen Gesetzesrecht behauptete[13]. Dementsprechend setzte die Allgemeine Gerichtsordnung für die preußischen Staaten aus dem Jahre 1815, im 10. Titel in § 53, fremde Landesgesetze mit anderen Tatsachen gleich:

> §. 53. Wenn — über ein Geschäft gestritten wird, welches nach fremden Landesgesetzen, die der Richter zu kennen nicht schuldig ist, beurtheilt werden muß; und es darauf ankommt, was diese Gesetze für den vorliegenden Fall eigentlich verordnen: so muß darüber, wie über eine andere Thatsache, Beweis aufgenommen werden.

Was nach dem Inhalt der aufgenommenen Beweise als ermittelt anzunehmen ist, fiel danach nicht in das Gebiet der rechtlichen Beurteilung, sondern in das der tatsächlichen Feststellung. Ebenfalls teilten der Entwurf eines Handelsgesetzbuches für das Königreich Württemberg[14] aus dem Jahre 1839 als auch noch 1864 die Motive einer Prozeßordnung in bürgerlichen Rechtsstreitigkeiten für den preußischen Staat diese Auffassung[15]. Die Schwierigkeiten der Ermittlung ausländischen Rechts sollten den Richter nicht unnötig belasten[16]. Als Begründung diente, daß der Richter fremdes Recht ebensowenig wie andere Tatsachen zu kennen verpflichtet war. Demzufolge behandelte auch die Rechtsprechung ausländisches Recht bis zum Inkrafttreten der CPO im Jahre 1879 als Tatsache[17].

Einen weiteren möglichen Ursprung findet diese Behandlung darin, daß die Gerichte gegen Ende des Mittelalters insbesondere zur Zeit der Rezeption rö-

---

[12] *Langenbeck*, AcP 41 (1858), S. 129, 131; *Brauksiepe*, S. 32.

[13] OAG Darmstadt (1850), Seufferts Arch. 9, Nr. 210; OAG Lübeck (1853), Seufferts Arch. 8 Nr. 85; OT Berlin (1857), Striethorsts Arch. Bd.26, S. 45, 49; *Langenbeck*, AcP 41 (1858), S. 129, 133; *Brauksiepe*, S. 35.

[14] Art. 997: (1) In denjenigen Fällen, wo das Gesetz dem Richter erlaubt das ausländische Recht in Anwendung zu bringen, hat dieß nur auf Anrufen der Partei zu geschehen. (2) Sie ist schuldig den Beweis zu führen, was dieses Recht bestimmt.

[15] Anm. zu § 656, der die Richtigkeitsbeschwerde betrifft, Motive zum Entwurf v. 1864, S. 163; *Brauksiepe*, S. 32.

[16] Motive des Entwurfs eines Handelsgesetzbuches für das Königreich Württemberg, Art. 997, S. 764.

[17] OT Berlin (1857), Striethorsts Arch. Bd.26, S. 45, 49; OAG Darmstadt (1850), Seufferts Arch. 9, Nr.210; OAG Lübeck (1853), Seufferts Arch.8 Nr.85.

I. Historische Entwicklung

mischen Rechts noch Gutachten von Rechtsgelehrten über einheimisches Recht einholten[18]. Später war das Gericht gehalten, inländisches Recht zu kennen, während alles darüber hinausgehende als beweisbedürftig angesehen wurde[19]. Im Gegensatz zum heimischen Recht war es dem Richter verwehrt, sich ohne entsprechenden Parteivortrag Kenntnis über den Inhalt ausländischen Rechts zu verschaffen[20].

Seit Inkrafttreten der Civilprozeßordnung hat sich der Ausgangspunkt maßgeblich geändert und auch ausländisches Recht wird als Recht aufgefaßt (Entw. I § 241, Entw. II § 250, Entw. III § 255)[21]. Der Gesetzgeber hat es dem Gewohnheitsrecht gleichgestellt und geht in Satz 2 davon aus, daß es sich bei der Anwendung bzw. Ermittlung ausländischen Rechts um die Feststellung von Rechtsnormen und nicht um die von Tatsachen handelt. Internationalprivatrechtliche Theorien, die um den Nachweis des Gegenteils bemüht waren[22], haben somit im deutschen Recht keinen positiven Niederschlag gefunden[23].

Ein Einfluß auf die Vorschrift des § 293 ZPO (ursprünglich § 265 CPO) wird sowohl Art. 405 der Civilprozeßordnung für das Königreich Württemberg aus dem Jahre 1869 als auch Art. 321 der Prozeßordnung in bürgerlichen Rechtsstreitigkeiten für das Königreich Bayern von 1869 eingeräumt[24].

Art. 405. Württ.CPO

Fremde Gesetze, partikuläre Gewohnheitsrechte und Statuten können Gegenstand der Beweisführung einer Partei sein. Der Richter ist jedoch an deren Ergebnis nicht gebunden, sondern berechtigt und verpflichtet, sich, soweit die ihm zu Gebot stehenden Mittel reichen, eigene Kenntnis hiervon zu verschaffen.

---

[18] *Kegel*, Kolloquium MPI, S. 157, 172; *Broggini*, AcP 155 (1956), S. 469, 475 f.

[19] *Brauksiepe*, S. 33; *Langenbeck*, AcP 41 (1858), S. 129, 130 f.

[20] *Langenbeck*, AcP 41 (1858), S. 129, 132.

[21] *Hahn*, Materialien zur CPO, S. 279 (= Motive, S. 212); *Otto*, IPRax 1995, S. 299, 300.

[22] Ausführlich bei *v.Bar* IPR Bd.I, Rn. 498 ff.; *Kegel*, IPR § 3 X 1.b), S. 151 f. u. § 15 II, S. 364 f.; zur angelsächsischen und französischen Lehre *Coester-Waltjen* Rn. 54 ff., 61 ff.

[23] *Riezler* Fremdenrecht, 1949, S. 493; *v.Bar*, IPR Bd.I, Rn. 372; *Otto*, IPRax 1995, S. 299, 300 f.

[24] *Hahn*, Materialien zur CPO, S. 279; *Otto*, IPRax 1995, S. 299, 300.

74   C. Die Behandlung ausländischen Rechts im Zivilprozeß

Artikel 321. Bayer.PO

Partikularrechte, welche nicht gemeinkundig sind, bedürfen des Beweises, gleichviel ob sie auf Gesetzen und Statuten oder auf Gewohnheit und Herkommen beruhen. Doch soll das Gericht auch von Amtswegen die ihm zu Gebote stehenden Mittel anwenden, um sich von nicht gemeinkundigen Partikularrechten Kenntnis zu verschaffen.

Ueber ausländische Gesetze und Statuten kann das Gericht Beweis verlangen, wenn sie ihm nicht zuverlässig bekannt sind.

Die Bestimmung des § 293 ZPO (§ 265 CPO) ist jedoch vor allem § 464 des Entwurfs einer Civilprozeßordnung für die Staaten des Norddeutschen Bundes aus dem Jahre 1870 nachgebildet[25]:

§ 464 Nordd. Entw.

Das in einem anderen Staate geltende Recht bedarf des Beweises nur insofern, als es dem Gericht unbekannt ist. Bei der Ermittlung dieses Rechts ist das Gericht auf die von den Parteien beigebrachten Nachweise nicht beschränkt; es ist befugt, auch andere Erkenntnisquellen zu benutzen und zum Zwecke einer solchen Benutzung geeignetenfalls das Erforderliche anzuordnen.

Die vorstehenden Bestimmungen finden auf den Beweis des Gewohnheitsrechts und statuarischen Rechts desselben Staates entsprechende Anwendung.

Weder der Wortlaut der Vorschrift des § 293 ZPO noch die Motive enthalten jedoch eine Aussage darüber[26], wem die Ermittlung ausländischen Rechts schließlich obliegt. Auch den Protokollen des Norddeutschen Entwurfs, der den Wortlaut des § 293 ZPO maßgebend geprägt hat, ist lediglich die freie Stellung des Gerichts gegenüber den Parteien zu entnehmen[27]. Die historische Entwicklung spricht, sofern der Beweis ausländischen Rechts im Gesetz verankert ist, zunächst für eine den Parteien obliegende Ermittlungstätigkeit. Doch läßt sich allein aus der Bezugnahme auf die Beweisbedürftigkeit nicht schließen, daß das ausländische Recht der Parteidisposition unterworfen sein soll. Die Aktivität des Richters ist gegenüber den Prozeßordnungen, die die Ermittlung ausländischen Rechts als tatsächliche Feststellung ansehen, durch den Hinweis auf die Benutzung anderer Erkenntnisquellen erheblich erweitert.

---

[25] Anlage zu den Protokollen der Kommission zur Ausarbeitung des Entwurfs einer Civilprozeßordnung für die Staaten des Norddeutschen Bundes, Berlin, 1870, S. 2499 f.

[26] Vgl. *Hahn*, Materialien zur CPO, S. 279 f.; *Brauksiepe*, S. 35; *Otto*, IPRax 1995, S. 299, 300.

[27] Protokolle der Kommission zur Ausarbeitung des Entwurfs einer Civilprozeßordnung für die Staaten des Norddeutschen Bundes, Berlin, 1868, CXXV., S. 709.

I. Historische Entwicklung

Dennoch hat man darauf verzichtet, eine amtswegige Ermittlung nach dem Vorbild der Art. 405 Württ.CPO und Art. 321 Bayer.PO explizit festzuschreiben. Im Zusammenhang mit ihrem geschichtlichen Ursprung nimmt die Bestimmung des § 293 ZPO keine starre Verteilung der Ermittlungsaufgabe vor. Damit hat sie sich eine gewisse Flexibilität bewahrt, um gegebenenfalls dynamisch auf die konkrete Prozeßsituation reagieren zu können. Es bedarf jedoch im näheren einer Zuweisung, in wessen Verantwortungsbereich die Ermittlung ausländischen Rechts schließlich fällt.

2. Die Rechtsprechung des Reichsgerichts

Noch unter der Geltung des § 265 CPO ging das Reichsgericht anfänglich davon aus, daß der Richter nicht verpflichtet sei, Feststellungen über die im Ausland geltende Rechtslage von Amts wegen zu treffen[28]. Im weiteren löste sich das Reichsgericht schrittweise von dieser Rechtsansicht, indem es das Gericht zunächst als verpflichtet ansah, von Amts wegen anderweitige Erkenntnisquellen zu prüfen[29]. Den Beweis des anzuwendenden Rechts durch die Parteien reduzierte das Reichsgericht schließlich auf eine Mitwirkungsobliegenheit[30], die das Gericht nicht von einer Verpflichtung befreit, die einschlägigen ausländischen Rechtsnormen von Amts wegen zu ermitteln[31]. Im Anschluß daran ging das Reichsgericht ohne nähere Begründung seines Standpunktes in ständiger Rechtsprechung von einer Amtspflicht der Tatsachengerichte aus, den Inhalt des einschlägigen ausländischen Rechts festzustellen[32].

3. Die Rechtsprechung des Bundesgerichtshofs

In der Rechtsprechung des Bundesgerichtshofs findet sich zumeist die Wendung, daß das Gericht nach § 293 ZPO gehalten ist, das für die Entscheidung eines Rechtsstreits maßgebende ausländische Recht von Amts wegen zu ermitteln[33]. Der Bundesgerichtshof folgt damit der Rechtsansicht des Reichs-

---

[28] RGZ 3, 149, 150 (1880) Gewohnheitsrecht; RGZ 6, 372; 374 (1882) englisches Recht; RGZ 10, 169, 172 (1883) amerikanisches Recht.
[29] RGZ 21, 175, 177 (1888) Partikularrecht; RG JW 1891, 331 Gewohnheitsrecht.
[30] RGZ 30, 366, 368 (1892) Gewohnheitsrecht.
[31] RGZ 39, 371, 375 f. (1897) Ägypten/Malta.
[32] RG JW 1900, 589 (England); JW 1912, 197 (Polen); RGZ 80, 262, 267 f. (Frankreich); RGZ 126, 196, 202 (Österreich); RG JW 1934, 835, 836 (England); RG JW 1936, 1686, 1687 (Lettland). vgl. *Koehler*, JR 1951, S. 549, 550.
[33] BGHZ 36, 348, 353; BGH NJW 1976, 1588, 1589; BGH NJW 1982, 263, 265; NJW 1988, 647; BGH NJW-RR 1990, 248, 249; NJW 1992, 362; NJW 1992, 2026,

gerichts, ohne auf den genauen Ursprung einer Amtsermittlungpflicht einzugehen[34]. Entgegen der ständigen höchstrichterlichen Rechtsprechung hielten sich zum Teil die Gerichte der Tatsacheninstanz nicht für verpflichtet, den Inhalt ausländischer Rechtssätze von Amts wegen festzustellen[35]. Auch der BGH hat es vereinzelt für erforderlich gehalten, daß die Parteien einschlägige ausländische Vorschriften vortragen mußten[36]. Diesen Entscheidungen ist gemein, daß sie jeweils den Parteien im Sinne einer Beibringungslast den Nachweis bezüglich des behaupteten Auslandsrechts auferlegt haben. Von ihnen wurde ein substantiiertes Vorbringen erwartet. Es ist daher erforderlich, auf die in Betracht kommenden Grundlagen einer Amtsermittlungspflicht näher einzugehen.

II. Pflicht zur Ermittlung ausländischen Rechts von Amts wegen

Die *Anwendung* ausländischer Rechtssätze wird in der Regel durch die Normen des deutschen IPR bestimmt. Diese sind als Bestandteil des inländischen Rechts von Amts wegen zu beachten, ohne daß es darauf ankommt, ob sich zumindest eine der Parteien auf die Anwendung ausländischen Rechts beruft[37]. Daß dem Kollisionsrecht grundsätzlich eine zwingende Bedeutung zuzuerkennen ist, wird durch zwei jüngere Entscheidungen des BGH bestätigt, in denen das instanzgerichtliche Urteil jeweils mangels kollisionsrechtlicher Prüfung aufgehoben wurde[38]. Einem Kollisionsrecht, das dem Belieben der Parteien obliegt, ist der Gesetzgeber bei der Reform des IPR bewußt nicht ge-

---

2029 = BGHZ 118, 151, 162; BGH NJW 1992, 3106; NJW 1993, 2305, 2306; BGH IPRax 1995, 38, 39; BGH LM H.4/1995 § 293 ZPO Nr. 20= NJW 1995, 1032; BGH NJW-RR 1995, 766, 767; BGH NJW 1995, 2097, 2098.

[34] Vgl. *Müller-Gindullis*, S. 92 f.

[35] LG Köln VersR 1978, 957; LG Frankfurt IPRax 1981, 134, 135; KG Berlin VersR 1982, 1199 (Anschnallpflicht in Algerien); OLG Düsseldorf IPRspr 1986 Nr. 43 S. 97, 98 (verspäteter Parteivortrag); OLG Hamm WM 1981, 882, 886 (Holland) bestätigt durch BGH NJW 1982, 933, 934.

[36] BGHZ 21, 155, 127, Anm. *Ferid*, IPR § 4-99, S. 157, vgl. *Schack*, IZVR, Rn. 639; BGHZ 77, 32, 38 = BGH NJW 1980, 2022, 2024 (Wirksamkeit einer Schiedsklausel); BGH IPRax 1986, 292, 293, abl. Anm. *Schack* IPRax 1986, S. 272, 274.

[37] BGH NJW 1993, 2305, 2306; BGH NJW-RR 1990, 248, 249; MünchKomm-*Sonnenberger* EGBGB/IPR Einl. Rn. 448; *Zöller-Geimer* § 293 ZPO Rn. 9 f.; *Schack*, IZVR, Rn. 622.

[38] BGH NJW 1995, 2097, 2098 = BGH LM H. 8/1995 § 293 Nr. 21 (Übereignung einer Segelyacht in der Adria); BGH IPRax 1996, 204 (Garantievertrag türkischer Reisveranstalter).

folgt³⁹. Damit hat sich in der Praxis die Auffassung eines fakultativen Kollisionsrechts nach dem wankenden französischen Vorbild nicht durchsetzen können⁴⁰. Keine Auswirkung auf die amtswegige Berücksichtigung der Kollisionsnormen hat die Fragestellung, ob es sich um ein Verfahren unter der Geltung des Verhandlungsgrundsatzes oder der Untersuchungsmaxime handelt⁴¹. Davon ist zu trennen, ob das Gericht auch die zugrundeliegenden Tatsachen ohne Parteivortrag ermitteln und in den Prozeß einführen darf, aus denen sich die Anwendbarkeit ausländischen Rechts ergibt. Während dieses in Verfahren, für die der Verhandlungsgrundsatz gilt, abzulehnen ist, sind im Bereich der Untersuchungsmaxime ebenfalls die Anknüpfungsmomente einer amtswegigen Feststellung unterworfen⁴².

Für Verfahren unter der Geltung des Untersuchungsgrundsatzes erscheint eine Pflicht zur *Ermittlung* ausländischen Rechts grundsätzlich aus der Überlegung gerechtfertigt, daß, soweit der Untersuchungsgrundsatz für Tatsachen gilt, dieser auch für das maßgebende ausländische Recht Geltung beanspruchen muß. Es wäre widersinnig, die Ermittlung der tatbestandsbildenden Tatsachen dem Gericht und die Feststellung ausländischen Rechts diesbezüglich den Parteien anzuvertrauen⁴³. Für Verfahren der freiwilligen Gerichtsbarkeit ergibt sich eine derartige Pflicht dementsprechend aus § 12 FGG.

1. § 293 ZPO als Grundlage der Amtsermittlungspflicht

Darüber hinaus hat die Rechtsprechung gleichermaßen für den Bereich der Verhandlungsmaxime dem Richter eine Pflicht zur Feststellung ausländischen Rechts auferlegt. Sie wird vorwiegend unmittelbar aus § 293 ZPO hergeleitet, wobei die ihm innewohnende Befugnis zur Benutzung anderer Erkenntnismit-

---

³⁹ BGH NJW 1993, 2305, 2306; *Pirrung*, Neuregelung des IPR, S. 77 f.
⁴⁰ *Flessner*, RabelsZ 34 (1970), S. 547, 566; *ders.*, Interessenjurisprudenz im IPR (1990), S. 97 f., 177 ff.; *Raape/Sturm*, IPR I, § 17 II 3, S. 306 f.; *Staudinger/Sturm/Sturm* Einl. zum IPR, Rn. 185 ff.; *Zweigert*, RabelsZ 37 (1973), S. 435, 445 f.; *Simitis*, StAZ 1976, S. 6, 14 f.; *Zajtay*, ZfRV 1971, S. 271, 274; ablehnende Analyse bei *Koerner*, Fakultatives Kollisionsrecht, S. 82 ff., 100 f.; *Kronke*, Anm.BGH LM H. 8/1995 § 293 Nr. 21 Bl. 5; *Schack*, IZVR, Rn. 622; *Firsching/v.Hoffmann*, IPR, § 3 Rn. 13.
⁴¹ *Müller*, Kolloquium MPI, S. 66.
⁴² MünchKomm-*Prütting* § 293 ZPO Rn. 48; MünchKomm-*Sonnenberger* EGBGB/IPR Einl. Rn. 450; *Schack*, IZVR, Rn. 624; *Kegel*, Kolloquium MPI, S. 157, 160.
⁴³ *Kegel* IPR § 15 II., S. 363; MünchKomm-*Sonnenberger* EGBGB/IPR Einl. Rn. 453.

78   C. Die Behandlung ausländischen Rechts im Zivilprozeß

tel zugleich als Pflicht verstanden wird[44]. Der Wortlaut regelt hingegen nur die Befugnis zur Wahl verschiedener Erkenntnismittel, während er nicht darüber befindet, *ob* das Gericht ausländisches Recht von Amts wegen ermitteln muß[45]. Es ist daher fraglich, inwieweit sich die Amtsermittlungspflicht aus einem restriktiven Verständnis von der Ermittlungsbefugnis ableiten läßt, indem das eingeräumte Erforschungsrecht auf eine Pflicht reduziert wird.

Für die Annahme einer amtswegigen Feststellung aufgrund der eingeräumten Ermittlungsbefugnis spricht ein Vergleich mit dem in § 616 ZPO aufgestellten Amtsermittlungsgrundsatz[46]. Danach ist das Gericht nicht nur berechtigt, sondern verpflichtet die Umstände zur Eheerhaltung von Amts wegen festzustellen. § 616 ZPO bezieht sich jedoch auf Tatsachen, während § 293 ausländisches Recht in der Form von Rechtsnormen als Ermittlungsgegenstand anführt. Infolgedessen wird eine Gleichbehandlung allein aufgrund der eingeräumten Ermittlungsbefugnis nicht als notwendig erachtetet, auch wenn § 293 ZPO mangels originärer Erkenntnisvorschriften auf den Tatsachenbeweis abstellt[47]. Eine Aussage, ob die Ermittlung ausländischer Rechtsinhalte eine richterliche Aufgabe darstellt, kann der durch § 293 Satz 2 ZPO eingeräumten Befugnis dementsprechend nicht entnommen werden.

Falls man im Anschluß daran eine Amtspflicht des Gerichts zur Ermittlung ausländischen Rechts ablehnt, verbleibt dem Wortlaut nach nur eine unverbindliche Befugnis, die es der Entscheidung des Richters überläßt, ausländisches Recht zu ermitteln. Eine vereinzelte Stimme in der Literatur erkennt darin, daß dem Gericht lediglich eine Ehrenpflicht, *nobile officium*, zur Feststellung ausländischen Rechts obliegen soll[48]. Es stünde danach im Ermessen des Richters, zu entscheiden, ob er amtswegig ermitteln möchte oder nicht.

Als Begründung für eine Amtsermittlungspflicht wird darüber hinaus die systematische Stellung des § 293 ZPO hinter dem Geständnis angeführt, die darauf schließen lasse, daß das ausländische Recht nicht der Parteidisposition unterliegen soll[49].

---

[44] RGZ 126, 196, 202; BGHZ 36, 348, 353; BGH NJW 1976, 1588, 1589; NJW 1988, 647; BGH NJW-RR 1990, 248,249; NJW 1992, 362; NJW 1992, 2026, 2029 = BGHZ 118,151,162; BGH NJW 1992, 3106; NJW 1993, 2305, 2306; *Müller*, Kolloquium MPI, S. 66, 67; *Kegel* IPR § 15 II., S. 363; vgl. *Wolff*, IPR, S. 88; *Zweigert*, RabelsZ 37 (1973), S. 435, 448.

[45] *Fastrich*, ZZP 97 (1984), S. 423, 425; *Kropholler*, IPR § 31 III., § 59 I.2., S. 520.

[46] *Kegel* IPR § 15 II., S. 363; *Rosenberg/Schwab/Gottwald* § 78 IV 2., S. 433.

[47] *Fastrich*, ZZP 97 (1984), S. 423, 425.

[48] *Ferid*, IPR § 4-86, S. 154; dagegen *Otto*, IPRax 1995, S. 299, 304; *Kralik*, ZfRV 1962, S. 75, 86.

[49] *Baumbach/Lauterbach/Albers/Hartmann - Hartmann* § 293 ZPO Rn. 6; *Geisler*, ZZP 91(1978), S. 176, 182 u. 192.

II. Pflicht zur Ermittlung ausländischen Rechts von Amts wegen   79

Dem steht zumindest entgegen, daß die Norm in die Regeln des allgemeinen Beweisrechts, von §§ 284 bis 294 ZPO, eingefügt ist[50]. Danach wäre es jedenfalls nicht ausgeschlossen, den Beweis ausländischen Rechts auch den Parteien aufzuerlegen. Aus dieser Betrachtung folgt, daß weder dem Wortlaut noch der systematischen Stellung des § 293 ZPO eine eindeutige Aussage zu entnehmen ist, in wessen Verantwortungsbereich die Auslandsrechtsermittlung liegen soll.

2. Amtsermittlungspflicht als Konsequenz der normativen Qualität ausländischen Rechts

Ist ausländisches Recht von inländischen Gerichten anzuwenden, so behält es seine Rechtsnormqualität. Dies kommt insbesondere durch die positivrechtliche Entscheidung des Gesetzgebers in § 293 Satz 2 ZPO zum Ausdruck. Der Wortlaut des Satz 2 spricht diesbezüglich den in Satz 1 genannten Rechtsquellen ausdrücklich die Anerkennung als Rechtsnorm zu. Aus dieser normativen Qualifikation ausländischen Rechts leitet ein Teil der Literatur die Begründung der Amtsermittlungspflicht ab[51].

Dem ist entgegenzuhalten, daß ausländisches Recht zwar in Vollziehung seiner Ermittlung und Anwendung als Rechtsnorm anerkannt ist, dadurch inländischem Recht qualitativ jedoch nicht gleichgestellt wird, wie die Vorschrift als solche und die unterschiedliche Behandlung der Revisibilität erkennen lassen[52]. Die Anerkennung des normativen Charakters ausländischer Rechtssätze entscheidet somit nicht zwingend über deren prozessuale Behandlung. Vor diesem Hintergrund entfällt auch die Notwendigkeit, dieses verfahrensrechtlich wie Inlandsrecht zu behandeln[53]. Die bloße Einordnung als Rechtsnorm gibt damit keine Auskunft, ob und wieweit der Richter zur Ermittlung ausländischen Rechts verpflichtet ist. Wie sich bereits in der rechtsvergleichenden Darstellung gezeigt hat, verliert die Einordnung als Rechtsnorm oder Tatsache im Hinblick auf die nähere, prozessuale Behandlung ausländischen Rechts immer mehr an Bedeutung. Die Handhabung des einschlägigen

---

[50] Vgl. KG JW 1936, 1686, 1687; MünchKomm-*Prütting* § 293 ZPO Rn. 1.
[51] *Zöller-Geimer* § 293 ZPO Rn. 14; ders., IZPR, Rn. 2577; *Otto*, FS Firsching, S. 209, 213; *v.Westphalen*, NJW 1994, S. 2113, 2115.
[52] Vgl. §§ 549 I, 562 ZPO; *Müller*, NJW 1981, S. 481, 483. *Müller*, Kolloquium MPI, S. 66, 68; a.A. *Theiss*, S. 209.
[53] *v. Bar* IPR Bd.I, Rn. 373; *Dölle*, MPI Jhb.1956, S. 42 u.47; *Kralik*, ZfRV 1962, S. 75 f.; *Kropholler*, IPR § 59 I., S. 519; *Zajtay*, Kolloquium MPI, S. 193, 196 u.198; *Schnyder*, Anwendung, S. 26 f. u. 241; *Krause*, S. 7 f.

Auslandrechts folgt im Zuge dessen überwiegend verfahrensrechtlichen Zweckmäßigkeitserwägungen[54].

Dessen ungeachtet wird zum Teil die Maxime „iura novit curia" als Begründung der Amtsermittlung angeführt[55]. Unter Heranziehung dieses Grundsatzes soll die Aufgabe der Feststellung der ausländischen Rechtsinhalte ebenso wie bei inländischem Recht das Gericht treffen. Danach hat sich der Richter unabhängig des Parteivorbringens die für die Rechtsanwendung notwendigen Rechtskenntnisse selbständig zu verschaffen. Signifikant dafür ist zudem der Satz „da mihi facta, dabo tibi ius".

Dem wird entgegengebracht, daß sich das Prinzip „iura novit curia" auch unter Zugrundelegung einer Amtsermittlungspflicht nicht auf ausländisches Recht beziehen kann[56]. Als Begründung wird angeführt, daß es dem Richter im Hinblick auf das ausländische Recht nicht zuzumuten sei, sich das erforderliche Wissen in der gleichen Weise zu verschaffen, wie bei unbekanntem inländischen Recht[57]. Soweit das Prinzip eine Fiktion der richterlichen Kenntnis vom Recht aufstellt, hätte das Gericht danach nämlich nicht die Möglichkeit, prozessuale Erkenntnismittel zu benutzen, sondern wäre wie gegenüber unbekanntem Inlandsrecht auf eine gerichtsinterne Ermittlung beschränkt[58]. Dem widerspricht allerdings die durch § 293 ZPO eröffnete Benutzung auch verfahrensrechtlicher Erkenntnismittel. Desweiteren wird die Maxime „iura novit curia" grundsätzlich nicht nur dahingehend verstanden, daß der Richter die notwendigen Rechtsgrundlagen in eigenständiger Ermittlungstätigkeit feststellen muß, sondern auch, daß die Parteien darauf keinen bestimmenden Einfluß haben[59]. Die Feststellung ausländischer Rechtssätze kann

---

[54] Vgl. *Kegel* IPR § 15 II., S. 365; *Müller*, Kolloquium MPI, S. 66, 75; *Küster*, S. 37.

[55] *Wieczorek/Schütze - Schütze* Einl.§§ 1-49 ZPO, Rn. 175; *ders.*, DIZPR, S. 117; *Linke*, IZPR, Rn. 269; *Lüderitz*, IPR, Rn. 179; *Coester-Waltjen*, Rn. 62 S. 48; *Huzel*, IPRax 1990, S. 77 f.; *Mankowski/Kerfack*, IPRax 1990, S. 372; *Hök*, JurBüro 1987, Sp.1760, 1762; *Evangelou*, IPRax 1987, S. 263, 264; *Fastrich*, ZZP 97 (1984), S. 423, 425; *Luther*, AcP 37 (1973), S. 660, 661; *Broggini*, Acp 155 (1956), S. 468, 478; *Koehler*, JR 1951, S. 549, 550; *Raape/Sturm*, IPR I, § 17 II.6., S. 308; *Dölle*, IPR, S. 100; vgl. *Geimer* IZPR, Rn. 2585; *ders.* einschränkend in *Zöller-Geimer* § 293 ZPO Rn. 1.

[56] MünchKomm-*Prütting* § 293 ZPO Rn. 2 f.; *Stein/Jonas-Leipold* § 293 ZPO Rn. 1 f.; *Nagel*, IZPR, Rn. 434; *Ferid*, IPR § 4-85, S. 154; *Müller*, Kolloquium MPI, S. 66, 67; *Küster*, S. 42; *Kralik*, ZfRV 1962, S. 75, 86; *Brauksiepe*, S. 66 f.; *Riezler* Fremdenrecht (1949), S. 491; *Schack*, IZVR, Rn. 621, 625; *Firsching/v.Hoffmann*, IPR, § 3 Rn. 130.

[57] *Nagel*, IZPR, Rn. 434.

[58] *Kralik*, ZfRV 1962, S. 75, 84 u. 92.

[59] *Stein/Jonas-Leipold* § 293 ZPO Rn. 1; MünchKomm-*Prütting* § 293 ZPO Rn. 2.

aber, wie § 293 ZPO zu entnehmen ist, durchaus unter der Mitwirkung der Parteien erfolgen. Im Gegensatz zum inländischen Recht kommt den Parteien damit die Möglichkeit zu, auf die Ermittlung Einfluß zu nehmen.

Das Prinzip „iura novit curia" läßt sich infolgedessen in bezug auf die Ermittlung ausländischen Rechts in zwei unterschiedlichen Argumentationsrichtungen verwenden. Für diejenigen, die den Grundsatz auch gegenüber Auslandsrecht anführen, bildet er als Ausfluß der dem Gericht obliegenden Rechtsanwendung regelmäßig die Grundlage einer amtswegigen Feststellung des Auslandsrechts. Nach der Gegenansicht ist die Geltung des Prinzips „iura novit curia" gegenüber ausländischem Recht grundsätzlich abzulehnen bzw. einzuschränken, weil dem Gericht nicht nur die internen Ermittlungsmöglichkeiten offenstehen, mit denen der Inhalt inländischen Rechts festzustellen ist, sondern § 293 ZPO gerade prozessuale Erkenntnismittel zur Verfügung stellt, die der Richter für die Inlandsrechtsermittlung nicht benutzen darf[60]. Letzterem Ansatz ist zu folgen, da er insbesondere den in § 293 ZPO vorgesehenen Erkenntnismitteln hinreichend Rechnung trägt.

3. Amtsermittlung als notwendige Folge des Rechtsanwendungsbefehls

Zu fragen ist im folgenden, ob sich die Ermittlung der einschlägigen, ausländischen Rechtssätze von der amtspflichtigen Beachtung ihrer Anwendung überhaupt trennen läßt oder nicht sogar aus ihr hervorgeht. Wie bereits im Rechtsvergleich deutlich wird, besteht ein enger Zusammenhang zwischen der Ermittlung ausländischen Rechts und der richterlichen Verpflichtung, der Frage des anwendbaren Rechts von Amts wegen nachzugehen[61]. Die Annahme eines fakultativen Kollisionsrechts würde zwar mit Blick auf einhergehende Ermittlungsschwierigkeiten zu einer Entlastung führen, sofern die Berufung der Parteien auf die Anwendbarkeit ausländischen Rechts ausbliebe. Damit wäre jedoch zugleich die Gefahr des sog. *forum shopping* begünstigt. Wie sich bereits gezeigt hat, besteht kein greifbares Bedürfnis, den Anwendungsbefehl des IPR verfahrensrechtlich der Disposition der Parteien zu unterstellen. Anderenfalls könnten staatsvertraglich vereinbarte Kollisionsnormen sowie die Wertung von Rechtsverhältnissen umgangen werden, die zum Schutz einer Partei der kollisionsrechtlichen Privatautonomie entzogen sind.

Da das Gericht entgegen der Auffassung eines fakultativen Kollisionsrechts stets von Amts wegen zu prüfen hat, ob und welches ausländische Recht anzuwenden ist, brauchen sich die Parteien auf die Anwendbarkeit ausländischen

---

[60] *Kralik*, ZfRV 1962, S. 75, 92.

[61] Vgl. *Evangelou*, IPRax 1987, S. 263.

Rechts nicht zu berufen, damit der Richter dieses berücksichtigt und zur Anwendung bringt[62]. Obgleich die Prozeßordnung schweigt, kann die grundsätzliche Verpflichtung des Richters, für die Richtigkeit seiner Entscheidung Sorge zu tragen, als maßgebliche Verbindung für die Amtsermittlung angeführt werden[63]. Überließe man nämlich den Parteien den Nachweis ausländischen Rechts, läge das angestrebte, kollisionsrechtliche Ergebnis wieder in ihren Händen. Wie schon Krause in diesem Zusammenhang zutreffend erkannt hat, käme ein Bruch in der Kontinuität der richterlichen Aktivität einer Gefährdung des kollisionsrechtlichen Auftrages gleich[64]. Soweit das Gericht infolge der von Amts wegen zu beachtenden Kollisionsnormen die einschlägige Rechtsordnung bestimmen und den Rechtsstreit danach beurteilen muß, ist im gleichen Maße die Feststellung des Inhalts der rechtlichen Entscheidungsgrundlagen einer Amtsermittlung zu unterstellen. Anderenfalls könnte die Wirksamkeit der kollisionsrechtlichen Forderung durch mangelnde Aufklärungsmaßnahmen unterlaufen werden, so daß die Anwendung der Rechtsordnung, auf welcher der Schwerpunkt des Rechtsverhältnisses liegt, und damit schließlich die Verwirklichung des Auftrages der Kollisionsnorm gefährdet wäre[65]. Dem steht die in § 293 Satz 2 1.HS ZPO vorgesehene Beteiligung der Parteien grundsätzlich nicht entgegen. Diese ist lediglich eine Konsequenz der Amtsermittlung, nach der das Gericht von den zugänglichen Erkenntnisquellen Gebrauch machen soll[66].

Der vorangegangenen Betrachtung ist zu entnehmen, daß die Verteilung der Ermittlungsaufgabe als notwendige Voraussetzung der richterlichen Pflicht zur Rechtsanwendung folgt[67]. Sie ergibt sich nicht unmittelbar aus § 293 ZPO, sondern die Befugnis in Satz 2 setzt eine Amtsermittlung gerade voraus. Die Erforschungsbefugnis stellt sich als Folge, nicht als Grundlage der Amtsermittlungspflicht dar. Das Gericht ist danach allgemein als verpflichtet anzusehen, den Inhalt des Auslandsrechts festzustellen, sobald dieses den Regeln des internationalen Privatrechts entsprechend zur Anwendung berufen

---

[62] *Stein/Jonas-Leipold* § 293 ZPO Rn. 31; MünchKomm-*Sonnenberger* EGBGB/IPR Einl. Rn. 448; *Zöller-Geimer* § 293 ZPO Rn. 10; *Luther* RabelsZ 37 (1973), S. 660, 667; *Kegel* IPR § 15 II, S. 363; *Kronke*, Anm. zu BGH LM H. 8/1995 § 293 Nr. 21 Bl. 5; *Schack*, IZVR, Rn. 622; *Firsching/v.Hoffmann*, IPR, § 3 Rn. 13.

[63] *Riezler* Fremdenrecht, S. 494; *Koehler*, JR 1951, S. 549, 550; ähnlich *Wolff*, IPR S. 88, der von der Pflicht zur Fällung eines gerechten Urteils spricht, diese jedoch aus dem Erforschungsrecht ableitet; *Krause*, S. 9.

[64] *Krause*, S. 10.

[65] *v.Bar* IPR Bd.I, Rn. 373.

[66] BGH FamRZ 1982, 263, 265; NJW 1976, 1588, 1589; NJW 1976, 1581, 1583; RGZ 126, 196, 202; *Fastrich*, ZZP 97 (1984), S. 423, 426.

[67] *Stein/Jonas-Leipold* § 293 ZPO Rn. 33; *Soergel-Kegel* Vor Art. 3 EGBGB Rn. 182; *Schnyder*, Anwendung, S. 35 f.

ist. Die Amtsermittlung umfaßt, dem Rechtsanwendungsbefehl des deutschen IPR entsprechend, auch die Pflicht zur Ermittlung ausländischen Kollisionsrechts, sofern nicht von Anfang an nur auf die Sachnormen verwiesen wird[68]. Im folgenden wird sich die Gelegenheit bieten, den Anwendungsbereich der Amtsermittlung näher auszuleuchten und gegebenenfalls zu erweitern bzw. einzuschränken.

a) Die materiellrechtliche Verweisung

Fraglich ist, inwieweit die Parteien über eine Rechtswahl hinaus auf die Bestimmung des Inhalts des einschlägigen Rechts Einfluß nehmen können, so daß dieses von einer amtswegigen Ermittlung auszunehmen wäre. Die Parteien können den gesamten Schuldvertrag der Herrschaft des ausländischen Rechts einschließlich seiner zwingenden Vorschriften in der Form der sog. kollisionsrechtlichen Verweisung unterstellen. Andererseits können sich die Parteien darauf beschränken, im Rahmen der dispositiven Vorschriften der Rechtsordnung, die zur Anwendung kommt, einzelne ausländische Rechtsnormen im Zuge einer sog. materiellrechtlichen Verweisung zu berufen[69].

Nach der Ansicht von Schütze und Wengler soll das durch eine materiellrechtliche Verweisung berufene Auslandsrecht wie der übrige Vertragsinhalt von den Parteien darzulegen sein und wäre damit einer Amtsermittlung entzogen[70]. Es könne keinen Unterschied machen, ob die Parteien hinsichtlich der Verzinsung eines Darlehens bolivianisches Recht vereinbaren oder die entsprechende Vorschrift als Vertragsklausel ausdrücklich zitieren[71]. Danach wäre das durch eine materiellrechtliche Verweisung berufene Auslandsrecht wie eine beweisbedürftige Tatsache zu behandeln.

Wie bereits in der positivrechtlichen Entscheidung des Gesetzgebers zum Ausdruck kommt, geht § 293 ZPO ungeachtet einer Differenzierung zwischen kollisions- und materiellrechtlicher Verweisung von der Rechtsnormqualität ausländischen Rechts aus. Soweit das ausländische Recht für die Beurteilung des gesamten Schuldverhältnisses zuständig ist, indem es kollisionsrechtlich berufen wird, oder infolge materiellrechtlicher Verweisung bloß partiell Anwendung findet, beruht seine Anwendbarkeit jeweils auf dem Parteiwillen, so daß die Notwendigkeit einer Differenzierung in verfahrensrechtlicher Hinsicht

---

[68] *v.Bar* IPR Bd.I, Rn. 374.
[69] *Soergel-Kegel* Vor Art. 3 EGBGB Rn. 182; vgl. *Kralik*, ZfRV 1962, S. 75, 81.
[70] *Schütze*, NJW 1965, S. 1652; *ders.*, DIZPR, S. 122 f.; *ders.*, *Wieczorek/Schütze* Einl.§§ 1-49 ZPO, Rn. 179; *Wengler*, JR 1983, S. 221, 224 f.; Tendenzen schon bei *Kralik*, ZfRV 1962, S. 75, 81.
[71] *Schütze*, NJW 1965, S. 1652.

nicht zu überzeugen vermag[72]. Den Parteien kann diesbezüglich nicht die Macht eingeräumt sein, über den Inhalt ausländischen Rechts im Inlandsprozeß zu entscheiden. Es besteht kein Bedürfnis, das Auslandsrecht, auf das die Parteien materiellrechtlich verweisen, zu ihrer Disposition zu stellen. Daher erscheint es nur konsequent, eine amtswegige Ermittlung auch dann anzunehmen, wenn das ausländische Recht infolge einer materiellrechtlichen Verweisung berufen wird[73].

b) Die Behandlung eines Auslandssachverhalts

Bei Sachverhalten, die trotz Auslandsberührung nach eigenem, materiellen Recht zu entscheiden sind, kann es geboten sein, den besonderen Gegebenheiten im Ausland Rechnung zu tragen, sog. Auslandssachverhalten[74]. Beispielhaft werden der im Ausland wohnhafte Erbe angeführt, um gegebenenfalls die Frist zur Ausschlagung zu verlängern, oder auch Unterhaltsansprüche, bei denen neben den Lebensverhältnissen im Ausland die im ausländischen Recht realisierbaren, vermögensrechtlichen Ansprüche für die Bedürftigkeitsprüfung zu berücksichtigen sind[75]. Dies führt dazu, daß bei der Auslegung inländischer Sachnormen, insbesondere auch bei der Ausfüllung unbestimmter Rechtsbegriffe[76], ausländisches Recht heranzuziehen ist. Diese Berücksichtigung ausländischen Rechts stellt jedoch ein Minus gegenüber seiner Anwendung dar[77].

Eine dogmatische Stütze soll eine derartige Beachtung des Auslandsrechts in der Datumstheorie finden, nach der dieses als Tatsache im Rahmen des Tatbestandes der anwendbaren Sachnorm zu berücksichtigen ist[78]. Dem wird entgegengehalten, daß es sich hierbei um die grundsätzliche Auslegung und Konkretisierung des anwendbaren inländischen Sachrechts handelt, so daß es

---

[72] *Soergel-Kegel* Vor Art. 3 EGBGB Rn. 182.

[73] *Soergel-Kegel* Vor Art. 3 EGBGB Rn. 182; im Ergebnis auch *Nagel*, IZPR, Rn. 435 u. 456; *Krause*, S. 18; *Küster*, S. 36.

[74] Gleiches kann sich ergeben, wenn nach IPR das Recht eines anderen Staates berufen wird (Drittlandbezug); vgl. MünchKomm-*Sonnenberger* EGBGB/IPR Einl., Rn. 441; *Jayme*, GS Ehrenzweig, S. 37, 42 f.

[75] BGHZ 78, 288, 292; BGH IPRax 1988, 109, 111 f. (Morgengabe); AG Memmingen IPRax 1984, 219; MünchKomm-*Sonnenberger* EGBGB/IPR Einl., Rn. 442; *Kegel*, IPR § 1 IX, S. 103; *Firsching/v.Hofmann* IPR, § 1 Rn. 129; *Menhofer*, S. 25.

[76] OLG Düsseldorf VersR 1990, 111; OLG München NJW 1977, 502 (Verhaltensregeln des Handlungsorts trotz deutschen Deliktsstatuts); *Jayme*, GS Ehrenzweig, S. 37, 39; vgl. *Lüderitz* in JZ 1963, S. 169, 171, Anm. zu BGH JZ 1963, 167-169.

[77] *Firsching/v.Hofmann* IPR, § 1 Rn. 129; MünchKomm-*Sonnenberger* EGBGB/IPR Einl., Rn. 441.

[78] *Jayme*, GS Ehrenzweig, S. 37, 39 f. u. 43.

II. Pflicht zur Ermittlung ausländischen Rechts von Amts wegen 85

der Datumstheorie zur Erklärung dieses Vorgangs nicht bedarf. Im Rahmen dessen dient das ausländische Recht dem Richter als Erkenntnismittel, das ihm ermöglicht, die deutsche Norm auf den konkreten Fall anzuwenden. Die Berücksichtigung der Auslandsberührung fällt damit in den Bereich der teleologischen Normauslegung[79].

Soweit das inländische Sachrecht danach ausgelegt und infolge des Auslandbezugs modifiziert wird, ist die Berücksichtigung der Auslandsberührung eine Aufgabe des Gerichts, der es sich aufgrund der ihm obliegenden nationalen Rechtsanwendung zu stellen hat. Die richterliche Tätigkeit umfaßt in diesem Zusammenhang dementsprechend auch die Ermittlung der ausländischen Rechtslage mit der Maßgabe, dafür die in § 293 ZPO vorgesehenen Erkenntnisquellen heranzuziehen. Ursache einer amtswegigen Berücksichtigung der ausländischen Rechtslage bleibt jedoch die interessengerechte Auslegung des inländischen Rechts[80].

c) Die Prozeßkostensicherheit des Ausländers, § 110 Abs. 1 ZPO

Im folgenden wird der aus der Rechtsanwendung fließenden Amtsermittlung die Behandlung der Prozeßkostensicherheit des Ausländers gegenübergestellt. Die Ausländersicherheit bezweckt, dem Beklagten einen gewissen Schutz für die Durchsetzung möglicher Kostenerstattungsansprüche zu geben[81]. Auch wenn der EuGH § 110 Abs. 1 ZPO jüngst als Diskriminierung von Dienstleistungserbringern aus den Mitgliedstaaten der EG gewertet hat[82], ist § 110 ZPO weiterhin gegenüber allen übrigen Auslandsrechtsfällen anwendbar, die außerhalb des Geltungsbereichs des EG-Vertrages liegen[83].

Um der von dem Beklagten beantragten Leistung der Prozeßkostensicherheit zu entgehen, wird der ausländische Kläger grundsätzlich als verpflichtet angesehen, das Vorliegen der Voraussetzungen eines Befreiungsgrundes dar-

---

[79] *Firsching/v.Hofmann* IPR, § 1 Rn. 129.; MünchKomm-*Sonnenberger* EGBGB/ IPR Einl., Rn. 442.
[80] MünchKomm-*Sonnenberger* EGBGB/IPR Einl., Rn. 442.
[81] BGH NJW 1984, 2762; MünchKomm-*Belz* § 110 ZPO Rn. 1; *Otto*, IPRax 1996, S. 22, 23.
[82] EuGH, 1.7.1993 (*Hubbard/Hamburger*), NJW 1993, 2431; so schon OLG München NJW 1993, 865; abweichend noch OLG Düsseldorf NJW 1993, 2447; *Baumbach/Lauterbach/Albers/Hartmann - Hartmann* § 110 ZPO Rn. 2; *Jayme/Kohler*, IPRax 1994, S. 405, 414.
[83] Vgl. aber auch Art. 17 HZPrÜbk; Überblick bei *Schütze*, RIW 1992, S. 1026-1028; *Baumbach/Lauterbach/Albers/Hartmann - Hartmann* Anh § 110 ZPO.

zulegen[84]. Ihm obliegt danach der Beweis, daß im Sinne einer verbürgten Gegenseitigkeit gem. § 110 Abs. 2 Nr.1 ZPO ein Deutscher nach seinem Heimatrecht nicht verpflichtet wäre, eine Prozeßkostensicherheit zu leisten. Diesen Beweis kann der Beklagte seinerseits durch einen Gegenbeweis erschüttern, wonach die tatsächliche Rechtspraxis von der nachgewiesenen, kodifizierten Rechtslage abweichen würde[85]. Im Rahmen dessen stellte der BGH fest, daß die Voraussetzungen eines Befreiungsgrundes zwar von Amts wegen zu prüfen seien, die Amtsprüfung der Amtsermittlung hingegen nicht gleichsteht. Denn bei der Amtsprüfung findet keine amtliche Untersuchung statt, es bleibt vielmehr beim Beibringungsgrundsatz[86]. Dem wird zum Teil entgegengebracht, daß eine derartige Behandlung des Nachweises der Gegenseitigkeit mit der Amtsermittlungspflicht gegenüber ausländischem Recht unvereinbar sei[87]. Es vertrage sich nur schwerlich mit der *ex officio* vorzunehmenden Auslandsrechtsfeststellung, wenn bei § 110 ZPO der ausländischen Partei die Beweislast für einen ihr günstigen Inhalt des ausländischen Rechts aufgebürdet wird. Danach träfe den Kläger lediglich eine gesteigerte Mitwirkung.

Dem Einwand kann nicht gefolgt werden. So trägt die abweichende Behandlung der Ausländersicherheit gerade dem Umstand Rechnung, daß von dem ausländischen Recht kein Anwendungsbefehl ausgeht, sondern dieses als Tatbestandselement in eine inländische Prozeßnorm eingefügt ist. Damit findet zugleich der Ansatz in der Praxis eine Bestätigung, nach dem die Amtsermittlung an die richterliche Pflicht zur Anwendung des ausländischen Rechts gebunden ist. Die eigentlichen Bedenken, die gegen § 110 ZPO erhoben werden können, liegen in erster Linie im rechtspolitischen Bereich. Das völkerrechtliche Instrument der Gegenseitigkeit wird schließlich auf dem Rücken einzelner, privater Personen ausgetragen. Das Abstellen auf die Gegenseitigkeit der Sicherheitsleistung ist im Hinblick auf eine tatsächliche Vollstreckung der Kostenentscheidung im Heimatland des Klägers nichtssagend. Daher sollte man bei der Ausländersicherheit vielmehr darauf abstellen, ob mit dem ausländischen Staat eine Gegenseitgkeit bei der Anerkennung und Vollstreckung von Entscheidungen besteht[88].

---

[84] BGH RIW 1983, 462 (Jordanien); BGH ZIP 1982, 363 = NJW 1982, 1223 (Iran); OLG Stuttgart RIW 1983, 460 (Indien); offen OLG Hamm RIW 1994, 513, 514 = IPRax 1996, 33, 35 (Mauretanien).

[85] BGH ZIP 1982, 363, 364= NJW 1982, 1223, 1224; *Zöller-Herget* § 110 ZPO Rn. 7; MünchKomm-*Belz* § 110 ZPO Rn. 26.

[86] BGH RIW 1983, 462, 463.

[87] *Schütze*, RIW 1993, S. 942, 943; *ders.*, RIW 1983, S. 460, 461; *Linke*, IZPR, Rn. 257; *Otto*, IPRax 1996, S. 22, 23; *Küster*, S. 33.

[88] Bzw., ob der ausländische Kläger seinen (Wohn-) Sitz in Inland hat; vgl. *Otto*, IPRax 1996, S. 22, 23.

4. Zwischenergebnis

§ 293 ZPO regelt lediglich die Art und Weise der Feststellung, nimmt jedoch selbst keine Verteilung einer Ermittlungsaufgabe vor. Weder die bloße Anerkennung der normativen Qualität noch das Prinzip „iura novit curia", das gegenüber ausländischem Recht einzuschränken ist, vermögen eine Amtsermittlung im einzelnen zu begründen.

Auf Grundlage der gewonnenen Erkenntnisse wird deutlich, daß in der Praxis nach dem Wirkungsgrund des Auslandsrechts im inländischen Verfahren differenziert wird. Findet das ausländische Recht mit seinen Rechtsfolgen Anwendung, so obliegt die Ermittlung dem Gericht von Amts wegen. Nicht nur der nationale kollisionsrechtliche Auftrag, sondern auch die Frage der Vollstreckung ausländischer Entscheidungen im Inland können ursächlich für die Anwendung bzw. der ihr folgenden Durchsetzung von Auslandsrecht sein. Die Erforschungspflicht umfaßt daher auch die Umstände, von denen die richtige Anwendung ausländischen Rechts abhängt, insbesondere die Klärung, ob die auf der ausländischen Urteilsausfertigung quittierten Gebühren von der Vollstreckbarkeit erfaßt sind oder ob ein ausländisches Urteil die unbeschränkte Vollstreckbarkeit ohne Sicherheitsleistung erlangt hat[89].

Davon muß die Wirkung einer inländischen Norm unterschieden werden, deren Anwendung von dem Vorliegen einer bestimmten Rechtspraxis im Ausland abhängt. Hier ist das ausländische Recht dem Tatbestand der inländischen Vorschrift zuzuordnen und bildet eine Voraussetzung für die Anwendung der lex fori. Die Ermittlung hat in diesem Fall, wie sich am Beispiel der Prozeßkostensicherheit zeigt, nach den allgemeinen Beweislastgrundsätzen zu erfolgen. Die Behandlung des Auslandssachverhalts bildet nur vermeintlich eine Ausnahme. Im Zuge dessen wird die ausländische Rechtslage, ohne ausdrücklich Tatbestandsmerkmal zu sein, zur Auslegung einer inländischen Vorschrift herangezogen, deren Grundlagen sich das Gericht selbständig beschaffen muß.

---

[89] BGHZ 122, 16, 19 f., Anm. *Roth*, IPRax 1994, S. 350; BGH WM 1990, 112, 1124; BGH IPRax 1986, 294, Anm. *Dopffel* IPRax 1986, S. 277, 282; BGH NJW 1983, 2773, 2775 = WM 1983, 655, 657; BGH NJW 1975, 2143, 2144; *Stein/Jonas-Leipold* § 293 ZPO Rn. 31; vgl. Art. 46 ff. EuGVÜ, § 6 AVAG.

III. Gegenstand des ausländischen Rechts

Durch § 293 ZPO wird ausländisches Recht von eigenem inländischen Recht unterschieden. Im Rahmen dessen steht es jedoch heimischem Gewohnheitsrecht gleich, dessen Ermittlung sich angesichts der fehlenden schriftlichen Kodifikation ähnlich schwierig darstellen kann wie bei ausländischem Recht[90]. Eine Definition des Begriffs vom „ausländischen Recht" findet sich in der Zivilprozeßordnung nicht. § 293 Satz 1 ZPO beschreibt den Ermittlungsgegenstand als „das in einem anderen Staate geltende Recht".

Entgegen der Wortlautvorgabe wird das Kriterium der Geltung eines Rechtssatzes von Schütze für die Abgrenzung von in- und ausländischem Recht als ungeeignet angesehen. Seiner Auffassung liegt die Prämisse zugrunde, daß auch das zur Anwendung berufene ausländische Recht „im Inland geltendes Recht" sei, da es im Zuge des IPR berufen und im Inland anzuwenden ist[91]. Deswegen will Schütze auf die Art des Rechtsanwendungsbefehls abstellen. Er sieht einen Rechtssatz dann als einen ausländischen an, wenn eine Norm des deutschen Kollisionsrechts auf diesen verweise[92]. Daneben wird vertreten, daß sich Geltung und Anwendung einander entsprächen[93]: Während die Geltung den statischen Zustand ausdrücke, stelle die Anwendung die dynamische Verwirklichung dar.

Dieser Ansatz scheint sich auf die sog. Rezeptionstheorie zu gründen, nach der das ausländische Recht durch den Verweisungsbefehl der Kollisionsnorm dem inländischen einverleibt wird[94], so daß eine sich an der Geltung orientierende Differenzierung nicht möglich wäre. Die Anwendung ausländischer Normen wäre danach zugleich mit ihrer Geltung im Inland verbunden. Das inländische Gericht wendet zwar ausländisches Recht an, kann ihm darüber hinaus aber keine Geltung verschaffen[95]. Geltungskraft beansprucht ausländisches Recht nur innerhalb seines territorial begrenzten Hoheitsbereiches. Der inländische Anwendungsbefehl legt nur die Zuständigkeit einer bestimmten Rechtsordnung fest und stellt damit lediglich einen formellen Wirkungsgrund für das ausländische Recht dar. Anderenfalls wäre der inländische Gesetzgeber im Zuge einer derartigen Rezeption aufgerufen, Verantwortung für den Ge-

---

[90] *Sommerlad/Schrey*, NJW 1991, S. 1377, 1378.
[91] *Schütze*, EWS 1990, S. 49 f.; *ders.*, GS Fritz Baur (1992), S. 93, 95 - I.1.a).
[92] *Schütze*, GS Fritz Baur (1992), S. 93, 95 f. - I.1.b)/c); *ders.*, EWS 1990, S. 49, 50.
[93] *Beitzke*, FS Rudolf Smend, S. 1, 13; krit. *Schnyder*, Anwendung, S. 128.
[94] *Kralik*, ZfRV 1962, S. 75, 80; *Zajtay*, ZfRV 1971, S. 271; *Brauksiepe*, S. 146.
[95] *Ferid* IPR § 4-48; *Raape/Sturm*, S. 314 Anm.9.; *Wiedemann*, S. 85 f.

III. Gegenstand des ausländischen Rechts

rechtigkeitsgehalt des ausländischen Rechts zu übernehmen[96]. Das Auslandsrecht wird anläßlich der kollisionsrechtlichen Verweisung nur angewendet, es wird aber dadurch nicht Teil des im Inland geltenden Rechts. Daher bedarf es des künstlichen Umwegs über den Verweisungsbefehl der Kollisionsnormen nicht.

Dem ausländischen Recht sind dementsprechend ungeachtet eines kollisionsrechtlichen Befehls die Rechtssätze zuzuordnen, die in einem anderen Staat erlassen bzw. anerkannt werden. Sie werden zwar grundsätzlich über einen innerstaatlichen Anwendungsbefehl berufen. Aber nicht erst dieser entscheidet über ihre Qualifikation als ausländisches Recht, sondern bereits die Rechtsgeltung außerhalb des deutschen Staatsgebietes. Dem entspricht desgleichen die gerichtliche Praxis. Die Rechtsprechung geht vom Vorliegen ausländischen Rechts aus, auch ohne daß dem nationale Kollisionsnormen zugrundeliegen, und nimmt infolgedessen die Erkenntnismittel des § 293 ZPO zur Hilfe[97].

Das „in einem anderen Staate geltende Recht" läßt sich jedoch dann nicht mit den Mitteln des § 293 ZPO feststellen, wenn dieses auch im Inland eine unmittelbare Geltung beansprucht. Dies folgt aus einem Umkehrschluß, nach dem § 293 ZPO nur das Recht betrifft, welches nicht zugleich im Anwendungsbereich des Grundgesetzes unmittelbar verbindlich ist[98]. Das Gericht ist gegenüber den im Inland geltenden, ihm unbekannten Gesetzen verpflichtet, sich ohne die Hilfestellung des § 293 ZPO die erforderlichen Kenntnisse zu verschaffen, *iura novit curia*. Die Rechtsgeltung ist allein im formellen Sinn zu bestimmen, so daß es auf eine sachliche Übereinstimmung des ausländischen Rechts mit der lex fori nicht ankommt[99]. Fraglich ist, ob in einem derartigen Fall zweckmäßigerweise noch ein Ermittlungsbedürfnis besteht, da die Kenntnisgewinnung mit Blick auf die inländische Rechtslage erfolgen könnte. Dem steht nicht nur die amtswegige Beachtung der kollisionsrechtlichen Verweisung entgegen, sondern auch die Gefahr, daß das vermeintlich überein-

---

[96] *Dölle*, Jhb. MPI 1956, S. 34, 42 u.44; *Schnyder*, Anwendung, S. 8; *Ferid* IPR § 4-48; krit. *Kralik*, ZfRV 1962, S. 75, 80.

[97] BGHZ 122, 16, 19 f.; BGH IPRax 1986, 294; Anm. *Dopffel* IPRax 1986, S. 277, 282; BGH NJW 1983, 2773, 2775; OLG Hamm RIW 1994, 513, 514.

[98] *Stein/Jonas-Leipold* § 293 ZPO, Rn. 27; MünchKomm-*Prütting* § 293 ZPO, Rn. 17; *Thomas/Putzo* § 293 ZPO, Rn. 1; *Zöller-Geimer* § 293 ZPO, Rn. 2; *Jauernig*, Zivilprozeßrecht § 49 VI., S. 179; *Nagel*, IZPR, Rn. 431; im Ergebnis auch *Schütze*, GS Fritz Baur (1992), S. 93, 96 - I.1.c).

[99] BGH NJW 1959, 1873; *Zöller-Geimer* § 293 ZPO, Rn. 2; *Stein/Jonas-Leipold* § 293 ZPO, Rn. 27; MünchKomm-*Prütting* § 293 ZPO Rn. 17.

stimmende Recht in der Praxis unterschiedlich ausgeformt sein kann[100]. Sowohl für den Anwendungsbereich des § 293 ZPO als auch für den Umfang der Ermittlungen ist von Bedeutung, wie weit der Begriff des ausländischen Rechts reicht. Im folgenden wird kurz dargestellt, welche Rechtssätze einer Feststellung nach § 293 ZPO zugänglich oder von einer Ermittlung ausgenommen sind.

1. Völkerrecht und Recht der Europäischen Gemeinschaften

a) Völkervertragsrecht und allgemeine Regeln des Völkerrechts

Der Ausdruck des Völkerrechts umfaßt sowohl Völkervertragsrecht als auch die allgemeinen Regeln des Völkerrechts, insbesondere des ungeschriebenen Völkergewohnheitsrechts. Die Begründung völkerrechtlicher Pflichten und Rechte enthält noch keine Aussage darüber, ob einzelne Bestimmungen in die innerstaatliche Rechtsordnung hineinwirken mit der Folge, daß sie von den nationalen Rechtsanwendungsorganen wie sonstiges innerstaatliches Recht zu beachten sind. Damit eine Völkerrechtsnorm im Verhältnis zu den einzelnen Privatrechtssubjekten anwendbar ist, muß sie zum innerstaatlichen Vollzug geeignet sein. Dieser setzt eine hinreichende Bestimmtheit voraus[101].

Kralik schlägt für diesen Fall vor, das Völkerrecht vom Grundsatz „iura novit curia" auszunehmen, auch wenn es im Rahmen des inländischen Rechts anzuwenden ist[102]. Das Völkerrecht sei nach seiner Auffassung vom Grundgedanken des § 293 ZPO erfaßt, zwar nicht in Analogie zum ausländischen Recht, sondern weil es ebenso wie Gewohnheitsrecht, nicht im Inland kodifiziertes Recht sei und in seinen Grundzügen gewohnheitsrechtlichen Charakter trage.

Der Stellenwert völkerrechtlicher Regeln, an dem sich auch deren zivilprozessuale Behandlung und Ermittlung ausrichtet, wird jedoch durch das Verfassungsrecht bestimmt, das im einzelnen die formellen Voraussetzungen enthält, die zu einer Anwendung im Inland führen. Völkerrechtliche Verträge, die zwischen den Staaten abgeschlossen wurden, werden nach Maßgabe des Art. 59 Abs. 2 GG durch ein zustimmendes Vertragsgesetz in innerstaatliches Recht mit der Geltungskraft von Bundesgesetzen transformiert, soweit sie einen normativen Inhalt haben[103].

---

[100] BGHZ 118, 151, 163 f.; BGH WM 1971, 1094, 1095; BGH WM 1960, 374, 375; *Fastrich*, ZZP 97 (1984), S. 423, 430.

[101] BGHZ 11, 135, 138; 52, 371, 383; *Veelken*, JuS 1993, S. 265.

[102] *Kralik*, ZfRV 1962, S. 75, 90.

[103] BVerfGE 1, 396, 410 f.; 6, 290, 294 f.; 29, 348, 360; 63, 343, 354.

III. Gegenstand des ausländischen Rechts

Art. 25 Satz 1 GG nimmt das allgemeine Völkerrecht in seiner jeweiligen Fassung als Bestandteil des Bundesrechts in die innerstaatliche Rechtsordnung auf. Die Übereinstimmung von Regelungen allein läßt noch kein Völkerrecht entstehen, sondern erst das Bewußtsein des einzelnen Staates, die Regelung nicht aus freier Entscheidung, sondern in Erfüllung einer Rechtspflicht zu vollziehen, während die Staatengemeinschaft für sich ein Recht auf Erfüllung durch den Einzelstaat beansprucht[104]. Allgemeine Regeln des Völkerrechts in diesem Sinne sind generell anerkannte Völkerrechtsnormen, welche von der überwiegenden Mehrheit der Staaten, nicht notwendigerweise auch von der Bundesrepublik, als verpflichtend anerkannt werden[105]. Nicht darunter fallen nur innerhalb bestimmter Staatengruppen oder regional anerkannte Völkerrechtsregeln. Die allgemeinen Regeln des Völkerrechts binden grundsätzlich nur Staaten und ihre Organe. In seltenen Ausnahmen statten sie auch Privatpersonen mit Rechten und Pflichten aus[106]. Dies kommt in der Praxis nur bei Völkerrechtsregeln in Betracht, die ihrem Inhalt nach für eine Subjektivierung geeignet sind und unmittelbar auch den einzelnen belasten und begünstigen können[107].

Vom inländischen Richter wird die Kenntnis der allgemeinen Völkerrechtsregeln sowie der nach Art. 59 Abs. 2 GG transformierten Staatsverträge grundsätzlich erwartet. Im Falle der Unkenntnis muß er sich selbständig das erforderliche Wissen beschaffen. Die Feststellung obliegt dem Richter hierbei in eigener Verantwortung[108]. Wegen der Schwierigkeiten, die mit der Feststellung einschlägiger allgemeiner Völkerrechtsregeln verbunden sind, hat das Gericht bei Zweifeln, ob eine Regelung Bestandteil des Bundesrechts ist und ob sie für den einzelnen unmittelbar Rechte und Pflichten erzeugt, eine Entscheidung des Bundesverfassungsgerichts nach Art. 100 Abs. 2 GG einzuholen[109]. Im Zuge dessen läßt sich eine Klärung über den Inhalt und Umfang der Verpflichtung herbeiführen, so daß Art. 100 Abs. 2 GG eine Rechtsauskunft bei Zweifeln über das anzuwendende Recht auf verfassungsrechtlicher Ebene legitimiert.

---

[104] *Kralik*, ZfRV 1962, S. 75, 78.

[105] BVerfGE 15, 25, 34; 16, 27, 33: im Gegensatz zur Praxis des Art. 4 WeimRVerf: „Die allgemein *anerkannten* Regeln des Völkerrechts gelten als bindende Bestandteile des deutschen Reichsrechts".

[106] BVerfGE 46, 342, 362 (Vollzugsfähigkeit der Regeln über die Staatenimmunität).

[107] BVerfGE 15, 25, 33 (Exterritorialität).

[108] MünchKomm-*Prütting* § 293 ZPO Rn. 10; *Stein/Jonas-Leipold* § 293 ZPO Rn. 6 u. 8.

[109] BVerfGE 15, 25, 32 f.; 23, 288, 316 f.; *Maunz/Dürig-Maunz* Art. 100 GG Rn. 45; *Stein/Jonas-Leipold* § 293 ZPO Rn. 14 f.; MünchKomm-*Prütting* § 293 ZPO Rn. 10.

92 C. Die Behandlung ausländischen Rechts im Zivilprozeß

Rechtssetzende Staatsverträge müssen, sofern sie einen normativen Inhalt besitzen und in dem ausländischen Staat Geltung beanspruchen[110], dessen Rechtsordnung zur Anwendung berufen ist, auch im Verfahren vor inländischen Gerichten Beachtung finden, wenn die Bundesrepublik nicht zu den Vertragsstaaten gehört[111]. Völkervertragsrecht ohne Beteiligung der Bundesrepublik ist dann als Recht des ausländischen Staates anzuwenden[112]. Sobald ein im Ausland geltender, völkerrechtlicher Vertrag, dessen normative Vorschriften Einfluß auf das dem Verfahren zugrundeliegende Verhältnis haben, im Inland mangels Transformation keine Geltung beansprucht, steht dementsprechend zur Feststellung des maßgebenden Inhalts regelmäßig der Weg des § 293 ZPO offen. Völkervertragsrecht steht damit, soweit es innerhalb des Geltungsbereichs des Grundgesetzes keine Verbindlichkeit beansprucht, ausländischem Recht gleich.

b) Europarecht

Auch das Recht der Europäischen Gemeinschaften kommt in unterschiedlichen Formen zum Ausdruck. Dabei kann das primäre Gemeinschaftsrecht, als Inhalt der Gründungsverträge, von dem sog. sekundären Recht, den späteren Rechtsetzungsakten, abgegrenzt werden.

Unter Berufung auf die Rechtsprechung des BVerfG[113] ging das OLG München davon aus, daß das Europäische Gemeinschaftsrecht weder Bestandteil der nationalen Rechtsordnung noch Völkerrecht sei, sondern eine eigenständige Rechtsordnung darstellt, die aus einer autonomen Rechtsquelle fließt, und innerstaatliche Rechtsordnung und Gemeinschaftsrecht als unabhängige Rechtskreise nebeneinander existieren[114]. Das OLG München hat daraus gefolgert, daß allein dem durch ein nationales *Zustimmungsgesetz* umgesetzten EG-Recht die Qualität innerstaatlichen Rechts zukommt, welche die Anwendung von § 293 ZPO ausschließt. Nach alledem bestanden für das OLG München keinerlei Bedenken, im Rahmen des § 293 ZPO eine Begutachtung über

---

[110] Richtet sich nach dem jeweiligen nationalen Verfassungsrecht: während in England ein spezielles Durchführungsgesetz notwendig ist, reicht in Frankreich, Belgien und Luxemburg die Zustimmung des Parlaments, vgl. *Veelken*, JuS 1993, S. 265, 266.

[111] OLG Oldenburg FamRZ 1988, 170, 171; *Kegel*, IPR § 15 III., S. 366, u. § 4 IV., S. 195 ff. m.w.N.

[112] KG RIW 1994, 683; OLG Karlsruhe NJW-RR 1993, 1316; OLG Frankfurt NJW 1992, 633, 634; LG München IPRax 1990, 316; LG Stuttgart IPRax 1990, 317; *Kegel*, IPR § 18 I.4., S. 520 f.

[113] BVerfGE 37, 271, 277 f. (Solange I); BVerfGE 73, 339, 367 f. (Solange II); vgl. schon BVerfGE 22, 293, 296; aber BVerfGE 89, 155, 188 (Maastricht).

[114] OLG München EuR 1988, 409, 410 = IPRspr.1988, Nr. 4.

Europäisches Gemeinschaftsrecht einzuholen[115]. Ein Teil der Lehre ist dieser Differenzierung zunächst gefolgt[116]. Soweit danach nur dem durch Zustimmungsgesetz übernommenen Gemeinschaftsrecht eine innerstaatliche Qualität einzuräumen ist, wären die übrigen EG-Rechtsakte trotz ihrer unmittelbaren inländischen Wirkung einer Ermittlung nach Maßgabe des § 293 ZPO zugänglich.

§ 293 ZPO fordert demgegenüber nicht das Fehlen eines nationalen Zustimmungsgesetzes, sondern versagt, wie sich bereits gezeigt hat, seine Anwendung, falls das festzustellende Recht auch unmittelbar im Geltungsbereich des Grundgesetzes verbindlich ist. Dazu bedarf es keines formalen Arguments wie die Existenz eines nationalen Zustimmungsgesetzes. Mit der Annahme einer eigenständigen Rechtsordnung im Verhältnis zur Rechtsordnung der Mitgliedsstaaten ist noch nicht entschieden, ob und wie das Gemeinschaftsrecht auf die Rechtsordnungen der Mitgliedsstaaten einwirkt[117]. Die unmittelbare Geltung europäischen Gemeinschaftsrechts im Inland ist nicht ausschließlich von einer Übernahme durch ein nationales Zustimmungsgesetz abhängig[118]. Soweit das Recht der Europäischen Gemeinschaften im Geltungsbereich des Grundgesetzes unmittelbar verbindlich ist, wird es vor dem Hintergrund des § 293 ZPO qualitativ dem innerstaatlichen Recht gleichzustellen sein[119]. Das trifft zunächst auf primäres Gemeinschaftsrecht in der Form der Gründungsverträge zu, die wegen der durch das nationale Zustimmungsgesetz veranlaßten Transformation ohnehin Eingang in das innerstaatliche Recht gefunden haben. Bedeutung gewinnt der EG-Vertrag nicht nur gegenüber staatlichen Maßnahmen, die sich auf ihre Vereinbarkeit mit den Grundfreiheiten messen lassen müssen, sondern desgleichen im Zivilrecht. Neben den Auswirkungen der Artt. 30 ff. EGV auf die nationalen Schutz- und Urheberrechte besitzen auch die Wettbewerbsregeln der Artt. 85, 86 EGV einen privatrechtsrelevanten Inhalt[120].

---

[115] OLG München EuR 1988, 409, 410.

[116] *Baumbach/Lauterbach/Albers/Hartmann - Hartmann* § 293 ZPO Anm.1) [47. Aufl.1989 - 49.Aufl.1991]; *Zöller-Geimer* § 293 ZPO Rn. 1 einschränkend Rn. 5.

[117] *Veelken*, JuS 1993, S. 265, 266.

[118] *Nicolaysen*, Difficile est satiram non scribere, EuR 1988, S. 411 f.; *Sommerlad/Schrey*, NJW 1991, S. 1377, 1378; *Schütze* in GS Fritz Baur (1992), S. 93, 95 f. - I.1.b).

[119] *Stein/Jonas-Leipold* § 293 ZPO Rn. 7; MünchKomm-*Prütting* § 293 ZPO Rn. 9; *Baumbach/Lauterbach/Albers/Hartmann - Hartmann* § 293 ZPO Rn. 2.

[120] Ein gegen Art. 85 EGV verstoßender Vertrag ist nach Absatz 2 dieser Bestimmung nichtig, während das Verbot des Art. 86 EGV zugleich ein Schutzgesetz im Sinne von § 823 Abs. 2 BGB darstellt; vgl. *Veelken*, JuS 1993, S. 265, 270.

94   C. Die Behandlung ausländischen Rechts im Zivilprozeß

Eine unmittelbare innerstaatliche Wirkung entfaltet desgleichen das aufgrund der Verträge von den Gemeinschaftsorganen erlassene sog. sekundäre Gemeinschaftsrecht in der Form der Verordnungen. Da diese keines Transformationsaktes mehr bedürfen, sind sie als Teil innerstaatlichen Rechts zu behandeln. Die Verträge selbst sehen eine derartige Bindungswirkung in Art. 189 Abs. 2 EG-Vertrag, Art. 161 Abs. 2 Euratom (EAGV) und Art. 14 Abs. 2 Montanunion (EGKSV) sowie in Art. 7 des EWR-Assoziierungsabkommens[121] vor. Der Richter hat infolgedessen europäisches Gemeinschaftsrecht als Teil des innerstaatlichen Rechts von Amts wegen zu berücksichtigen und gegebenenfalls in eigener Verantwortung zu ermitteln[122]. Eine Anwendung des § 293 ZPO scheidet daher aus.

aa) EG-Richtlinie als Gegenstand des § 293 ZPO

Das wichtigste Instrument für die Rechtsangleichung innerhalb der Mitgliedsstaaten der EG bilden die Richtlinien in Art. 189 Abs. 3 EGV, Art. 161 Abs. 3 EAGV, bzw.in Art. 14 Abs. 3 EGKS als Empfehlung bezeichnet. Im Gegensatz zu dem Instrument der Verordnungen sind die Richtlinien kein unmittelbar national geltendes Recht. Sie binden jeweils nur die Legislative der Mitgliedsstaaten, innerhalb einer bestimmten Frist das in der Richtlinie festgelegte Ziel selbständig durch ein eigenes, nationales Gesetz umzusetzen.

Für den Fall, daß der nationale Gesetzgeber die Verpflichtung der Umsetzung nicht fristgemäß erfüllt, wird von Sommerlad und Schrey erwogen[123], daß auch der Inhalt einer EG-Richtlinie Gegenstand der Ermittlung nach § 293 ZPO sein kann. Dies setzt zunächst voraus, daß zum einen die EG-Richtlinie trotz Untätigkeit des Gesetzgebers im Inland unmittelbar verbindlich ist; ansonsten gäbe es keinen Anwendungsgrund. Andererseits muß die Richtlinie entgegen einer unmittelbaren Wirkung im Inland ihren Charakter als ausländisches Recht beibehalten, damit der Anwendungsbereich des § 293 ZPO eröffnet wäre[124]. Die Europäische Gemeinschaft ist kein Staat im Sinne des klassischen Staatsbegriffs, auf den in § 293 ZPO Bezug genommen wird,

---

[121] Ausdrücklich in Art. 7 EWR -Abk. HS. 1. Alt. 3. i.V.m. HS. 2 Alt. 1 a):„Rechtsakte, die [..] in den Entscheidungen des Gemeinsamen EWR-Ausschusses [..] enthalten sind, sind für die Vertragsparteien verbindlich und *Teil des innerstaatlichen Rechts*"[..] sofern „ein Rechtsakt [..] einer EWG-Verordnung entspricht [..]".

[122] *Sommerlad/Schrey*, NJW 1991, S. 1377, 1378; *Stein/Jonas-Leipold* § 293 ZPO Rn. 7 f.; MünchKomm-*Prütting* § 293 ZPO Rn. 9; so auch *Baumbach/Lauterbach/Albers/Hartmann - Hartmann* § 293 ZPO Rn. 1 f.

[123] *Sommerlad/Schrey*, NJW 1991, S. 1377, 1378.

[124] *Sommerlad/Schrey*, NJW 1991, S. 1377, 1378.

sondern eine zwischenstaatliche Einrichtung eigener Art[125]. In Betracht kommt deswegen lediglich eine entsprechende Anwendung des § 293 ZPO, da es sich bei einer EG-Richtlinie nicht um ausländisches Recht, sondern um eine supranationale Direktive handelt. Damit bliebe eine Parallele zu der Ansicht gewahrt, § 293 ZPO analog für außer Kraft getretenes oder noch nicht geltendes Recht anzuwenden[126].

Eine Direktwirkung einer individualschützenden Richtlinienbestimmung ist zwischen Staat und Bürger nur dann anerkannt, wenn die nicht rechtzeitig umgesetzte Richtlinie inhaltlich klar, eindeutig und unbedingt ist[127]. Demgegenüber kann eine Richtlinienbestimmung nicht unmittelbar im Inland wirken, sobald dem nationalen Gesetzgeber bei der Umsetzung ein Ermessensspielraum verbleibt[128]. Im Verhältnis zwischen den einzelnen Bürgern wird eine horizontale Direktwirkung von Richtlinien zu Recht abgelehnt[129], da sie lediglich an den nationalen Gesetzgeber gerichtet sind und eine unmittelbare Wirkung daher nicht zu Lasten des Einzelnen eintreten kann.

Im übrigen könnte in den Fällen, in denen die Bundesrepublik als Forumstaat eine Richtlinie bereits umgesetzt hat, nicht aber der Staat, dessen Recht anzuwenden ist, eine direkte Wirkung von zwingenden Sachvorschriften dieser Richtlinie auf Art. 34 EGBGB gestützt werden[130]. Desgleichen könnte eine bereits umgesetzte Richtlinie als zwingende Vorschrift des deutschen oder ausländischen Rechts unter den Voraussetzungen der Sonderanknüpfungen nach Artt. 27 Abs. 3, 29 Abs. 1, 30 Abs. 1 EGBGB Beachtung finden, während das von den Parteien gewählte Vertragsstatut eine derartige Bestimmung nicht enthält[131].

---

[125] BVerfGE 22, 293, 295.

[126] *Prütting* in LdR/ZivilverfahrensR, S. 41f.; vgl. *Stein/Jonas-Leipold* § 293 ZPO Rn. 13.

[127] EuGH Slg. 1982, 53, 71; EuGH Slg. 1979, 1629, 1642; EuGH Slg.1974, 1337, 1348 f.; EuGH Slg.1970, 1213, 1222; a.A. BFH EuR 1981, 442, 443 (Umsatzsteuerrichtlinie).

[128] BVerfGE 75, 223, 237 f. (Umsatzsteuerrichtlinie); vgl. zur Gegenansicht BFH s.o.

[129] Zuletzt EuGH NJW 1994, 2473, 2474 = Slg. 1994, I-3325; EuGH Slg. 1990, I-4135, 4155 u.4160 (RL-konforme Auslegung); EuGH Slg.1987, 3969, 3985; *Baumbach/Lauterbach/Albers/Hartmann* - *Hartmann* § 293 ZPO Rn. 2; *Schweitzer*, Staatsrecht III, Rn. 267a.

[130] *Palandt-Heldrich* Art. 34 EGBGB Rn. 3; *Erman-Hohloch* Art. 34 EGBGB Rn. 15; *Firsching/v.Hofmann* IPR, § 1 Rn. 123; *Jayme/Kohler*, IPRax 1990, 353, 361.

[131] Vgl. HaustürWG (EG-Richtlinie 85/577); OLG Frankfurt IPRax 1990, 236, 237 u.239; OLG Stuttgart NJW-RR 1990, 1081, 1083; LG Hamburg IPRax 1990, 239, 241; LG Hamburg NJW-RR 1990, 695, 696; zurückhaltend *Sonnenberger*, ZVglRWiss 95 (1996), S. 3, 37; OLG Hamm IPRax 1990, 242, 244, m. Anm. *Jayme*, S. 220, 222.

Ist eine Richtlinie nicht rechtzeitig umgesetzt worden, liegen aber die Voraussetzungen vor, die eine unmittelbare Wirkung im Verhältnis zwischen Staat und Bürger rechtfertigen, wird dem Einzelnen trotz Untätigkeit des Gesetzgebers aufgrund der Richtlinie gegenüber dem Staat eine Rechtsposition zuerkannt. Der normative Gehalt der Richtlinie als supranationales Recht bleibt angesichts der fehlenden nationalen Umsetzung unberührt[132], so daß der Anwendungsbereich des § 293 ZPO durch eine Analogie entsprechend eröffnet wäre. Es drängt sich in diesem Zusammenhang jedoch die Frage auf, ob eine Notwendigkeit zur Ermittlung nach Maßgabe der Feststellung ausländischen Rechts tatsächlich besteht, durch welche im Zuge einer vergleichbaren Interessenlage eine entsprechende Anwendung des § 293 ZPO gerechtfertigt wäre. Wenn eine Richtlinie klar, eindeutig und unbedingt sein muß, um bei fehlender Umsetzung Berücksichtigung zu finden, wird sich der Regelungsgehalt unmittelbar aus der Richtlinienbestimmung ablesen lassen. Die Notwendigkeit einer weitergehenden Auskunft der EG-Kommission, wie von Sommerlad und Schrey vorgeschlagen[133], in der sich die Kommission über ihre Umsetzungsvorstellungen äußert, wird aber in der Regel nicht bestehen. Denn anderenfalls wäre die Richtlinie nicht hinreichend genug konkretisiert, so daß ihr auch keine unmittelbare Wirkung zugesprochen werden könnte.

Als Gegenstand der Ermittlung nach § 293 ZPO käme daher grundsätzlich nur der Inhalt der Richtlinie in Betracht. Ein darüber hinausgehendes Auskunftsbedürfnis müßte sich den Vorwurf vorhalten lassen, daß es sich zu den Voraussetzungen einer Direktwirkung in Widerspruch begibt. Eine nicht eindeutige Richtlinienbestimmung begründet zugleich Zweifel an einer unmittelbaren Vollzugsfähigkeit. Um diese auszuräumen, ist das Gericht gehalten, einen anderen Weg zu beschreiten.

bb) Alternatives Verfahren:
EG-Richtlinie als Gegenstand der Vorabentscheidung

Bei Zweifeln über die Vollzugsfähigkeit müßte das Gericht die Richtlinie zum Gegenstand eines Vorabentscheidungsverfahren nach Art. 177 EGV machen[134]. Auf diese Weise ließen sich zugleich Fragen der Auslegung und Gültigkeit durch den EuGH abschließend klären[135]. Auch die späteren, mitgliedschaftlichen Durchführungsgesetze sind einer richtlinienkonformen Ausle-

---

[132] *Sommerlad/Schrey*, NJW 1991, S. 1377, 1378.

[133] *Sommerlad/Schrey*, NJW 1991, S. 1377, 1378.

[134] *Veelken*, JuS 1993, S. 265, 271; vgl. *Sonnenberger*, ZVglRWiss 95 (1996), S. 3, 47.

[135] *Schweitzer*, Staatsrecht III, Rn. 395a.

gung unterstellt: Soweit sich im Zuge der Anwendung dieser nationalen Durchführungsgesetze Zweifel ergeben, wird das Gericht auf eine Vorlage nach Maßgabe des Art. 177 EGV verwiesen[136].

Art. 177 EGV wird dementsprechend in gleicher Weise gegenüber einer nicht rechtzeitig umgesetzten, aber unmittelbar geltenden Richtlinie Anwendung finden müssen. Ein inländisches Gericht, das bei qualifizierten Voraussetzungen von einer unmittelbaren Wirkung bzw. von einer Vorlage absieht, obwohl die Richtlinie einen entscheidungserheblichen Einfluß hätte, verstieße somit gegen Art. 177 EGV. Sofern die Entscheidung nicht mit einem ordentlichen Rechtsmittel angefochten werden kann (Art. 177 Abs. 3 EGV), käme eine Aufhebung des letztinstanzlichen Urteils schließlich im Wege der Verfassungsbeschwerde aufgrund der Verletzung von Satz 2 des Art. 101 Abs. 1 GG in Betracht[137]. Damit zeigt sich, daß das Vorabentscheidungsverfahren bei Zweifeln über die unmittelbar wirkende Richtlinienbestimmung einer analogen Anwendung des § 293 ZPO vorzuziehen wäre.

2. Nichtstaatliches Einheitsprivatrecht

Dem nichtstaatlichen Einheitsprivatrecht sind die Menge der allgemeinen Geschäftsbedingungen, Verkehrssitten und Handelsbräuche zuzuordnen, die nicht von einer der Vertragsparteien, sondern von öffentlichrechtlichen[138] oder privaten[139] Organisationen vorformuliert sowie aufgezeichnet worden sind, und die in einzelnen Branchen des grenzüberschreitenden Wirtschaftsverkehrs regelmäßig Beachtung finden[140]. Da jenen Organisationen hingegen keine supranationale Rechtssetzungsbefugnis zukommt, binden die von ihnen „kodifizierten" Regelungen ohne Zutun des jeweiligen nationalen Gesetzge-

---

[136] *Sonnenberger*, ZVglRWiss 95 (1996), S. 3, 46 f.; *Veelken*, JuS 1993, S. 265, 271 f.

[137] BVerfGE 73, 339, 366; BVerfGE 75, 223, 231 f.; *Veelken*, JuS 1993, S. 265, 267.

[138] Unidroit, Institut international pour l'unification du droit privé in Rom, Economic Commission for Europe (Unterausschuß der UN in Genf: Wirtschaftskommission für Europa), United Nations Commission for International Trade Law.

[139] Internationale Handelskammer in Paris, die eine „nongovernmental organization with consultative status" i. S. des Art. 71 der UN-Charta ist (bsp. maßgebend für die Incoterms); International Law Association; International Air Transport Association; London Corn Trade Association, etc.

[140] *v.Bar*, IPR Bd.I, Rn. 100.

bers die staatlichen Gerichte nicht[141]. Die auch als „Klauselrecht" bezeichneten Regelwerke können grundsätzlich nur kraft Parteivereinbarung Geltung beanspruchen[142]. Schon vor diesem Hintergrund entfällt die Möglichkeit, derartig aufgestellte Klauselkataloge als Gegenstand des ausländischen Rechts zu betrachten und im folgenden nach Maßgabe des § 293 ZPO zu ermitteln. Die Vorschrift setzt eine bereits bestehende, innerstaatlich verbindliche Geltung eines Rechtssatzes voraus, währenddessen die Wirkung nichtstaatlicher Regelwerke, die ausschließlich von einer Parteivereinbarung abhängig gemacht wird, der Rechtsordnung eines anderen Staates nicht eindeutig zugeordnet werden kann. Von einem Gewohnheitsrecht unterscheiden sich derartige Regelwerke dadurch, daß ihnen eine gemeinsame Rechtsüberzeugung in der Form der sog. „opinio iuris vel necessitatis" fehlt[143].

3. Das Recht der ehemaligen DDR

Für die Fälle, in denen die Anwendung des Rechts der ehemaligen DDR in Betracht kommt, hat sich die Rechtslage seit der Wiedervereinigung grundlegend geändert. Ungeachtet der politischen Qualifizierung der ehemaligen DDR war das DDR-Recht vor dem 3. Oktober 1990 noch ausländischem Recht gleichgestellt, weil es Normen für verbindlich erklärte, die im Geltungsbereich des Grundgesetzes keine Anwendung fanden[144].

Soweit in den neuen Bundesländern Rechtsnormen fortgelten, die mit altem DDR-Recht identisch sind, werden diese nach Maßgabe des Art. 9 EV nunmehr als Inlandsrecht behandelt[145]. Dies gilt insbesondere, sofern durch Art. 231 bis 236 EGBGB das Rechtsverhältnis dem bislang im Beitrittsgebiet geltenden Recht der DDR unterstellt wird.

---

[141] *Soergel-Kegel* Vor Art. 3 EGBGB Rn. 193 a.E.; *v.Bar*, IPR Bd.I, Rn. 100; *Kropholler*, Internationales Einheitsrecht § 10, S. 122; *Magnus*, RabelsZ 59 (1995), S. 469, 491; *Wichard*, RabelsZ 60 (1996), S. 267, 294.

[142] *Kropholler*, Internationales Einheitsrecht § 10, S. 120; *v.Caemmerer/Schlechtriem-Junge* Art. 9 CISG Rn. 8.

[143] *Kropholler*, Internationales Einheitsrecht § 10, S. 121; vgl. *v.Caemmerer/Schlechtriem-Junge* Art. 9 CISG Rn. 3.

[144] Vgl. *Seiffert*, Die Anwendung des Rechts der DDR durch ausländische Gerichte, Potsdam, 1969, S. 16 ff.; *Stein/Jonas-Leipold* § 293 ZPO Rn. 28; MünchKomm-*Prütting* § 293 ZPO Rn. 21; *Baumbach/Lauterbach/Albers/Hartmann - Hartmann* § 293 ZPO Rn. 2.

[145] MünchKomm-*Prütting* § 293 ZPO Rn. 21; *Zöller-Geimer* § 293 ZPO Rn. 6.

III. Gegenstand des ausländischen Rechts   99

4. Berücksichtigung ausländischer Rechtsquellen

Das ausländische Recht ist in der Gestalt anzuwenden, in der es im Ausland gilt[146]. Die reine Gesetzeskenntnis genügt in der Regel dafür nicht, entscheidend ist vielmehr, welche konkrete Ausgestaltung das ausländische Recht erfahren hat. Daher muß das Gericht auch der ausländischen Rechtswirklichkeit hinreichende Beachtung schenken[147]. Die Rechtsprechung und das ausländische Schrifttum sind dabei in demselben Umfang zu berücksichtigen wie von den Gerichten im Ausland. Der BGH hat in diesem Zusammenhang wiederholt festgestellt, daß das ausländische Recht als Ganzes zu erforschen ist, wie es in der Rechtsprechung und Rechtslehre Ausdruck und in der Praxis Anwendung findet[148]. Die bloße Auslegung einschlägiger Gesetzesvorschriften hielt der BGH im Einzelfall für ebensowenig ausreichend[149], wie die Anwendung allgemeiner Rechtsgrundlagen oder eine wirtschaftliche Betrachtungsweise[150].

Um den maßgeblichen Inhalt des ausländischen Rechts zu ermitteln, sind innerhalb der zuständigen Rechtsordnung grundsätzlich alle Rechtsquellen beizuziehen, die auf die konkrete Rechtsfrage eine Antwort enthalten[151]. Welche Bedeutung den einzelnen Rechtsquellen zukommt und in welchem Verhältnis sie zueinander stehen, ist der betroffenen Rechtsordnung zu entnehmen[152]. Differenziert werden kann allgemein zwischen einer ausländischen Regelung, die anerkanntes Recht ist oder eine Sozialnorm, Norm einer Religionsgemeinschaft oder nur faktische Verkehrssitte bzw. einen Handelsbrauch

---

[146] BGH FamRZ 1982, 263, 264; NJW 1976, 1581, 1583; WM 1960, 374, 375.

[147] *Stein/Jonas-Leipold* § 293 ZPO Rn. 58; *Zöller-Geimer* § 293 ZPO Rn. 24; MünchKomm-*Prütting* § 293 ZPO Rn. 57; *Baumbach/Lauterbach/Albers/Hartmann - Hartmann* § 293 ZPO Rn. 13; *Schack*, IZVR, Rn. 628; *Fastrich*, ZZP 97 (1984), S. 423, 428; *Buchholz*, FS Hauß, S. 15, 23; *Müller*, Kolloquium MPI, S. 66, 68; *Dölle*, IPR, S. 101.

[148] BGH NJW 1992, 3106, 3107; NJW-RR 1991, 1211, 1212; NJW 1976, 1581, 1583.

[149] BGH NJW 1992, 3106; NJW-RR 1991, 1211, 1212; NJW-RR 1990, 248, 249; LM § 293 ZPO Nr. 14.

[150] BGH NJW-RR 1995, 766, 767; NJW 1992, 3106, 3107 = LM § 293 ZPO Nr. 18.

[151] *Kegel*, Kolloquium MPI, S. 157, 173; *Raape/Sturm*, IPR Bd.I, § 17 II. 6a, S. 308; *Schnyder*, Anwendung, S. 136; MünchKomm-*Sonnenberger* EGBGB/IPR Einl. Rn. 455; *Kronke*, IPRax 1992, S. 303, 304.

[152] *Fastrich*, ZZP 97 (1984), S. 423, 427; MünchKomm-*Sonnenberger* EGBGB/IPR Einl. Rn. 455.

darstellt. Das ausländische Rechtsquellenverständnis entscheidet über die Zuordnung und damit über den Gegenstand der Ermittlungen des § 293 ZPO[153].

Neben den Rechtsquellen umfaßt die Berufung ausländischen Rechts zugleich die Regeln, die für die Auslegung des Rechts maßgebend sind[154]. Diese kommen nach Kegel in den sog. Rechtsanzeichen zum Ausdruck[155]. Die Beachtung der im Ausland vorherrschenden Auslegungsregeln trägt dem Umstand Rechnung, daß der Rechtsfindung die gesamte objektive Rechtsordnung in ihrer praktizierten Wirklichkeit zugrunde zu legen ist[156]. Während die Regeln, die aus Rechtsquellen fließen, verbindlich sind, beanspruchen die Rechtsanzeichen keine uneingeschränkte Verbindlichkeit, sondern eröffnen grundsätzlich einen begrenzten Spielraum selbständiger Würdigung[157]. Das Gericht kann sich hierbei in dem von den Auslegungsregeln vorgegebenen Rahmen bewegen; knüpfte die Interpretation englischer Gesetze bislang streng an deren Wortlaut an, so können nunmehr unter bestimmten Umständen auch die Gesetzgebungsmaterialien zur Auslegung herangezogen werden[158]. Inwieweit und welche Anforderungen § 293 ZPO an den Gegenstand der Ermittlung stellt, wird der folgende Überblick zeigen.

a) Ausländisches Gewohnheitsrecht

Wenn eine ausländische Rechtsordnung zur Anwendung berufen ist, gewinnt die Frage an Bedeutung, wie innerhalb dieser Rechtsordnung Recht geschaffen wird. In jeder Rechtsordnung bestehen geschriebene oder ungeschriebene Normen, welche die Voraussetzungen des Zustandekommens von

---

[153] *Soergel-Kegel* Vor Art. 3 EGBGB Rn. 189; *ders.*, IPR § 15 III, S. 366; *ders.*, Kolloquium MPI, S. 157, 173; *Raape/Sturm*, IPR Bd.I, § 17 II. 6a, S. 308; *Kronke*, IPRax 1992, S. 303, 304; *Fastrich*, ZZP 97 (1984), S. 423, 427.

[154] BGH IPRax 1995, 38, 39 (Mängelbegriff nach schweiz. Recht); NJW-RR 1990, 248, 249 (Auslegung nach spanischem Vertragsstatut); VersR 1996, 380 f. (Auslegung einer vereinbarten Vertragsstrafe nach englischem Recht); *Stein/Jonas-Leipold* § 293 ZPO Rn. 58 f.; MünchKomm-*Sonnenberger* EGBGB/IPR Einl. Rn. 455; *Melchior*, Grundlagen IPR, § 59, S. 87.

[155] *Kegel* IPR § 15 III, S. 366; *Soergel-Kegel* Vor Art. 3 EGBGB Rn. 193.

[156] *Riezler*, Fremdenrecht, S. 494; *Brauksiepe*, S. 37.

[157] *Kegel* IPR § 15 III, S. 366; *Soergel-Kegel* Vor Art. 3 EGBGB, Rn. 194; *ders.*, Kolloquium, S. 173; *Ferid*, IPR § 4-115, S. 160; *Schnyder*, Anwendung, S. 136 u.138 f.

[158] *Pepper v. Hart* (1992) 3 W.L.R., 1032, 1061= (1993) A.C., 593= (1993) 1 All E.R., 42; *Warwickshire County Council v. Johnson* (1993) A.C., 583, 588 = (1993) 1 All E.R., 299; Blumenwitz, anglo-amerikanisches Recht, § 4 a) bb), S. 51; *v.Bernstorff*, S. 11 f.; zur alten Auffassung vgl. *Melchior* Grundlagen IPR, § 59, S. 87, *Kegel* IPR § 15 III, S. 366; für Italien vgl. Art. 12 Cc.

III. Gegenstand des ausländischen Rechts

Rechtssätzen regeln. Die Verweisung auf das Recht eines anderen Staates betrifft nicht nur das geschriebene Recht, sondern, wie bereits dargestellt, die gesamte praktizierte Rechtswirklichkeit und damit insbesondere auch ausländisches Gewohnheitsrecht[159]. Der berufenen Rechtsordnung obliegt es, mehr oder weniger strenge Anforderungen an das Vorliegen von Gewohnheitsrecht zu stellen[160]. Während die deutsche Rechtsordnung die Zulässigkeit und die mit dem Gesetzesrecht gleichrangige Geltungskraft des inländischen Gewohnheitsrechts in Art. 20 Abs. 3 GG, Art. 2 EGBGB sowie § 12 EGZPO anerkennt[161], ist die Bedeutung und der Stellenwert des ausländischen Gewohnheitsrechts gegenüber dem Gesetzesrecht jeweils der anwendbaren Rechtsordnung zu entnehmen, wie z.B. in Art. 1 des schweizerischen ZGB deutlich wird[162].

Die Feststellung des maßgeblichen Inhalts einer ausländischen Übung, die einer gemeinsamen Rechtsüberzeugung folgt und nach ausländischem Verständnis gewohnheitsrechtlich anerkannt wird, vollzieht sich auf die gleiche Weise wie die Ermittlung ausländischer Gesetze[163]. Die mit der Feststellung ausländischen Gewohnheitsrechts verbundenen Schwierigkeiten rechtfertigen keine andere Behandlung[164]. Fraglich ist, in welcher Form ausländisches Gewohnheitsrecht Eingang in § 293 ZPO findet. Der Anwendungsbereich könnte zum einen durch die Einordnung als Bestandteil des ausländischen Rechts eröffnet sein, wofür die Berücksichtigung des jeweiligen ausländischen Rechtsquellenverständnisses spricht. Zum anderen wird vorgeschlagen, dieses gleichfalls unter den Begriff der Gewohnheitsrechte zu fassen[165]. Dem steht jedoch die mangelnde Differenzierung zwischen aus- und inländischer Rechtsordnung und damit die Systematik innerhalb des § 293 Satz 1 ZPO entgegen.

---

[159] MünchKomm-*Sonnenberger* EGBGB/IPR Einl., Rn. 455; *Koehler*, JR 1951, S. 549, 550; *Melchior*, Grundlagen IPR, § 59, S. 86.

[160] OLG Düsseldorf VersR 1990, 111; OLG München StAZ 1969, 72, 73; Melchior, Grundlagen IPR, § 59, S. 86; *Schnyder*, Anwendung S. 137.

[161] MünchKomm-*Prütting* § 293 ZPO Rn. 18.

[162] Art. 1 schweiz. ZGB: (1) Das Gesetz findet auf alle Rechtsfragen Anwendung, für die es nach Wortlaut oder Auslegung eine Bestimmung enthält. (2) Kann dem Gesetz keine Vorschrift entnommen werden, so soll der Richter nach *Gewohnheitsrecht* und, wo auch ein solches fehlt, nach der Regel entscheiden, die er als Gesetzgeber aufstellen würde. (3) Er folgt dabei bewährter Lehre und Überlieferung.

[163] *Soergel-Kegel* Vor Art. 3 EGBGB, Rn. 189; *v.Bar* IPR Bd.I, Rn. 374; *Brauksiepe*, S. 56.

[164] *Langenbeck*, AcP 41 (1858), S. 129, 136 f. u. 152; *Bosshard*, S. 80; *Zajtay*, S. 102; *Schnyder*, Anwendung, S. 137; *Brauksiepe*, S. 56.

[165] *Thomas/Putzo* § 293 ZPO Rn. 2; *Langenbeck*, AcP 41 (1858), S. 129, 152.

b) Brauchtum und religiöse Vorschrift

Wenn nach kollisionsrechtlicher Verweisung feststeht, welches ausländische Privatrecht anzuwenden ist, so gehören, wie sich bereits gezeigt hat, zu den anwendbaren Rechtssätzen nicht nur solche, die die staatliche Gesetzgebung durchlaufen haben. Inwiefern im Hinblick auf § 293 ZPO dennoch ein staatlicher Bezug notwendig ist, soll im folgenden herausgearbeitet werden.

aa) Gruppenspezifische Bräuche

Zur Veranschaulichung der prozessualen Behandlung gesellschaftlicher Bräuche sei exemplarisch ein Urteil des OLG Köln hervorgehoben. Ihm läßt sich anhand der Zuordnung einer Brautgeldzahlung auf Grundlage der Sitten und Gebräuche der Roma entnehmen, daß einerseits zwar jeder Brauch in den Grenzen der Vertragsautonomie zum Inhalt eines Rechtsgeschäfts gemacht werden kann, daß andererseits aber damit eine Rechtswahl im Sinne des Art. 27 EGBGB nicht verbunden ist, da die Regeln des internationalen Privatrechts im Hinblick auf das anzuwendende Recht jeweils auf staatliche Rechtsordnungen und nicht auf bestimmte gruppeninterne Traditionen abstellen[166]. Art. 27 Abs. 1 EGBGB sieht zwar eine Beschränkung der Rechtswahl auf staatliches Recht nicht ausdrücklich vor, diese ergibt sich jedoch unabhängig eines deutschen Vorbehalts aus dem Wortlaut des Art. 7 Abs. 1 Satz 1 EVÜ[167]. Ein Normen- und Wertesystem einer Volksgruppe, welches allein auf überlieferten Traditionen wurzelt und kein staatlich anerkanntes Rechtsgefüge darstellt, kann demzufolge nicht Gegenstand einer Rechtswahl sein[168]. Soweit die Anwendung des zuständigen Sachrechts Folge der kollisionsrechtlichen Anknüpfung ist, zieht diese auch für den Begriff des ausländischen Rechts in § 293 ZPO Grenzen. Seinem Wortlaut nach verlangt er eine allgemeine Geltung des Rechts „in einem anderen Staate". Daran wird bereits deutlich, daß § 293 ZPO von einem klassischen Staatsbegriff ausgeht. Soziale Verbindlichkeit verleiht einem Brauch noch keine Rechtsgeltung.

Um eine Verhaltensanforderung mit Regelungscharakter dementsprechend als Gegenstand ausländischen Rechts nach § 293 ZPO qualifizieren zu können, ist ein staatlicher Bezug in dem Sinne erforderlich, daß Sitten bzw. Bräuche innerhalb eines bestimmten Staatsgebietes zumindest durch die Anerkennung ihrer Bindungswirkung von staatlicher Seite als verbindliche Rechtsquel-

---

[166] OLG Köln FamRZ 1994, 1523, 1524.
[167] *Firsching/v. Hoffmann* IPR § 10, Rn. 28.
[168] OLG Köln FamRZ 1994, 1523, 1524.

le aufgefaßt werden[169]. Ausdruck dafür ist eine entsprechende Berücksichtigung durch die ausländischen, rechtsanwendenden Behörden.

bb) Religiöse Rechte

Verhaltensnormen des religiösen Rechts schaffen nach inländischem Verständnis lediglich eine Bindung des Gewissens, vgl. § 1588 BGB[170]. Infolge der Trennung zwischen religiösem und staatlichem Recht wird deutlich, daß auch die Beachtung religiöser Vorschriften in einem inländischen Verfahren zumindest einer Anerkennung und Anwendungserklärung durch den staatlichen Gesetzgeber des betroffenen Auslandes bedarf[171].

In manchen ausländischen Staaten wird das Privatrecht nach Personengruppen unterschieden. Einer personalen Rechtsspaltung liegen in der Regel religiöse Gesichtspunkte zugrunde. Daher besteht in multikulturellen Ländern häufig die Notwendigkeit einer interpersonalen Abgrenzung anhand der Stammes- oder Religionszugehörigkeit[172]. Diese kommt in einer Reihe nah- und fernöstlicher Staaten, wie z.B. in Ägypten, Griechenland, Israel, Indien, vor[173]. Die Festellung, ob und wieweit das Recht der einen oder anderen Gruppe berufen ist, erfolgt im Rahmen der Unteranknüpfung nach Art. 4 Abs. 3 EGBGB[174]. Neben der Religions- oder Stammeszugehörigkeit einer Person als relevantes Unterscheidungskriterium kann ein Staat die Vorschriften einer Religionsgemeinschaft in den Rang einer alle Staatsbürger bindenden objektiven Rechtsordnung erheben[175]. Das ist vor allem in den Staaten der

---

[169] OGH IPRax 1984, 39, 40, mit Anm. *Schwind*, S. 45 f. (Nichtehe bei bloßer Hochzeitszeremonie nach serbischem Brauch).

[170] RGZ 57, 250, 256; *v.Bar*, IPR Bd.I, Rn. 296.

[171] BGH NJW 1980, 1221 = StAZ 1980, 187; *Menhofer*, Religiöses Recht, S. 23; *Schnyder*, Anwendung, S. 182; in diesem Sinne auch *Soergel-Kegel* Vor Art. 3 EGBGB, Rn. 191, 194 f.; *ders.*, IPR § 15 III., S. 365 f.

[172] BGHZ 56, 180, 186 = NJW 1971, 1519 = IPRspr.1971, Nr. 40 (Ehefähigkeit nach jüdischem religiösen Recht); AG Bielefeld IPRax 1981, 179, 180, Anm. *Wähler* S. 163 f.; *v.Bar*, IPR Bd.I, Rn. 301; *Firsching/v.Hofmann* IPR, § 8 Rn. 3, § 1 Rn. 91; zur Ermittlung der Religionszugehörigkeit *Menhofer*, Religiöses Recht, S. 160-163.

[173] *Kegel*, IPR § 1 VII. 2.a), S. 43 m.w.N.; vgl. *Menhofer*, Religiöses Recht, S. 21, 53 f., 68 ff., 114 f.

[174] *Winkler von Mohrenfels*, JURA 1992, S. 169, 175; *Menhofer*, Religiöses Recht, S. 126 f.

[175] In zweifelhaften Fällen wird im Iran auf religiöses Recht zurückgegriffen (Art. 3 Abs. 2 iran. ZPO), vgl. MünchKomm-*Sonnenberger* EGBGB/IPR Einl. Rn. 457; ebenso Art. 1 Abs. 2 ägyptisches ZGB, vgl. *Menhofer*, Religiöses Recht, S. 120.

Fall, die sich zum Islam als Staatsreligion bekennen[176]. Obgleich religiöse Vorschriften grundsätzlich von Staatsgrenzen unberührt bleiben, vermag die staatliche Rechtssetzung eine Bindung nur für ihr Territorium und ihre Angehörigen festzusetzen. Dementsprechend werden Regeln, die dem religiösen Recht angehören, niemals um ihrer selbst willen angewandt, sondern nur dann berücksichtigt, wenn die maßgeblichen Kollisionsnormen das Recht eines Staates für anwendbar erklären, der das religiöse Recht auch im staatlichen Bereich als verbindlich anerkennt[177]. Vor der Ermittlung und Anwendung religiöser Vorschriften ist daher stets zu prüfen, ob das maßgebende Auslandsrecht auf religiöses Recht verweist[178]. Insoweit kann die Anwendbarkeit religiöser Rechtssätze auch im inländischen Prozeß beachtlich sein[179], so daß diese gleichfalls von § 293 ZPO umfaßt werden. Der Umfang der Ermittlung richtet sich infolgedessen nach dem berufenen staatlichen Recht. Ausdruck der Anerkennung religiöser Vorschriften ist ihre aktuelle Anwendung in der ausländischen Rechtspraxis[180].

c) Die fremde Verkehrssitte und der ausländische Handelsbrauch

Im folgenden ist die Frage zu behandeln, inwieweit ausländische Verkehrssitten von der Ermittlung ausländischen Rechts im Rahmen des § 293 ZPO erfaßt sind. Teilweise wird vertreten, daß die Aufzählung in § 293 ZPO zu eng und durch eine Auslegung zu erweitern sei, welche auch die Feststellung ausländischer Verkehrssitten miteinbezieht[181].

Weder die Verkehrssitte im engeren Sinne noch die kaufmännische Verkehrssitte in der Form des Handelsbrauchs, als gemeinsame Übung eines bestimmten Geschäftszweiges, schaffen nach allgemeiner Auffassung einen Rechtssatz. Sie dienen dem Gericht lediglich als Hilfsmittel für die Beurtei-

---

[176] Afghanistan, Algerien, Ägypten, Bangla Desh, Irak, Iran, Jemen, Jordanien, Lybien, Mali, Marokko, Mauretanien, Pakistan, Saudi-Arabien, Syrien; vgl. *v.Bar,* IPR Bd.I, Rn. 296; *Menhofer,* Religiöses Recht, S. 21 f. Fn. 16.

[177] BGH NJW 1980, 1221; *v.Bar,* IPR Bd.I, Rn. 296; *Menhofer,* Religiöses Recht, S. 119.

[178] BGH NJW 1980, 1221; *Schnyder,* Anwendung, S. 183.

[179] BGH IPRax 1988, 109, 111 f. (Morgengabe nach islam.Recht); LG Tübingen NJW-RR 1992, 1095, 1096 (Hochzeitsgabe bei türk., religiöser Hochzeit mit islam. Ritus vor dem Iman); *Firsching/v.Hofmann,* IPR, § 1 Rn. 92; *Kegel,* IPR § 1 IV.b), S. 15.

[180] *Soergel-Kegel* Vor Art. 3 EGBGB Rn. 196 m.w.N.; *ders.,* IPR § 1 IV.b), S. 15; *Menhofer,* Religiöses Recht, S. 24.

[181] *v.Bar,* IPR Bd.I, Rn. 374; *Kralik,* ZfRV 1962, S. 75, 90.

III. Gegenstand des ausländischen Rechts 105

lung der Wirkung von Handlungen oder Unterlassungen im rechtlichen Verkehr[182]. Das Bestehen einer ausländischen Verkehrssitte hat grundsätzlich derjenige darzulegen und zu beweisen, der sich darauf beruft[183]. Die Regeln des Handelsverkehrs reichen einerseits über den nationalen Bereich hinaus, andererseits werden sie häufig in den einzelnen Staaten unterschiedlich gehandhabt. Auch innerhalb eines Staatsgebietes können verkehrsübliche Bräuche der Wirtschaft lokal voneinander abweichen[184].

In Anbetracht der Systemstimmigkeit erheben sich zunächst Zweifel, ob einer Erweiterung des Anwendungsbereichs von § 293 ZPO auf ausländische Verkehrs- und Handelsbräuche nicht die Verweigerung der Feststellung inländischer Verkehrssitten nach § 293 ZPO entgegensteht[185]. Äußerungen, daß auch die inländischen Verkehrssitten und Handelsbräuche wie der in § 293 ZPO genannte Rechtsbereich zu behandeln seien[186], zerstreuen etwaige Bedenken. Damit erscheint eine entsprechende Ausdehnung zumindest nicht ausgeschlossen zu sein. In diesem Zusammenhang führt Kralik mit Blick auf die Anwendung des § 293 ZPO aus, daß die Kenntnis von Gewohnheitsrecht dem Richter eher zugemutet werden könnte, da zur Übung noch ein gemeinschaftlicher Rechtsgeltungswille hinzutritt. A minori ad maius schließt er daraus, daß eine analoge Anwendung des § 293 ZPO gegenüber ausländischen Verkehrssitten dadurch gerechtfertigt wäre, weil bei diesen ein derartiger Rechtsgeltungswille fehle[187].

Demgegenüber ist zu bemerken, daß das Merkmal der tatsächlichen Übung auch ein subjektives Element enthält: Es ist der Vollzug des im Verkehr als sachgerecht Empfundenen[188]. Bereits Limbach hat überzeugend nachgewiesen,

---

[182] BGH JZ 1963, 167, 169; vgl. *v.Caemmerer/Schlechtriem-Junge* Art. 9 CISG Rn. 2; *Canaris*, Handelsrecht, § 22 I.1.; *Baumbach/Lauterbach/Albers/Hartmann - Hartmann* § 293 ZPO Rn. 2; *Limbach*, FS Hirsch, S. 77, 82 ff.
[183] BGH JZ 1963, 167, 169; MünchKomm-*Sonnenberger* EGBGB/IPR Einl. Rn. 479; *Baumbach/Duden/Hopf* § 346 HGB Rn. 13; *Schlegelberger/Hefermehl* § 346 HGB Rn. 15; *v.Caemmerer/Schlechtriem-Junge* Art. 9 CISG Rn. 6, 13; *Ferid*, IPR § 4-85, S. 154.
[184] BGHZ 25, 250, 255; MünchKomm-*Sonnenberger* EGBGB/IPR Einl. Rn. 158.
[185] *Stein/Jonas-Leipold* § 293 ZPO Rn. 30a; *Baumbach/Lauterbach/Albers/Hartmann - Hartmann* § 293 ZPO Rn. 2; *Zöller-Geimer* § 293 ZPO Rn. 3; MünchKomm-*Prütting* § 293 ZPO Rn. 20.
[186] MünchKomm-*Prütting* § 284 ZPO Rn. 42 und 44; *Baumbach/Lauterbach/Albers/Hartmann - Hartmann* Einf.§ 284 ZPO Rn. 22; *Rosenberg/Schwab/Gottwald* § 113 III. a.E., S. 649; *Seiter*, FS Baur, S. 573, 580 f., 587 u.590; vgl. *Kralik*, ZfRV 1962, S. 75, 82 u. 86; vgl. BGH NJW 1987, 591 (zur Auslegung einer englischen Klausel).
[187] *Kralik*, ZfRV 1962, S. 75, 90.
[188] *Wagner*, NJW 1969, S. 1282.

daß die Feststellung eines Handelsbrauchs ein verbindliches Verhaltensmuster voraussetzt[189]. Ursächlich für das Bedürfnis einer Erweiterung des Anwendungsbereichs sind sowohl funktionale Gesichtspunkte als auch die besonderen Umständen der Auslandsrechtsfeststellung[190]. Nehmen ausländische Generalklauseln auf die Verkehrssitten Bezug oder unterliegt das Rechtsverhältnis dem Einfluß eines Handelsbrauchs, wäre es wenig praktikabel und rein spekulativ, von vornherein zwischen Rechtsauskünften und dem Nachweis der einschlägigen Verkehrssitte zu trennen. Die Unkenntnis der ausländischen Beurteilungsmaßstäbe steht einer derartigen Differenzierung gerade entgegen.

Gegen eine erweiterte Auslegung des § 293 ZPO wird angeführt, daß dem Gericht, soweit in Generalklauseln des anwendbaren Rechts auf Verkehrssitten und Handelsbräuche verwiesen wird, nicht die Möglichkeit eröffnet sein soll, diese gleichfalls mit den vorgesehenen Mitteln der Auslandsrechtsermittlung festzustellen, da es sich nicht um die Anwendung von Rechtsnormen, sondern um die Feststellung von Tatsachen handelt[191]. Diese seien nicht von Amts wegen zu ermitteln, sondern müßten von den Parteien behauptet und bewiesen werden[192]. Zu weitgehend erscheint das Ansinnen, die räumliche Anwendbarkeit von Verkehrssitten und Handelsbräuchen wie eine interlokalprivatliche Rechtsanwendung zu behandeln[193]. Weder die Verkehrssitte noch der Handelsbrauch werden durch eine gesetzliche Verweisung zu Rechtsnormen[194].

Ob für die Würdigung des zu beurteilenden Verhältnisses eine fremde Verkehrssitte heranzuziehen ist, ergibt sich aus den Interpretationsmaßstäben des maßgeblichen Sachstatuts[195]. Ist ausländisches Recht anwendbar, so ist daher diesem zu entnehmen, welche örtliche Verkehrssitte als Hilfsmittel dient. Soweit eine ausländische Rechtsnorm auf die guten Sitten verweist, sind diese so zu handhaben, wie man sie in der berufenen Rechtsordnung versteht[196].

---

[189] *Limbach*, FS Hirsch, S. 77, 88; *Wagner*, NJW 1969, S. 1282, 1283.

[190] *v.Bar*, IPR Bd.I, Rn. 374.

[191] *Ferid*, IPR § 4-85, S. 154; MünchKomm-*Sonnenberger* EGBGB/IPR Einl., Rn. 479.

[192] *Ferid*, IPR § 4-85, S. 154; MünchKomm-*Sonnenberger* EGBGB/IPR Einl., Rn. 479.

[193] MünchKomm-*Sonnenberger* EGBGB/IPR Einl., Rn. 159 m.w.N.

[194] Vgl. *Stein/Jonas-Leipold* § 293 ZPO, Rn. 30a; MünchKomm-*Prütting* § 293 ZPO Rn. 20.

[195] BGHZ 57, 72, 77; 60, 5, 8; BGH WM 1984, 1000, 1003; *Kegel*, IPR § 15 III, S. 366; *Soergel-Kegel* Vor Art. 3 EGBGB, Rn. 193; MünchKomm-*Sonnenberger* EGBGB/IPR Einl. Rn. 158; *Lüderitz* in JZ 1963, S. 169, 171 Anm. zu BGH JZ 1963, 167-169; *v.Caemmerer/Schlechtriem-Junge* Art. 9 CISG Rn. 5.

[196] MünchKomm-*Sonnenberger* EGBGB/IPR Einl. Rn. 479.

III. Gegenstand des ausländischen Rechts 107

Die Anwendbarkeit einer Rechtsordnung führt nicht zwingend zu einer ausschließlichen Berücksichtigung der Verkehrssitten der lex causae. Auch im Fall der Anwendung inländischen Sachstatuts kann die Beachtung ausländischer Verkehrssitten durchaus in Betracht kommen, sofern sie das zu beurteilende Rechtsverhältnis berühren[197].

Bei ausländischen Handelsbräuchen entstehen angesichts der begrenzten räumlichen Geltung häufig Zweifel, ob die Parteien ihnen unterworfen sind[198]. Es bedarf daher unter Umständen einer konkreten Prüfung, ob die Beteiligten zum Kreis derjenigen gehören, die gewöhnlich Geschäfte der fraglichen Art tätigen. Der angenommene Handelsbrauch wird in der Regel gegenüber dem Einzelnen dann für verbindlich gehalten, wenn es sich um einen internationalen Brauch zumindest in Westeuropa handelt oder dem infragestehenden Handelsbrauch ein ebensolcher im Inland des Beteiligten entspricht[199]. Gehören die Parteien unter diesen Voraussetzungen dem entsprechenden Verkehrskreis an, so erscheint es auch interessengerecht, von ihnen den Nachweis über den Inhalt des maßgeblichen ausländischen Handelsbrauchs zu verlangen. Die eigentliche Schwierigkeit für die Rechtsanwendung wird darin erkannt, einen Handelsbrauch festzustellen bzw. aus Sicht der Parteien zu beweisen[200].

aa) Die Ermittlung eines inländischen Handelsbrauchs

Da ein Handelsbrauch wie eine Verkehrssitte auf einer tatsächlichen Übung aufbaut, gehört seine Feststellung in den Bereich der Tatsachenermittlung. Daher sind grundsätzlich die allgemeinen Regeln über die Behauptungs- und Beweislast anwendbar[201]. Im inländischen Verfahren stehen zum Nachweis eines einheimischen Handelsbrauchs verschiedene Erkenntnismöglichkeiten zur Verfügung.

---

[197] OLG Düsseldorf VersR 1990, S. 111 f. (FIS-Verhaltensregeln des Handlungsortes trotz deutschen Deliktsstatuts), OLG München NJW 1977, 502, 503; *Lüderitz* in JZ 1963, S. 169, 171 Anm. zu BGH JZ 1963, 167-169; *Baumbach/Duden/Hopf* § 346 HGB Rn. 7.

[198] BGH JZ 1963, 167, 169; BGH WM 1984, 1000, 1003; vgl. zur Geltung örtl. Handelsbräuche ggü. ausl. Kfm. BGH NJW 1983, 1267, 1268; RG JW 1928, 3109; *v.Caemmerer/Schlechtriem-Junge* Art. 9 CISG Rn. 4.

[199] BGH WM 1984, 1000, 1003; OLG Hamburg IPRspr.1992, Nr.194; *Baumbach/Duden/Hopf* § 346 HGB Rn. 7; vgl. *v.Caemmerer/Schlechtriem-Junge* Art. 9 CISG Rn. 9.

[200] Vgl. *Wagner*, NJW 1969, S. 1282, 1283.

[201] BGH NJW 1990, 1723, 1724; BGHZ 40, 332, 333 f.; *Palandt-Heinrichs* § 133 BGB Rn. 29; *Canaris*, Handelsrecht, § 22 I.2.b); *Brox*, Handels-WertpapierR, Rn. 13; *v.Caemmerer/Schlechtriem-Junge* Art. 9 CISG Rn. 9.

108   C. Die Behandlung ausländischen Rechts im Zivilprozeß

Gängiges Beweismittel zur Feststellung unbekannter Handelsbräuche ist der Sachverständige, insbesondere das Gutachten der zuständigen Industrie- und Handelskammer[202]. Der Richter kann diesen Beweis von Amts wegen erheben, § 144 ZPO, und bedarf dazu keiner Anregung durch die Parteien[203]. Daneben ist den Kammern für Handelssachen die Feststellung von Handelsbräuchen aber auch aufgrund eigener Sachkunde und Wissenschaft ausdrücklich durch § 114 GVG zugewiesen[204]. Sie wird desgleichen dem OLG und auch den Zivilkammern des LG zugestanden, soweit sie über eine ausreichende Sachkunde verfügen[205]. Das Gericht kann seiner Entscheidung danach die eigenen Ermittlungen zugrunde legen[206]. Kennt der Richter den Handelsbrauch, so hat er ihn zu berücksichtigen. Anders als bei sonstigen Tatsachen muß der Richter sein persönliches Wissen heranziehen. Dabei wird es keinen Unterschied machen können, ob er dieses von vornherein besitzt oder erst anläßlich des Verfahrens gewinnt. Der Richter kann sich dazu in jeder geeigneten Weise die erforderlichen Kenntnisse verschaffen, insbesondere durch persönliche Forschung oder private Erkundigungen[207]. Da es sich hierbei um einen internen Vorgang handelt, ist das Gericht nicht an die Vorschriften des Beweisverfahrens gebunden[208]. Ebensowenig ist das Gericht an Beweisanträge gebunden, sofern es durch eine amtliche Auskunft die Überzeugung gewinnen konnte, daß der behauptete Handelsbrauch nicht besteht[209].

Soweit die Auslegung von anwendbaren, zwingenden Rechtsnormen betroffen ist, vermag auch ein Zugestehen über den Inhalt der behaupteten Verkehrssitte den Richter nicht zu binden[210]. Auf diesem Umweg können die Parteien auf die rechtliche Beurteilung keinen Einfluß nehmen. Das Gericht ist infolgedessen durch ein Zugeständnis, das den Inhalt von Verkehrssitten

---

[202] *Baumbach/Duden/Hopf* § 346 HGB Rn. 13; *Schlegelberger/Hefermehl* § 346 HGB Rn. 18; vgl. *Canaris*, Handelsrecht, § 22 I.2.b); *Brox*, Handels-WertpapierR, Rn. 13; *Stein/Jonas-Leipold* § 293 ZPO FN. 73; *v.Caemmerer/Schlechtriem-Junge* Art. 9 CISG Rn. 9; vgl. *Limbach*, FS Hirsch, S. 77, 78 ff.; krit. *Wagner*, NJW 1969, S. 1282, 1284; *Hohlfeld*, S. 196 f.

[203] *Rosenberg/Schwab/Gottwald* § 113 II. 2., S. 647; *Jauernig* § 25 IV.3., S. 75.

[204] MünchKomm-*Prütting* § 284 ZPO Rn. 44; *Canaris*, Handelsrecht, § 22 I.2.b).

[205] *Baumbach/Duden/Hopf* § 346 HGB Rn. 13.

[206] MünchKomm-*Prütting* § 284 ZPO Rn. 44; *Canaris*, Handelsrecht, § 22 I.2.b).

[207] *Rosenberg/Schwab/Gottwald* § 113 II. 2., S. 647; MünchKomm-*Prütting* § 284 ZPO Rn. 42.

[208] *Rosenberg/Schwab/Gottwald* § 113 II. 2., S. 647; MünchKomm-*Prütting* § 284 ZPO Rn. 42.

[209] BGHZ 60, 5, 8 (Untersuchungspflicht im Abladehafen).

[210] BGHZ 62, 71, 82; BGH JR 1969, 102, 103 = WM 1969, 165 (Verkehrsüblichkeit der Umgehung von Formvorschriften); *Baumbach/Duden/Hopf* § 346 HGB Rn. 10; *Thomas/Putzo* Einl. ZPO I Rn. 4.

III. Gegenstand des ausländischen Rechts   109

zum Gegenstand hat, die eine rechtliche Würdigung von Tatsachen enthalten, ebensowenig gebunden wie im Hinblick auf den Begriff der guten Sitten[211]. Zweifelt der Richter daher an einer zwischen den Parteien unbestrittenen Behauptung über den maßgeblichen Inhalt eines Handelsbrauchs, bleibt es ihm vor dem Hintergrund des § 114 GVG unbenommen, eigene Ermittlungen zugrundezulegen. Mangelt es dem Gericht trotz eigener Erkenntnisse an einem hinreichenden Beurteilungsvermögen, kann und muß es gegebenenfalls zur Veranschaulichung ein Sachverständigengutachten nach Maßgabe des § 144 ZPO einholen[212].

bb) Die Behandlung des ausländischen Handelsbrauchs durch die Rechtsprechung

In Anbetracht der Berücksichtigung ausländischer Verkehrssitten ist fraglich, ob diese regelmäßig von den Parteien im Wege eines förmlichen Verfahrens unter Beweis zu stellen sind[213]. Der VIII. Senat des BGH ließ im Jahre 1961 offen, ob die freiere Stellung des deutschen Richters hinsichtlich der Bindung an die Beweisanträge der Parteien gem. § 293 ZPO auch gegenüber Beweisangeboten zur Ermittlung eines ausländischen Handelsbrauchs entsprechend gilt[214]. Diese würde zumindest eine anderweitige Kenntnisnahme seitens des Gerichts voraussetzen. Danach erschien es nicht ausgeschlossen, sich in gleicher Weise der Erkenntnismittel des § 293 ZPO zu bedienen, um einen Handelsbrauch im Ausland nachzuweisen.

Eine Bestätigung erfuhr diese Annahme anläßlich der Feststellungen zu einem belgischen Handelsbrauch über die Probeentnahme beim Beladevorgang unter deutschem Vertragsstatut[215]. Der gleiche Senat des BGH hielt die formlose Äußerung eines Sachverständigen als Nachweis über den Inhalt des angenommenen ausländischen Handelsbrauchs für zulässig[216]. In einer weiteren Entscheidung bedurfte es der Erhebung eines angebotenen Beweises über einen entgegenstehenden, internationalen Handelsbrauch nicht, nachdem das

---

[211] Vgl. OLG Düsseldorf VersR 1990, 111, 112 (Konkretisierung von Verhaltenspflichten); *Baumbach/Lauterbach/Albers/Hartmann - Hartmann* § 288 ZPO Rn. 2; *Rosenberg/Schwab/Gottwald* § 114 I.1.a) a.E., S. 650.

[212] Vgl. BGH NJW 1987, 591, 592 = MDR 1987, 212 (Bewertung einer angloamerikanische Vertragsklausel); MünchKomm-*Peters* § 142-144 ZPO Rn. 5; *Thomas/Putzo* § 144 ZPO Rn. 1; *Baumbach/Lauterbach/Albers/Hartmann - Hartmann* § 144 ZPO Rn. 2 f.

[213] BGH JZ 1963, 167, 169; OLG Düsseldorf VersR 1990, 111, 112.

[214] BGH JZ 1963, 167, 169.

[215] BGH WM 1984, 1000, 1002 f.

[216] BGH WM 1984, 1000, 1003, obgleich im konkreten Fall nicht für ausreichend.

110   C. Die Behandlung ausländischen Rechts im Zivilprozeß

Gericht das Bestehen des behaupteten Handelsbrauchs aus eigenen Erwägungen abgelehnt hat[217]. Bei der Beurteilung, ob eine englische Klausel Ausdruck einer international üblichen, persönlichen Haftungsübernahme ist, sah sich der BGH veranlaßt, zum Verhältnis zwischen der Feststellung der im internationalen Wirtschaftsverkehr geltenden Bräuche und der Ermittlung ausländischen Rechts Stellung zu nehmen[218]. Dabei sind grundsätzlich beide Ermittlungen voneinander abzugrenzen. Ein Gericht, das über keine einschlägige Sachkenntnis verfügt, handelt aber ähnlich wie im Anwendungsbereich des § 293 ZPO im Rahmen des § 144 ZPO ermessensfehlerhaft, wenn es nicht entweder nach dieser Vorschrift ein Sachverständigengutachten von Amts wegen einholt oder zumindest nach § 139 ZPO die Partei darauf entsprechend hinweist[219]. Als Erkenntnismittel kommen hierfür gleichermaßen Gutachten der örtlichen Industrie- und Handelskammern in Betracht, die jeweils über den Inhalt ortsgebundener Handelsbräuche Auskunft geben. Bewährt hat sich auch der Rückgriff auf international tätige Schiedsrichter, wie sie dem Schiedsgerichtshof der Internationalen Handelskammer zur Verfügung stehen[220].

Anhand der BGH Rechtsprechung wird deutlich, daß das Gericht bei der Feststellung ausländischer Handelsbräuche ebensowenig auf die von den Parteien beigebrachten Nachweise beschränkt sein soll wie im Anwendungsbereich des § 293 ZPO. Sofern danach eine Bindung an das Parteivorbringen abzulehnen ist, wird dem Gericht gleichzeitig die Möglichkeit einer eigenständigen Erkenntnisgewinnung eingeräumt. Infolgedessen zeigt sich eine Gemeinsamkeit bei der Methode der Erkenntnisvermittlung[221]. Die Darlegung des Handelsbrauchs seitens der Parteien bleibt davon grundsätzlich unberührt.

cc) Fazit

Eine Begründung für die Erweiterung der Erkenntnismöglichkeiten gegenüber der Feststellung ausländischer Handelsbräuche im Wege einer förmlichen Beweiserhebung ergibt sich gleichermaßen mit Blick auf die Behandlung unbekannter inländischer Verkehrssitten, deren Nachweis nicht ausschließlich

---

[217] BGHZ 62, 71, 81 f. (Provisionsansprüche im internationalen Linienflugverkehr); *Baumbach/Duden/Hopf* § 346 HGB Rn. 10.

[218] BGH NJW 1987, 591 = MDR 1987, 212 = IPRspr.1986, Nr. 3.

[219] BGH NJW 1987, 591; während sich die Auslegung einer vereinbarten Vertragsklausel regelmäßig nach dem Sachstatut richtet, wonach § 293 ZPO greift, vgl. BGH VersR 1996, 380 f., ob die Klausel *„not fulfilling his obligations"* ein schuldhaftes Nichtleisten voraussetzt.

[220] *v.Caemmerer/Schlechtriem-Junge* Art. 9 CISG Rn. 13.

[221] BGH NJW 1987, 591, 592; WM 1984, 1000, 1003; vgl. *v.Caemmerer/Schlechtriem-Junge* Art. 9 CISG Rn. 9.

III. Gegenstand des ausländischen Rechts

auf die Beweismittel der ZPO beschränkt ist. Rechtliche Verbindlichkeit erlangt die Verkehrssitte nicht aus sich selbst heraus. Sie wirkt nicht wie eine Norm des objektiven Rechts von außen auf das zu beurteilende Rechtsverhältnis, sondern im Zuge der Ergänzung oder Auslegung[222]. Obwohl sie infolgedessen keine normative Rechtsquelle darstellt, da sie nicht mit der Geltungskraft von Rechtsnormen ausgestattet ist, wird ihre Ermittlung mit einem Vorgehen nach § 293 ZPO verglichen[223].

Während das anzuwendende ausländische Recht regelmäßig von Amts wegen zu ermitteln ist, ist die Feststellung ausländischer Verkehrssitten als Tatsachenbehauptung im Grundsatz den Parteien unterstellt. Jedoch ist im Rahmen dessen sowohl eine entsprechend unabhängige Stellung des Gerichts als auch eine Ermessensausübung vergleichbar mit der in § 293 ZPO zu verzeichnen. Ursächlich dafür ist nicht die unmittelbare Eigenschaft der Verkehrssitte als ausländische, sondern vielmehr ein Vergleich mit der Behandlung inländischer Handelsbräuche. Die Verfahrensordnung unterscheidet nicht zwischen Verkehrssitten des In- oder Auslands. Eine abweichende Behandlung kommt auch in § 114 GVG nicht zum Ausdruck, der nicht zwischen in- und ausländischen Handelsgebräuchen differenziert, so daß in gleicher Weise gegenüber letzteren die eigene richterliche Sachkunde gefragt ist.

Zu weit scheint demnach die Auffassung zu gehen, die Verweisung des § 293 ZPO auf ausländisches Recht schließe ausländische Handelsbräuche ein[224]. Dies liefe auf eine prozessuale Vermengung von Rechts- und Tatsachenfragen hinaus[225]. Vom Gegenstand des ausländischen Rechts im Sinne des § 293 ZPO, der in Satz 2 begrifflich auf Rechtsnormen konkretisiert wird, unterscheidet sich die ausländische Verkehrssitte als tatsächliche Verkörperung der Verkehrsanschauung. Nach der herkömmlichen Rechtsquellenlehre ist die Verkehrssitte als solche keine Rechtsquelle. Aufgrund der kollisionsrechtlichen Anknüpfung wird sie demzufolge nur Beachtung finden können, wenn sie zu einem materiellen Teil der lex causae geworden ist, insbesondere durch die Bildung von Gewohnheitsrecht[226].

Im übrigen ist ein Handelsbrauch weder an die Staatsgrenzen des maßgeblichen Sachstatuts gebunden noch einer gesetzgeberischen Verantwortung unterworfen. Dies führt zu einer zunehmenden Verselbständigung transnationa-

---

[222] *Canaris*, Handelsrecht, § 22 I.3.a).

[223] MünchKomm-*Prütting* § 284 ZPO Rn. 42; *Seiter* FS Baur, S. 573, 580 f. u. 590.

[224] *v.Bar*, IPR Bd. I, Rn. 374; *Kralik*, ZfRV 1962, S. 75, 90.

[225] BGH NJW 1987, 591; MünchKomm-*Sonnenberger* EGBGB/IPR Einl. Rn. 479; *Ferid*, IPR § 4-85, S. 154.

[226] Offen OLG Düsseldorf VersR 1990, 111; *Schnyder*, Anwendung, S. 139; *v.Bar*, IPR Bd.I, Rn. 100 FN. 379.

ler Handelsregeln, die einer nationalen Rechtsordnung nicht mehr unmittelbar zugeordnet werden können[227]. Ebenso wie bei seiner kollisionsrechtlichen Prüfung hat der staatliche Richter bei der Feststellung des Inhalts transnationaler Handelsregeln wie in den Fällen zu verfahren, in denen sich durch national beschränkte Verkehrskreise jeweils eigenständige, ausländische Gewohnheiten und Gebräuche herausgebildet haben[228].

Soweit eine Verkehrssitte als Hilfsmittel zur Auslegung ausländischer Rechtssätze dient, wird eine richterliche Kenntnisnahme erforderlich, die unabhängig des Parteivorbringens möglich sein muß. Dem tragen insbesondere § 114 GVG als auch § 144 ZPO hinreichend Rechnung. Sobald das Gericht daher Erkenntnismittel von Amts wegen heranzieht, tritt die richterliche Tätigkeit neben den Beibringungsgrundsatz, der dadurch jedoch nicht aufgehoben wird[229]. Gegen die vorgeschlagene Öffnung des Anwendungsbereichs von § 293 ZPO für die Feststellung ausländischer Verkehrssitten spricht die Konkretisierung des Ermittlungsgegenstandes in Satz 2 auf Rechtsnormen. Es hat sich gezeigt, daß die Ermittlung ausländischer Verkehrssitten und Handelsbräuche zwar mit einem Vorgehen nach § 293 ZPO vergleichbar ist, soweit sie sich ähnlicher Erkenntnismittel bedient und die Stellung des Gerichts betrifft. Dies führt aber nicht zwingend dazu, daß die ausländische Verkehrssitte von der Verweisung des § 293 ZPO auf das „in einem anderen Staate geltende Recht" umfaßt wird. Der bestehende Gesetzeswortlaut verweigert sich einer derart weiten Auslegung.

d) Die ausländische Rechtsprechung

Die inländische Entscheidung soll derjenigen so nahe wie möglich kommen, die im Staat der lex causae gefällt werden würde, wäre der Prozeß dort betrieben worden[230]. Mit der Forderung, daß das einschlägige Auslandsrecht entsprechend wie von einem ausländischen Gericht des betreffenden Staates anzuwenden ist[231], wird zwar lediglich eine Selbstverständlichkeit hervorge-

---

[227] MünchKomm-*Sonnenberger* EGBGB/IPR Einl., Rn. 153 ff.; *Schnyder*, Anwendung, S. 139; Zöller-Geimer § 293 ZPO Rn. 4a m.w.N.

[228] *v.Bar*, IPR Bd.I, Rn. 100.

[229] MünchKomm-*Peters* § 142-144 ZPO Rn. 2.

[230] *v.Bar*, IPR Bd.I, Rn. 374; *Kronke*, IPRax 1992, S. 303, 304; *Samtleben*, NJW 1992, S. 3057, 3060; *Otto*, FS Firsching, S. 209, 213 f.; *Müller*, Kolloquium MPI, S. 66, 68; *Mankowski/Kerfack*, IPRax 1990, S. 372; *Kralik*, ZfRV 1962, S. 75, 81.

[231] *Zöller-Geimer* § 293 ZPO Rn. 24; *Thomas/Putzo* § 293 ZPO Rn. 9; *Soergel-Kegel* Vor Art. 3 EGBGB, Rn. 188; *Staudinger-Spellenberg* §§ 606 ff. ZPO Rn. 395; MünchKomm-*Sonnenberger* EGBGB/IPR Einl., Rn. 455; *Ferid*, IPR § 4-109, S. 159;

III. Gegenstand des ausländischen Rechts

hoben. Dieses Ziel zieht aber zugleich für die Ermittlung der rechtlichen Entscheidungsgrundlagen weitreichende Konsequenzen nach sich. Der Berücksichtung der ausländischen Rechtsprechung wird infolgedessen bei der Ermittlung ausländischen Rechts eine besondere Bedeutung zugemessen[232]. Diese ist Ausdruck der aktuellen Rechtslage. Sie ist als greifbare Verkörperung der ausländischen Rechtswirklichkeit einer tatsächlichen Feststellung zugänglich.

Während das deutsche Zivilverfahrensrecht keine gesetzliche Vorschrift enthält, nach der einer höchstrichterlichen Entscheidung über die Rechtskraft hinaus eine allgemeine Verbindlichkeit zugestanden wird[233], ist dagegen die vorhandene, ausländische Rechtsprechung jeweils im Sinne der betroffenen Rechtsordnung zu berücksichtigen[234]. Soweit der ausländischen Rechtsprechung dieselbe Bedeutung beizumessen ist, wie ihr nach der im Ausland geltenden Auffassung eingeräumt wird, kommt der Rechtsprechung in den Staaten des angelsächsischen Rechtskreises das höchste Gewicht zu[235]. Der größte Teil des englischen Rechts ist Richterrecht. Die Gesetzgebung nimmt im Bereich des Privatrechts einen relativ geringen Raum ein. Die wesentliche Tätigkeit des Richters bei der Feststellung des geltenden Rechts besteht daher in der Ermittlung, wie die Rechtsfrage in früheren Fällen von englischen Gerichten entschieden wurde[236]. Eine weitere Besonderheit findet sich dabei in der abgestuften Bindung nach der *doctrine of stare decisis*. Danach entfalten die Urteile der untersten Gerichte, County Courts und Magistrates Courts, im Gegensatz zu den obergerichtlichen Entscheidungen grundsätzlich keinerlei Bindungswirkung[237]. Sofern sie überhaupt publiziert werden, sind sie jedoch gleichfalls als Ausdruck der geltenden Rechtspraxis zu berücksichtigen.

Ist die ausländische Rechtsprechung zugleich Rechtsquelle, so ist diese als solche zu beachten, und die Art der Präjudizienverwertung muß nachvollzogen

---

Nagel, IZPR, Rn. 432; *Geimer*, IZPR, Rn. 2596; *Samtleben*, NJW 1992, S. 3057, 3060; *Fastrich*, ZZP 97 (1984), S. 423, 428.

[232] BGH LM § 293 ZPO Nr. 13 = IPRax 1988, 227 f. = RIW 1987, 545, 546 f.; FamRZ 1982, 263, 264; NJW 1976, 1581, 1582 f.; NJW 1976, 1588, 1589; *Stein/Jonas-Leipold* § 293 ZPO Rn. 58; *Sommerlad*, RIW 1991, S. 856; *Fastrich*, ZZP 97 (1984), S. 423, 428; *Firsching/v.Hoffmann*, IPR, § 3 Rn. 140; *Buchholz*, FS Hauß 1978, S. 15, 23.

[233] *Stürner/Stadler*, Aktive Rolle des Richters, S. 173, 195.

[234] *Kegel*, IPR § 15 III, S. 366.

[235] *Raape/Sturm*, IPR Bd.I, § 17 II. 6a, S. 308; *Melchior*, Grundlagen IPR, § 59, S. 88; *Schnyder*, Anwendung, S. 137.

[236] *Melchior*, Grundlagen IPR, § 59, S. 88.

[237] *v. Bernstorff*, S. 7 f.; *Firsching/v.Hoffmann*, IPR, § 3 Rn. 140.

werden[238]. Zu bedenken zu geben ist jedoch, daß auch die Bindung an Präjudizien im Wege des *distinguishing* unterlaufen werden könnte[239]. Dies mindert jedoch nicht den Stellenwert höchstrichterlicher englischer Entscheidungen als normative Quelle, die als unmittelbare Rechtsgrundlage den Gegenstand der Ermittlungen bilden. Fehlt es demzufolge an konkreten Feststellungen über die englische Rechtsprechung, wird dies regelmäßig die Annahme einer unzureichenden Ermittlung begründen.

Sobald Generalklauseln auf außerrechtliche Wertmaßstäbe Bezug nehmen, ist die Feststellung der ausländischen Rechtslage häufig problematisch[240]. Haben die Gerichte des betreffenden Auslandsstaates aus derartigen Wertmaßstäben Rechtsinstitute entwickelt und sind daraus richterrechtliche Regeln hervorgegangen, so sind diese entsprechend wie sonstiges ausländisches Recht zu behandeln und zu beachten[241]. Wird eine ständige Rechtsprechung über einen längeren Zeitraum durch die Akzeptanz der Allgemeinheit begleitet, bildet sich in aller Regel richterliches Gewohnheitsrecht, das nunmehr grundsätzlich als eigenständige Rechtsquelle anzuerkennen ist[242]. Die Grenze einer Allgemeinverbindlichkeit wird hingegen überschritten, ohne daß sich der Zeitpunkt genau feststellen ließe[243].

Diese Unsicherheit führt zwangsläufig in den Fällen der Fremdrechtsanwendung zu Abgrenzungsschwierigkeiten, in denen sich nicht hinreichend bestimmen läßt, ob sich die geübte ständige Rechtsprechung bereits zum verbindlichen Gewohnheitsrecht gefestigt hat[244]. Betroffen wäre davon aber lediglich die Bindungswirkung an die ausländische Rechtsprechung, die entweder als richterliches Gewohnheitsrecht oder nur als eine Interpretation des ausländischen Rechts zu betrachten ist. Es verbietet sich jedoch im Hinblick auf die vorangehende Ermittlung, grundsätzlich unterschiedliche Anforderungen zu stellen. Denn erst nach Abschluß der Ermittlungen kann in der Regel geklärt werden, ob die maßgebliche ausländische Rechtsprechung im Ausland durch ständige Übung gewohnheitsrechtlich verfestigt ist.

---

[238] MünchKomm-*Sonnenberger* EGBGB/IPR Einl., Rn. 455; ablehnend *Zöller-Geimer* IZPR Rn. 32.

[239] *Stürner/Stadler*, Aktive Rolle des Richters, S. 173, 195; *Schnyder*, Anwendung, S. 165; Brauksiepe, S. 86.

[240] MünchKomm-*Sonnenberger* EGBGB/IPR Einl, Rn. 479.

[241] MünchKomm-*Prütting* § 293 ZPO Rn. 17; *Zöller-Geimer* § 293 ZPO Rn. 2; MünchKomm-*Sonnenberger* IPR Einl., Rn. 479 m.w.N.; *Schnyder*, Anwendung, S. 138.

[242] Offengelassen von OLG Düsseldorf VersR 1990, 111, unter Bezugnahme auf BGH NJW 1972, 627, 628, NJW 1977, 502, 503; *Schnyder*, Anwendung, S. 137.

[243] Vgl. *Stürner/Stadler*, Aktive Rolle des Richters, S. 173, 201.

[244] Offen OLG Düsseldorf VersR 1990, 111.

III. Gegenstand des ausländischen Rechts

Selbst in den Fällen, in denen eine normative Verbindlichkeit ausländischer Entscheidungen abzulehnen ist, wird jedenfalls eine faktische Bindung an höchstrichterliche, ausländische Entscheidungen nicht ausgeschlossen[245]. Bereits nach inländischem Verständnis wird zumindest eine faktische Bindung revisionsgerichtlicher deutscher Entscheidungen gesetzlich vorausgesetzt[246], indem die sog. Divergenz-Revision zuzulassen ist, wenn das vorinstanzliche Urteil von der höchstrichterlichen Rechtsprechung abweicht, §§ 546 Abs. 1 Nr. 2 ZPO, 72 Abs. 2 Nr. 2 ArbGG. Darüber hinaus versucht das deutsche Verfahrensrecht die Einheitlichkeit innerhalb höchstrichterlicher Rechtsprechung durch die Einrichtung besonderer Spruchkörper zu wahren, § 132 GVG. Die grundlegende Aufgabe der Bewahrung der Rechtseinheit und Berechenbarkeit des Rechts findet ihre notwendige Ergänzung in einer über den Einzelfall hinausgehenden faktischen Bindungswirkung[247]. Zwar besteht keine unbedingte Befolgungspflicht, jedoch wird man auch innerstaatlich nur ausnahmsweise von der höchstrichterlichen Rechtsprechung abweichen.

Als umso stärker wird eine Bindungswirkung bei der Anwendung ausländischen Rechts befürwortet, da die verfahrensrechtlichen Konsequenzen fehlen, die bei einer eventuellen Abweichung von der höchstrichterlichen Rechtsprechung im Ausland eröffnet wären[248]. Um dem Bedürfnis nach Rechtssicherheit und Entscheidungseinklang gleichermaßen Rechnung zu tragen, erscheint eine faktische Bindung an die Rechtsprechung der berufenen ausländischen Rechtsordnung nicht nur sinnvoll, sondern auch geboten. Nur auf diese Weise läßt sich die hypothetische Gleichbehandlung erreichen, die in der Forderung enthalten ist, ausländisches Recht so auszulegen und anzuwenden, wie es durch ein Gericht des entsprechenden Landes geschehen würde. Der Berücksichtigung der ausländischen Rechtsprechung kommt daher eine maßgebliche Bedeutung zu.

Vor diesem Hintergrund wird deutlich, daß die ausländische Rechtsprechung, auch wenn sie keine eigenständige Rechtsquelle ist, einen regelmäßigen Gegenstand der Ermittlungen bilden muß, da sie die konkrete Ausgestaltung des ausländischen Rechts in der Rechtspraxis darstellt[249]. Trotz unmißverständlichen Normwortlauts kann das praktizierte Recht anders ausgestaltet

---

[245] *Stein/Jonas-Leipold* § 293 ZPO Rn. 58; MünchKomm-*Prütting* § 293 ZPO Rn. 57.
[246] *Stürner/Stadler*, Aktive Rolle des Richters, S. 173, 196, 200 u.205.
[247] *Stürner/Stadler*, Aktive Rolle des Richters, S. 173, 196; *Rosenberg/Schwab/Gottwald* § 142 I 1.b), S. 859; *Zöller-Gummer* § 546 ZPO Rn. 37.
[248] Vgl. *Schnyder*, Anwendung, S. 138.
[249] BGH NJW-RR 1991, 1211, 1212; NJW 1976, 1588, 1589; *Sommerlad* RIW 1991, S. 856; *Stein/Jonas-Leipold* § 293 ZPO Rn. 58; *Zöller-Geimer* § 293 ZPO Rn. 24.

sein[250]. Die ausländische Rechtsprechung zu übergehen oder Ausführungen zur ausländischen Rechtspraxis zu unterlassen, führen infolgedessen zu einer unvollständigen und damit fehlerhaften Ermittlung[251]. Dies wird durch die Haltung des BGH bestätigt[252]. In einer Entscheidung aus dem Jahre 1987 hatte das Berufungsgericht die Höhe des Schmerzengeldes dem Deliktsstatut zu entnehmen und hätte dafür die in der österreichischen Rechtsprechung zugebilligten Schmerzensgeldbeträge ermitteln müssen[253]. Die Nichtermittlung der ausländischen Gerichtspraxis führte indes zu einem Verfahrensfehler und zur Aufhebung des Urteils.

Der unterschiedliche Ansatz, nach dem die ausländische Rechtsprechung jeweils Berücksichtigung zu finden hat, darf für die Bestimmung ihrer Bindungswirkung nicht außer acht gelassen werden. Sofern der ausländischen Rechtsprechung keine normative Geltungskraft zukommt, ist aber zugleich einem allzu sklavischen Verständnis von der faktischen Bindung eine Absage zu erteilen, da ihr die Selbständigkeit und Unabhängigkeit der einheimischen Gerichte bei der Anwendung ausländischen Rechts gegenübersteht. Im Rahmen dessen kann der Richter, der zu Recht gegenüber Ansichten inländischer Gerichte eine unabhängige Stellung einnimmt, diese auch nicht verlieren, wenn es sich um die Anwendung ausländischen Rechts handelt[254]. Aber auch ein Abweichen von der ausländischen Rechtsprechung setzt eine Auseinandersetzung mit ihr voraus. Der Unterscheidung zwischen normativ verbindlicher und lediglich norminterpretierender Rechtsprechung kann dementsprechend auf der Ebene der Ermittlung keine große Bedeutung zugemessen werden[255]. Ungeachtet ihrer Bindungswirkung muß die einschlägige Rechtsprechung stets ermittelt werden. Soweit sie nicht selbst Rechtsquelle oder gewohnheitsrechtlich verfestigt ist, ist sie zumindest als praktizierte Rechtsanwendung bei der Auslandsrechtsfeststellung regelmäßig zu beachten.

---

[250] *Simitis*, StAZ, S. 6, 10 m.w.N.; vgl. *Ferid*, IPR § 4-119, S. 161; *Fastrich*, ZZP 97 (1984), S. 423, 428.

[251] *Fastrich*, ZZP 97 (1984), S. 423, 439 f.

[252] BGH NJW 1992, 3106, 3107; FamRZ 1982, 263, 264; NJW 1976, 1581, 1582 f.; NJW 1976, 1588, 1589.

[253] BGH LM § 293 ZPO Nr. 13= RIW 1987, 545, 546 f. = MDR 1987, 833= IPRax 1988, 227 f.; *Gottwald* IPRax 1988, S. 210, 212.

[254] *Bosshard*, Aufgabe des Richters bei der Anwendung ausländischen Rechts, S. 85.

[255] Allg. *Schnyder*, Anwendung, S. 138; *Stürner/Stadler*, Aktive Rolle des Richters, S. 173, 206.

5. Konsequenzen für das Erkenntnismittel

Wie sich gezeigt hat, kann der Gegenstand des ausländischen Rechts in verschiedenen Erscheinungsformen zum Ausdruck kommen. Anhand der vorangegangenen Betrachtung zeichnet sich aber nicht nur der Ermittlungsgegenstand des § 293 ZPO ab, sondern ihr ist darüber hinaus zu entnehmen, welche unmittelbaren Anforderungen an ein potentielles Erkenntnismittel zu stellen sind.

Die Feststellung ausländischen Rechts wird sich in der Regel nicht allein auf den reinen Gesetzeswortlaut und den in der Norm zugrundeliegenden Willensakt des Gesetzgebers beschränken lassen. Dies bedeutet für den Ermittlungsvorgang, daß die bloße Kenntnisnahme des Wortlauts ausländischer Vorschriften grundsätzlich nicht ausreicht[256]. Es ist vielmehr zu ermitteln, welche konkrete Anwendung das ausländische Recht in der Praxis erfährt. Eine geeignete Erkenntnisquelle muß demzufolge über den Normwortlaut hinaus auch die einschlägige Rechtspraxis der ausländischen Gerichte vermitteln können. Soweit der Ermittlungsgegenstand des § 293 ZPO daneben eine staatliche Anerkennung erfordert, ist auf den aktuellen Vollzug durch die ausländischen Gerichte und die Verwaltungspraxis abzustellen[257].

Als Synthese läßt sich daher eine Erkenntnisquelle in der Gestalt erkennen, die sowohl einen Zugriff auf die ausländische Rechtsprechung bietet als auch den aktuellen Gesetzesstand anführt[258]. Das Augenmerk richtet sich infolgedessen auf ein Erkenntnismittel, welches zur ausländischen Rechtsordnung eine unmittelbare Verbindung aufweist. Dementsprechend rückt die Auskunft eines ausländischen Sachverständigen oder einer staatlichen Stelle des betroffenen Auslands zwangsläufig in den Blickpunkt[259]. Da das Auslandsrecht in der Fassung anzuwenden ist, in der es im Ausland aktuell gilt, wird an eine ausländische Auskunft zugleich die Erwartung geknüpft, authentische Informationen zu erhalten[260]. In diese Richtung zielt auch Buchholz, wenn er fordert, daß für die Rechtsanwendung und demzufolge schon bei der Ermittlung das Erfahrungswissen des ausländischen Richters mit der ihm geläufigen

---

[256] *Fastrich*, ZZP 97 (1984), S. 423, 428; *Ferid*, IPR § 4-119, S. 161; *Buchholz*, FS Hauß 1978, S. 15, 23; *Simitis*, StAZ 1976, S. 6, 10; a.A. *Kegel*, IPR § 15 II., S. 363 für den Fall, daß der Gesetzestext *klar und ausführlich* ist.

[257] *Samtleben*, NJW 1992, S. 3057, 3060.

[258] Vgl. *Schütze*, GS Baur, S. 92, 93, der es für ein unlösbares Problem hält, Gesetzessammlungen auf dem aktuellen Stand zu halten.

[259] *Samtleben*, NJW 1992, S. 3057, 3060; *Schütze*, DIZPR, S. 237 f.; *Linke*, IZPR, Rn. 277.

[260] *Linke*, IZPR, Rn. 277; *Otto*, FS Firsching, S. 209, 215; vgl. *Wolf*, NJW 1975, S. 1583, 1585.

Kenntnis der sozialen und wirtschaftlichen Verhältnisse seines Landes zu berücksichtigen sei[261]. In Betracht käme dafür eine Anfrage an die Gerichte des Auslands[262], da auf anderem Wege diese Kenntnis einer konkreten Ermittlung kaum zugänglich wäre.

Die Anwendung ausländischen Rechts läßt unweigerlich den Blick über die Grenzen wandern. Indem die praktizierte Rechtswirklichkeit im Ausland zu erfassen ist, scheint sich hierfür eine ausländische Auskunft in aller Regel anzubieten. Damit könnte sich zugleich die Parabel von Sturm bewahrheiten, daß auch der Dümmste im eigenen Haus Bescheid weiß, während der Gescheiteste sich im fremden nur schwer zurecht findet[263]. Dies könnte schließlich für eine verstärkte Inanspruchnahme von ausländischen Auskünften sprechen.

6. Ausländisches Recht zwischen Rechtsnorm und Tatsache

Ausländische Rechtssätze werden ihrem Wesen nach in ihren Ursprungsstaaten als Rechtsnormen erlassen und behandelt. Eine ausländische Norm als solche entfaltet unmittelbar keine verbindliche Wirkung über das Hoheitsgebiet des betreffenden Staates hinaus, für ihre Anwendung bedarf es vielmehr eines entsprechenden Befehls der inländischen Rechtsordnung[264]. Sobald ausländische Rechtssätze von deutschen Gerichten anzuwenden sind, wird infolgedessen vertreten, daß es kaum gerechtfertigt wäre, ihnen ihre Rechtsnormqualität abzusprechen[265].

Einige Staaten tragen der allgemeinen Schwierigkeit im Umgang mit ausländischem Recht dadurch Rechnung, daß sie dieses wie eine Tatsache behandeln. Doch bestehen gegen die Annahme einer reinen Faktizität ausländischen Rechts grundsätzliche Bedenken. Ausländische Rechtssätze bleiben im Rahmen ihrer Anwendung Sollenssätze, die nicht wie gewöhnliche Tatsachen der Sinneswelt angehören, bezeugt oder von den Parteien zugestanden werden können. Die Bestimmung ihres Inhalts bedarf in Zweifelsfällen einer werten-

---

[261] *Buchholz*, FS Hauß, S. 15, 23; aufgegriffen von *Otto*, IPRax 1995, S. 299, 303.

[262] Vgl. *Wengler*, JR 1983, S. 221, 226 f.; Studienkommission für Internationales Recht der Internationalen Vereinigung der Richter, 5.Arbeitstagung (22.-24.9.1966, Salzburg), abgedruckt in DRiZ 1968, S. 278, 279.

[263] *Staudinger/Sturm/Sturm* Einl. zum IPR Rn. 175 („Sa più un matto in casa propria che un savio in casa altrui"); *Raape/Sturm*, IPR, S. 307; vgl. *Otto*, FS Firsching, S. 209, 216.

[264] *Kropholler*, IPR § 31 I.1., S. 191.

[265] *v.Bar*, IPR Bd.I, Rn. 372; *Müller*, Kolloquium MPI, S. 66, 68; *Dölle*, MPI Jhb.(1956), S. 34, 37 u. 39; *Raape/Sturm*, IPR § 17 I.1., S. 305; *Riezler*, Fremdenrecht (1949), S. 493; *Kralik*, ZfRV 1962, S. 75, 79.

III. Gegenstand des ausländischen Rechts

den Auslegung durch den Richter[266]. Tatsachencharakter haben hingegen alle Nachweise und Umstände, die dem inländischen Gericht die Feststellung ermöglichen, was als Recht im Ausland gilt[267]. Dazu gehören die Positivierungen des Rechts in Gesetzen und Verordnungen sowie Präjudizien, die geübte Praxis und das ausländische Schrifttum. Es ist hervorzuheben, daß das Gericht bei der Ermittlung des Inhalts ausländischen Rechts eine andere Tätigkeit entfaltet als bei der Feststellung des eigenen Rechts. Der Richter erforscht, was im Ausland tatsächlich geübt wird. Er ermittelt nicht, was unter Zweckmäßigkeits- und Gerechtigkeitsgesichtspunkten sein soll, sondern wie das Recht im Ausland angewendet wird[268]. Ermittlungsgegenstand ist regelmäßig die tatsächliche Praxis, die das ausländische Recht verkörpert. Bei der Auslandsrechtsfeststellung ist demzufolge von einer tatsächlichen Übung auf die dahinterstehende Rechtsüberzeugung zu schließen[269]. Diese Umstände gewinnen für die Ermittlung ausländischen Rechts an besonderer Bedeutung. Zur Feststellung des Auslandsrechts hat der Richter die ausländische Rechtspraxis daher nach Art einer Rechtstatsachenforschung zu ergründen[270]. Goldschmidt prägte in diesem Zusammenhang auch den anschaulichen Vergleich zwischen Architekt und Photographen[271]: Während der inländische Richter gestaltender Architekt des eigenen Rechts ist, sei er lediglich ein Photograph des fremden.

Im Rahmen dessen ist zwar bei der Anwendung und Ermittlung grundsätzlich der normative Charakter ausländischen Rechts anzuerkennen. Der Anwendung liegt jedoch eine Kenntnis der Tatsachen zugrunde, wie das ausländische Recht in der Rechtspraxis ausgestaltet ist. Trotz scheinbarer Gegensätzlichkeit schließen sich Tatsache und Recht diesbezüglich nicht aus. Während die Existenz einer Norm als Tatsache zu qualifizieren ist, stellt das Recht schließlich ihre Wertung dar[272]. Ist ausländisches Recht im Inland anzuwenden, so erfolgt dies auf Grundlage einer Tatsachenkenntnis[273]. Dieser Tatsachennähe hat der Gesetzgeber mit der Vorschrift des § 293 ZPO bewußt Rechnung getragen, indem er ausländische Gesetze als Rechtsnormen charakteri-

---

[266] *Buchholz*, FS Hauß, S. 15, 24.

[267] *Buchholz*, FS Hauß, S. 15, 24.

[268] *Kralik*, ZfRV 1962, S. 75, 80.

[269] *Samtleben*, NJW 1992, S. 3057, 3060.

[270] *Geisler*, ZZP 91(1978), S. 176, 194; *Buchholz*, FS Hauß, S. 15, 23.

[271] *Goldschmidt*, FS Wolff, S. 203, 217; zustimmend Staudinger/Sturm/Sturm Einl zum IPR Rn. 175; vgl. *Schnyder*, Anwendung, S. 162; *Simitis*, StAZ 1976, S. 6, 12 FN. 54; krit. *Kegel*, IPR § 15 III, S. 367.

[272] *Peters*, Freibeweis, S. 57 u.179; *Kralik*, ZfRV 1962, S. 75, 82, anders verhält es sich mit dem Begriffspaar Tatfrage und Rechtsfrage, vgl. Nichtermittelbarkeit.

[273] *Buchholz*, FS Hauß, S. 15, 24.

siert, für deren Ermittlung jedoch eine Beweiserhebung eröffnet[274]. Die gesetzliche Formulierung des § 293 ZPO wirft die Frage auf, inwieweit die Feststellung ausländischen Rechts einem Beweisverfahren unterliegt, ob und welche Regeln der Zivilprozeßordnung anwendbar sind und schließlich nach welchem Verfahren sich die Erkenntnisgewinnung richtet insbesondere, ob lediglich die Formen des Beweisverfahrens zur Verfügung stehen[275]. Der folgende Abschnitt widmet sich daher den in Betracht kommenden Erkenntnismitteln, ihrer prozessualen Behandlung und ihrem konkurrierenden Verhältnis.

---

[274] *Buchholz*, FS Hauß, S. 15, 24.
[275] Vgl. *Peters*, Freibeweis, S. 179 f.

D. Die Ermittlung ausländischen Rechts

Ziel der Ermittlung ausländischen Rechts ist die Gewinnung einer sicheren Rechtserkenntnis. In Betracht kommen als Erkenntnismittel das Gutachten eines Sachverständigen, Auskünfte amtlicher oder privater Stellen und die persönliche Forschungstätigkeit des Richters. Das Gericht hat regelmäßig alle zugänglichen Erkenntnisquellen auszuschöpfen, bis es sich seine Überzeugung über den Inhalt des maßgeblichen ausländischen Rechts gebildet hat[1]. Der Tatrichter ist darüber hinaus jedoch nicht verpflichtet, in jedem Fall von den weiteren zugänglichen Erkenntnismöglichkeiten Gebrauch zu machen[2].

I. Reichweite der richterlichen Ermessensfreiheit

Wie sich bereits gezeigt hat, ist das ausländische Recht in der Form zu ermitteln, in der es sich in der Rechtsprechung und Rechtslehre entwickelt hat und in der einschlägigen Praxis Anwendung findet[3]. Die herangezogenen Erkenntnisquellen müssen diesbezüglich geeignet sein, die richterliche Überzeugungsbildung über den Inhalt ausländischen Rechts zu tragen[4].

1. Auswahlermessen

Hinsichtlich der Art und Weise der Ermittlung räumt § 293 Satz 2 ZPO dem Gericht die Befugnis ein, sich verschiedener Erkenntnisquellen zu bedienen. Daraus wird allgemein abgeleitet, daß es infolgedessen im pflichtgemäßen Ermessen des Tatrichters liegt, auf welche Weise er sich die Kenntnis von dem maßgeblichen ausländischen Recht verschafft[5]. Die richterliche Ermes-

---

[1] RGZ 167, 373, 380; *Fastrich*, ZZP 97 (1984), S. 423, 433 u. 438.
[2] RGZ 80, 262, 267; *Fastrich*, ZZP 97 (1984), S. 423, 433; *Mankowski/Kerfack*, IPRax 1990, S. 372; *Hök*, JurBüro 1987, Sp. 1760, 1762.
[3] BGH NJW-RR 1991, 1211, 1212 = NJW 1991, 1418; BGH NJW 1992, 3106 f.
[4] *Dölle*, FS Raape (1948), S. 149, 152; *Fastrich*, ZZP 97 (1984), S. 423, 434.
[5] BGHZ 118, 151, 163 = NJW 1992, S. 2026, 2029; BGH NJW-RR 1992, 642, 643 = IPrax 1994, 40,42; BGH NJW-RR 1991, 1211, 1212; BGH NJW 1988, 647, 648; NJW 1987, 1145, 1146; NJW 1984, 2763, 2764; FamRZ 1982, 263, 265; NJW 1976,

sensfreiheit hinsichtlich der Art und Weise der Ermittlungen ist daher grundsätzlich nicht nachprüfbar. Ob die Vorinstanz hingegen die Grenzen der Ermessensausübung eingehalten hat, kann in der Rechtsmittelinstanz auch im Rahmen der Revision durch die Verfahrensrüge nach § 554 Abs. 3 Nr. 3.b) ZPO überprüft werden[6]. Die Entscheidungsgründe müssen dementsprechend erkennen lassen, woher das Gericht die erforderlichen Kenntnisse über das ausländische Recht schöpft, anderenfalls wäre das Verfahren einer Nachprüfbarkeit entzogen[7]. Denn derjenige, der schweigt, bietet keine Angriffsfläche[8]. Dieses Erfordernis wurde schon frühzeitig dahingehend interpretiert, daß es im Grunde regelmäßig auf eine erschöpfende Darstellung des ausländischen Rechts hinauslaufe, indem schlüssig belegt werden müsse, wie das Gericht zu dem Ermittlungsergebnis gelangt sei[9]. Eine zusammenfassende Darlegung der ausländischen Rechtslage entspricht insoweit zugleich dem Begründungserfordernis aus § 286 Abs. 1 Satz 2 ZPO und trägt insbesondere § 313 Abs. 3 ZPO Rechnung[10], nach dem das Urteil auch die Erwägungen enthalten muß, auf denen die Entscheidung in rechtlicher Hinsicht beruht.

Zwar hatte die Rechtsprechung stets betont, daß die nicht erschöpfende Behandlung des ausländischen Rechts im Urteil keinen Verstoß gegen § 293 ZPO begründe, weil die Frage der Vollständigkeit sich nicht ohne Revision des ausländischen Rechts entscheiden ließe[11]. Im Anschluß daran verlangt der BGH aber seit seiner Entscheidung aus dem Jahre 1992 von den Tatsachengerichten, daß diese regelmäßig erkennen lassen müssen, daß die in Betracht kommenden Regeln des ausländischen Rechts vollständig ermittelt wurden[12].

1581, 1582 f.; NJW 1975, 2143; NJW 1961, 410; *Stein/Jonas-Leipold* § 293 ZPO Rn. 36; *Fastrich*, ZZP 97 (1984), S. 423, 433; *Sommerlad/Schrey*, NJW 1991, S. 1377, 1379.

[6] BGH IPRax 1995, 38, 39; BGHZ 122, 373, 378; 118, 151, 162; 118, 312, 319; BGH NJW 1991, 1418, 1419 (venezolanisches Pfandrecht „prendas navales") = NJW-RR 1991, 1211 f. = LM § 293 ZPO Nr. 16; *Soergel-Kegel* Vor Art. 3 EGBGB Rn. 174.

[7] BGH IPRax 1995, 38, 39; BGH NJW-RR 1990, 248, 249; BGH NJW 1988, 647, 648 = LM § 293 Nr. 14 Bl.2; BGH IPRspr. 1980 Nr. 3, S. 7; BGH IPRax 1981, 130, 134 (Haftungsdurchgriff in Liechtenstein) = NJW 1981, 522.

[8] BGH NJW 1981, 522, 526; BGH NJW 1988, 648; *Gottwald*, IPRax 1988, S. 210, 211; *Kegel*, IPR, § 15 IV. 4., S. 369.

[9] *Gottwald*, IPRax 1988, S. 210, 212; *Fastrich*, ZZP 97 (1984), S. 423, 442; *Kralik*, ZfRV 1962, S. 75, 89 f.

[10] Dazu *Schneider*, Beweis, Rn. 693 f.; MünchKomm-*Musielak* § 313 ZPO Rn. 14 f.

[11] BGH NJW 1988, 647, 648; BGH WM 1971, 1094, 1095; BGH NJW 1963, 252, 253; RGZ 152, 23, 28 f.; RGZ 114, 197, 200; vgl. *Fastrich*, ZZP 97 (1984), S. 423, 437.

[12] BGH NJW 1992, 3106 = LM § 293 ZPO Nr. 18; vgl. BGH NJW-RR 1995, 766, 767.

I. Reichweite der richterlichen Ermessensfreiheit

Die notwendige Darlegung der Entscheidungsgrundlagen wurde infolgedessen als Ausfluß des Grundsatzes gedeutet, ausländisches Recht als Ganzes zu erforschen[13]. Das Vollständigkeitsgebot im Hinblick auf die Auslandsrechtsermittlung wird damit auf der Ebene der Anforderungen an die Entscheidungsgründe aufgegriffen und umgesetzt. Insoweit unterliegt die Pflicht zur umfassenden Ermittlung ausländischen Rechts schließlich einer revisionsrechtlichen Kontrolle, welche die Tendenz erkennen läßt, durch strengere verfahrensrechtliche Anforderungen die Gefahr einer fehlerhaften Anwendung einzuschränken[14].

Die erforderliche Grenzziehung der Ermessensausübung bei der Wahl der Erkenntnisquellen wird vom BGH im jeweiligen Einzelfall vorgenommen, da sie maßgeblich von den konkreten Umständen abhängt[15]. Ergibt sich jedoch danach, daß die benutzte Erkenntnisquelle generell ungeeignet war, sich ein ausreichendes Bild über das ausländische Recht zu verschaffen, liegt ein revisibler Ermittlungsfehler vor. Der BGH hat sich dementsprechend eine gewisse Flexibilität bei der Nachprüfung des Ermittlungsverfahrens vorbehalten, um damit gegebenenfalls einen Ausgleich hinsichtlich irrevisibler Rechtsanwendungsfehler zur Hand zu haben[16]. Ermessensfehlerhaft ist in aller Regel die Heranziehung eines Erkenntnismittels, wenn dieses als geeignete Grundlage für die Überzeugungsbildung des Tatrichters deshalb nicht in Betracht kommt, weil es keine Angaben zur ausländischen Rechtspraxis enthält[17].

2. Verfahrensrechtliche Erweiterung des Beweisbegriffs

Ungeachtet der gesetzlichen Formulierung des § 293 Satz 1 ZPO wird vertreten, daß ausländisches Recht weder beweisbedürftig noch beweisfähig sei[18]. Die Wahl des Verfahrens könnte die Ermittlung ausländischen Rechts nicht in eine Beweisaufnahme umwandeln, die den Regeln der förmlichen Beweisvor-

---

[13] BGH NJW 1992, 3106, 3107 = LM § 293 ZPO Nr. 18 mit Anm. *Pfeiffer, Soergel-Kegel* Vor Art. 3 EGBGB Rn. 174.

[14] *Pfeiffer* in Anm. zu BGH LM § 293 ZPO Nr. 18; *ders.*, NJW 1994, S. 1634.

[15] BGHZ 118, 151, 163 f.; vgl. BGH EWiR § 549 ZPO 1/90, 515 (*Thode*).

[16] *Fastrich*, ZZP 97 (1984), S. 423, 436 u. 444.

[17] BGH NJW 1991, 1418, 1419 = NJW-RR 1991, 1211, 1212; NJW 1976, 1588, 1589; *Fastrich*, ZZP 97 (1984), S. 423, 439 u. 443.

[18] *Linke*, IZPR, Rn. 269; vgl. *Baumbach/Lauterbach/Albers/Hartmann - Hartmann* § 293 ZPO Rn. 6, 10 f.

schriften zu unterstellen wäre[19]. Im Anschluß daran wird die Verwendung des Begriffes „Beweis" von einem Teil der Literatur grundsätzlich abgelehnt[20]. Andererseits erkennen davon einige Autoren die Bindung an ein förmliches Beweisverfahren unter bestimmten Voraussetzungen durchaus an[21]. In das andere Extrem tendiert Schellhammer, der ausländische Rechtsnormen infolge des § 293 ZPO als Tatsachen ansieht[22], die außer Streit gestellt werden könnten und dann ohne weitere Ermittlungen erwiesen wären. Im Säumnisfall sei dafür der schlüssige Vortrag durch den Kläger ausreichend. Bei Nichterweislichkeit soll derjenigen Partei die Beweislast obliegen, der das behauptete Recht zugute käme.

Obgleich § 293 ZPO in Satz 1 von dem Beweis ausländischen Rechts spricht, behält ausländisches Recht seinen normativen Charakter bei, wie Satz 2 klarstellt[23]. Die Verwendung des Begriffes „Beweis" durch den Gesetzgeber ändert nicht die Wesensnatur des ausländischen Rechts. Durch die Vorschrift wird dem Gericht lediglich die Möglichkeit eröffnet, sich zur Feststellung des Inhalts der Methoden der formellen Beweiserhebung zu bedienen[24]. Soweit § 293 ZPO auf die Beweisbedürftigkeit unbekannter ausländischer Rechtsnormen abstellt, fehlt angesichts des Wortlauts sowie der systematischen Stellung jeglicher Anhaltspunkt, den Begriff des *Beweises* anders auszulegen als in den vorangegangenen Bestimmungen, nur weil in diesen die Beweisbedürftigkeit von Tatsachen geregelt ist, während sich § 293 ZPO auf ausländische Rechtssätze bezieht[25]. Mit der Wortlauttreue des Gesetzes ließe es sich nur schwerlich vereinbaren, einer Bezeichnung unterschiedliche Bedeutungen zuzumessen, die dazu führen, daß der Ausdruck in seiner Verwendung in § 293 ZPO schließlich zweckentfremdet wäre. Einem derartigen Verständnis stünde sowohl der Wortlaut als Auslegungsgrenze als auch die Einbettung des § 293 ZPO in die Regeln des allgemeinen Beweisrechts entgegen. Schon der histori-

---

[19] *Baumbach/Lauterbach/Albers/Hartmann - Hartmann* § 293 ZPO Rn. 6; *Linke*, IZPR, Rn. 276; *Geisler*, ZZP 91 (1978), S. 176, 196 f.; MünchKomm-*Sonnenberger* EGBGB/ IPR Einl., Rn. 454.

[20] *Riezler*, Fremdenrecht (1949) § 48, S. 494; *Broggini* AcP 155 (1956), S. 469, 480; *Koehler*, JR 1951, S. 549, 550; *Krause*, S. 19; offen *Dölle*, FS Nikisch, S. 185, 188 f.; *Küster*, S. 32.

[21] *Dölle*, FS Nikisch, S. 185, 190; *Koehler*, JR 1951, S. 549, 550; *Krause*, S. 43 f.; *Küster*, S. 53 f.

[22] *Schellhammer*, Zivilprozeß, Rn. 511.

[23] *Stein/Jonas-Leipold* § 293 ZPO Rn. 33; *Stürner/Stadler* Aktive Rolle des Richters, S. 173, 192.

[24] *Sommerlad/Schrey*, NJW 1991, S. 1377, 1378 f.; vgl. *Baumbach/Lauterbach/Albers/Hartmann - Hartmann* § 293 ZPO Rn. 11.

[25] KG JW 1936, 1686, 1687; *Müller*, Kolloquium MPI, S. 66, 70; vgl. *Kralik*, ZfRV 1962, S. 75, 88.

I. Reichweite der richterlichen Ermessensfreiheit

sche Gesetzgeber hielt eine Beweisführung über den Inhalt ausländischen Rechts grundsätzlich für möglich. Unbekannte ausländische Rechtsnormen können daher ebenso wie Tatsachen zum Gegenstand einer Beweiserhebung gemacht werden. Diese zieht als Konsequenz eine verfahrensrechtliche Erweiterung des Beweisbegriffes nach sich[26]. Die in der ZPO vorgesehene Beweiserhebung bleibt damit nicht ausschließlich auf Tatsachen beschränkt, sondern kann demzufolge auch ausländisches Recht betreffen[27], dessen Nachweis mit Hilfe von einschlägigen Gesetzen und Entscheidungen geführt werden kann, die als positiver Ausdruck des Rechts einer tatsachenähnlichen Feststellung zugänglich sind.

Kraft der ihm zugewiesenen freien Stellung braucht sich der Richter bei der Ermittlung ausländischen Rechts zwar nicht in den Grenzen und Formen des Tatsachenbeweises zu halten. Das bedeutet lediglich, daß das Gericht sich die erforderliche Kenntnis auch auf anderem Wege verschaffen kann, ohne eine Beweiserhebung durchzuführen. Wenn das Gericht aber ein für die Erhebung von Beweisen in Betracht kommendes Beweismittel benutzt, um sich so die erforderlichen Grundlagen für seine Überzeugung zu verschaffen, stellt dieses Verfahren eine Beweisaufnahme im zivilprozessualen Sinne dar. Denn eine gesetzlich anerkannte Benutzung von Beweismitteln als Erkenntnisquelle für die dem Gericht unbekannten Punkte kann nicht einmal als Beweis im technischen Sinne des Verfahrensrechts, ein anderes Mal dagegen nicht als Beweis gewertet werden[28].

Ist man der Auffassung, daß Rechtssätze keinem Beweis unterliegen können, so ist konsequenterweise die Benutzung prozessualer Beweismittel nicht zuzulassen. Hält man jedoch eine Beweisaufnahme für zulässig, ist nicht nachzuvollziehen, warum Sinn und Zweck der Formvorschriften ihre Anwendung nicht erforderlich machen sollten[29]. Es ist ein Widerspruch, wenn die Ermittlung in den Formen des Beweises unter der Benutzung der Beweismittel durch § 293 ZPO als zulässig bezeichnet wird, während sich das Verfahren nicht nach den gesetzlichen Vorschriften richten soll[30]. Sofern die Feststellung der rechtlichen Entscheidungsgrundlagen vom Gericht in den Formen eines

---

[26] *Müller*, Kolloquium MPI, S. 66, 70.

[27] BGH IPRspr. 1974 Nr. 1b, S. 14; *Müller* in Kolloquium, S. 66, 70; vgl. *Rödig* Gerichtliches Erkenntnisverfahren, S. 6, 252 und 281; *Kralik*, ZfRV 1962, S. 75, 88 f.

[28] KG JW 1936, 1686, 1687; BGH IPRspr. 1974 Nr. 1b, S. 14; Zöller-Geimer § 293 ZPO Rn. 21.

[29] Vgl. *Brauksiepe*, S. 67.

[30] Das verkennen *Linke*, Linke IZPR, Rn. 271, und *Hartmann*, in seiner Kommentierung *Baumbach/Lauterbach/Albers/Hartmann - Hartmann* § 293 ZPO Rn. 6, 10 f.; MünchKomm-*Sonnenberger* EGBGB/IPR Einl., Rn. 454; wie hier *Otto*, IPRax 1995, S. 299, 305.

prozessualen Beweismittels durchgeführt wird, ist diese daher in bezug auf ihre verfahrensmäßige Behandlung dem Tatsachenbeweis gleichzusetzen[31]. Die gesetzlichen Vorschriften des Beweisverfahrens sind insoweit auch gegenüber der Ermittlung ausländischen Rechts anwendbar[32]. Im Hinblick auf die Amtsermittlungspflicht ist die Anwendung der Verfahrensvorschriften hingegen auf diejenigen zu begrenzen, die nicht als ein Ausfluß der Verhandlungsmaxime zu erkennen sind, so daß weder die beweisbefreiende Wirkung des Geständnisses noch die Bindung des Richters an den Klägervortrag in der Säumnis eintreten können[33]. Die Pflicht des Gerichts, den Rechtsstreit zu beurteilen, bleibt auch von dem Mißlingen der Ermittlungen unberührt, so daß § 293 ZPO darüber hinaus keine Beweislastentscheidung eröffnet[34].

Neben der amtswegigen Anordnung kann ein Sachverständigenbeweis auch von den Parteien angetreten werden. Falls das Gericht dem Antrag folgt, bildet die damit eingeleitete Tätigkeit eine Beweisaufnahme[35]. Soweit das Gericht selbst sachkundig ist, wird es in der Regel eine Beweisaufnahme unter einem entsprechenden Hinweis ablehnen. Dies stellt jedoch keinen Grund dar, die Benutzung förmlicher Beweismittel als eine beweisfremde Lückenausfüllung des richterlichen Wissens anzusehen. Die Verwertbarkeit des richterlichen Wissens schließt das Vorgehen im Wege des Beweisverfahrens nicht aus[36].

Die Ermittlung ausländischen Rechts durch die Einholung eines Sachverständigengutachtens zieht als notwendige Konsequenz dementsprechend die Beachtung der Regeln des förmlichen Beweisverfahrens nach sich, wie der BGH jüngst bestätigt hat[37]. In Anlehnung an seine Entscheidung aus dem Jahre 1975 betonte der BGH, daß das Berufungsgericht, nachdem es durch einen Beweisbeschluß die Einholung eines Rechtsgutachtens angeordnet hatte, die

---

[31] *Rosenberg/Schwab/Gottwald* § 113 III., S. 648; *Kralik*, ZfRV 1962, S. 75, 88 f.

[32] BGH IPRspr. 1974 Nr. 1b, S. 14; *Müller*, Kolloquium MPI, S. 66, 70; *Otto*, IPRax 1995, S. 299, 305.

[33] *Stein/Jonas-Leipold* § 293 ZPO Rn. 34 u. 54; *Zöller-Geimer* § 293 ZPO Rn. 17 f.; *Baumbach/Lauterbach/Albers/Hartmann-Hartmann* § 293 ZPO Rn. 12 f.; MünchKomm-*Prütting* § 293 ZPO Rn. 12 u. 55; *Sommerlad/Schrey*, NJW 1991, S. 1377, 1381; *Kralik*, ZfRV 1962, S. 75, 89.

[34] BGH FamRZ 1982, 262, 265 = IPRax 1983, 193, 194; BGH NJW 1975, 2142, 2143; BGHZ 69, 387, 393; *Stein/Jonas-Leipold* § 293 ZPO Rn. 61; MünchKomm-*Prütting* § 293 ZPO Rn. 14 u. 59; *Zöller-Geimer* § 293 ZPO Rn. 27; AK-*Rüßmann* § 293 ZPO Rn. 3; *Rosenberg/Schwab/Gottwald* § 113 III., S. 648; *Sommerlad/Schrey*, NJW 1991, S. 1377, 1378; abweichend *Wieczorek*, § 293 ZPO Anm. C II.; *Kralik*, ZfRV 1962, S. 75, 93 f.

[35] KG JW 1936, 1686, 1687; *Kerameus*, Sachverständigenbeweis, S. 37.

[36] *Rosenberg/Schwab/Gottwald* § 123 III. 2., S. 719; *Kerameus*, Sachverständigenbeweis, S. 37 f.

[37] BGH IPRax 1995, S. 322 f. = MDR 1994, 939 = LM § 293 ZPO Nr. 19.

I. Reichweite der richterlichen Ermessensfreiheit

insoweit geltenden Vorschriften der Zivilprozeßordnung zu beachten hat, ohne daß ihm ein besonderer Ermessensspielraum eingeräumt wäre[38]. Der gerichtliche Sachverständige ist daher auf rechtzeitigen Antrag einer Partei zu laden, §§ 402, 397 ZPO.

Der Entscheidung aus dem Jahre 1975 lag neben der Erwägung, daß mit dem Gutachten bisher nicht vorgetragene Tatsachen in das Verfahren eingeführt werden können, die als Akteninhalt dem Fragerecht der Parteien nicht entzogen sein dürfen, ein Vergleich mit § 287 ZPO zugrunde[39]. § 287 ZPO überläßt es dem Ermessen des Gerichts, ob und inwieweit eine Beweisaufnahme durchgeführt wird. Erscheint diese aber als erforderlich, so sind bei einer Beweisaufnahme die Vorschriften der ZPO zu beachten[40]. Dagegen wurde eingewandt, daß der Regelungszusammenhang des § 287 ZPO nicht mit dem des § 293 ZPO übereinstimme, weil es bei der einen Bestimmung um eine Tatsachenaufklärung geht, die zum Herrschaftsbereich der Parteien gehöre, während § 293 ZPO eine von Amts wegen zu erfolgende Ermittlung behandelt[41]. Die entscheidende Gemeinsamkeit liege lediglich in der Wahlmöglichkeit des Gerichts, eine Beweisaufnahme durchzuführen[42]. Dem BGH sei daher nur im Ergebnis, nicht aber in der Begründung zu folgen[43].

Fraglich ist in der Tat, ob es eines derartigen Umweges des BGH bedarf. Bereits der Ausgangspunkt in § 293 Satz 1 ZPO gestattet als Ausnahmevorschrift den Beweis ausländischen Rechts. Daneben eröffnet § 293 Satz 2 ZPO die Möglichkeit, in jeder Weise auch andere Erkenntnisquellen zu benutzen. Damit ist das Sachverständigengutachten von vornherein einem formlosen Vorgehen entzogen und an die gesetzlichen Beweisvorschriften gebunden[44]. Bei der Einholung eines Sachverständigengutachtens entspricht die Einhaltung der verfahrensrechtlichen Vorschriften dem Erfordernis der Rechtsstaatlichkeit, die eine Bindung des Gerichts an das Gesetz und demzufolge an das gesetzliche Beweisverfahren der ZPO notwendig macht[45]. Das Gericht kann sich für die Inhaltsermittlung der rechtlichen Entscheidungsgrundlagen, wenn es dies für zweckmäßig erachtet, zwar der vorgesehenen Beweismittel, namentlich eines Sachverständigen, bedienen, ist im übrigen aber nicht auf diese beschränkt.

---

[38] BGH IPRax 1995, 322, 323; NJW 1975, 2142, 2143.
[39] BGH NJW 1975, 2142, 2143.
[40] Vgl. *Otto*, IPRax 1995, S. 299, 304.
[41] *Fastrich*, ZZP 97 (1984), S. 423, 431; *Geisler*, ZZP 91 (1978), S. 176, 185; *Schütze*, DIZPR, S. 119.
[42] *Arens*, FS Zajtay, S. 7, 10.
[43] *Otto*, IPRax 1995, S. 299, 304 f.
[44] *Otto*, IPRax 1995, S. 299, 305.
[45] *Arens*, FS Zajtay, S. 7, 11.

3. Der sogenannte Freibeweis und die Ermittlung ausländischen Rechts

In diesem Zusammenhang findet sich für das Verfahren der Ermittlung ausländischen Rechts häufig die Bezeichnung des in der ZPO nicht geregelten *Freibeweises*[46]. Daher ist im folgenden näher darauf einzugehen, inwieweit sich diese Einordnung als zutreffend erweist. Das in den §§ 355 - 484 ZPO beschriebene Verfahren der Beweiserhebung unter Bezugnahme auf die gesetzlichen Beweismittel wird demgegenüber als Strengbeweis bezeichnet. Die ZPO gewährt daneben nur die Glaubhaftmachung, in § 294 ZPO, als eine erleichterte Beweisführung. Obwohl die Prozeßordnung weitere Erleichterungen nicht zuläßt[47], existiert in der Praxis in der Gestalt des sog. *Freibeweises* eine dritte Form der Beweiserhebung, bei der das Gericht nicht an die Verfahrensvorschriften der ZPO gebunden sein soll, sondern dieses nach freiem Ermessen gestaltet[48].

Der Begriff des Freibeweises wurde im Strafprozeß entwickelt und umfaßt Feststellungen, die nicht die Straf- bzw. Schuldfrage des Täters betreffen[49]. Desgleichen zeichnet sich im verwaltungsgerichtlichen Verfahren bei der Feststellung von Prozeßvoraussetzungen ein freibeweisliches Vorgehen ab[50]. In diesem findet eine amtliche Auskunft abgesehen von den Fällen, in denen sie gesetzlich vorgesehen ist[51], nicht selten als Erkenntnismittel im Zuge

---

[46] BGH NJW 1961, 410, 411; 1966, 296, 298; 1976, 1581, 1583; *Stürner/Stadler* Aktive Rolle des Richters, S. 173, 192; *Thomas/Putzo* § 293 ZPO Rn. 4; *Baumbach/Lauterbach/Albers/Hartmann - Hartmann* Einf § 284 ZPO Rn. 9; *Zöller-Geimer* § 293 ZPO Rn. 20; MünchKomm-*Prütting* § 293 ZPO Rn. 23; *Soergel-Kegel* Vor Art. 3 EGBGB Rn. 179; *v.Bar*, IPR Bd.I, Rn. 375; *Nagel*, IZVR, Rn. 436.

[47] § 495a ZPO dient ausschließlich dazu, Verfahren mit geringem Streitwert zu vereinfachen bzw. zu beschleunigen, wesentliche Beteiligungsrechte sind auch hier zu beachten, BVerfG NJW-RR 1994, 254, 255; MünchKomm-*Deubner* § 495a ZPO Rn. 19.

[48] BGH NJW 1964, 108, 109; NJW 1992, 627, 628; krit. *Stein/Jonas-Schumann* vor § 355 ZPO Rn. 7 m.w.N.; krit. *Peters*, Freibeweis, S. 72 f., 81 ff.; *ders.* in Anm. ZZP 101 (1988), S. 296, 297 zu BGH NJW 1987, 2875 = ZZP 101 (1988), 294-96; strikt ablehnend *Wieczorek*, 2.Aufl. (1976) § 282 ZPO Anm. D III.

[49] BVerfGE 7, 275, 279; BGHSt 16, 164, 167; 21, 149, 150; vgl. *Peters*, Freibeweis, S. 16 f., 28; *ders.*, JA 1981, 65, 67; *Koch/Steinmetz*, MDR 1980, S. 901 f.

[50] BVerwGE 48, 201, 204; *Redeker/von Oertzen* VwGO (11.Aufl.) § 98 Rn. 22; *Eyermann-Fröhler* VwGO Rn. 7 vor § 81; *Ule*, Verwaltungsprozeßrecht, § 49 III.3.; *Koch/Steinmetz*, MDR 1980, S. 901, 902; zurückhaltend *Kopp* VwGO (10.Aufl.) Vorb § 40 Rn. 16.

[51] Vgl. § 87 Abs. 1 Nr. 3 VwGO, der im Gegensatz zu § 273 Abs. 2 Nr. 2 ZPO Auskünfte jeglicher Art bezeichnet; sowie §§ 98, 166 VwGO i.V.m. §§ 437 Abs. 2, 118 Abs. 2 ZPO.

formloser Ermittlungen ihre Verwendung[52]. Im Zivilverfahren soll der Freibeweis nach einem älteren Begründungsansatz bei der Feststellung von Umständen an Bedeutung gewinnen, die von Amts wegen zu beachten sind[53]. Die §§ 355 ff. ZPO wären danach nur im Anwendungsbereich des Verhandlungsgrundsatzes zu berücksichtigen.

Dem wird entgegengehalten, daß die Kriterien der Verhandlungs- und. Untersuchungsmaxime lediglich das Initiativ- sowie Dispositionsproblem klären, während sie nicht die Form des Beweisverfahrens betreffen[54]. Es kann daher grundsätzlich nicht davon ausgegangen werden, daß die strengen Beweisvorschriften der ZPO gegenüber einer amtswegigen Ermittlung keine Geltung beanspruchen. Der Freibeweis soll nach einem weiteren Rechtfertigungsversuch ferner möglich sein, soweit die Feststellung von Amts wegen zu prüfender Tatsachen betroffen ist[55]. Bei der Prüfung von Amts wegen hat das Gericht jedoch weder die Pflicht noch das Recht, selbständig die maßgebenden Tatsachen zu ermitteln. Es muß vielmehr die Parteien zu einem entspechenden Tatsachenvortrag und Beweisantritt anregen, § 139 Abs. 2 ZPO[56]. Für die Beibringung der Nachweise sind die Parteien weiterhin zuständig.

Die wohl herrschende Ansicht beschränkt den Freibeweis vor dem Hintergrund der Prozeßökonomie auf verfahrensrechtliche Feststellungen, während er auf die Prüfung von materiellrechtlich erheblichen Tatsachen nicht anwendbar sei, da insoweit das Gebot des Strengbeweises mit dem gesetzlichen numerus clausus der Beweismittel gelte[57]. Im Wege des Freibeweises könnten danach die für das Verfahren bedeutsamen Tatsachen festgestellt werden, die

---

[52] *Ule*, Verwaltungsprozeßrecht, § 49 III.3.

[53] *Schönke/Schröder*, Lehrbuch des Zivilprozeßrecht, 8.Aufl., 1956, § 62 II., S. 275 f.; *Stein/Jonas-Schönke*, 18.Aufl., Anm. III. 1.,vor § 355 ZPO; vgl. *Peters*, Freibeweis, S. 72.

[54] *Peters*, Freibeweis, S. 73; ders., JA 1981, S. 65, 68.

[55] *Baumbach/Lauterbach/Albers/Hartmann - Hartmann* Einf § 284 ZPO Rn. 9; vgl. *Rosenberg/Schwab/Gottwald* § 78 V.2.c), S. 434 und § 122 II.3., S. 639.

[56] *Rosenberg/Schwab/Gottwald* § 78 V.2., S. 433; *Peters*, Freibeweis, S. 72 f.; ders., JA 1981, 65, 68; in diesem Sinne auch *Stürner*, Die richterliche Aufklärung, Rn. 53; *Hohlfeld*, Amtliche Auskunft, S. 79.

[57] BGH NJW 1987, 2875, 2876: hält (im Anschluß an BGH NJW 1951, 441, 442) aus Gründen der Prozeßwirtschaftlichkeit am Grundsatz des Freibeweises für Prozeß- und Zulässigkeitsvoraussetzungen fest; BGH NJW-RR 1992, 1338, 1339; NJW 1992, 627, 628; *Thomas/Putzo* § 284 ZPO Vorbem, Rn. 6; *Zöller-Greger* Vor § 284 ZPO Rn. 7; vgl. Bericht der Kommission für das Zivilprozeßrecht (1977) Anlage 10 Punkt 11. § 351 I Entw., S. 333 und S. 156; *Schneider*, Beweis, Rn. 1538; *Arens/Lüke*, Zivilprozeßrecht, Rn. 259; *Koch/Steinmetz*, MDR 1980, S. 901, 902 u. 904 auf die Interessenlage der Parteien abstellend.

für prozessuale Maßnahmen und Entscheidungen maßgebend sind[58]. Dagegen wird vorgebracht, daß die prozessualen Voraussetzungen nicht weniger wichtig seien als die materiellrechtlichen, so daß dem Freibeweis eine Bedeutung nur dann zugesprochen werden könnte, wenn über einen Punkt zu entscheiden sei, der die Endentscheidung nicht berühre[59].

Der Freibeweis senkt nicht die Anforderungen an die richterliche Überzeugung, so daß er das Gericht bei unverminderter Anforderung an den Gewißheitsgrad lediglich von den förmlichen Vorschriften der Prozeßordnung über das bei der Beweisaufnahme zu beachtende Verfahren freistellt[60]. Bleibt die Gestaltung des Verfahrens dem freien Ermessen des Gerichts überlassen, können Ermittlungen vom Gericht ohne eine Beweisaufnahme und ohne Beweisantritt der Parteien aufgenommen werden. Ein Beweisbeschluß nach § 358 ZPO erübrigt sich. Das Fragerecht der Parteien nach Maßgabe der §§ 397, 402 ZPO scheidet aus. Eine Beschränkung auf die Beweismittel der ZPO besteht nicht, so daß neben einer telephonischen Rückfrage auch der formlose Schriftverkehr statthaft wäre[61]. § 293 ZPO ermöglicht in Satz 2 ein derartiges, formloses Vorgehen, indem dieser die Benutzung anderer Erkenntnisquellen jeglicher Art einräumt. Insoweit bildet § 293 ZPO gerade eine gesetzliche Grundlage für ein freibeweisliches Vorgehen.

Der Freibeweis gewinnt jedoch nur als Gegenstück zum Strengbeweis Konturen. Die Ermittlung ausländischen Rechts *allgemein* der Bezeichnung des Freibeweises zu unterstellen, erscheint aber im Hinblick auf die Möglichkeit eines beweisrechtlichen Vorgehens verfehlt und gegenüber Ermittlungsarten nichtssagend, die weder zum Gegenstand des Verfahrens werden noch einer beweisrechtlichen Erfassung zugänglich wären[62]. Nach § 293 ZPO können ausländische Rechtssätze einerseits im Wege des Strengbeweises, andererseits auch außerhalb des Prozesses festgestellt werden, indem sie dem Gericht entweder bereits bekannt sind oder von diesem selbst intern ermittelt werden[63]. Bei einer gerichtsinternen Erforschung handelt es sich ebensowenig wie bei

---

[58] *Schneider*, Beweis, Rn. 1536.

[59] *Rosenberg/Schwab/Gottwald* § 122 II.3., S. 639; *Stein/Jonas-Schumann* vor § 355 ZPO Rn. 21, 30 m.w.N. Rn. 9-17; *Schellhammer*, Rn. 352; *Peters*, Freibeweis, S. 81 ff., 110, 133 ff.; *Kopp* VwGO (10.Aufl.) Vorb § 40 Rn. 16.

[60] BGH NJW-RR 1992, 1338, 1339; *Schneider*, Beweis, Rn. 1539; *Koch/Steinmetz*, MDR 1980, S. 901; krit. *Peters* JA 1981, S. 65, 69 erkennt darin den Widerspruch, mit minder zuverlässigem Beweisverfahren vollen Beweiserfolg zu erreichen.

[61] *Stein/Jonas-Schumann* vor § 355 ZPO Rn. 7; *Schneider*, Beweis, Rn. 1542; *Koch/Steinmetz*, MDR 1980, S. 901, 903.

[62] *Geisler*, ZZP 91 (1978), S. 176, 184; vgl. *Peters*, Freibeweis, S. 181.

[63] *Rosenberg/Schwab/Gottwald* § 112 II.3., S. 640 und § 113 III., S. 648.

Feststellungen zum inländischen Recht um einen *Beweis*[64]. Ein derartiges Vorgehen ist nicht Teil des Verfahrens. Die gerichtsinterne Selbstermittlung steht daher einer Beweisführung nicht gleich und entzieht sich infolgedessen von vornherein der gesetzlichen Systematik der Beweisarten[65].

Zusammenfassend beinhaltet § 293 ZPO vielmehr drei verschiedene Formen der Ermittlung ausländischen Rechts: Er gestattet die persönliche Forschungstätigkeit des Richters, die Einholung von Auskünften in formloser Weise und ein Vorgehen im Wege des Strengbeweises, im besonderen die Einholung eines Sachverständigengutachtens[66]. Lediglich die vom Gericht formlos eingeholten Auskünfte können als ein Fall des Freibeweises aufgefaßt werden[67].

Da einem Freibeweis nahezu alle Rechtssicherheitsgarantien fehlen, die das Gesetz für das Beweisverfahren vorsieht, stellte sich für die 1964 eingesetzte *Kommission für das Zivilprozeßrecht* die Frage nach einer gesetzlichen Regelung[68]. Die Feststellung „rechtserheblicher" Tatsachen wollte die Kommission ausdrücklich von einer formlosen Ermittlung ausnehmen und ausschließlich dem Strengbeweis unterstellen[69]. Im Hinblick auf die Feststellung ausländischer Rechtssätze sah die Kommission hingegen kein Bedürfnis, die Gewinnung von Erkenntnissen näher zu reglementieren. Ihre Beschaffung sei keine Frage des Beweisrechts der Zivilprozeßordnung, wonach allgemein geregelt wird, was die Parteien zur Durchsetzung ihrer Interessen zu beweisen haben. Der richterlichen Rechtsfindung sollte durch das Verfahrensrecht keine Grenzen gezogen werden[70]. Andererseits wurde § 293 ZPO bewußt beibehalten, weil er das ausländische Recht ausdrücklich zum Beweisgegenstand erhebt[71].

---

[64] *Stein/Jonas-Schumann* vor § 355 ZPO Rn. 25; *Dölle*, FS Nikisch, S. 185, 188; *Peters*, Freibeweis, S. 179.

[65] MünchKomm-*Prütting* § 284 ZPO Rn. 36; *Stein/Jonas-Leipold* § 293 ZPO Rn. 37; *Peters*, Freibeweis, S. 181; ders., JA 1981, S. 65, 69.

[66] *Stein/Jonas-Leipold* § 293 ZPO Rn. 36; MünchKomm-*Prütting* § 293 ZPO Rn. 49; ders. a.a.O. § 284 ZPO Rn. 32.

[67] MünchKomm-*Prütting* § 284 ZPO Rn. 32; *Stein/Jonas-Schumann* vor § 355 ZPO Rn. 25 u. 35; *Otto*, IPRax 1995, S. 299, 303.

[68] Bericht der Kommission für das Zivilprozeßrecht (1977), S. 155.

[69] Bericht der Kommission für das Zivilprozeßrecht (1977) Anlage 10 Punkt 11. § 351 I Entw., S. 333.

[70] Bericht der Kommission für das Zivilprozeßrecht (1977), S. 156.

[71] Bericht der Kommission für das Zivilprozeßrecht (1977), S. 156.

4. Konflikt zwischen förmlichem und formlosen Vorgehen

Der Weg, in einem formlosen Verfahren Auskünfte über ausländisches Recht einzuholen, überschneidet sich mit der Möglichkeit, einen förmlichen Sachverständigenbeweis über die konkrete Rechtsfrage nach den Regeln der ZPO zu erheben. Infolgedessen werden Zweifel geäußert, ob ein formloses Verfahren daneben noch zulässig sei, da die Heranziehung eines Sachverständigen nicht nur praktisch zweckmäßig, sondern im Regelfall verfahrensrechtlich geboten ist, um die verfahrensmäßigen Rechte der Parteien zu wahren, so daß der Ermessensspielraum des Gerichts weitgehend reduziert wäre[72].

Eine Kollision könnte dann vorliegen, wenn durch die konkrete Ermittlung im Wege eines formlosen Vorgehens den Parteien verfahrensrechtliche Befugnisse unmittelbar entzogen sind, die ihnen im Rahmen eines förmlichen Beweisesverfahrens eingeräumt wären. Das Gericht könnte die Vorschriften des Beweisverfahrens, insbesondere die Anordnung des persönlichen Erscheinens des Sachverständigen, damit ihm die Parteien Fragen stellen können, ohne weiteres dadurch unterlaufen, daß es von einem Sachverständigen nur eine formlose Auskunft einholt[73]. Um eine derartige Umgehung der Beweisvorschriften zu vermeiden, erscheint es dennoch nicht gerechtfertigt, das von § 293 eingeräumte Ermessen des Gerichts bei der Wahl des Ermittlungsweges grundsätzlich zu beschränken und die formlose Ermittlung generell als unzulässig anzusehen. Es kann nicht Inhalt der Verfahrensordnung sein, einen methodisch anfechtbaren Weg anzubieten.

Das in §§ 355 ff. ZPO geregelte Beweisverfahren dient wesentlich dem Schutz der Parteien. Von zentraler Bedeutung sind dafür die Grundsätze der Unmittelbarkeit und der Parteiöffentlichkeit[74]. In Anbetracht der dadurch gewährleisteten Qualität der Erkenntnisse erhebt sich die Frage, ob und unter welchen Voraussetzungen aus einer frei zugänglichen Erkenntnisquelle nur noch in der Form einer prozessualen Beweisaufnahme geschöpft werden kann. Zur Abgrenzung zwischen der förmlichen und formlosen Ermittlung ausländischen Rechts werden im wesentlichen drei verschiedene Ansätze vertreten.

Um dem Spannungsverhältnis zu entgehen, wird zum einen die Notwendigkeit der Einhaltung der förmlichen Beweisvorschriften für den Sachverständigenbeweis über ausländisches Recht abgelehnt und dem Gericht auch

---

[72] *Stein/Jonas-Leipold* § 293 ZPO Rn. 44; MünchKomm-*Prütting* § 293 ZPO Rn. 28; *Geisler*, ZZP 91 (1978), S. 176, 196; *Schack*, IZVR, Rn. 636; Tendenzen schon bei *Fastrich*, ZZP 97 (1984), S. 423, 432 u. 434.

[73] MünchKomm-*Prütting* § 293 ZPO Rn. 31; vgl. *Otto*, IPRax 1995, S. 299, 304; *Sommerlad/Schrey*, NJW 1991, S. 1377, 1381.

[74] Dazu *Peters*, Freibeweis, S. 101 f.

I. Reichweite der richterlichen Ermessensfreiheit

hier ein Ermessensspielraum zugebilligt[75]. Nach dieser Auffassung wird das Ermessen des Richters durch die Anwendung der förmlichen Beweisvorschriften auf den Sachverständigen, der ein Rechtsgutachten erstellt, ohne hinreichenden Grund beschränkt. Entgegen der Rechtsprechung des BGH soll der Richter desgleichen gegenüber einem Sachverständigengutachten nach pflichtgemäßem Ermessen entscheiden können, ob die Anhörung des Sachverständigen und damit die Einhaltung der verfahrensrechtlichen Beteiligung der Parteien geboten ist.

Nach einer anderen Ansicht soll für eine getrennte Behandlung der formlosen Feststellung von den Vorschriften des förmlichen Beweisverfahrens allein der vom Gericht jeweils eingeschlagene Weg der Ermittlungen maßgebend sein[76]. Danach könnte das Gericht nach seinem Ermessen zwischen dem förmlichen und formlosen Verfahren wählen. Der Weg, den das Gericht eingeschlagen hat, wäre für den weiteren Verfahrensablauf entscheidend. Gewisse Gefahren für rechtsstaatliche Garantien werden von den Vertretern dieser Auffassung mit dem Hinweis bewußt hingenommen, daß das Gericht bei weniger komplizierten Fragen ein formloses Vorgehen, bei schwierigeren den Strengbeweis wählen werde[77].

Diese Lösungen begegnen den Befürchtungen der Umgehung beweisrechtlicher Vorschriften hingegen nicht. Infolgedessen wird von Leipold vorgeschlagen, nach dem Inhalt der gerichtlichen Anfrage abzugrenzen[78]. Die förmlichen Beweisvorschriften seien regelmäßig dann einzuhalten, wenn die beauftragte Person nicht nur Auskunft über die Geltung von Rechtssätzen geben, sondern diese zugleich auf den konkreten Fall anwenden soll[79]. Dagegen sei eine Anwendung förmlicher Beweisvorschriften dann nicht erforderlich, wenn es sich lediglich um die Einholung abstrakter Rechtsauskünfte handelt, die aus der einfachen Wiedergabe von Gesetzestexten, einschlägigen Entscheidungen und Literaturauszügen bestehen[80]. Dafür steht grundsätzlich der Weg eines

---

[75] *Baumbach/Lauterbach/Albers/Hartmann - Hartmann* § 293 ZPO Rn. 10 f. vgl. aber Rn. 13; *Schack*, IZVR, Rn. 636; *Geisler*, ZZP 91 (1978), S. 176, 196 f.; offen bei *Schütze*, DIZPR, S. 119, aber entgegen BGH NJW 1975, 2142, 2143; vgl. *Linke*, IZVR, Rn. 276.

[76] *Arens*, FS Zajtay, S. 7, 11; MünchKomm-*Prütting* § 293 ZPO Rn. 32; *Sommerlad/Schrey*, NJW 1991, S. 1377, 1381; *Müller*, Kolloquium MPI, S. 66, 70.

[77] MünchKomm-*Prütting* § 293 ZPO Rn. 32; *Arens*, FS Zajtay, S. 7, 11 u. 17.

[78] *Stein/Jonas-Leipold* § 293 ZPO Rn. 44; in Anlehnung an *Jonas* in Anm. JW 1936, S. 1688 zu KG JW 1936, 1686-1688.

[79] *Stein/Jonas-Leipold* § 293 ZPO Rn. 44; vgl. *Jonas* in Anm. JW 1936, S. 1688 zu KG JW 1936, S. 1686 f.

[80] *Stein/Jonas-Leipold* § 293 ZPO Rn. 45.

formlosen Vorgehens zur Verfügung[81]. Dementsprechend müßte im Einzelfall jeweils der Ermittlungsvorgang dahingehend untersucht werden, ob er dem Bearbeiter sowohl die Auswahl der maßgebenden Tatsachen als auch die rechtliche Schlußfolgerung überläßt. Sobald die Auskunft in der Form einer konkreten Begutachtung zu erteilen ist, würden danach die Beweisvorschriften Anwendung finden. Nur auf diesem Wege ließen sich schließlich die vom BGH angestrebten verfahrensrechtlichen Garantien verwirklichen[82], deren Ziel es ist, Widersprüche aufzudecken oder darzulegen, daß wesentliche Umstände übergangen worden seien[83].

Dem schließt sich auch Fuchs an, soweit sie ausführt[84], daß den Parteien das Recht zur Ladung des Sachverständigen als Verwirklichung des Anspruchs auf rechtliches Gehör[85] und Ausfluß des Rechtsstaatsprinzips nicht durch die Umgehung des förmlichen Verfahrens genommen werden dürfe. Die Verfahrensrechte der Parteien müßten diesbezüglich bei der Wahl der Ermittlungsart berücksichtigt werden. In eine ähnliche Richtung tendiert Kronke, wenn er die Ablösung des Freibeweises durch den obligatorischen Strengbeweis anführt[86].

Für diesen Ansatz spricht, daß er auf die maßgebliche Verbindung zwischen dem Verfahren und der erteilten Auskunft abstellt. Bei abstrakten Rechtsauskünften bedient sich das Gericht lediglich eines verlängerten Arms. Die Einholung abstrakter Auskünfte bei Rechtsfragen ist den Prozeßordnungen nicht fremd. In diesem Sinne haben die bereits behandelte Vorabentscheidung des EuGH in Art. 177 EGV sowie das Verfahren nach Maßgabe des Art. 100 GG die Erteilung abstrakter Rechtsauskünfte zum Gegenstand. Während der Inhalt einer abstrakten Auskunft vom Verfahren gänzlich unabhängig bleibt, bildet der mitgeteilte Prozeßstoff regelmäßig die Grundlage einer konkreten Beurteilung. Insbesondere eventuelle Mißverständnisse, die bereits die Mitteilung des Sachverhalts betreffen, könnten durch die Anwendung beweisrechtlicher Vorschriften vermieden werden. Inhaltlich wird die Differenzierung zwischen einer konkreten und einer abstrakten Auskunft bei deutlich gelagerten Antworten häufig marginal wirken, soweit sich letztere unmittelbar auf den Einzelfall projezieren läßt. Dabei kann jedoch unterschieden werden, ob die erteilte Auskunft entweder die Rechtsfolge vorwegnimmt, ohne gegebenenfalls ihre Grundlagen erkennen zu lassen, oder lediglich die ausländischen

---

[81] *Fuchs*, RIW 1995, S. 807, 809.
[82] *Stein/Jonas-Leipold* § 293 ZPO Rn. 44.
[83] BGH IPRax 1995, 322, 323 = LM § 293 ZPO Nr. 19.
[84] *Fuchs*, RIW 1995, S. 807, 809.
[85] BGH NJW-RR 1987, 339, 340.
[86] *Kronke*, IPRax 1992, S. 303, 305.

I. Reichweite der richterlichen Ermessensfreiheit

Rechtssätze und Auslegungsregeln enthält, so daß das Gericht zu einer eigenen Beurteilung angehalten ist.

Dem wird grundsätzlich entgegengehalten, daß die Beweisaufnahme lediglich ein Mittel zur Ergänzung der richterlichen Rechtskenntnisse darstellt und die Tätigkeit des Gerichts unterstützen soll, so daß die Bindung an das förmliche Verfahren in diesem Zusammenhang nicht überbeansprucht werden sollte[87]. Verwertet das Gericht eine formlos eingeholte Auskunft, obwohl ihr im förmlichen Beweisverfahren die Besorgnis der Befangenheit, §§ 406, 42 ZPO, entgegenstehen würde, ist dies ebenso eine fehlerhafte Ausübung des durch § 293 ZPO eingeräumten Ermessens wie die Verwertung einer Auskunft, die die maßgeblichen Grundlagen im ausländischen Recht nicht erkennen läßt[88]. Es scheinen daher im Ergebnis keine großen Unterschiede zu bestehen. Auch die im formlosen Wege getroffenen Feststellungen muß das Gericht infolge des Grundsatzes des rechtlichen Gehörs in das Verfahren einführen, bevor es sie verwertet[89]. Eine Bindung an das formelle Beweisverfahren kann durch den Anspruch auf rechtliches Gehör demzufolge nicht begründet werden[90].

Bei der Ermittlung ausländischen Rechts handelt es sich nicht um einen gewöhnlichen Tatsachenbeweis. Die Verwandtschaft beschränkt sich darauf, daß das Verfahren bei der inhaltlichen Feststellung der rechtlichen Entscheidungsgrundlagen dieselben Züge trägt wie bei Tatsachen. Der Nachweis von Rechtssätzen soll ihre Auslegung und Anwendung auf den Streitfall ermöglichen. Da sich das Gericht die Überzeugung von der Geltung, dem Inhalt und den Grenzen des ausländischen Rechts verschaffen muß, liegt ein dialektischer Beweis vor, während beim Tatsachenbeweis vornehmlich auf historische Ereignisse abgestellt wird[91]. Die uneingeschränkte, alles überlagernde Anwendung der Regeln, wie sie gegenüber dem Beweis von Tatsachen gelten, müßte auf die inländische Justiz lähmend wirken[92]. Wie bereits dem Bericht der *Kommission für das Zivilprozeßrecht* aus dem Jahre 1977 zu entnehmen ist, soll das Verfahrensrecht der richterlichen Rechtsfindung im Zuge der Ermittlung ausländischen Rechts grundsätzlich keine Schranken setzen[93].

---

[87] *Schack*, IZVR, Rn. 635; *Sommerlad/Schrey*, NJW 1991, S. 1377, 1381; vgl. *Peters*, Freibeweis, S. 180.

[88] *Sommerlad/Schrey*, NJW 1991, S. 1377, 1381.

[89] *Sommerlad/Schrey*, NJW 1991, S. 1377, 1381.

[90] *Peters*, Freibeweis, S. 187 f.; *Arens*, FS Zajtay, S. 7, 11.

[91] *Rosenberg/Schwab/Gottwald* § 133 II.2.-3., S. 789 f.; *Larenz*, Methodenlehre, S. 211 f.; *Fastrich*, ZZP 97 (1984), S. 423, 429.

[92] Vgl. *Bosshard*, Aufgabe des Richters bei der Anwendung ausländischen Rechts, S. 69.

[93] Bericht der Kommission für das Zivilprozeßrecht (1977), S. 156.

Dennoch ist die in § 293 ZPO vorgesehene Trennung zwischen formlosen Ermittlungen und Beweiserhebung aufgrund der gewonnenen Erkenntnisse beizubehalten. Die Wahlmöglichkeit zwischen Streng- und Freibeweis besteht nicht nur bei § 293 ZPO, sondern auch in der freiwilligen Gerichtsbarkeit, §§ 12, 15 FGG. Danach hat das Gericht ebenfalls die Wahl zwischen Freibeweis und Stengbeweis, und gleichermaßen wird angenommen, daß es an die Vorschriften des Beweisrechts gebunden ist, wenn es sich für den Strengbeweis entscheidet[94]. Sofern der Nachweis mit Mitteln des förmlichen Beweisverfahrens geführt wird, sind daher die besonderen Vorschriften über die Beweisaufnahme zu beachten. Im folgenden werden die einzelnen Erkenntnisquellen näher betrachtet. Dabei wird auch zu klären sein, inwieweit diese im Hinblick auf die Abgrenzung zwischen einer förmlichen und formlosen Behandlung den dargelegten Ansätzen standhalten.

II. Die einzelnen Erkenntnisquellen und ihre prozessuale Behandlung

1. Das Europäische Rechtsauskunftsübereinkommen

Im Mittelpunkt des Interesses steht das Europäische Rechtsauskunftsübereinkommen, welches mangels prozeßrechtlicher Entsprechung als ein Erkenntnismittel im Sinne des formlosen Verfahrens angesehen wird. Ein Ersuchen im Rahmen des Europäischen Rechtsauskunftsübereinkommens ergeht jedoch deswegen nicht in formloser Weise. Es untersteht, wie sich zeigen wird, vielmehr eigenen Formvorschriften, die sowohl durch das Abkommen selbst als auch durch die Rechtshilfeordnung in Zivilsachen (ZRHO) unmittelbar geregelt sind. Voranzustellen ist deshalb das Verhältnis und das Zusammenspiel des Übereinkommens mit der Rechtshilfeordnung. Diese von den Justizministern des Bundes und der Länder gleichlautend erlassene Verwaltungsvorschrift gibt den deutschen Justizbehörden Richtlinien vor, wie bei ein- und ausgehenden Rechtshilfeersuchen zu verfahren ist. Da die ZRHO selbst keine unmittelbar geltende Rechtsnorm ist, kann sie Rechtswirkungen nur insofern entfalten, als sie sich in dem gesetzlich vorgegebenen Rahmen hält, der jeweils durch die Staatsverträge sowie die Zustimmungs- und Ausführungsgesetze bestimmt wird[95].

---

[94] *Arens*, FS Zajtay, S. 7, 11.
[95] Vgl. *Schack*, IZVR, Rn. 177.

II. Die einzelnen Erkenntnisquellen und ihre prozessuale Behandlung 137

a) Entstehungsgeschichte und Motive

Bereits vor dem Europäischen Rechtsauskunftsübereinkommen gab es neben Bestrebungen, Auskünfte über den Rechtszustand in den einzelnen Staaten durch internationale Einrichtungen zu erleichtern, Empfehlungen zur Schaffung einer völkervertraglichen Verpflichtung, auf Verlangen Auskunft zu erteilen[96]. Diese wurden auf der dritten Haager Konferenz über Internationales Privatrecht jedoch ergebnislos erörtert[97]. In der Literatur wurden im Anschluß daran Vorschläge aufgegriffen, aufgrund eines Staatsvertrages in jedem Land eine Gruppe von Sachverständigen bereitzustellen, die ausländischen Gerichten Rechtsauskünfte erteilen[98]. Die Studienkommission der Internationalen Richtervereinigung verabschiedete 1966 parallel zum Entstehungszeitraum des Europäischen Rechtsauskunftsübereinkommens eine Resolution, um eine internationale richterliche Zusammenarbeit zu organisieren, die es den Gerichtshöfen und Gerichten erlaube, Gerichtsgutachten aus dem Staat anzufordern, dessen Recht angewendet werden soll[99]. Dagegen sind sogleich Bedenken geäußert worden, die darin eine Verlagerung der Entscheidung des Rechtsstreits an ausländische Gerichte befürchteten[100].

Das Europäische Rechtsauskunftsübereinkommen gründet sich schließlich auf einen italienischen Vorschlag, welcher 1963 veröffentlicht wurde und mit dem Titel einer europäischen Konvention über den Beweis ausländischen Rechts überschrieben war[101]. Der Entwurf ist in einer Kommission der italienischen Landesgruppe der Haager Akademie für Internationales Privatrecht[102] beraten und dem Europarat eingereicht worden[103].

---

[96] *Bosshard*, Aufgabe des Richters bei der Anwendung ausländischen Rechts (1929), S. 119 f. m.w.N.; *Riezler*, Fremdenrecht (1949), S. 495 FN. 9; *Koehler*, JR 1951, S. 549, 550 f.

[97] Actes de la troisième Conférence de la Haye pour le Droit International Privé, 1900, S. 60, 190 f., 246; vgl. *Riezler*, Fremdenrecht (1949), S. 496; *Bosshard*, S. 126; *d'Oliveira*, NJB 1979, S. 637, 638.

[98] Vgl. *Kegel*, FS Nipperdey (1965), S. 453, 464.

[99] 5.Arbeitstagung (22.-24.9.1966, Salzburg), abgedruckt in DRiZ 1968, S. 278, 279 III., mit Anm. *Firsching*.

[100] *Müller*, RabelsZ 32 (1968), S. 156, 157; Denkschrift von *Arndt, Ferid, Kegel, Lauterbach, Neuhaus, Zweigert* in RabelsZ 35 (1971), S. 323, 324.

[101] *Edoardo Vitta*, Per una convenzione europea sulle prova del diritto straniero, Riv.dir.int. 17 (1963) I, S. 408 f.

[102] Association des Auditeurs et Anciens Auditeurs de l'Académie de Droit International de La Haye; *d'Oliveira*, NJB 1979, S. 637.

[103] *Kegel* in FS Nipperdey 1965, S. 453, 465 f.; *ders.*, Kolloquium MPI, S. 157, 172; *Keller/Siehr*, Allg.Lehren IPR § 38 I 3.c), S. 499 FN. 21.

In einer Entschließung empfahl die III. Konferenz der Europäischen Justizminister in Dublin 1964 eine Prüfung der Möglichkeit, ein Abkommen über die Erteilung von Rechtsauskünften auszuarbeiten. Die Aufgabe wurde zunächst dem Europäischen Ausschuß für rechtliche Zusammenarbeit beim Europarat übertragen. Dieser beschloß, dem Ministerkomitee die Bildung eines Sachverständigenausschusses zu empfehlen[104]. Die vom Ministerkomitee auf Vorschlag gebildete Sachverständigengruppe erhielt den Auftrag für die Ausarbeitung eines Übereinkommens und hatte dabei besonders zu berücksichtigen, daß die Gerichte der Mitgliedstaaten schnell und präzise über die ausländische Rechtslage zu unterrichten seien[105]. Bewußt wurde die Frage ausgeklammert, ob ausländisches Recht nach den jeweiligen Verfahrensordnungen als Recht oder Tatsache bewertet wird[106], um jeden Eingriff in die nationalen Prozeßrechte zu vermeiden[107].

Das am 7. Juni 1968 in London auch von der Bundesrepublik Deutschland gezeichnete Übereinkommen betreffend Auskünfte über ausländisches Recht ist am 17. Dezember 1969 zwischen dem Vereinigten Königreich, Malta und Zypern in Kraft getreten. Nach der Zustimmung durch den Bundestag und Bundesrat[108] hat die Bundesrepublik das Übereinkommen am 18. Dezember 1974 ratifiziert, so daß es am 19. März 1975 für sie in Kraft getreten ist[109]. Das Übereinkommen gilt nahezu in allen Mitgliedstaaten des Europarates. Doch auch darüber hinaus hat man von der Möglichkeit, den Geltungsbereich des Übereinkommens zu erweitern und auch Nichtmitgliedern des Europarates den Beitritt nach Art. 18 EuRAÜ zu eröffnen, regen Gebrauch gemacht. Durch eine intensive Osterweiterung im Rahmen der allgemeinen europäischen Annäherung nach der Öffnung des Ostblocks stieg die Anzahl der Vertragsstaaten auf 28 an[110]. Es ist damit hinsichtlich der Zahl der Vertragsstaaten eines der erfolgreichsten Übereinkommen des Europarates[111]. Nach seiner Idee und

---

[104] Erläuternder Bericht des Europarates in BT-Drucks. VII. Nr. 992, in *Wieczorek/Schütze* 5.Bd. C V 2.

[105] Erläuternder Bericht des Europarates in BT-Drucks. VII. Nr. 992, in *Wieczorek/Schütze* 5.Bd. C V 2.

[106] Erläuternder Bericht des Europarates in BT-Drucks. VII. Nr. 992, in *Wieczorek/Schütze* 5.Bd. C V 2.

[107] Deutsche Denkschrift II. Nr. 4 in BT-Drucks. VII. Nr. 992, in *Wieczorek/Schütze* 5.Bd. C V 2.

[108] BGBl. 1974 I S. 1433.

[109] BGBl. 1975 II S. 300, vgl. Art. 17 Abs. 3 EuRAÜ.

[110] BGBl. 1994 II S. 1260 (Ukraine), IPRax 1994, 482; BGBl. 1993 II S. 791 (Polen), IPRax 1993, 277; BGBl. 1992 II S. 413 (Rumänien), IPRax 1992, 341; BGBl. 1991 II S. 647 (Finnland/Bulgarien/Sowjetunion).

[111] *Bülow/Böckstiegel/Geimer/Schütze - Pirrung* Bd. I A I, S. 380-2; Otto, Jhb.f. ital.R. 1991, S. 139,143.

II. Die einzelnen Erkenntnisquellen und ihre prozessuale Behandlung 139

Zielsetzung wird das Übereinkommen zu den wichtigsten Staatsverträgen auf dem Gebiet der auslandsbezogenen Zivilrechtspflege gezählt[112]. Im Vordergrund stand das Interesse der Mitgliedstaaten des Europarates, nicht nur Auskünfte über ausländisches Recht zu erhalten, das die eigenen Gerichte anwenden sollen, sondern auch die ausländischen Gerichte unparteiisch und schnell über das eigene Recht zu unterrichten, damit in dem Verfahren vor dem ausländischen Gericht das maßgebliche eigene Recht richtig angewendet werden kann[113]. Die Vertragsstaaten bekennen sich damit zugleich dazu, daß ihre Gerichte ausländisches Recht anwenden und sich nicht auf die lex fori zurückziehen sollen[114].

Das Europäische Rechtsauskunftsübereinkommen wurde durch ein Zusatzprotokoll vom 15. März 1978 in seinem Anwendungsbereich auf das Gebiet der Strafsachen erweitert. Darüber hinaus sieht Kapitel II für Zivilsachen eine Ausdehnung auf Ersuchen vor, die im Rahmen der Prozeßkosten- oder Beratungshilfe bereits zur Vorbereitung von Verfahren gestellt werden können. Die Bundesrepublik trat dem Zusatzprotokoll mit Wirkung zum 24. Oktober 1987 bei[115], erklärte jedoch nach Maßgabe des Art. 5 Abs. 1 des Protokolls i.V.m. Art. 1 des Vertragsgesetzes, daß Kapitel II für sie nicht verbindlich wird[116]. Eine entsprechende Erweiterung auf Ersuchen vor Verfahrenseinleitung hätte neben Abgrenzungsschwierigkeiten zu einer möglichen Ungleichbehandlung zwischen den Parteien geführt und den Anwendungsbereich des Übereinkommens entscheidend verändert. Von Ersuchen im Interesse nur einer Partei konnte zudem von vornherein keine objektive Sachverhaltsdarstellung erwartet werden[117]. Für deutsche Rechtsauskünfte in Zivilsachen trat infolge der Gegenseitigkeitsklausel nach Art. 5 Abs. 4 des Zusatzprotokolls keine Änderung der Rechtslage ein.

Daneben orientiert sich ein bilateraler Staatsvertrag auf dem Gebiet der Rechtshilfe zwischen der Bundesrepublik und dem Königreich Marokko, der am 23. Juni 1994 in Kraft getreten ist und auch den Austausch von Rechtsaus-

---

[112] *v.Bar*, IPR Bd.I, Rn. 343, S. 298; *Otto*, Jhb.f.ital.R. 1991, S. 139,143.
[113] Deutsche Denkschrift I. in BT-Drucks. VII. Nr. 992, in *Wieczorek/Schütze* 5.Bd. C V 2; *Perl*, Int.J.L.L. Vol.8 (1980), S. 145, 153.
[114] *Kegel*, FS Nipperdey 1965, S. 453, 470; *Wolf*, NJW 1975, S. 1583 FN. 10; *d'Oliveira*, NJB 1979, S. 637, 647 f.
[115] BGBl. 1987 II S. 593.
[116] BGBl. 1987 II S. 58; ebenso England, Malta, Niederlande, (Slowakai), Zypern und Schweiz, dazu *Volken*, Rechtshilfe, Kap. 4 Rn. 72.
[117] Denkschrift BT-Drucks. 10/3434, S. 11 f.; *Bülow/Böckstiegel/Geimer/Schütze - Pirrung* Bd. I A I, S. 380-8; *Geimer*, NJW 1987, S. 2131, 2132.

künften vorsieht[118], in Titel II weitestgehend am Wortlaut des Europäischen Rechtsauskunftsübereinkommens.

b) Der Mechanismus des Übereinkommens

Das Europäische Rechtsauskunftsübereinkommen verpflichtet die Vertragsstaaten, sich aufgrund gerichtlicher Auskunftsersuchen für anhängige Verfahren Auskünfte über ihr Zivil- und Handelsrecht sowie ihr Zivilverfahrensrecht und ihre Gerichtsverfassung grundsätzlich unentgeltlich zu erteilen, Artt.1, 3 und 15 EuRAÜ. Der Begriff des Zivil- und Handelsrechts, der den klassischen Rechtshilfeabkommen entnommen ist, wird regelmäßig nach dem Recht des ersuchten Staates zu beurteilen sein, wobei eine großzügige Öffnung des Anwendungsbereichs zu erfolgen hat, wie zugleich in Art. 4 Abs. 3 EuRAÜ deutlich wird, nach dem Auskünfte auch in anderen Gebieten möglich sind, sofern ein Zusammenhang mit einer zivilrechtlichen Hauptfrage vorliegt[119]. Art. 1 Abs. 1 EuRAÜ umfaßt mangels gegenteiliger Bestimmung auch früher geltendes Recht sowie das Kollisionsrecht, einschließlich der Frage, ob das IPR des ersuchten Staates auf das Recht eines anderen Staates weiter- oder auf das des ersuchenden Staates zurückverweist[120]. Da das Verfahren allgemein der lex fori unterliegt, wird dem ausländischen Zivilverfahrensrecht Bedeutung lediglich im Bereich der Anerkennung zugemessen[121].

aa) Aufgabe der staatlichen Verbindungsstellen

Während bilaterale Vereinbarungen zur Erteilung von Rechtsauskünften nur die völkerrechtliche Verpflichtung zur Rechtsauskunft festlegen[122], sieht das Übereinkommen in Art. 2 EuRAÜ die Einrichtung von staatlichen Verbindungsstellen vor, die die Abwicklung von Auskunftsersuchen erleichtern und gewährleisten sollen. Damit jedes Ersuchen nach dem Übereinkommen ohne weitere Prüfung im ersuchten Staat an eine einzige Stelle gerichtet wer-

---

[118] BGBl.1994 II S. 1192; BGBl.1988 II S. 1054, 1057; *Soergel-Kegel* Vor Art. 3 EGBGB Rn. 211; *ders.*, IPR § 15 III., S. 368.

[119] *Bülow/Böckstiegel/Geimer/Schütze - Pirrung* Bd. I A I, S. 381-2, Anm. 2, 19; *Perl*, Int.J.L.L. Vol.8 (1980), S. 145, 146; *Duden*, S. 143, 144 f.; *Volken*, Rechtshilfe, Kap. 4 Rn. 52.

[120] Erläuternder Bericht des Europarates in BT-Drucks. VII. Nr. 992, Nr. 9, in *Wieczorek/Schütze* 5.Bd. C V 2. *Bülow/Böckstiegel/Geimer/Schütze - Pirrung* Bd. I A I, S. 381-2, Anm. 2; *Stein/Jonas-Leipold* § 293 ZPO Rn. 76.

[121] *Bülow/Böckstiegel/Geimer/Schütze - Pirrung* Bd. I A I, S. 381-2 , Anm. 3.

[122] *Wolf*, NJW 1975, S. 1583, 1584; *Volken*, Rechtshilfe, Kap. 4 Rn. 40 f.; vgl. BGBl. 1988 II S. 1054, 1057.

den kann[123], sind die Vertragsstaaten zur Errichtung einer zentralen Empfangsstelle gem. Art. 2 Abs. 1 EuRAÜ verpflichtet.

Die Einrichtung und Bestimmung einer nationalen Zentralstelle ist dem Mechanismus in dem Bereich des internationalen Rechtshilfeverkehrs nicht fremd[124]. So enthält das New Yorker UN-Übereinkommen über die Geltendmachung von Unterhaltsansprüchen im Ausland, in Art. 2 Abs. 2 und 3[125], neben dem Haager Abkommen zur Erleichterung des internationalen Zugangs zu den Gerichten, die Pflicht zur Bestimmung sowohl einer Empfangsstelle als auch einer Übermittlungsstelle, während nach dem Haager Zustellungs- sowie dem Beweisübereinkommen jeweils zentrale nationale Empfangsstellen zu bestimmen sind. Daneben sieht das Luxemburger Sorgerechtsabkommen die Bestimmung einer zentralen Behörde in Art. 2 vor, die auf Ersuchen auch Auskünfte über das Sorgerecht ihres Staates und seine Entwicklung erteilt[126]. Diese Regelung wurde gleichfalls von dem weiterreichenden Haager Übereinkommen über die zivilrechtlichen Aspekte internationaler Kindesentführung in den Artt. 6, 7 Abs. 2 e) aufgegriffen[127]. Die Auskunftspflichten stehen jeweils in engem Zusammenhang mit dem im betreffenden Übereinkommen geregelten Gegenstand gegenseitiger Rechtshilfe[128].

Die Entscheidung der Bestimmung einer zentralen Empfangsstelle, die die ausländischen Auskunftsersuchen entgegennimmt, entspricht daher der geläufigen Praxis zur Gewährleistung der regelmäßigen Bearbeitung eingehender Ersuchen. Der konzentrierte Eingang bleibt bei einer zuständigen Zentralstelle kontrollierbar und auch der unverzügliche Ablauf der Bearbeitung kann im Falle der Verzögerung ohne Umwege in der Form der Erinnerung angemahnt werden[129]. Die dadurch erreichte Konzentration der eingehenden Ersuchen führt diesbezüglich zu einem hohen Maße an Transparenz[130].

---

[123] *Bülow/Böckstiegel/Geimer/Schütze - Pirrung* Bd. I A I, S. 381- 3, Anm. 6; *Duden*, S. 143, 145.

[124] *Volken*, Rechtshilfe, Kap. 4 Rn. 56; *Kegel*, IPR § 20 X 4.b) aa), S. 704.

[125] Zur Erteilung von Rechtsauskünften vgl. *Otto*, Jhb.f.ital.R., Bd.8 (1995), S. 229, 230.

[126] BGBl. 1990 II, S. 206, 220; Art. 3 Abs. 2 b) des Übereinkommens dazu *Kegel*, IPR § 20 X 4.b) aa), S. 704.

[127] BGBl. 1990 II, S. 207; *Volken*, Rechtshilfe, Kap. 4 Rn. 26, 46; *Bülow/Böckstiegel/Geimer/Schütze - Pirrung* Bd. I A I, S. 380- 3.

[128] *Volken*, Rechtshilfe, Kap. 4 Rn. 46 m.w.N.

[129] Vgl. *Otto*, Jhb.f.ital.R., Bd.8 (1995), S. 229, 230; *Volken*, Rechtshilfe, Kap. 4 Rn. 59.

[130] *Volken*, Rechtshilfe, Kap. 4 Rn. 56; *Krause*, S. 52.

Der entgegennehmenden Empfangsstelle ist es nach Art. 6 EuRAÜ freigestellt, das eingehende Ersuchen selbst zu beantworten oder zur Beantwortung an eine andere öffentliche Stelle weiterzuleiten. Die Weiterleitung des Ersuchens an eine private Stelle, bei der gegebenenfalls Kosten anfallen, ist hingegen als Ausnahme zu verstehen, da anderenfalls unter der Berücksichtigung der allgemeinen Unentgeltlichkeit (Art. 15 EuRAÜ) ein Ungleichgewicht in bezug auf die finanziellen Folgen entstehen könnte, die sich aus der Anwendung des Übereinkommens ergeben[131].

Die Errichtung von nationalen Übermittlungsstellen, welche die von inländischen Gerichten ausgehenden Auskunftsersuchen entgegenzunehmen und der zuständigen ausländischen Empfangsstelle zu übermitteln haben, ist in Art. 2 Abs. 2 EuRAÜ vorgesehen. Sie sind zwar nicht zwingend durch das Übereinkommen vorgeschrieben, da auch die Gerichte, wie Art. 5 EuRAÜ erkennen läßt, Auskunftsersuchen unmittelbar an die zuständige Empfangsstelle des ausländischen Vertragsstaates richten könnten[132]. Dennoch haben sie sich als Einrichtung bei den Vertragsstaaten bis auf Luxemburg überwiegend durchgesetzt. Man erwartete von der Errichtung der Übermittlungsstellen eine Beschleunigung der Ersuchen[133]. Dementsprechend nimmt nach § 9 Abs. 2 Satz 1 AuRAG für die Ersuchen, die von Bundesgerichten ausgehen, der Bundesminister der Justiz die Aufgaben einer Übermittlungsstelle wahr, während in den einzelnen Bundesländern die von den Landesregierungen nach § 9 Abs. 2 Satz 2 AuRAG bestimmten Stellen, regelmäßig die Landesjustizministerien[134], die Ersuchen der Gerichte der Länder den ausländischen Empfangsstellen übermitteln. Gleichzeitig überprüft die zuständige Justizverwaltung als Übermittlungs- und Prüfungsstelle die Zulässigkeit eines Auskunftsersuchens im Rahmen des § 48 Abs. 1 ZRHO und kann darüber hinaus die zweckmäßige Abfassung des einzelnen Ersuchens sicherstellen[135]. Die Trennung zwischen den Auskunftsersuchen der Bundes- und Landesgerichte sowie die daraus resultierende Unterscheidung der Übermittlungsstellen entsprechend dem Zuständigkeitsbereich sind schließlich Ausfluß der föderalen Struktur der Bundesrepublik[136].

---

[131] Erläuternder Bericht des Europarates in BT-Drucks. VII. Nr. 992, Nr. 28, S. 15.

[132] *Bülow/Böckstiegel/Geimer/Schütze - Pirrung* Bd. I A I, S. 381- 4, Anm. 7; *Volken*, Rechtshilfe, Kap. 4 Rn. 57; *Perl*, Int.J.L.L. Vol.8 (1980), S. 145.

[133] *Duden*, S. 143, 145.

[134] Vgl. Fundstellenverzeichnis bei *Bülow/Böckstiegel/Geimer/Schütze - Pirrung* Bd. I A I, S. 382- 3, Anm. 7.

[135] *Bülow/Böckstiegel/Geimer/Schütze - Pirrung* Bd. I A I, S. 381-4, Anm. 7.

[136] *Perl*, Int.J.L.L. Vol.8 (1980), S. 145, 152.

II. Die einzelnen Erkenntnisquellen und ihre prozessuale Behandlung 143

bb) Anforderungen an ein Auskunftsersuchen

Das Auskunftsersuchen muß gem. Art. 3 Abs. 1 EuRAÜ von einer gerichtlichen Behörde ausgehen, es muß aber nicht unbedingt von einem Gericht abgefaßt sein, sondern bedarf in diesem Fall einer gerichtlichen Genehmigung nach Art. 4 Abs. 4 EuRAÜ. Der Gerichtsbegriff ist nicht näher definiert und, wie Art. 3 Abs. 2 EuRAÜ erkennen läßt, grundsätzlich weit zu fassen. In den gleichberechtigten Originalsprachen ist insoweit von „d'une autorité judiciare" und „a judical authority" die Rede[137]. Maßgebend soll das Recht des ersuchenden Staates sein[138]. Zwar ist eine unmittelbare Einholung von Rechtsauskünften in schiedsgerichtlichen Verfahren nicht möglich, das Schiedsgericht kann sich jedoch nach § 1036 ZPO an das zuständige staatliche Gericht wenden, um eine Rechtsauskunft über das Übereinkommen zu beziehen[139].

Ein Ersuchen darf nur für ein bereits anhängiges Verfahren gestellt werden, Art. 3 Abs. 1 EuRAÜ. Die Erweiterung des Anwendungsbereichs auf Fälle, in denen die Einleitung eines Verfahrens lediglich in Aussicht steht, erfuhr von deutscher Seite keine Bestätigung. Dadurch sind Anfragen ausgeschlossen, die nur aus einem allgemeinen Informationsbedürfnis erwachsen[140]. Das Gericht kann, wie die Formulierungen „émaner" bzw. „emanate" in Art. 3 Abs. 1 EuRAÜ erkennen lassen, die Abfassung eines Ersuchens aber auch ganz den Parteien oder Beteiligten überlassen, vgl. § 364 Abs. 1 ZPO, § 36 ZRHO[141].

Art. 4 EuRAÜ beschreibt den erforderlichen Inhalt eines Auskunftsersuchens. Neben Bezeichnungen, die der Erleichterung der Prüfung dienen, ob das Ersuchen in den Anwendungsbereich des Übereinkommens fällt, ist die genaue Fragestellung, hinsichtlich welcher rechtlichen Punkte eine Auskunft

---

[137] *Bülow/Böckstiegel/Geimer/Schütze - Pirrung* Bd. I A I, S. 381- 19; *Duden*, S. 143, 146.

[138] Erläuternder Bericht des Europarates in BT-Drucks. VII. Nr. 992, Nr. 18.

[139] Erläuternder Bericht des Europarates in BT-Drucks. VII. Nr. 992, Nr. 20; Begründung zu dem Ausführungsgesetz in BT-Drucks. VII Nr. 993, zu § 1, *Wieczorek/Schütze* 5.Bd. C V 4; *Bülow/Böckstiegel/Geimer/Schütze - Pirrung* Bd. I A I, S. 381-5, Anm. 9; vgl. *Volken*, Rechtshilfe, Kap. 4 Rn. 55; *Perl*, Int.J.L.L. Vol.8 (1980), S. 145 u. 147; *Vlas*, Verdragen, Anm. 1 zu Art. 3, S. 560; a.A.: *Schütze* DIZPR, S. 238, ohne nähere Begründung.

[140] *Duden*, S. 143, 147; *Volken*, Rechtshilfe, Kap. 4 Rn. 55.

[141] Begründung zu dem Ausführungsgesetz in BT-Drucks. VII Nr. 993, zu § 1, *Wieczorek/Schütze* 5.Bd. C V 4; *Stein/Jonas-Leipold* § 293 ZPO Rn. 76; *Perl*, Int.J.L.L. Vol.8 (1980), S. 145, 147; nach *Wolf*, NJW 1975, S. 1583, 1584 jedoch kaum praktikabel.

begehrt wird, für den Erfolg eines Ersuchens maßgebend[142]. Da die gezielte Fragestellung schon eine gewisse Einsicht in die Struktur des ausländischen Rechts voraussetzt, die das Gericht in der Regel nicht besitzt, kommt der sorgfältigen Darstellung des Sachverhalts als Ergänzung eine große Bedeutung zu, wie an der Hervorhebung in Art. 4 Abs. 2 EuRAÜ zu erkennen ist. Die ausländische Stelle, die das Ersuchen beantwortet, kann erst nach Kenntnis des vollständigen Sachverhalts, auf den das Recht angewendet werden soll, in der Antwort auch auf entscheidende Umstände hinweisen, nach denen das ersuchende Gericht mangels Einblick nicht ausdrücklich hatte fragen können[143]. Im Gegensatz zur üblichen gerichtlichen Praxis bei der Einholung von Sachverständigengutachten ist dazu die Versendung der Gerichtsakten nicht vorgesehen[144], sie stünde auch der allgemeinen Zurückhaltung der ZRHO bei grenzüberschreitender Aktenversendung entgegen. Zwar können nach Art. 4 Abs. 2 2.HS des Übereinkommens einzelne Abschriften das Ersuchen begleiten, an ganze Aktenvorgänge ist jedoch nicht gedacht, da es der ersuchten Stelle diesbezüglich auch nicht zuzumuten sein wird, sich das Erhebliche selbst herauszusuchen[145]. Eine zu allgemeine Fragestellung ist nach Möglichkeit zu vermeiden, so daß ein Auskunftsersuchen, welches nur global nach dem Recht des ersuchten Staates für den mitgeteilten Sachverhalt fragt, auch als unzulässig angesehen werden müßte[146].

Nicht ausgeschlossen ist hingegen die Möglichkeit, die Fragestellung von vornherein flexibel zu gestalten, indem Eventualfragen zu stellen sind, die jeweils vom Ergebnis der Antwort zu vorrangigen Fragen abhängen. Diese werden auch bei der Antworterteilung durch die ersuchte Stelle regelmäßig Beachtung finden und sie zu einer Stellungnahme veranlassen, da mit dieser Frageform die Möglichkeit korrespondiert, der Antwort nach Art. 7 Satz 4 EuRAÜ erläuternde Bemerkungen beizufügen[147]. Als Ausgleich einer undeutlichen Fragestellung oder der unvollständigen Sachverhaltsdarstellung dient Art. 13 EuRAÜ. Danach kann ihrerseits die ersuchte Stelle ergänzende Angaben in

---

[142] *Bülow/Böckstiegel/Geimer/Schütze - Pirrung* Bd. I A I, S. 381- 6, Anm. 14 f.; *Volken*, Rechtshilfe, Kap. 4 Rn. 49.

[143] *Wolf*, NJW 1975, S. 1583, 1584; *Schütze*, DIZPR, S. 239; *Kropholler*, IPR § 59 III 2.b), S. 528; *d'Oliveira*, NJB 1979, S. 637, 641.

[144] Vgl. *Zweigert*, RabelsZ 37 (1973), S. 435, 449.

[145] *Kegel*, FS Nipperdey 1965, S. 453, 469; *Bülow/Böckstiegel/Geimer/Schütze - Pirrung* Bd. I A I, S. 381-7, Anm. 18.

[146] Erläuternder Bericht des Europarates in BT-Drucks. VII. Nr. 992 Nr. 22, *Wieczorek/Schütze* 5.Bd. C V 2; *Bülow/Böckstiegel/Geimer/Schütze - Pirrung* Bd. I A I, S. 381-7, Anm. 15; *Vlas*, Verdragen, Anm. 1 zu Art. 4, S. 561.

[147] *Bülow/Böckstiegel/Geimer/Schütze - Pirrung* Bd. I A I, S. 381-7, Anm. 15; *d'Oliveira*, NJB 1979, S. 637, 641.

II. Die einzelnen Erkenntnisquellen und ihre prozessuale Behandlung 145

der Form einer Rückfrage verlangen, welche ebenfalls im Wege der Einrichtungen des Übereinkommens übermittelt wird[148].

Die Antwort soll das ersuchende Gericht in objektiver und unparteiischer Weise über die Rechtslage im ersuchten Staat unterrichten, Art. 7 EuRAÜ. Sie hat nach Satz 2 des Art. 7 EuRAÜ, je nach den Umständen des Falles, aus der Mitteilung einschlägiger Gesetze oder Entscheidungen zu bestehen. Damit trägt das Übereinkommen der Notwendigkeit Rechnung, daß das ausländische Recht als Ganzes zu ermitteln ist, wie es sich in Rechtsprechung und Rechtslehre entwickelt hat und in der Praxis Anwendung findet. Darüber hinaus kann die Antwort durch Auszüge aus dem Schrifttum und Gesetzesmaterialien begleitet werden. Ebenso können ihr erläuternde Bemerkungen beigefügt werden, so z.B. Kommentierungen eines für das ausländische Gericht aus sich heraus nicht ohne weiteres verständlichen Gesetzestextes[149]. Desweiteren wird deutlich, daß das Übereinkommen nicht die Erstellung fallbezogener Gutachten, sondern lediglich die Klärung abstrakter Rechtsfragen zum Gegenstand hat, so daß der inländische Richter zu einer selbständigen Verarbeitung und Beurteilung gezwungen wird[150]. Dem Anschein einer authentischen Interpretation ausländischen Rechts wird dadurch begegnet, daß die erteilte Auskunft das Gericht nicht bindet, Art. 9 EuRAÜ[151]. Dies ergibt sich bereits aus § 293 ZPO, der die erteilten Auskünfte der selbständigen Würdigung des Gerichts unterstellt[152]. Soweit aber Gesetzestexte mitgeteilt werden, wird man deren Authentizität in der Regel jedoch nicht bezweifeln können[153].

Das Auskunftsersuchen und die ergänzenden Anlagen sind in einer der Amtssprachen des ersuchten Staates abzufassen oder müssen zumindest von einer Übersetzung begleitet werden, Art. 14 Abs. 1 EuRAÜ. Die letztgenannte Form eröffnet bei offensichtlichen Übersetzungsmängeln für die ersuchte Stelle eine Kontrollmöglichkeit, Rückgriff auf das Original des Ersuchens zu nehmen. Eine Verpflichtung dazu läßt sich aus dem Übereinkommen jedoch

---

[148] *Wolf*, NJW 1975, S. 1583, 1585; Erläuternder Bericht des Europarates in BT-Drucks. VII. Nr. 992, Nr. 42/43; *Bülow/Böckstiegel/Geimer/Schütze - Pirrung* Bd. I A I, S. 381-7, Anm. 17; vgl. *Volken*, Rechtshilfe, Kap. 4 Rn. 58 FN 82; *Duden*, S. 143, 148.

[149] *Bülow/Böckstiegel/Geimer/Schütze - Pirrung* Bd. I A I, S. 381-11, Anm. 28.

[150] Erläuternder Bericht des Europarates in BT-Drucks. VII. Nr. 992, Nr. 30; *Volken*, Rechtshilfe, Kap. 4 Rn. 60; *Otto*, FS Firsching, S. 209, 221; *Duden*, S. 143, 148; *Stein/Jonas-Leipold* § 293 ZPO Rn. 74; MünchKomm-*Prütting* § 293 ZPO Rn. 42.

[151] *Wolf*, NJW 1975, S. 1583, 1586.

[152] *Stein/Jonas-Leipold* § 293 ZPO Rn. 57; MünchKomm-*Prütting* § 293 ZPO Rn. 43; *Schütze*, DIZPR, S. 239.

[153] *Bülow/Böckstiegel/Geimer/Schütze - Pirrung* Bd. I A I, S. 381-11, Anm. 29; *d'Oliveira*, NJB 1979, S. 637, 642 f.

nicht ableiten. Die Rechtsauskunft erfolgt ebenfalls in der Sprache des ersuchten Staates, wobei hervorzuheben ist, daß einige ausländische Stellen dem ersuchenden Gericht sprachlich entgegenkommen, ohne daß nähere Vereinbarungen nach Art. 14 Abs. 2 EuRAÜ bestehen[154]. So sind die Auskünfte des türkischen Justizministeriums größtenteils in deutscher Sprache abgefaßt, ebenso wie einige Auskünfte aus Griechenland, unter denen sich auch Antworten in französischer Sprache befinden; ursächlich dafür ist, daß das Institut für Internationales und Ausländisches Recht in Athen als Empfangsstelle mit der Beantwortung eingehender Ersuchen betraut ist[155]. Auch im Hinblick auf die Niederlande und Schweden ist eine entgegenkommende Verwendung der deutschen Sprache bei der Beantwortung zu verzeichnen.

cc) Die anfallenden Kosten

Die gegenseitige Erteilung von Auskünften wird grundsätzlich kostenfrei abgewickelt. Zwar können gemäß der Art. 15 Abs. 1 und Art. 6 Abs. 3 EuRAÜ nach Rücksprache die anfallenden Kosten bei Beantwortung durch eine privaten Stelle von dem auskunftsersuchenden Staat verlangt werden[156]. Derartige Kosten sind nach Bestätigungen der Justizministerien in jüngerer Zeit jedoch weder für ausgehende Ersuchen deutscher Gerichte veranschlagt worden[157], noch für eingehende Ersuchen angefallen, die im allgemeinen direkt von der Empfangsstelle, dem Bundesministerium der Justiz, § 9 Abs. 1 AuRAG, gegebenenfalls unter Beteiligung anderer Ministerien beantwortet werden.

Dennoch muß zu bedenken gegeben werden, daß sich das Verfahren der Ermittlung ausländischen Rechts im Zuge des Europäischen Rechtsauskunftsübereinkommens nicht gänzlich kostenfrei gestalten läßt[158]. Denn nicht zu vernachlässigen sind die Kosten, die im Hinblick auf die erforderliche Übersetzung des Auskunftsersuchens und seiner etwaigen Anlagen sowie der

---

[154] In diesem Zusammenhang sei den Landesjustizministerien für ihre Informationen herzlichst gedankt; *Volken*, Rechtshilfe, Kap. 4 Rn. 63, 68.

[155] *Bülow/Böckstiegel/Geimer/Schütze - Pirrung* Bd. I A I, S. 384-2; *Volken*, Rechtshilfe, Kap. 4 Rn. 59 u. 56 FN. 80; *Otto*, FS Firsching, S. 209, 223 f.; *Duden*, S. 143, 149; *Perl*, Int.J.L.L. Vol.8 (1980), S. 145, 151; *d'Oliveira*, NJB 1979, S. 637, 643.

[156] Erläuternder Bericht des Europarates in BT-Drucks. VII Nr. 992, Nr. 29, 40, 47 f., *Wieczorek/Schütze* Bd.5, C V 2.

[157] *Otto*, FS Firsching, S. 209, 223, erwähnt eine kostenpflichtige Auskunft von 1977 aus dem Vereinigten Königreich.

[158] Entgegen *Wollny*, DRiZ 1984, S. 479; *Krause*, S. 58.

II. Die einzelnen Erkenntnisquellen und ihre prozessuale Behandlung 147

entsprechenden Antwort entstehen[159]. Demzufolge verlagert sich der Kostenanfall auf eine andere Ebene. Anstelle der sonst in der Regel entstehenden Kosten für einen inländischen Gutachter müssen nicht unerhebliche Kosten für die nunmehr notwendigen Übersetzungen der Schriftwechsel aufgewendet werden[160]. Daneben entsteht eine sogenannte Prüfgebühr, die für die verwaltungsmäßige Prüfung eines Ersuchens durch die inländische Prüfstelle, § 9 ZRHO, in der Gestalt der Übermittlungsstelle erhoben wird[161]. Grundlage zur Veranschlagung einer derartigen Gebühr bilden § 50 Abs. 1, Abs. 2 ZRHO und die Nr. 3 a) des Gebührenverzeichnisses zur JVKostO in Verbindung mit dem jeweiligen Justizverwaltungskostengesetz des Landes[162]. Die Ermittlung ausländischen Rechts im Zuge des Europäischen Rechtsauskunftsübereinkommens kann daher, selbst für die Fälle, in denen keine Übersetzung erforderlich ist, nicht als grundsätzlich kostenfrei dargestellt werden. Das Übereinkommen enthält diesbezüglich vielmehr nur die völkerrechtliche Verpflichtung, Rechtsauskünfte, soweit die ersuchte oder eine weitere damit befaßte staatliche Stelle die Beantwortung vornimmt, unentgeltlich zu erteilen[163].

Darüber hinaus wird man bei einer Gesamtbetrachtung in der gegenseitigen vertraglichen Verpflichtung, ausländische Auskunftsersuchen gebührenfrei zu beantworten, auch eine finanzielle Belastung erkennen müssen, da jeder Vertragsstaat im Gegenzug öffentliche Stellen zur Bearbeitung eingehender Ersuchen einsetzen oder zumindest bereitstellen muß[164]. Diese Belastung, die ihre Gegenleistung darin findet, daß der Auskunftsstaat die Anfragen in der Regel ebenfalls kostenlos bearbeitet, wird bei einer konkreten Kostenberechnung für ein ausgehendes Ersuchen angesichts des Unentgeltlichkeitsgebots und mangels Zurechnung keine verfahrensmäßige Berücksichtigung finden können[165].

Für den Fall, daß Gebühren durch eine außerstaatliche Auskunftserteilung anfallen, ist nach Art. 15 Abs. 1 EuRAÜ der ersuchende Staat und nicht die Empfangsstelle, die Übermittlungsstelle oder das ausländische Gericht, von

---

[159] Dazu auch *Zöller-Geimer* § 293 ZPO Rn. 31; MünchKomm-*Prütting* § 293 ZPO Rn. 70.

[160] A maiori *Lüderitz* IPR, Rn. 187; *Schack*, IZVR, Rn. 633; vgl. zu den Kosten der Übersetzung enthält § 17 ZSEG in Abs. 3 eine differenzierte Entschädigungsregel, wonach je Zeile zwischen DM 2,00 und 8,40 erhoben werden kann.

[161] *Zöller-Geimer* § 293 ZPO Rn. 31.

[162] Vgl. § 1 LJKG Baden-Württemberg i.d.F. v. 15. Januar 1993; weitere Nachweise Schönfelder Nr. 120 (JVKostO), Anm. 1).

[163] *Wolf*, NJW 1975, S. 1583, 1584; MünchKomm-*Prütting* § 293 ZPO Rn. 45; *Nagel*, IZPR, Rn. 442.

[164] Begründung zum Ausführungsgesetz v. 5. Juli 1974 in BT-Drucks. VII Nr. 993, Schlußbemerkung, *Wieczorek/Schütze* Bd. 5 C V 4.

[165] Vgl. *Wolf*, NJW 1975, S. 1583, 1585; *Volken*, Rechtshilfe, Kap. 4 Rn. 64.

dem das Ersuchen ausgeht, zur Zahlung verpflichtet. Erst § 3 AuRAG stellt fest, daß die jeweilige Übermittlungsstelle bei ausgehenden Ersuchen dem anderen Vertragsstaat die angefallenen Kosten zu erstatten hat. Damit soll sichergestellt werden, daß die Kosten unabhängig davon, ob das ersuchende Gericht den Betrag gleich übermittelt, dem ersuchten Staat unverzüglich zugehen[166].

Die Kostentragung innerhalb des Staates, von dem das Ersuchen ausgeht, ist im Übereinkommen nicht geregelt und bleibt der inneren Rechtsordnung eines jeden Staates überlassen[167]. Soweit im Rahmen eines inländischen Auskunftsersuchens Auslagen aufgrund Übersetzungen, Prüfgebühr oder sogar der Inanspruchnahme nichtstaatlicher Auskunftsstellen seitens des ersuchten Staates anfallen, sind diese als Prozeßkosten grundsätzlich von den Parteien zu erheben[168]. Dafür kann vom Antragsteller des Instanzverfahrens ein Kostenvorschuß nach Maßgabe der §§ 49, 68 Abs. 3 GKG gefordert werden. Von der Zahlung eines Kostenvorschusses kann die Einholung ausländischer Auskünfte infolge der Amtsermittlung hingegen nicht abhängig gemacht werden[169]. Soweit das Gericht die Abfassung des Ersuchens den Parteien aufgibt, ist die dem Anwalt obliegende Tätigkeit durch die verdiente Prozeßgebühr, § 31 Abs. 1 Nr. 1 BRAGO, abgegolten[170].

Der uneingeschränkten Kostentragungspflicht der Parteien wird in einem anderen Zusammenhang grundsätzlich entgegengebracht, daß die Auslagen für die Ermittlung ausländischen Rechts als Kosten der Rechtspflege generell der Staatskasse auferlegt werden sollten, da die Klärung von Rechtsfragen dem Gericht und nicht den Parteien aufgegeben ist[171]. Unter Berücksichtigung der in § 293 ZPO vorgesehenen Möglichkeit der Mitwirkung der Parteien bei dem Nachweis ausländischen Rechts ist dieser Schluß durchaus nicht zwin-

---

[166] Begründung zum Ausführungsgesetz v.5.7.1974 in BT-Drucks. VII Nr. 993: Zu § 3 und Schlußbemerkung III, *Wieczorek/Schütze* Bd.5 C V 4; *Wolf*, NJW 1975, S. 1583, 1585.

[167] Erläuternder Bericht des Europarates in BT-Drucks. VII Nr. 992, Nr. 49 (Art. 15), *Wieczorek/Schütze* Bd.5, C V 2.

[168] MünchKomm-*Prütting* § 293 ZPO Rn. 70; *Duden*, S. 143, 149.

[169] *Zöller-Geimer* § 293 ZPO Rn. 31; *Sommerlad/Schrey*, NJW 1991, S. 1377, 1379.

[170] Vgl. OLG Stuttgart MDR 1989, 1111; *Zöller-Geimer* § 293 ZPO Rn. 31; vgl. *Jonas*, JW 1936, S. 1688 Anm. zu RG JW 1936, 1686 f.; zur Anerkennung einer Beweisgebühr auch bei der formlosen Ermittlung: *Stein/Jonas*-Leipold § 293 ZPO Rn. 46 u. MünchKomm-*Prütting* § 293 ZPO Rn. 71.

[171] *Ferid*, FS Möhring, S. 1, 11; *Beitzke*, Vorschläge und Gutachten zur Reform, S. 70 f.; *Kühne*, IPR-Gesetz-Entwurf, S. 215; *Gottwald*, ZZP 95 (1982), S. 3, 8; *Krause*, S. 49 f.; *Küster*, S. 155.

gend[172]. Nicht eigenes, sondern fremdes Recht wird auf Initiative der Parteien von den inländischen Gerichten angewendet, so daß sich der Ermittlungsaufwand wesentlich unterscheidet. Mangels gesetzlichen Niederschlags zeichnet sich eine kostenrechtliche Entlastung der Parteien nicht ab[173].

dd) Die Unzulässigkeit der Vernehmung, § 4 AuRAG

Im System des Übereinkommens ist die Vernehmung sachkundiger Personen aus einem anderen Vertragsstaat zur Ermittlung ausländischen Rechts nicht vorgesehen. Daher wäre es nach der Begründung zum Ausführungsgesetz mit dem Übereinkommen *„unvereinbar"*, die Person aus dem ersuchten Vertragsstaat, die das Auskunftsersuchen bearbeitet hat, über den Gegenstand des Ersuchens vor dem inländischen Gericht anzuhören[174]. Indem das Übereinkommen ein besonderes, nach bestimmten Grundsätzen ausgestaltetes Verfahren zur Verfügung stellt, wonach die Auskunft immer schriftlich zu erfolgen hat, handelt es sich bei § 4 AuRAG lediglich um eine klarstellende Bestimmung. Ratio des Ladungsverbots ist neben der Vermeidung anreisebedingter Kosten die Überlegung, daß bei bloßer Mitteilung von Gesetzesauszügen und Entscheidungen eine Anhörung entbehrlich sei[175]. Das Erscheinen der auskunfterteilenden Person zwecks Erläuterung ließe sich dementsprechend nicht auf das Abkommen stützen.

Zwar wurde in dem Übereinkommen davon abgesehen, eine Bestimmung für den Fall aufzunehmen, in dem der Empfänger der Antwort ergänzende Angaben benötigt. Dabei ging man jedoch davon aus, daß in diesem Fall ein neues Auskunftsersuchen zu stellen sei[176]. Infolgedessen bleibt es dem Gericht unbenommen, zum Zwecke der Erläuterung oder Ergänzung der Antwort eine erneute Auskunft einzuholen.

Fraglich erscheint jedoch, ob sich der Ladungsausschluß des Auskunftserteilenden nicht daran messen lassen müßte, daß er dem Grundsatz der Unmittelbarkeit und im besonderen der Parteiöffentlichkeit zuwiderläuft, indem er den Parteien die Gelegenheit zur Fragestellung aus den §§ 402, 397 ZPO in

---

[172] *Stein/Jonas-Leipold* § 293 ZPO Rn. 51; *Beitzke*, Vorschläge und Gutachten zur Reform, S. 71; vgl. MünchKomm-*Prütting* § 293 ZPO Rn. 72 u. *Huzel*, IPRax 1990, S. 77, 82, zur Erstattungsfähigkeit von Privatgutachten.

[173] Vgl. AK-*Rüßmann* § 293 ZPO Rn. 2.

[174] Begründung zum Ausführungsgesetz v.5.7.1974 in BT-Drucks. VII Nr. 993: Zu § 4 , *Wieczorek/Schütze* Bd.5 C V 4.

[175] *Fuchs*, RIW 1995, S. 807, 809; vgl. *d'Oliveira*, NJB 1979, S. 637, 643.

[176] Erläuternder Bericht des Europarates in BT-Drucks. VII Nr. 992, Art. 13 Nr. 42, *Wieczorek/Schütze* Bd.5, C V 2.

unzulässiger Weise vorenthält[177]. Dem Ausschluß der Vernehmung könnte das Gebot der verfahrensmäßigen Beteiligung der Parteien entgegenstehen[178]. In der Wahl einer ausländischen Auskunft könnte schließlich eine bewußte Umgehung des förmlichen Verfahrens gesehen werden[179].

Unabhängig von § 411 Abs. 3 ZPO hat das Gericht grundsätzlich auf Antrag einer Partei, einen Sachverständigen zur mündlichen Anhörung zu laden, dies folgt aus § 402 i.V.m. § 397 ZPO[180]. Dem liegt die Auffassung zugrunde, daß nur Absatz 1 des § 411 ZPO eine abweichende Regelung i.S.d. § 402 ZPO sei, nicht auch Absatz 3[181]. Es handelt sich in diesem Fall auch nicht um eine wiederholte Anhörung nach §§ 402, 398 ZPO, so daß das Gericht einen Ermessensspielraum hätte[182]. Vorrangiges Ziel der Ladung ist nicht die Vernehmung des Sachverständigen durch den Richter, § 411 Abs. 3 ZPO, sondern das Vorlegen und unmittelbare Stellen von Fragen der Parteien, deren eine sich aus der Beantwortung der anderen ergeben kann[183]. Die Einbeziehung der Parteien ist insbesondere dann von besonderem Wert, wenn sie maßgeblich ein eigenes Wissen von der ausländischen Rechtslage haben und durch Fragen zu einer Aufklärung beitragen[184].

---

[177] BGH LM ZPO § 355 Nr. 2: soweit bei gemeinsamer Begutachtung nur ein Sachverständiger vernommen wurde, erkannte der BGH eine Verletzung der Unmittelbarkeit; MünchKomm-*Prütting* § 293 ZPO Rn. 31; *Müller*, Der Sachverständige im gerichtlichen Verfahren, Rn. 644 f., S. 409 f.; *Peters*, Freibeweis, S. 103 f.; *ders.*, JA 1981, 65, 66; *ders.*, ZZP 76 (1963), S. 145, 158; *Koch/Steinmetz*, MDR 1980, S. 901, 903; MünchKomm-*Musielak* § 357 ZPO Rn. 1 f. das durch die §§ 397, 402 ZPO den Parteien eingeräumte Fragerecht setzt ein Recht auf Teilnahme an der Beweisaufnahme voraus.

[178] Dabei ist auf die prozessualen Rechte der Parteien abzustellen, vgl. *Stein/Jonas-Leipold* § 293 ZPO Rn. 44; *Peters*, ZZP 76 (1963), S. 145, 158.

[179] *Fuchs*, RIW 1995, S. 807, 809.

[180] Allg. BGHZ 6, 398, 400 f. = LM ZPO § 411 Nr. 1; BGHZ 24, 9, 14 f. = LM ZPO § 411 Nr. 2; BGHZ 35, 370, 372 = LM ZPO § 411 Nr. 4; BGH NJW-RR 1987, 339, 340; BGH NJW 1994, 2959; *Müller*, Der Sachverständige im gerichtlichen Verfahren, Rn. 645., S. 410.; Ladung bei Sachverständigengutachten ausländisches Recht betreffend: BGH IPRspr. 1974 Nr. 1b, S. 15; BGH NJW 1975, 2142, 2143 = LM ZPO § 411 Nr. 11; BGH NJW 1994, 2959, 2960 = IPRax 1995, 322, 323; *Stein/Jonas-Leipold* § 293 ZPO Rn. 43; *ders.*, § 411 ZPO Rn. 11; *Dölle*, FS Nikisch (1958), S. 185, 190; *Luther*, FS Bosch (1976), S. 559, 568; *Otto*, IPRax 1995, S. 299, 304 f.

[181] *Stein/Jonas-Leipold* § 411 ZPO Rn. 11; MünchKomm-*Damrau* § 411 ZPO Rn. 11.

[182] BGHZ 35, 370, 373.

[183] BGH LM ZPO § 411 Nr. 16 Bl.2.

[184] *Peters*, Freibeweis, S. 103.

II. Die einzelnen Erkenntnisquellen und ihre prozessuale Behandlung

Der Grundsatz der Unmittelbarkeit gilt aber nicht uneingeschränkt, denn gegenüber ausländischen Sachverständigen wird mangels Durchsetzbarkeit ihres Erscheinens eine Ladung zwar allgemein für formell möglich, aber für unzweckmäßig gehalten[185]. Weil die deutsche Gerichtsbarkeit an den Grenzen endet, wird man die geringere Ergiebigkeit einer Beweisaufnahme im Ausland zwangsläufig hinnehmen müssen. Eine naheliegende und praktikable Möglichkeit der Ergänzung von schriftlichen Auskünften ausländischer Sachverständiger ist es, zur schriftlichen Beantwortung von Ergänzungsfragen aufzufordern[186]. Nach § 363 ZPO hat diese Erläuterung dann im Wege der Rechtshilfe zu erfolgen[187]. Nur bei erklärtem Einverständnis des ausländischen Sachverständigen käme ausnahmsweise seine Ladung in Betracht. In Anbetracht dessen kann die Einhaltung der Vorschriften des förmlichen Beweisverfahrens im Rahmen des Ausgangspunktes von § 293 ZPO keine zwingende Entsprechung finden. Dem Gericht wird die Wahl und damit ein pflichtgemäßes Ermessen eingeräumt, den Inhalt des ausländischen Rechts auch im Wege eines formlosen Verfahrens festzustellen[188]. Dem wird entgegengebracht, daß es nicht in das Ermessen des Gerichts gestellt sein dürfe, ob es sich die Kenntnis im Wege des Übereinkommens oder durch ein inländisches Gutachten verschaffe, da es damit jedenfalls inzident auch über die Ladbarkeit des Sachverständigen entscheide, so daß stets dem ladungsfähigen, inländischen Sachverständigen der Vorzug einzuräumen sei[189]. Danach wäre der Anwendungsbereich des Übereinkommens infolge der Einschränkung der richterlichen Ermessensfreiheit erheblich reduziert, so daß die Einholung ausländischer Auskünfte im Wege des Übereinkommens zugunsten des förmlichen Beweisverfahrens in den Hintergrund gedrängt wäre[190].

Für die Abgrenzung wird im folgenden auf die bereits dargelegten Ansätze zurückgegriffen. Nach der Ansicht, welche die Rechtsprechung des BGH zur Einhaltung des förmlichen Verfahrens ablehnt, soll das Gericht auch beim in-

---

[185] Vgl. BGH LM ZPO § 411 Nr. 13 = MDR 1980, 931 f.; *Stein/Jonas-Leipold* § 377 ZPO Rn. 33.

[186] BGH LM ZPO § 411 Nr. 13 = MDR 1980, 931, 932; BGH LM ZPO § 411 Nr. 16 = MDR 1981, 1014.

[187] BGH LM ZPO § 411 Nr. 13; BGH LM ZPO § 411 Nr. 16; *Thomas/Putzo* § 411 ZPO Rn. 5; MünchKomm-*Damrau* § 411 ZPO Rn. 14; *Baumbach/Lauterbach/Albers/Hartmann - Hartmann* § 411 ZPO Rn. 15; MünchKomm-*Musielak* § 363 ZPO Rn. 2; vgl. *Stein/Jonas-Leipold* § 293 ZPO Rn. 76 zum Abfassen der Ersuchen durch die Parteien, § 364 ZPO; Otto, IPRax 1995, S. 299, 303.

[188] *Stein/Jonas-Leipold* § 293 ZPO Rn. 39; MünchKomm-*Prütting* § 293 ZPO Rn. 31.

[189] *Geisler*, ZZP 91 (1978), S. 176, 196; offen *Theiss*, S. 45 f.

[190] *Fuchs*, RIW 1995, S. 807, 809; *Schack*, IZVR, Rn. 636; *Geisler*, ZZP 91 (1978), S. 176, 196.

ländischen Sachverständigen frei entscheiden können, ob eine Anhörung geboten sei[191]. Demgegenüber ist fraglich, inwieweit sich die Unmöglichkeit der Ladung in der späteren Verhandlung bereits auf das Auswahlermessen des Gerichts auswirkt. Da der Richter nicht schon bei der Einholung der Auskunft beurteilen kann, ob eine spätere Anhörung geboten ist, müßte er sich konsequenterweise bei der Auswahl der Erkenntnismittel auf diejenigen beschränken, die seiner späteren Ermessensentscheidung über eine Vernehmung Rechnung tragen könnten. Wie sich aber gezeigt hat, ist schon die Prämisse dieser Ansicht nicht zutreffend, da § 293 ZPO das Verfahren der Ermittlung an die Vorschriften des Erkenntnisverfahrens bindet, soweit der Nachweis ausländischen Rechts mit Beweismitteln geführt wird.

Der Ansatz von Leipold würde den Konflikt zwischen der formlosen Rechtsauskunft im Wege des Übereinkommens und der Wahrung der verfahrensmäßigen Parteibeteiligung durch eine inhaltliche Abgrenzung erfassen und auflösen[192]. Schwierigkeiten, die sich aus der Grenzziehung zwischen einem formlosen Vorgehen und der Behandlung der erteilten Auskunft nach den Vorschriften des Sachverständigenbeweises ergeben, ließen sich danach jeweils mit Blick auf das Ermittlungsergebnis ausräumen. Die Mitteilung des Wortlauts bestimmter ausländischer Rechtsnormen stellt dabei ebensowenig inhaltlich eine Begutachtung dar wie die Einsicht eines ausländischen Gesetzbuches. Andererseits ist für den Gutachtenbegriff eine Subsumtion nicht wesentlich, auch die bloße Darstellung der Obersätze des ausländischen Rechts kann der Sache nach ein Sachverständigenbeweis sein[193]. Gutachten vermitteln in der Regel aber nicht nur abstrakt den Inhalt ausländischer Rechtssätze, sondern sie geben vielmehr auch Auskunft darüber, zu welchem Ergebnis die Anwendung der betreffenden Rechtsordnung im konkreten Fall führt[194]. Sofern eine Auskunft als ein derart konkretes Sachverständigengutachten nachgefragt und erteilt wird, müßte nach diesem Ansatz die verfahrensmäßige Beteiligung der Parteien gewährleistet sein, um der Gefahr zu begegnen, daß eine Entscheidung außerhalb des Verfahrens und nicht unter hinreichender Beachtung der vorgebrachten Tatsachen getroffen wird.

---

[191] *Schack*, IZVR, Rn. 636; *Geisler*, ZZP 91 (1978), S. 176, 185 u. 197; *Linke*, IZPR, Rn. 276.

[192] *Stein/Jonas-Leipold* § 293 ZPO Rn. 44; vgl. *Fuchs*, RIW 1995, S. 807, 809.

[193] *Jonas*, JW 1936, S. 1688 Anm. zu KG JW 1936, 1686 f.; *Stein/Jonas-Leipold* § 293 ZPO Rn. 45.

[194] *Stein/Jonas-Leipold* vor § 402 ZPO Rn. 14; *Baumbach/Lauterbach/Albers/Hartmann - Hartmann* Übers § 402 ZPO Rn. 2 f.; *Schütze*, DIZPR, S. 119; *Schack*, IZVR, Rn. 634; *Theiss*, S. 39; *Rosenberg/Schwab/Gottwald* § 123 I.2., S. 717; *Zweigert*, RabelsZ 37 (1973), S. 435, 449 f.

Mit Blick auf den möglichen Inhalt einer Rechtsauskunft nach dem Europäischen Übereinkommen ist mangels vergleichbarer Interessenlage zu bedenken[195], ob auf das Übereinkommen die Anforderungen des Strengbeweises zu übertragen sind. Die Antwort soll lediglich abstrakt Auskunft über die ausländische Rechtslage geben. Das Vorliegen einzelner Tatbestandsvoraussetzungen unterliegt dabei keiner Prüfung und bleibt dem erkennenden Gericht überlassen. Die zu erteilende Auskunft hat sich vielmehr regelmäßig auf die Wiedergabe von Rechtssätzen und Ergänzungsmaterialien zu beschränken, ohne diese auf den konkreten Fall anzuwenden[196]. Die Erfordernisse unparteiischer und objektiver Unterrichtung nach Maßgabe von Art. 7 des Übereinkommens verdeutlichen, daß die Auskunft weder die Lösung vorwegnehmen noch einen Vorschlag für die Erledigung des Einzelfalles enthalten soll[197]. Die ausländische Auskunft im Sinne des Übereinkommens dient damit lediglich als ausgestreckter Arm, um mit ihrer Hilfe Zugriff auf die aktuellen ausländischen Rechtssätze und einschlägigen Entscheidungen nehmen zu können. Sie hat sich aber einer Bewertung des Einzelfalles zu entziehen und ist daher mit der Einsichtnahme in einen ausländischen Gesetzestext vergleichbar. Mit Hilfe dieser Abgrenzung ließe sich dem Spannungsverhältnis zwischen den Verfahrensarten im Einzelfall angemessen begegnen. Infolge einer inhaltlichen Abgrenzung stehen insoweit die förmlichen Verfahrensvorschriften einer abstrakten Auskunft nach Maßgabe des Übereinkommens grundsätzlich nicht entgegen.

Es stellt sich aber die Frage, ob dieser Ansatz nicht zu eng ist. Danach könnte eine Auskunft, die ihrerseits in Teilen eine Subsumtion vornimmt, nur unter Beachtung der verfahrensrechtlichen Vorschriften verwendet werden. Fraglich ist jedoch, wie eine ausländische Auskunft zu behandeln ist, die eine Bezugnahme auf die mitgeteilten Tatsachen dadurch erkennen läßt, daß sie am Ende anführt, eine maßgebliche Frist *im vorliegenden Fall* sei noch nicht abgelaufen[198]. In diesem Sinne wird von Otto eine Auskunft des italienischen Justizministeriums aus dem Jahre 1985 wiedergegeben[199].

---

[195] Vgl. *Koch/Steinmetz*, MDR 1980, S. 901, 904.
[196] *Stein/Jonas-Leipold* § 293 ZPO Rn. 44; *Arens*, FS Zajtay, S. 7, 12.
[197] Erläuternder Bericht des Europarates in BT-Drucks. VII Nr. 992, S. 13 Art. 7 Nr. 30, *Wieczorek/Schütze* Bd.5, C V 2, S. 766; *Bülow/Böckstiegel/Geimer/Schütze - Pirrung* Bd. I A I, S. 381-10 Anm. 26; *Volken*, Rechtshilfe, Kap. 4 Rn. 60.
[198] *Otto*, Jhb.f.ital.R., Bd.4 (1991), S. 139, 146 f.; vgl. auch AG Bernkastel-Kues (Rechtsfolgen der Verjährung), Jhb.f.ital.R., Bd.7 (1994), S. 307, 309.
[199] *Otto*, Jhb.f.ital.R., Bd.4 (1991), S. 139, 146 f.

Daher wird eine Trennung zwischen einem formlosen und förmlichen Vorgehen für möglich gehalten, sobald das Gericht einen entsprechenden Ermittlungsweg gewählt hat[200]. Der Weg, den das Gericht eingeschlagen hat, entscheidet dann über das weitere Verfahren. Dieser richtet sich in der Regel nach der Komplexität der zu entscheidenden Rechtsfrage[201]. Mit Rücksicht auf den Gegenstand der Ermittlungen und der durch § 293 ZPO eingeräumten freien Wahl der Erkenntnismittel erweist sich dieser Ansatz als praktikabel, um der umfangreichen Feststellung der rechtlichen Entscheidungsgrundlagen Rechnung zu tragen[202]. Ihm ist daher zu folgen.

Die Wirksamkeit des Vernehmungsverbotes der ausländischen, auskunfterteilenden Person im inländischen Verfahren ist demzufolge nach den dargelegten Ansätzen im Hinblick auf eine mögliche Umgehung der parteischützenden Beweisvorschriften grundsätzlich nicht zu beanstanden. Soweit die Einholung von Rechtsauskünften nach dem Europäischen Rechtsauskunftsübereinkommen betrieben wird, steht eine Ermittlung im formlosen Verfahren zur Verfügung, ohne daß die Einhaltung und Anwendung der Vorschriften des Strengbeweises, insbesondere das Fragerecht der Parteien aus §§ 402, 397 ZPO, verletzt wären. In den Fällen, in denen wie bei schriftlichen Auskünften eine persönliche Anwesenheit der Verfahrensbeteiligten ausgeschlossen ist, hat das Gericht eine andere Form der Beteiligung der Parteien zu wählen, um dem Anspruch auf rechtliches Gehör zu genügen. Es wird dabei die Parteien über die eingeholten Auskünfte regelmäßig zu unterrichten haben und ihnen Einsicht in die Gerichtsakten gestatten[203]. Darüber hinaus könnte das Gericht den Parteien auch die Abfassung eines Ersuchens überlassen[204].

c) Haftung des Auskunftspflichtigen

Weder das Abkommen noch das deutsche Ausführungsgesetz, AuRAG, haben die Haftung des Auskunftsverpflichteten im Falle einer unvollständigen, falschen oder irreführenden Antwort ausdrücklich geregelt[205]. Ebenso enthält das Übereinkommen keine Bestimmung über das anwendbare materielle Haf-

---

[200] MünchKomm-*Prütting* § 293 ZPO Rn. 32; *Arens*, FS Zajtay, S. 7, 11 u. 17; *Sommerlad/Schrey*, NJW 1991, S. 1377, 1381; *Müller*, Kolloquium MPI, S. 66, 70.

[201] *Arens*, FS Zajtay, S. 7, 11 u. 17; MünchKomm-*Prütting* § 293 ZPO Rn. 32.

[202] MünchKomm-*Prütting* § 293 ZPO Rn. 31.

[203] MünchKomm-*Musielak* § 357 ZPO Rn. 2; *Koch/Steinmetz*, MDR 1980, S. 901, 903.

[204] *Stein/Jonas-Leipold* § 293 ZPO Rn. 76.

[205] Krit. *Hetger*, FamRZ 1995, S. 654; ders., DNotZ 1994, S. 88.

II. Die einzelnen Erkenntnisquellen und ihre prozessuale Behandlung   155

tungsrecht und über die Frage, welche internationale Zuständigkeit für einen Haftungsprozeß gegeben wäre. In der Praxis ist bislang nach Bestätigung des Europarates kein Fall bekannt, der eine Haftung des auskunfterteilenden Staates nach sich zog[206].

Einzig Luxemburg beschränkte nach Maßgabe der Nr. 5 des Erläuternden Berichts vom *Sachverständigenausschuß des Europäischen Ausschusses für rechtliche Zusammenarbeit* die Haftung auf Vorsatz oder grobe Fahrlässigkeit[207]. Eine spezielle Haftungsbeschränkung entsprach nach dem Verständnis des deutschen Gesetzgebers nicht der internationalen Tendenz bei der Ausführung des Übereinkommens[208]. Dabei wurde in der Begründung des Ausführungsgesetzes auf die Amtshaftungsansprüche aus § 839 BGB, Art. 34 GG abgestellt. Im übrigen wurde vertreten, daß eine gesetzliche Regelung in der inländischen Rechtsordnung wirkungslos wäre, sobald vor einem Gericht im Schadensersatzverfahren ausländisches Recht zur Anwendung käme[209]. Mangels besonderer Regelung im Übereinkommen ist daher jeweils auf das innerstaatliche Recht zurückzugreifen. Eine Haftung müßte sich infolgedessen in jedem Staat nach dem materiellen Vertrags- bzw. Deliktsrecht richten, das von seinen IPR-Vorschriften berufen wird. Desgleichen befindet jeder Staat über die internationale Zuständigkeit in- und ausländischer Gerichte für derartige Haftungsprozesse[210]. Richtet sich ein entsprechendes Verfahren gegen einen auskunftserteilenden Staat, so könnten sich nicht nur aus deutscher Sicht vor dem Hintergrund der Staatenimmunität unwägbare Probleme für ein inländisches Verfahren ergeben. Nach dem Grundsatz des allgemeinen Völkergewohnheitsrechts sind ausländische Staaten der Gerichtsbarkeit eines anderen Staates nicht unterworfen, sofern ihre hoheitlichen Betätigungen zum Gegenstand eines Verfahrens gemacht werden sollen. Sie genießen diesbezüglich Immunität. Die Staatenimmunität kann auch nicht dadurch unterlaufen werden, daß die Klage nicht gegen den von der deutschen Gerichtsbarkeit befreiten Staat gerichtet wird, sondern gegen den Amtsträger des ausländischen Staates, der die fehlerhafte Auskunft veranlaßt hat[211]. Zweifelhaft bleibt daher,

---

[206] Frau *Killerby*, Ressortleiterin des Rechtsauskunftsübereinkommens, und der Direction des Affaires juridiques de la Conseil de l'Europe, stellvertretend Mlle *Gabrielle Dumont* seien herzlich für ihre Angaben gedankt.

[207] BGBl. 1978 II S. 1295; Erläuternder Bericht des Europarates in BT-Drucks. VII Nr. 992, Einl. Nr. 5, *Wieczorek/Schütze* Bd.5, C V 2; *Bülow/Böckstiegel/Geimer/Schütze - Pirrung* Bd. I A I, S. 381-10; *d'Oliveira*, NJB 1979, S. 637, 643.

[208] Begründung zu dem Ausführungsgesetz in BT-Drucks.VII Nr. 993 zu § 9 Nr. 6 a), *Wieczorek/Schütze* Bd.5, C V 4.

[209] Begründung zu dem Ausführungsgesetz in BT-Drucks.VII Nr. 993 zu § 9 Nr. 6 a), *Wieczorek/Schütze* Bd.5, C V 4.

[210] *Kegel*, IPR § 15 III., S. 368; *Wolf*, NJW 1975, S. 1583, 1586.

[211] Vgl. dazu Geimer, IZPR, Rn. 620.

ob eine Haftung des Staates oder seiner Beamten nach dem Übereinkommen praktisch in Betracht kommt. Dabei ist zu berücksichtigen, daß die Auskunft, welche nicht in einem Gutachten besteht, das ersuchende Gericht nicht bindet[212]. In der Regel sind ungenaue Übersetzungen ursächlich für eventuelle Übermittlungsfehler[213], die dem auskunfterteilenden Staat nicht zuzurechnen sind. Häufig bildet das Übereinkommen in einem Verfahren mit Auslandsberührung nur ein Erkenntnismittel unter vielen[214], so daß fehlerhafte Informationen aufgedeckt werden können. Der Richter wird demnach widersprechende Angaben sorgfältig zu prüfen haben und auch die erteilte, ausländische Auskunft unter dem Blickwinkel betrachten, daß sie keine authentische Interpretation des ausländischen Rechts darstellt[215]. Welche Bedeutung dem Übereinkommen im einzelnen zukommt und weshalb die Haftungsproblematik infolgedessen in den Hintergrund gerückt ist, wird sich im folgenden offenbaren.

d) Bewertung und Verbesserungsvorschläge

Die gerichtliche Inanspruchnahme des Europäischen Rechtsauskunftsübereinkommens ist im Gegensatz zu den eingeholten Sachverständigengutachten von inländischen Instituten[216] auch nach 20 Jahren seit Inkrafttreten des Übereinkommens in Deutschland als gering zu bezeichnen. Diese Zurückhaltung wird anschaulich durch die Zahlen bestätigt, die dem Verfasser freundlicherweise vom Bundesjustizministerium und den Landesjustizverwaltungen zur Verfügung gestellt wurden[217]. Durchschnittlich beläuft sich die Anzahl der von inländischen Gerichten ausgehenden Ersuchen auf 20 bis 30 im Jahr, zwischenzeitlich war Mitte der 90er Jahre ein leichter Anstieg zu verzeichnen (auf 42 Ersuchen), während sich daraufhin wieder eine rückläufige Tendenz einstellte. Die Anzahl der eingehenden Auskunftsersuchen hält sich im Durchschnitt bei jährlich 10 Ersuchen, wobei seit 1990 ein überproportionaler Anstieg zu verzeichnen war, der 1994 abbrach.

Trotz massiven Anstiegs der Zahl der Vertragsstaaten durch die Osterweiterung seit 1991 führte diese nicht zu einer spürbaren, erweiterten Nutzung. Auch der deutschen Wiedervereinigung kommt kein größerer Einfluß auf eine

---

[212] Begründung zu dem Ausführungsgesetz in BT-Drucks.VII Nr. 993 zu § 9 Nr. 6 a), *Wieczorek/Schütze* Bd.5, C V 4.

[213] *Otto*, FS Firsching, S. 209, 224 f.; *v.Bar*, IPR Bd.I, Rn. 343.

[214] Vgl. HansOLG Hamburg IPRax 1995, 391, 393.

[215] *Kropholler*, IPR § 59 III.2.b), S. 528; *Wolf*, NJW 1975, S. 1583, 1586.

[216] Zahlen bei *Kegel*, FS Hübner, S. 504, 516; Gesamtinhaltsverzeichnis IPG 1984, S. 3 f. (*Krüger*); vgl. Anhang zum Tätigkeitsbericht des MPI; *Otto*, FS Firsching, S. 209, 228; vgl. auch *Jayme*, StAZ 1976, S. 358, 359.

[217] In diesem Zusammenhang wird auf die Tabellen im Anhang verwiesen.

verstärkte Inanspruchnahme zu, wenn man den kurzzeitigen Anstieg der eingehenden Ersuchen nicht dahingehend zu deuten vermag. Ersuchen aus den neuen Bundesländern hat es bisher nicht gegeben.

Die durchschnittliche Bearbeitungsdauer liegt zwischen 2 und 4 Monaten, gemessen wird der Zeitraum von der Entsendung des Auskunftsersuchen durch die Übermittlungsstelle bis zum dort verzeichneten Eingang der Antwort. Häufig kommen auch wesentlich kürzere Bearbeitszeiträume vor, die zwischen 14 Tagen und einem Monat liegen. Spätestens nach 6 Monaten ist jedoch mit einer Antwort zu rechnen. Nur in Ausnahmefällen muß die Bearbeitung in der Form der Erinnerung angemahnt werden. Die relativ geringe Bearbeitungsdauer wird man als ein Vorteil gegenüber den inländischen Institutsgutachten betrachten müssen, die nicht selten wegen Überlastung einen wesentlich längeren Bearbeitungszeitraum beanspruchen[218]. Für eine ausländische Auskunft spricht ihr aktueller Auslandbezug. Sie kann für sich in Anspruch nehmen, daß sie auf die Herstellung von Rechtsbeziehungen gerichtet ist, die auch jenseits der deutschen Grenze wirksam sind und im Auslandsstaat anerkannt werden.

Ein grundlegendes Problem mit dem Umgang des Übereinkommens ist jedoch, daß die Frage bereits die Grenzen der Antwort fixiert[219]. Eine gezielte Fragestellung sowie die vollständige Darstellung des Sachverhalts werden in der Regel nur möglich sein, wenn der Inhalt des anzuwendenden Rechts in Umrissen bekannt ist. Erst unter dieser Voraussetzung können alle danach maßgeblichen Tatsachen mitgeteilt werden[220]. Das Gericht, das das ausländische Recht nicht kennt, kann der sachverständigen Stelle aber nicht immer alle erforderlichen Tatsachen vermitteln[221]. Häufig wird nur die umfassende Kenntnis der Akten die methodisch notwendige Verbindung von Rechts- und Tatsachenkenntnis für die Darstellung der Rechtslage ermöglichen[222]. Dem entspricht auch eine Stellungnahme des Bundesjustizministeriums in der Funktion der Empfangsstelle für eingehende Ersuchen, wonach die Beantwortung ausländischer Ersuchen dadurch erschwert werde, daß der Sachverhalt nur äußerst knapp mitgeteilt wird und damit keine weiteren, verwertbaren An-

---

[218] *Staudinger/Sturm/Sturm* Einl zum IPR Rn. 175; *Baumbach/Lauterbach/Albers/ Hartmann - Hartmann* § 293 ZPO Rn. 7; *Otto,* FS Firsching, S. 209, 224; *Kegel,* FS Hübner, S. 504, 516.

[219] *Otto,* Jhb.f.ital.R., Bd.4 (1991), S. 139, 144; *Kegel,* FS Nipperdey 1965, S. 453, 467.

[220] *Kegel,* FS Nipperdey 1965, S. 453, 467; *Bülow/Böckstiegel/Geimer/Schütze - Pirrung* Bd. I A I, S. 381-7, Anm. 17.

[221] *Arens,* FS Zajtay, S. 7, 14; *Geisler,* ZZP 91 (1978), S. 176, 191 f.

[222] *Arens,* FS Zajtay, S. 7, 16; *Schack,* IZVR, Rn. 632; *Ferid* IPR § 4-89, S. 154 f.; *Krause,* S. 58.

haltspunkte enthält²²³. Diese Schwierigkeit betrifft zweifellos auch Ersuchen, die umgekehrt von deutschen Gerichten ausgehen. Auf eine Anfrage teilt ebenso das *Foreign & Commonwealth Office* mit²²⁴, *„sometimes the facts of the case which gave rise to the request are unclear or not mentioned"*. Eindringlicher wird auf die Schwierigkeit hingewiesen, komplexe Rechtsprobleme mit einer abstrakten Auskunft zu erfassen: *„sometimes the query relates to a complex and broad area of law, in wich general answers are at best uninformative, and at worst positively misleading"*²²⁵. Dadurch wird die Schwierigkeit mit dem Umgang des Übereinkommens eindrucksvoll veranschaulicht. Ist die Anfrage unvollständig oder mißverständlich formuliert, kann dem ersuchenden Gericht keine befriedigende Auskunft erteilt werden²²⁶. Dies unterstreicht eine Entscheidung des BGH aus dem Jahre 1987, nach der die Einholung einer Auskunft des belgischen Justizministeriums für unzureichend angesehen wurde, weil das Berufungsgericht bereits den Sachverhalt nach Art. 4 Abs. 2 EuRAÜ unvollständig dargestellt hatte²²⁷. Als Nachteil erweist sich daher, daß die Formulierung eines Auskunftsersuchens deutlich aufwendiger ist als die Abfassung eines Beweisbeschlusses und Übersendung der Akten zur Einholung eines Gutachtens²²⁸.

Wie sich bereits gezeigt hat, darf sich das Gericht nach deutschem Verständnis nicht allein auf die Feststellung der geschriebenen Rechtssätze beschränken, sondern hat insbesondere auch die ausländische Rechtsprechung und Rechtslehre in der Form zu berücksichtigen, in der sie in der ausländischen Rechtspraxis Anwendung finden²²⁹. Dem trägt auch Art. 7 des Übereinkommens grundsätzlich Rechnung, nach dem die Antwort durch die Mitteilung von einschlägigen Entscheidungen, Schrifttumsauszügen und erläuternden Bemerkungen begleitet werden kann. Ob dies tatsächlich geschieht, ist jedoch der ersuchten Stelle überlassen, ohne daß im Einzelfall eine Verpflichtung dazu besteht²³⁰.

---

²²³ Herrn *Jörg Pirrung* sei an dieser Stelle für seine Bemühungen gedankt.
²²⁴ Für seine ausführliche Darstellung ist Legal Advisers Mr. *Iain MacLeod* herzlich zu danken.
²²⁵ In diesem Sinne auch *Schütze*, DIZPR, S. 118.
²²⁶ *Nagel*, IZPR, Rn. 444.
²²⁷ BGH LM § 293 ZPO Nr. 14 = MDR 1988, 123.
²²⁸ *Otto*, Jhb.f.ital.R. Bd.7 (1994), S. 233, 238 FN. 20; *Duden*, S. 143, 151.
²²⁹ Vgl. BGH NJW-RR 1992, 1211, 1212; *Sommerlad/Schrey*, NJW 1991, S. 1377, 1380.
²³⁰ *Wolf*, NJW 1975, S. 1583, 1586; Erläuternder Bericht des Europarates in BT-Drucks. VII. Nr. 992, Nr. 33; *Bülow/Böckstiegel/Geimer/Schütze - Pirrung* Bd. I A I, S. 381-10, Anm. 27.

II. Die einzelnen Erkenntnisquellen und ihre prozessuale Behandlung

Um flexibel auf jeden Fall reagieren zu können, hat man von einer zwingenden Festlegung bestimmter Inhaltserfordernisse abgesehen[231]. Falls dem Gericht aber im Rahmen des Übereinkommens nur Gesetzestexte mitgeteilt werden, und die erteilte Antwort keine nähere Darstellung enthält, aus der sich der notwendige Einblick in die umfassende Rechtspraxis gewinnen läßt, versagt das Übereinkommen für die Fälle, in denen es maßgeblich darauf ankommt, während dagegen die bearbeitende Person eine Mitteilung nicht für nötig erachtet[232].

Die notwendige Übersetzung als Fehlerquelle stellt neben der Unvollständigkeit der Sachverhaltsschilderungen und der dadurch bedingten Antworterteilung eine weitere Schwachstelle des Übereinkommens heraus. Wie bereits der BGH erkannte, ist die wortgetreue Übersetzung bei Texten mit rechtlichem Bezug häufig problematisch. Erforderlich sind in der Regel Spezialkenntnisse der ausländischen Rechtssprache[233]. Soweit diese fehlen, kommt es nicht nur zu amüsanten Sprachblumen, sondern auch zu gravierenden Mißverständnissen; so z.B., wenn der Begriff Kollisionsrecht mit „law of accidents" übersetzt[234] oder die Staatsangehörigkeit mit „appartenance à un état" wiedergegeben wird[235]. Die gleiche Schwierigkeit trifft ausländische Gerichte, die hinsichtlich der Vaterschaftsvermutung in § 1600o Abs. 2 BGB ein Miteinander-Wohnen ausreichen lassen[236]. Andererseits können gleiche Bezeichnungen auch einen unterschiedlichen Gehalt haben[237]. Daran wird deutlich, daß nur die genaue Kenntnis eines Rechtssystems das Auffinden funktional äquivalenter Begriffe ermöglicht[238].

Die Verwertung einer Auskunft kann daher neben der unzutreffenden und mißverständlichen Verwendung fremder Rechtsbegriffe durch eine fehlerhafte Übersetzung erheblich beeinträchtigt werden[239]. Je länger und umfangreicher der mitgeteilte Sachverhalt oder schließlich die Auskunft nebst Anlagen sind, um so größer wird das Risiko von Mißverständnissen beurteilt, die sich auf

---

[231] Erläuternder Bericht des Europarates in BT-Drucks. VII. Nr. 992, Nr. 33; *Bülow/Böckstiegel/Geimer/Schütze - Pirrung* Bd. I A I, S. 381-10, Anm. 27.

[232] Vgl. BGH LM § 293 ZPO Nr. 14 = MDR 1988, 123; allg. *Otto*, Jhb.f.ital.R., Bd.8 (1995), S. 229, 230.

[233] BGH NJW 1987, 591, 592.

[234] *Otto*, FS Firsching, S. 209, 224.

[235] *Ferid*, IPRax 1995, S. 200, 201.

[236] *Ferid*, IPR § 4-119, S. 161.

[237] *Luther*, RabelsZ 37 (1973), S. 660, 677; *Ferid*, IPR § 4-116 f., S. 161; *Jayme*, IPRax 1995, S. 135.

[238] *Jayme*, IPRax 1995, S. 135.

[239] *Otto*, FS Firsching, S. 209, 224; *Keller/Siehr*, Allg.Lehren des IPR § 38 I 3.c), S. 499; *Jayme*, StAZ 1976, S. 358, 360 FN. 6; *v.Bar*, IPR Bd.I, Rn. 343.

Übersetzungsmängel gründen, obwohl eine ausführliche Darstellung gerade der Vermeidung von Fehlinterpretationen dienen wollte[240].

Dem Übereinkommen verbleibt als zuverlässige Erkenntnisquelle infolgedessen ein Anwendungsbereich in den Fällen, in denen sich Rechtsfragen einfach und eindeutig formulieren lassen und dementsprechend eng umgrenzt sind[241]. Besteht ein Klärungsbedarf hinsichtlich konkreter Punkte, wird sich eine ausländische Auskunft häufig eher anbieten als die Stellungnahme inländischer Sachverständiger, da die Vorteile einer ausländischen Auskunft neben der Zuverlässigkeit der Wiedergabe der aktuellen Praxis in ihrer Schnelligkeit und den geringeren Kosten liegen[242]. Das betrifft insbesondere Angaben, die sich an bestimmten Daten orientieren, wie die Frage nach der Gültigkeit einer Norm, der Geschäftsfähigkeit ebenso wie die Höhe des aktuellen Zinssatzes oder von Unterhaltsansprüchen, etc.[243].

Die höchstrichterliche Rechtsprechung trägt dieser Betrachtung durchaus Rechnung und erkannte bei Zweifeln an der Wirksamkeit der Vollstreckbarkeit einer auf einem italienischen Urteil vermerkten Registrierungsgebühr nach Artt. 31, 47 Nr. 1 EuGVÜ die Notwendigkeit der Inanspruchnahme des Übereinkommens[244]. Diese Tendenz wurde jüngst in einem Urteil zur Konkretisierung unbestimmter ausländischer Titel im Klauselerteilungsverfahren der Artt. 31 ff. EuGVÜ bestätigt, in der sich der BGH für die Klärung der maßgeblichen Rechtslage auf seine frühere Entscheidung bezog[245]. Bereits zuvor empfahl der BGH, Zweifel bei der Bestimmung des maßgebenden Kurswertes einer Währung im Wege des Übereinkommens auszuräumen[246]. Das Übereinkommen gewinnt damit zunehmend an Bedeutung, soweit es um die Klärung der Vollstreckbarkeit ausländischer Urteile geht, vgl. § 6 Abs. 1 AVAG[247]. An dieser Rechtsprechung orientiert sich auch der Vorschlag von Dopffel, die zur Konkretisierung erforderliche Feststellung im Verfahren der Vollstreckbarerklärung für ausländische indexierte Unterhaltstitel grundsätzlich im Wege des Übereinkommens zu treffen[248]. Der BGH wies zuvor schon in einem anderen Zusammenhang auf die Benutzung des Übereinkommens hin. Anläßlich der Feststellung der Existenz eines außergesetzlichen Rechts-

---

[240] *Otto*, FS Firsching, S. 209, 224.
[241] *Stein/Jonas-Leipold* § 293 ZPO Rn. 81; *Schütze*, DIZPR, S. 118.
[242] *Otto*, FS Firsching, S. 209, 229.
[243] *Schack*, IZVR, Rn. 631.
[244] BGH NJW 1983, 2773, 2775 = WM 1983, 655, 657 = IPRax 1985, 154, 156.
[245] BGHZ 122, 16, 19 f.; vgl. *Roth*, IPRax 1994, S. 350, 351.
[246] BGH IPRax 1986, 157, 159.
[247] HansOLG IPRax 1995, 391, 393.
[248] *Dopffel*, IPRax 1986, S. 277, 282, Anm zu BGH IPRax 1986, 294.

II. Die einzelnen Erkenntnisquellen und ihre prozessuale Behandlung 161

instituts hätte das Gericht zur Ermittlung der maßgeblichen Rechtspraxis auch auf das Übereinkommen zurückgreifen können[249]. Dem entspricht eine schon bei Otto wiedergegebene Stellungnahme eines um Auskunft ersuchten inländischen Instituts[250]. Dieses sah sich nicht in der Lage, die aktuelle schweizerische Gerichtspraxis zum Verhältnis der allgemeinen Bereicherungs- und spezialgesetzlichen Vorschriften zu ermitteln, und regte deshalb an, eine entsprechende Auskunft durch das Europäische Übereinkommen einzuholen[251]. Das Rechtsauskunftsübereinkommen bleibt jedoch grundsätzlich nicht auf den Kreis der dargelegten Fälle beschränkt, sondern bietet sich regelmäßig als eine geeignete Erkenntnisquelle an, sobald das Gericht Auskunft über eine eindeutig zu formulierende Rechtsfrage begehrt[252]. Diese setzt, wie sich bereits gezeigt hat, eine gewisse Vertrautheit mit den ausländischen Rechtsbegriffen voraus.

Eine vermeintliche Entwertung des Übereinkommens durch die Unzulässigkeit der Ladung des Auskunfterteilenden[253] ist im Rahmen dessen nicht zu erkennen, da eine persönliche Anhörung bei abstrakten Rechtsauskünften oh-

---

[249] BGH IPRax 1981, 130, 134 (gesellschaftsrechtlicher Haftungsdurchgriff in Liechtenstein) = NJW 1981, 522, 526 = insoweit nicht in BGHZ 78, 318, 335 abgedruckt.

[250] *Otto*, FS Firsching, S. 209, 229.

[251] IPG 1977 Nr. 5 (Heidelberg), S. 31, 40 f.

[252] vgl. BGH NJW-RR 1992, 642, 643 (Eintritt der Rechtshängigkeit mit Eingang der „requête en divorce" beim TGI); OLG Koblenz IPRax 1982, 20, 21 (Schweigen auf ein kaufmännisches Bestätigungsschreiben nach niederländischem Recht); AG Besigheim IPRax 1982, 73, 74 (Versagung der Anerkennung der Trennung zwischen Tisch und Bett in Italien); vgl. die unter der Federführung von *Otto* veröffentlichten Ersuchen in den Jahrbüchern für ital. R.: LG Gießen Jhb.f.ital.R., Bd.8 (1995), S. 275 f. (Vorfahrtsregelung); LG Köln Jhb.f.ital.R., Bd.7 (1994), S. 303-307 (Schadensbegriff-Schmerzensgeld bei Verkehrsunfällen), AG Bernkastel-Kues a.a.O., S. 307-309 (Rechtsfolgen der Verjährung); LG Traunstein Jhb.f.ital.R., Bd.6 (1993), S. 253 f. (Vertragsstrafen), LG Darmstadt a.a.O., S. 254-256 (Zulässigkeit der Aufrechnung), AG Schwabach a.a.O., S. 256-259 (Eheverfehlung im Trennungsverfahren), AG Michelstadt a.a.O., S. 260-262 (Spurwechsel im Straßenverkehr); AG Hagen Jhb.f.ital.R., Bd.5 (1992), S. 285 f. (Namensrecht), OLG Hamm a.a.O., S. 286-288 (Scheidungsrecht), AG Gelsenkirchen a.a.O., S. 288 f. (Erbrecht); AG Darmstadt Jhb.f.ital.R., Bd.4 (1991), S. 215 f. (Mutterschaftsanerkenntnis), AG Darmstadt a.a.O., S. 216 f. (Unterhaltsanspruch); LG Landau Jhb.f.ital.R., Bd.3 (1990), S. 225-228 (Versicherungsvertragsrecht), AG Mönchengladbach a.a.O., S. 228-231 (Festsetzung des nachehelichen Unterhalts); OLG Köln Jhb.f.ital.R., Bd.2 (1989), S. 149 f. (Scheidungsrecht), a.a.O. Justizministerium Baden-Württemberg, S. 150 (Adoptionsrecht), Saarländisches Justizministerium a.a.O., S. 151 (Erbrecht); vgl. *Soergel-Kegel* Vor Art. 3 EGBGB Rn. 206.

[253] *Geisler*, ZZP 91 (1978), S. 176, 196; *Fuchs*, RIW 1995, S. 807, 809.

nehin selten erforderlich wäre[254]. Auch die Befürchtungen der ungewissen Sachkunde des Auskunfterteilenden, die ausländischen Auskünften generell entgegengebracht werden[255], sind in Fällen der Wiedergabe bestimmter Punkte, die die ausländische Rechtswirklichkeit betreffen, in der Regel unbegründet.

Die Abstraktheit der Rechtsauskünfte, die ein Hauptgegenstand der Kritik bildet[256], verbietet es dem Gericht, die mitgeteilten Angaben unreflektiert zu übernehmen und entgeht damit der Gefahr eines Sachverständigengutachtens, da das Gericht zur selbständigen Beurteilung gezwungen ist[257]. Zugleich wird dem Gericht mit dem Übereinkommen die Möglichkeit anhand gegeben, ein Sachverständigengutachten im Rahmen freier richterlicher Beweiswürdigung, i. S. des § 286 ZPO, einer Überprüfung zu unterziehen[258]. Denn es ist diesbezüglich nicht ausgeschlossen, daß ein Gericht neben der Einholung eines inländischen Gutachtens den Weg des Übereinkommens beschreitet[259]. Die ausländische Auskunft wird das inländische Sachverständigengutachten nicht ersetzen, sondern nur ergänzen können und den Richter bei zusätzlicher Inanspruchnahme zu mehr Unabhängigkeit gegenüber dem Sachverständigen führen.

Zur Verbesserung der Übersetzungsqualität wurde bereits angeregt, entweder den Sprachendienst des Auswärtigen Amtes oder den Übersetzungsdienst des Europarates einzuschalten[260]. Zum anderen wurde vorgeschlagen, jede Seite in ihrer Amtssprache schreiben zu lassen, da eine Übersetzung in die eigene Amtssprache erheblich leichter fallen würde als in eine Fremdsprache[261]. Das Übereinkommen sieht selbst die Möglichkeit vor, das Ersuchen in der Originalsprache beizufügen, Art. 14 Abs. 1 EuRAÜ. Damit wird bei offensichtlichen Übersetzungsfehlern der ersuchten Stelle eine Kontrollmöglichkeit

---

[254] *Schack*, IZVR, Rn. 636; *Arens*, FS Zajtay, S. 7, 16 f.

[255] *Kegel*, FS Nipperdey 1965, S. 453, 463.

[256] *Ferid*, IPR § 4-91 u. 94, S. 155 f.; *ders.*, FS Möhring, S. 1, 17 u. 21 f.; *Kegel*, Kolloquium MPI, S. 157, 173; *ders.*, FS Nipperdey 1965, S. 453, 467 f.; *Schütze* DIZPR, S. 118; *Schack*, IZVR, Rn. 632; *Luther*, RabelsZ 37 (1973), S. 660, 677; *Hetger*, FamRZ 1995, S. 654; *ders.*, DNotZ 1994, S. 88; *ders.*, DRiZ 1981, S. 233; *Brendref*, MDR 1983, S. 892, 894 FN. 33; Denkschrift von *Arndt, Ferid, Kegel, Lauterbach, Neuhaus, Zweigert* in RabelsZ 35 (1971), S. 323, 324 f.; *Krause*, S. 57; offen *Wengler*, JR 1983, S. 221, 227; vgl. MünchKomm-*Prütting* § 293 ZPO Rn. 46.

[257] *Otto*, FS Firsching, S. 209, 221 u. 224; *Sommerlad/Schrey*, NJW 1991, S. 1377, 1381; *Arens*, FS Zajtay, S. 7, 20 f.

[258] *Stein/Jonas-Leipold* § 293 ZPO Rn. 81; *Arens*, FS Zajtay, S. 7, 20.

[259] *Geisler*, ZZP 91 (1978), S. 176, 196.

[260] *Otto*, FS Firsching, S. 209, 224.

[261] *Ferid*, IPR § 4-94 2, S. 156.

II. Die einzelnen Erkenntnisquellen und ihre prozessuale Behandlung 163

eingeräumt. Zur Vermeidung von Mißverständnissen ist dieser Weg durchaus als Regel zu empfehlen.

Anzuregen wäre darüber hinaus eine Standardisierung von Auskunftsersuchen mittels eines Antragsformulars. In Anlehnung an die Grundsätze zur Abfassung von gerichtlichen Beweisbeschlüssen zum ausländischen und internationalen Privatrecht des Bayerischen Staatsministeriums der Justiz vom 13. August 1979[262] wäre der ausländischen Stelle, soweit das deutsche IPR keine Sachnormverweisung vornimmt, zunächst Gelegenheit zu geben, zum eigenen internationalen Privatrecht Stellung zu nehmen, um eine versteckte Weiterverweisung auszuschließen. Desgleichen ist die Anfrage im Hinblick auf persönliche Merkmale zu konkretisieren, die für die Anwendung möglicher Teilrechtsgebiete entscheidend sind, vgl. Art. 4 Abs. 1 Satz 2 2.HS EuRAÜ. Neben der Angabe der Religions- und Staatsangehörigkeit kommt der Wohnsitz bzw. der gewöhnliche Aufenthalt der Parteien dafür in Betracht[263]. Um dem Problem der Unvollständigkeit der Sachverhaltsdarstellung zu begegnen, wäre gezielt auf eine exakte Schilderung aller Umstände hinzuweisen. Im Rahmen dessen ist darauf aufmerksam zu machen, daß einschlägige Abschriften der Gerichtsakten nach Maßgabe des Art. 4 Abs. 2 2.HS EuRAÜ beigefügt werden können. Dabei wird man auch die Möglichkeit aufzeigen, das Ersuchen flexibel nach Alternativfragen zu gliedern. Ein öffentliches Antragsformular bedeutet zugleich eine Steigerung des Bekanntheitsgrades des Übereinkommens.

Wie die Kodifikationen in Italien und den Niederlanden[264] zeigen, führt ein gesetzlicher bzw. amtlicher Niederschlag zugleich zu einem Popularitätsschub des Abkommens. Einen Schritt in diese Richtung unternahm bereits das Justizministerium Baden-Württemberg, welches in der ersten Verwaltungsvorschrift zur Ausführung des Landesgesetzes über die freiwillige Gerichtsbarkeit vom 5. Mai 1975 in § 4 Abs. 1 Satz 3 auf die Benutzung des Übereinkommens abstellt[265]. Während sich die Anzahl der Gesamtersuchen in Deutschland in den Jahren 1975-1994 mit 454 errechnen läßt, hatte Baden-Württemberg davon ein Anteil von 49 Ersuchen. Auch wenn sich die Zahl der Auskunftsersuchen infolgedessen in Grenzen hält, könnte eine amtliche Bezugnahme dazu beitragen, das Übereinkommen zunehmend ins Bewußtsein der Gerichte zu rücken.

---

[262] Bayer. JMBl 1979, S. 174 f.; *Brendref*, MDR 1983, S. 892, 893; ders., DRiZ 1983, S. 145.

[263] Vgl. *Bülow/Böckstiegel/Geimer/Schütze - Pirrung* Bd. I A 1, S. 381-7, Anm. 16; *Brendref*, MDR 1983, S. 892, 894.

[264] Vgl. Art. 150 f., 429s Wetboek van Burgerlijke Rechtsvordering, Staatsblad 1979, 372; dazu *d'Oliveira*, NJB 1979, S. 637, 643.

[265] Die Justiz, Amtsblatt des Justizministeriums Baden-Württemberg, 1975, S. 201.

Daneben wäre für die Erleichterung der Übermittlung von Ergänzungs- und Erläuterungsfragen die Zulässigkeit eines unmittelbaren Kontaktes dienlich. Bislang führt dieser regelmäßig über die Übermittlungsstelle nach Art. 13 Abs. 2 i.V.m. Art. 9 EuRAÜ. Denkbar wäre ein direkter Austausch zwischen der auskunfterteilenden Person und dem ersuchenden Gericht. Auf diesem Wege ließen sich auch Ergänzungsfragen des Gerichts durch die bereits eingearbeitete Auskunftsperson klären, während das Übereinkommen solche stets als ein neues Auskunftsersuchen behandelt.

Obgleich eine persönliche Anhörung bei abstrakten Rechtsauskünften in der Regel nicht erforderlich sein wird, könnte die Vernehmung der auskunfterteilenden Person in Ausnahmefällen offene Fragen und bestehende Unsicherheiten bei der Anwendung des ausländischen Rechts beseitigen. Daher wäre anzuregen, die Ladung der sachverständigen Person entgegen § 4 AuRAG zuzulassen. Eine Vernehmung wäre jedoch nur möglich, soweit sich die auskunfterteilende Stelle bzw. Person bereiterklärt, freiwillig zu erscheinen[266]. Auf diese Weise ließen sich schließlich auch Befürchtungen über die ungewisse Sachkunde des Auskunfterteilenden ausräumen, die ausländischen Auskünften häufig entgegengebracht werden.

Der Informationsverlust bei Mehrfachübersetzungen und die Schwierigkeit, die abstrakten Antworten unter Beachtung des ausländischen Rechtssystems auf den Fall anzuwenden, beeinträchtigen die Verwertbarkeit der Rechtsauskünfte bei komplexen Sachverhalten[267]. Für einfache, klar begrenzte Probleme gilt dies hingegen nicht. Für sie bietet sich regelmäßig eine Inanspruchnahme des Übereinkommens an. Das gleiche gilt, soweit zweifelhaft ist, ob die bereits gewonnenen Erkenntnisse mit der Rechtspraxis im Ausland übereinstimmen.

2. Gerichtsinterne Selbstermittlung

Bereits gegenüber unbekannten inländischen Rechtssätzen ist das Gericht gezwungen, sich die erforderliche Kenntnis durch ein persönliches Studium der Literatur oder anderer Erkenntnismittel, gegebenenfalls unter Mitwirkung wissenschaftlicher Mitarbeiter, von Rechtsreferendaren oder durch Konsultationen kundiger Kollegen, zu beschaffen[268]. Dieser Weg ist dem Gericht auch im Hinblick auf die Ermittlung ausländischen Rechts nicht versperrt.

---

[266] Als Folge einer Ladung stünde dem ausländischen Sachverständigen eine Entschädigung nach § 6 ZSEG zu, vgl. dazu *Müller*, Der Sachverständige im gerichtlichen Verfahren, Rn. 769, S. 536.

[267] Vgl. *Duden*, S. 143, 151.

[268] *Stein/Jonas-Leipold* § 293 ZPO Rn. 8; MünchKomm-*Prütting* § 293 ZPO Rn. 4.

II. Die einzelnen Erkenntnisquellen und ihre prozessuale Behandlung   165

Eine vereinzelte Ansicht hält dagegen die Eigenforschung durch den Richter, der „*ja noch andere Fälle zu bearbeiten*" habe, schlechthin für unzumutbar[269]. Sicherlich begegnet eine uneingeschränkte, dem Gericht auferlegte Ermittlung in den Fällen Bedenken, in denen sich die Rechtslage nur mit unangemessenen Mitteln und unter unverhältnismäßigem Aufwand durch das Gericht selbst ermitteln läßt, während zugleich andere Aufgabenbereiche infolgedessen vernachlässigt werden. Dennoch kann angesichts dieser Bedenken dem Gericht nicht die Möglichkeit der Selbstermittlung genommen werden. Die ordnungsgemäße Erledigung der sonstigen Amtsgeschäfte schließt die eigene gerichtliche Ermittlung ausländischen Rechts nicht aus, sondern setzt ihr im Einzelfall lediglich Grenzen.

Dem Wortlaut des § 293 Satz 1 ZPO entsprechend ist die Möglichkeit des „Beweises" für die Feststellung ausländischen Rechts erst eröffnet, wenn das anzuwendende ausländische Recht dem Gericht unbekannt ist. Danach darf und muß das Gericht im Gegensatz zu Tatsachen sein eigenes Wissen zugrunde legen, wobei es keinen Unterschied machen kann, ob die Kenntnis anläßlich des Verfahrens entstanden ist oder bereits vor dem Prozeß vorhanden war[270]. Soweit sich der Richter außerhalb des Verfahrens durch ein eigenständiges Quellenstudium die entsprechenden Kenntnisse über die betreffenden ausländischen Rechtsnormen verschafft, handelt es sich nicht um einen Vorgang, der die Anwendung der förmlichen Beweisvorschriften auslöst, sondern um ein ausschließlich internes Vorgehen des Gerichts ohne Bindung an feste Regeln[271].

Wenn diesbezüglich gerichtsinterne Feststellungen auch grundsätzlich nicht an die Vorschriften des förmlichen Beweisverfahrens gebunden sind, so wird sich eine derartige Vorgehensweise doch zumindest regelmäßig an den allgemeinen Verfahrensgrundsätzen messen lassen müssen. Denn, auch sofern eine interne Ermittlung selbst nicht als Teil des Verfahrens angesehen wird[272], weist § 278 Abs. 3 ZPO als Ausgestaltung des Grundsatzes des rechtlichen Gehörs einer für die Parteien unvorhersehbaren, gerichtlichen Entscheidung Schranken, indem er ein Verbot von Überraschungsentscheidungen festschreibt[273]. Neben der Aufklärungspflicht zum vollständigen Tatsachenvortrag

---

[269] *Raape/Sturm*, IPR Bd.I, § 17 II. 6a, S. 309; vgl. *Krause*, S. 14.

[270] *Stein/Jonas-Leipold* § 293 ZPO Rn. 32 u. 37; MünchKomm-*Prütting* § 293 ZPO Rn. 16; *Sommerlad/Schrey*, NJW 1991, S. 1377, 1379.

[271] *Peters*, Freibeweis, S. 181; MünchKomm-*Prütting* § 293 Rn. 24; *Stein/Jonas-Leipold* § 293 ZPO Rn. 37.

[272] *Stein/Jonas-Leipold* § 293 ZPO Rn. 37.

[273] *Thomas/Putzo* § 278 ZPO Rn. 3; MünchKomm-*Prütting* § 278 ZPO Rn. 22; *Zöller-Greger* § 278 ZPO Rn. 5; *Rosenberg/Schwab/Gottwald* § 78 III. 1.d), S. 430; *Stein/Jonas-Leipold* § 293 ZPO Rn. 53.

nach § 139 ZPO statuiert § 278 Abs. 3 ZPO eine Hinweispflicht des Gerichts auf die von einer Partei nicht bzw. nicht in ihrer Erheblichkeit erkannten rechtlichen Gesichtspunkte[274]. Im Rahmen dessen hatte sich der BGH bislang damit befaßt, daß die Anwendung ausländischen Rechts in der zweiten Instanz, während die Vorinstanz sowie auch die Parteien noch von der Anwendbarkeit inländischen Rechts ausgegangen sind, eine entsprechende Hinweispflicht des Gerichts auslöst, damit sich die Parteien diesbezüglich äußern können[275]. Demzufolge wird eine derartige Kenntnisnahme regelmäßig auch zu einer Darlegung der richterlichen Rechtsansicht führen[276].

a) Verbesserte Kommunikationstechniken

Neben umfangreichen deutschen Veröffentlichungen die Anwendung ausländischen Rechts im allgemeinen betreffend, existieren als Erleichterung für die Auseinandersetzung mit ausländischem Recht seit langem auch spezielle Loseblattsammlungen wie auf dem Gebiet des internationalen Ehe- und Kindschaftsrechts sowie des internationalen Erbrechts. Um stets der aktuellen Gesetzeslage gerecht zu werden, dürfte es jedoch geboten sein, über das Studium der Sekundärquellen hinaus sowohl den gegenwärtigen Gesetzesstand als auch die jüngste Entwicklung der Rechtsprechung abzufragen. Es wird in diesem Zusammenhang teilweise als ein unlösbares Problem betrachtet, derartige Sammlungen jeweils auf dem aktuellen Stand zu halten[277].

Hinzugetreten ist im Zuge des Aufbruchs in ein neues multimediales Zeitalter die Möglichkeit der Benutzung von ausländischen Datenbanken. Angesichts moderner Kommunikationsmittel ist ein Zugriff auf ausländische Datenträger ähnlich dem deutschen JURIS System (Juristisches Informationssystem) möglich[278]. Die Einbindung erfolgt über kommerzielle Anbieter und ist durchaus nicht mit geringen Kosten verbunden, so daß eine umfassende Vernetzung der Gerichte und auch der Forschungsinstitute noch aussteht[279]. Neben der weiterhin bestehenden Sprachschwierigkeit, denn die nachgefragten Angaben werden durchweg in der Orignalsprache übermittelt, wird das Verfahren des

---

[274] *Zöller-Greger* § 278 ZPO Rn. 5; MünchKomm-*Prütting* § 278 ZPO Rn. 23.

[275] BGH NJW 1976, 474, 476; *Baumbach/Lauterbach/Albers/Hartmann - Hartmann* § 278 ZPO Rn. 16; *Thomas/Putzo* § 278 ZPO Rn. 10; MünchKomm-*Prütting* § 278 ZPO Rn. 40.

[276] *Luther*, FS Bosch, S. 559, 569.

[277] *Schütze* in GS Fritz Baur (1992), S. 93, 94; *Neuhaus*, RabelsZ 20 (1955), S. 201, 245.

[278] Vgl. *Kegel*, FS Hübner, S. 504, 514.

[279] Vgl. schon *Schnyder*, Anwendung, S. 79; Herrn *Witt*, MPI Hamburg, ist für seine Hinweise herzlich zu danken.

II. Die einzelnen Erkenntnisquellen und ihre prozessuale Behandlung

Zugriffs auf bestimmte Informationen durch ein Dialogsystem (Retrievalsystem) gestaltet, welches grundsätzlich von Datenbank zu Datenbank verschieden ist und eine Einarbeitung erfordert. Der Speicherungsumfang ist ebenfalls unterschiedlich und reicht von bibliographischen Angaben, Hinweisen auf Fundstellen über Leitsätze und Zusammenfassungen (Abstracts) bis zur Volltextwiedergabe von Normen, Entscheidungen und Fachliteratur.

Aufgebaut wurden Datenbanken[280] bisher in den deutschsprachigen Nachbarländern Österreich (RDB/ REDOK) und der Schweiz (SWISSLEX), wobei die Schweizerische Juristische Datenbank die Dokumente zwar in der Originalsprache gespeichert hat (d.h. Deutsch, Französisch, Italienisch), bei dem Recherchezugriff werden die Suchbegriffe aber automatisch, mittels eines Traduktionsprogramms, in die jeweilige Sprache übersetzt. Desweiteren existieren bezüglich der BENELUX-Staaten unter dem gemeinsamen System BELINDIS (Belgian Information and Dissemination Service) nach jeweiligen Rechtsordnungen gegliederte Datenbanken: Für Belgien und Luxemburg (BLEX/ BJUS/ LJUS) sowie für die Niederlande (NLEX) und daneben das eigenständige niederländische System von Kluwer Datalex (JURIDISCHE DATENBANK). In Frankreich beinhaltet das umfassende System von JURIDIAL (Société de Distribution de bases de données juridiques) drei Datenbanken verschiedener inhaltlicher Gewichtung (CNIJ/ JURIS-DATA/ SYDONI). Desgleichen umfaßt das amerikanische Rechtsinformationssystem LEXIS sowohl eine Datenbank zu französischem Recht (LEXIS-French Law Libraries) als auch zum Recht Großbritanniens (LEXIS-United Kingdom Law Libraries). In Italien bietet das Dokumentationszentrum des Kassationshofs (CED) seit langem ein umfassendes Datennetz (ITALIURE) mit einer Vielzahl von thematisch verschieden gelagerten Datenbanken. Bemerkenswert ist auch das russische System (ISGI-LAW/ BIBLIO /BIBNEW) vom Institut für Gesellschaftswissenschaftliche Information (INION), welches seit 1982 eine juristische Datenbank führt. Zwar werden die Auskünfte hauptsächlich in kyrillischer Schrift auf russisch erteilt, als Abstracts in Englisch sind sie aber auch bei mangelndem russischen Sprachverständnis einer Verarbeitung zugänglich. Den umfassenden Rechtsinformationssystemen WESTLAW und LEXIS, welche alle Bereiche des U.S.-amerikanischen Rechts abdecken, kommt grundsätzlich eine unbestreitbare Vorreiterrolle zu[281]. Über die europäischen Zentraldatenbanken in Brüssel (CELEX/ CJUS) lassen sich hingegen bislang wenig Auskünfte über die autonomen nationalen Rechtsordnungen beziehen.

---

[280] Dazu näher *Weidinger/Trüb*, Rechtsinformation - online (Loseblattsammlung 1990); *Heini-Keller/Girsberger* Art. 16 IPRG Rn. 51; *Gruber*, ZRP 1992, S. 6, 7.

[281] *Otto*, IPRax 1995, S. 299, 303.

An Bedeutung wird in diesem Zusammenhang auch das Speichermedium der CD-ROM gewinnen, welche als Datenträger nicht nur für inländische Rechtsinformationen zur Verfügung steht. Erwähnenswert scheint in diesem Zusammenhang das Werk von v. Bar zu sein, welches systematische Nachweise aus Schrifttum, Rechtsprechung und Gutachten der Jahre 1980 bis 1996 enthält[282]. Nach Ländern und Rechtsgebieten erleichtern systematisch geordnete Fundstellennachweise einen schnellen Recherchezugriff. Dieses Mittel ist jedoch nur praktikabel, soweit die Quellen, auf die verwiesen wird, auch zugänglich sind.

Im Hinblick auf die Entwicklung der weltweiten Vernetzung über das sog. INTERNET bleibt abzuwarten, inwieweit und in welchem Umfang sich gezielt juristische Auskünfte einholen lassen. Bislang besteht die Möglichkeit über sog. virtuelle Bibliotheken (virtual library), rechtliche Informationen abzurufen. Die Dichte und der Umfang der angebotenen Informationen sind auch hier je nach Rechtsgebiet sehr unterschiedlich. Nur selten wird aber der Volltext von Gesetzen wiedergegeben. Um eine systematische Durchdringung des internationalen Angebots bemüht sich insbesondere das Institut für Rechtsinformatik der Universität Saarbrücken unter der Leitung von Herberger. Mit der Verweisung *http://www.jura.uni-sb.de/internet/Rechtsnormen.html* gelangt man zu einer nach Ländern und Rechtsgebieten gegliederten Sammlung verschiedener Querverweise (*links*)[283]. Diese führen den Benutzer per Mausclick um die ganze Welt, nur häufig nicht zu dem Text der gesuchten Vorschrift. Die Bemühung, über das INTERNET erforderliche Informationen zu sammeln, kann mit dem Versuch umschrieben werden, aus einem Feuerwehrschlauch zu trinken: Man wird dabei naß, bleibt aber immer noch durstig.

b) Zwischenergebnis

Vor dem Hintergrund eines breiten Spektrums an Erkenntnisquellen erfordert die eigenständige Ermittlung eine zielgerichtete Suche. Diese setzt voraus, daß der Richter die entsprechende Sprachkenntnis besitzt und zumindest mit den wesentlichen Strukturen und Fachbegriffen der ausländischen Rechtsordnung vertraut ist. Ein derartiges Vorgehen bietet sich daher regelmäßig an, soweit es um die Rechtslage in den benachbarten deutschsprachigen Staaten geht. Im Interesse der Verfahrensbeschleunigung und der Kostenersparnis

---

[282] Ausländisches Privat- und Privatverfahrensrecht in deutscher Sprache, 3.Aufl., Stand 22.1.1996, Carl Heymann Verlag, Köln; vgl. *Herber*, RIW 1995, S. 502, 504 zu UNILEX, Veröffentlichung zum UN-Kaufrecht unter Federführung von UNIDROIT.

[283] Vgl. die Sammlung des U.S. Repräsentanten-Hauses unter *http://law.house.gov/69.htm*, oder den Einstieg über Elsa-Bayreuth *http://www.uni-bayreuth.de/students/elsa/jura/jurweb-home.html*.

II. Die einzelnen Erkenntnisquellen und ihre prozessuale Behandlung 169

sollte der Richter versuchen, diesen Weg der Selbstermittlung zuerst zu beschreiten[284]. Insoweit besteht im Prinzip kein Unterschied zur Ermittlung inländischen Rechts.

Besitzt das Gericht jedoch keine besonderen Kenntnisse und stößt der Richter im Zuge der Selbstermittlung auf ein Problem, dessen Bewältigung ein Spezialwissen voraussetzt, welches grundsätzlich nur durch langjährige Arbeit und Erfahrung auf dem Gebiet des einschlägigen ausländischen Rechts erworben werden kann, ist die Beschränkung auf die Ergebnisse einer eigenständigen Ermittlungstätigkeit ermessensfehlerhaft[285], wie der BGH anläßlich der Feststellung eines außergesetzlichen Haftungsinstituts hervorhob[286] und im Rahmen der Vollstreckbarerklärung eines ausländischen Exequaturteils bestätigte[287]. Maßgeblich ist danach das Kriterium der besonderen Kenntnisse, die das Gericht angesichts des bereits aufgezeigten Begründungserfordernisses auch offenlegen muß. Nimmt das Gericht aber „ersichtlich keine Spezialkenntnisse" für sich in Anspruch[288], stellt die Nichteinholung einer anderweitigen Auskunft regelmäßig einen Ermessensfehler dar. In beiden vom BGH entschiedenen Fällen war das Berufungsgericht in fehlerhafter Weise zur Annahme der Nichtermittelbarkeit der ausländischen Rechtslage gelangt.

Die Selbstermittlung wird demzufolge häufig nur einen Ausgangspunkt der Auslandsrechtsfeststellung bilden[289], da sich eine Entscheidung in der Regel nicht punktuell auf die bloße Ermittlung einer Norm stützen läßt, sondern, wie sich gezeigt hat, nur unter der Berücksichtigung der gesamten ausländischen Rechtspraxis getroffen werden kann. Handelt es sich hingegen um einfach gelagerte Rechtsfragen, die mit Hilfe der dem Gericht zur Verfügung stehenden Literatur eindeutig zu beantworten sind, bietet sich eine gerichtsinterne Ermittlung als ein gangbarer und zweckmäßiger Weg an[290].

Das LG Oldenburg hielt in diesem Zusammenhang den Richter der Vorinstanz für verpflichtet, soweit das erkennende Gericht nur einen unvollständigen und veralteten ausländischen Gesetzestext besitzt, während das benachbarte LG über eine neue Textsammlung verfügt, diese zu konsultieren, bevor er

---

[284] *Stein/Jonas-Leipold* § 293 ZPO Rn. 38; *Luther*, FS Bosch, S. 559, 568 f.

[285] *Zöller-Geimer* § 293 ZPO Rn. 20; *Stein/Jonas-Leipold* § 293 ZPO Rn. 32; MünchKomm-*Prütting* § 293 ZPO Rn. 24.

[286] BGH IPRax 1981, 130, 134 = NJW 1981, 522, 526 insoweit nicht in BGHZ 78, 318, 335 abgedruckt.

[287] BGH NJW 1984, 2763, 2764 = RIW 1984, 644, 646.

[288] BGH IPRax 1981, 130, 134; BGH NJW 1984, 2763, 2764.

[289] *Luther*, FS Bosch, S. 559, 568 f.; vgl. *Krause*, S. 14.

[290] *Ferid*, IPR § 4-88, S. 154; *Luther*, FS Bosch, S. 559, 569.

sich an ein Institut wendet[291]. Im Rahmen seiner Ermessensentscheidung hat das Gericht daher grundsätzlich zu berücksichtigen, wie es sich die Kenntnis am einfachsten, schnellsten und billigsten verschaffen kann[292].

Die Anforderungen und Eigenschaften, die bei einer eigenständigen Forschungstätigkeit als auch infolge einer ausländischen Auskunft an den Ermittlungsgegenstand zu stellen sind, weisen ein vergleichbares Profil auf. Im Verhältnis zueinander stehen die Erkenntnisarten jedoch auf unterschiedlichen Stufen. Während die eigenständige Forschungstätigkeit unmittelbarer Ausdruck der Amtsermittlung ist, stellt die ausländische Auskunft ein ergänzendes Hilfsmittel dar, mit dem die in der Phase der Selbstermittlung konkretisierten Entscheidungsgrundlagen überprüft werden können.

c) Problembewältigung durch organisatorische Maßnahmen

Im engen Zusammenhang mit der Selbstermittlung stehen organisatorische Maßnahmen, die über Geschäftsverteilungspläne und fortschreitende Spezialisierung zu einer Konzentration von auslandsbezogenen Fällen bei bestimmten Kammern führen[293]. Diese Entwicklung bestätigt den Weg der Selbstermittlung. Mit dem Umgang von Auslandsrecht bereits erfahrenen Richtern werden vielfach ergänzende Auskünfte genügen, während andere auf ausführliche Gutachten angewiesen wären. Sollte ein Gutachten dennoch erforderlich sein, ist das Gericht der kaum kontrollierbaren Sachkompetenz der Gutachter nicht in der gleichen Weise ausgeliefert wie ein mit der Anwendung ausländischen Rechts gänzlich unerfahrenes Gericht[294].

Im Anschluß daran wurden Vorschläge geäußert, in das GVG eine Bestimmung einzustellen, die eine derartige Zusammenfassung von Geschäftsbereichen vorsieht[295]. Dem schien der Gedanken des § 105 UrhG als Vorbild zugrundezuliegen[296]. Die mögliche Kollision verschiedener Konzentrationser-

---

[291] LG Oldenburg IPRspr. 1984, Nr. 2, S. 2 = StAZ 1984, 344; vgl. *Kropholler*, IPR § 59 III. 2.a), S. 526 FN. 42.

[292] LG Oldenburg IPRspr. 1984, Nr. 2, S. 2, 3; *Kropholler*, IPR § 59 III. 2.a), S. 526; vgl. *Küster*, S. 95 f.

[293] *Luther*, RabelsZ 37 (1973), S. 660, 669 f.; *ders.*, FS Bosch, S. 559, 571; *Kegel*, FS Hübner, S. 504, 519; *Ferid*, FS Möhring, S. 1, 12 f.

[294] *Linke*, IZVR, Rn. 279; *Luther*, FS Bosch, S. 559, 572.

[295] Denkschrift von *Arndt, Ferid, Kegel, Lauterbach, Neuhaus, Zweigert*, RabelsZ 35 (1971), S. 323, 328 f. u. 331; Deutscher Rat für IPR, Denkschrift in RabelsZ 46 (1982), S. 743, 745; *Firsching*, ZZP 95 (1982), S. 121, 134; vgl. *Kropholler*, IPR § 59 III 3., S. 529; *Schack*, IZVR, Rn. 634; *Schütze*, DIZPR, S. 117.

[296] Vgl. für Kartellsachen §§ 89, 93 GWB, für Familien- und Vormundschaftssachen § 23c GVG.

II. Die einzelnen Erkenntnisquellen und ihre prozessuale Behandlung 171

mächtigungen und die befürchtete Überschneidung mit anderen Geschäftsbereichen wurden bislang gegen eine derartige gesetzliche Regelung geltend gemacht[297].

3. Die Einholung von Auskünften im formlosen Verfahren

Nach Satz 2 des § 293 ZPO ist das Gericht nicht an die von den Parteien vorgelegten Nachweise gebunden, sondern kann sich innerhalb des laufenden Verfahrens auch auf andere Erkenntnismittel stützen. Indem die Vorschrift allgemein die Benutzung von Erkenntnis*quellen* eröffnet und diesbezüglich das Gericht das Erforderliche anordnen kann, wird deutlich, daß das Gericht hierbei nicht auf die Beweismittel der ZPO beschränkt bleiben soll, sondern vielmehr berechtigt ist, Erkenntnisquellen jeder Art in formloser Weise heranzuziehen[298].

In Betracht kommen neben dem Europäischen Rechtsauskunftsübereinkommen Auskünfte von in- und ausländischen Behörden, insbesondere Botschaften, Konsulaten und Ministerien[299]. Die amtliche Auskunft wird im Gesetz zwar erwähnt, §§ 273 Abs. 2 Nr. 2, 358a Nr. 2, 437 Abs. 2 ZPO, aber eine Regelung ihrer verfahrensrechtlichen Erhebung fehlt in den §§ 371 ff. ZPO[300]. Bereits zur Terminvorbereitung erfaßt § 273 Abs. 2 Nr. 2 ZPO neben inländischen auch Auskünfte von ausländischen Behörden, die im Wege der Rechtshilfe nach § 40 Abs. 1 ZRHO nicht unmittelbar, sondern über die Landesjustizverwaltungen einzuholen sind[301].

a) Ausländische Vertretungen im Inland

Für den Nachweis des maßgeblichen Inhalts ausländischen Rechts sind Anfragen bei den entsprechenden Auslandsvertretungen im Inland denkbar[302]. Darunter fallen nach § 4 Nr. 4 ZRHO die ausländischen diplomatischen und

---

[297] *Marquordt*, RabelsZ 38 (1974), S. 759, 760 m.w.N.
[298] *Stein/Jonas-Leipold* § 293 ZPO Rn. 39; MünchKomm-*Prütting* § 293 ZPO Rn. 26.
[299] Vgl. OLG Hamm RIW 1994, 513, 514.
[300] *Baumbach/Lauterbach/Albers/Hartmann* - Hartmann Übers § 373 ZPO Rn. 32.
[301] BGH NJW 1992, 3106, 3107; *Stein/Jonas-Leipold* § 293 ZPO Rn. 40; *ders.*, § 273 ZPO Rn. 26; MünchKomm-*Prütting* § 273 ZPO Rn. 21; *Baumbach/Lauterbach/Albers/Hartmann* - Hartmann Übers § 373 ZPO Rn. 32; vgl. *Hohlfeld*, Einholung amtlicher Auskünfte, S. 64 f.
[302] *Kegel*, Kolloquium MPI, S. 157, 172; MünchKomm-*Sonnenberger* EGBGB/IPR Einl., Rn. 454.

insbesondere konsularischen Vertretungen. Dabei ist generell zu beachten, daß bei einer Rechtsauskunft die Anfrage nicht von grundsätzlicher Bedeutung sein darf, § 47 Abs. 2 ZRHO, d.h. das Ersuchen muß jeweils von einem bestimmten Einzelfall veranlaßt sein[303]. Die in § 47 Abs. 2 ZRHO kodifizierten Grundsätze für unmittelbare Ersuchen um behördliche Auskünfte beanspruchen ihrer allgemeinverbindlichen Anforderungen wegen auch für den Bereich der Rechtsauskünfte Geltung. Hiernach sind ausdrücklich Anfragen zulässig in Vormundschafts- und Nachlaßsachen sowie bei Staatsangehörigkeitsangelegenheiten. Eine allgemeine Verpflichtung zur Beantwortung von Auskunftsersuchen, die von inländischen Gerichten an ausländische konsularische Vertretungen im Inland gestellt werden, besteht nicht. Die ausländischen Stellen handeln vielmehr aus reiner *courtoisie*, § 3 Abs. 1 Nr. 2 ZRHO[304].

Vereinzelt hat sich das Verständnis herausgebildet, daß die Einholung derartiger Rechtsauskünfte grundsätzlich untersagt sei[305]. Dieses findet jedoch keine Bestätigung und kann darüber hinaus nicht mit der geltenden Fassung des § 48 Abs. 2 Satz 1 ZRHO in Einklang gebracht werden, wonach die jeweils zuständige Landesjustizverwaltung zu unterrichten ist, sobald eine Auskunft über ausländisches Recht von einer ausländische Vertretung im Inland eingeholt werden soll.

Die Lehre steht diesem Weg der Ermittlung des einschlägigen ausländischen Rechts überaus kritisch gegenüber, da die Stellungnahmen selten ausführlich genug dokumentiert und häufig unzuverlässig seien[306]. Ursächlich dafür ist, daß der Schwerpunkt der Aufgaben ausländischer Vertretungen nicht in der Erteilung von Rechtsauskünften liegt. Daher sind ausländische Stellen grundsätzlich weder personell ausreichend besetzt noch sachlich hinreichend ausgestattet, um derartige Auskunftsersuchen verläßlich und befriedigend zu behandeln. Nur in Ausnahmefällen läßt sich eine positive Praxis feststellen, wenn sichergestellt ist, daß die Ersuchen von kompetenter Seite bearbeitet werden[307]. Da aber sowohl die Bereitschaft der ausländischen Vertretung zur

---

[303] *Bülow/Böckstiegel/Geimer/Schütze* Bd.III G I ZRHO, S. 900-44, Anm. 171; *Soergel-Kegel* Vor Art. 3 EGBGB Rn. 176.

[304] *Wieczorek/Schütze - Schütze* Einl.§§ 1-49 ZPO, Rn. 176; *Kegel*, FS Nipperdey, S. 453, 465.

[305] *Schlemmer*, Rechtshilfeverkehr, S. 65, C.

[306] Denkschrift von *Arndt, Ferid, Kegel, Lauterbach, Neuhaus, Zweigert*, RabelsZ 35 (1971), S. 323, 324; *Ferid*, FS Möhring, S. 1, 23; *ders.*, IPR § 4-95, S. 156; *Kegel* FS Nipperdey, S. 453, 465; *Müller*, Kolloquium MPI, S. 66, 69; *Schnyder*, Anwendung, S. 92; *Kropholler* IPR § 59 III 2.c), S. 529; *Hetger*, FamRZ 1995, S. 654.

[307] *Kropholler*, IPR § 59 III 2.c), S. 529; MünchKomm-*Sonnenberger* EGBGB/IPR Einl., Rn. 454; *Müller*, Kolloquium MPI, S. 66, 69; *Kegel*, Kolloquium MPI, S. 157, 172; *Schnyder*, Anwendung, S. 92.

intensiven Auseinandersetzung mit der Anfrage, als auch die Fachkompetenz des Bearbeiters dem ersuchenden Gericht beim Einreichen des Ersuchens in der Regel nicht bekannt sind, stellt sich der erfolgreiche Ausgang einer Anfrage häufig als ungewiß dar.

b) Deutsche Auslandsvertretungen

Neben ausländischen Missionen im Inland kommen als Erkenntnisquelle auch Anfragen bei eigenen diplomatischen Vertretungen und Konsulaten im Ausland in Betracht, dessen Rechtsordnung betroffen ist. Eine Verpflichtung zur Bearbeitung gerichtlicher Anfragen kann für eigene diplomatische Einrichtungen im Rahmen der Amtshilfe hergeleitet werden. Der Weg zu der eigenen Vertretung im Ausland ist technisch betrachtet zwar länger als der über ausländische Stellen im Inland, aber dieser muß sich nicht zwingend verlängernd auf die Bearbeitungszeit auswirken[308]. Von diplomatischen Institutionen im Ausland kann man im allgemeinen erwarten, daß sie das eigene inländische Recht kennen. Sie sind daher in der Lage die Anfrage des Gerichts besser zu verstehen als ausländische Vertretungen im Inland und wissen in der Regel, wie ausführlich und unter welcher Angabe von notwendigen Belegen sie zu antworten haben[309]. Als entscheidender und offensichtlicher Vorteil kommt dieser Erkenntnismöglichkeit auch das fehlende Sprachproblem zugute.

Zu beachten ist jedoch, daß es unabhängig einer im Wege der Amtshilfe bestehenden Verpflichtung grundsätzlich nicht zu dem vorrangigen Aufgabengebiet einer ausländischen Vertretung gehört, Rechtsanfragen zu beantworten[310]. Noch geringer mag die Chance einer Beantwortung eingestuft werden für den Fall, daß eine derartige Anfrage von einer Partei ausgeht, da es nicht als Aufgabe diplomatischer Vertretungen anzusehen ist, private rechtsberatende Tätigkeit auszuüben[311]. Schütze gibt ferner zu bedenken, daß das im diplomatischen Dienst übliche Versetzungssystem dazu führt, daß die Rechtsabteilungen der Auslandsvertretungen in der Regel zwar mit sehr qualifizierten, aber mit dem Recht des jeweiligen Landes häufig nur unzulänglich vertrauten Juristen besetzt sind[312].

---

[308] Vgl. KG Berlin IPRax 1991, 60 (Auskunft der deutschen Botschaft in Saudi-Arabien im summarischen Verfahren); *Soergel-Kegel* Vor Art. 3 EGBGB, Rn. 176 m.w.N; *ders.*, FS Nipperdey, S. 453, 465.

[309] *Kegel*, FS Nipperdey, S. 453, 465.

[310] *Kropholler*, IPR § 59 III 2.c), S. 529; *Kegel*, FS Nipperdey, S. 453, 465; *Schütze*, RWS-Skript 70, S. 53; *Krause*, S. 62.

[311] *Schütze*, RWS-Skript 70, S. 53; vgl. aber OLG Hamm RIW 1994, 513, 514.

[312] *Schütze*, RWS-Skript 70, S. 53. in diesem Sinne auch MünchKomm-*Sonnenberger* EGBGB/IPR Einl., Rn. 454.

Die Qualität der Antwort auf eine Rechtsanfrage wird dementsprechend davon abhängig sein, ob ein interessierter und geeigneter Jurist mit der Beantwortung betraut ist[313]. Der Erfolg einer Anfrage hängt somit von den jeweiligen aktuellen Umständen ab[314]. Da sich diese regelmäßig erst ex post offenbaren, wird eine Unsicherheit erkennbar, die dazu veranlaßt, diesen Weg der Erkenntnis weder vorbehalts- noch konkurrenzlos zu empfehlen.

c) Auskünfte von vorgesetzten Justizbehörden

Eine weitere Grundlage für die Erteilung von Rechtsauskünften bildet die bereits erwähnte Verwaltungsvorschrift zur Ausführung des Landesgesetzes über die freiwillige Gerichtsbarkeit in Baden-Württemberg[315]. Bedarf es des Nachweises über internationales und ausländisches Privatrecht, so kann das Gericht nach Maßgabe des § 4 Abs. 1 Satz 1 das Landesjustizministerium um eine Auskunft ersuchen.

Auf Bundesebene wurde bereits 1969 dem Bundesverwaltungsamt die Aufgabe der Auskunfterteilung über ausländisches Recht übertragen, insbesondere auf dem Gebiet des Familien-, Erb-, Staatsangehörigkeits-, Personenstands-, Aufenthalts- und Ausländerrechts[316]. Praktische Bedeutung haben derartige Anfragen für die Beantwortung komplexer Auslandsrechtsprobleme mangels entsprechender Quellenausstattung nicht erlangen können. Müssen die Unterlagen erst aus dem Ausland beschafft werden, wird dieses Verfahren als äußerst zeitraubend angesehen[317].

Die Einholung von Auskünften bei der vorgesetzten Justizverwaltung des eigenen Landes hat sich demzufolge nicht in gleicher Weise bewähren können wie in der Schweiz und Österreich[318]. Als Grund werden auch psychologische Hemmnisse angeführt. Während einerseits der Richter befürchtet, sich durch

---

[313] *Kropholler,* IPR § 59 III 2.c), S. 529; *Kegel,* FS Nipperdey, S. 453, 465; *ders.,* Kolloquium MPI, S. 157, 172; *Müller,* Kolloquium MPI, S. 66, 69; *Ferid,* FS Möhring, S. 1, 23; Denkschrift von *Arndt, Ferid, Kegel, Lauterbach, Neuhaus, Zweigert,* RabelsZ 35 (1971), S. 323, 324.

[314] Vgl. OLG Köln IPRspr. 1993, Nr. 3, S. 4, 6 (Botschaft in Georgien); *Hetger,* FamRZ 1995, S. 654; MünchKomm-*Sonnenberger* EGBGB/IPR Einl., Rn. 454.

[315] Die Justiz, 1975, S. 201; *Ferid,* FS Möhring, S. 1, 22 f.; *Müller,* Kolloquium MPI, S. 66, 69 f.

[316] Abs.I 1. der Anordnung des Auswärtigen Amtes v. 21. Februar 1969 im BAnz. Nr. 95, v. 24. Mai 1969, S. 1; vgl. *Kropholler,* IPR § 59 III 1.c), S. 525 f. FN. 37; *Hetger,* FamRZ 1995, S. 654; *Kegel,* FS Nipperdey, S. 453, 464.

[317] *Kropholler,* IPR § 59 III 1.c), S. 526; *Hetger,* FamRZ 1995, S. 654.

[318] *Luther,* RabelsZ 37 (1973), S. 660, 678; *Kegel,* Kolloquium MPI, S. 157, 171; *Kropholler,* IPR § 59 III 1.c), S. 526 FN. 37.

II. Die einzelnen Erkenntnisquellen und ihre prozessuale Behandlung 175

seine Fragestellung eine Blöße zu geben, beschränkt sich die Behörde andererseits auf die Erteilung von kurzen Hinweisen, um den Eindruck der Einflußnahme auf die Rechtsprechung zu vermeiden[319].

d) Direkte Anfragen an ausländische Gerichte

Aus schweizerischer Sicht sind von Schnyder Zweifel geäußert worden, inwieweit neben dem Europäischen Rechtsauskunftsübereinkommen eine direkte Anfrage eines inländischen Richters an ein ausländisches Gericht noch zulässig wäre, insbesondere im Verhältnis zu den Staaten, mit denen Erklärungen über den direkten gerichtlichen Verkehr wie Belgien und Deutschland bestehen[320]. Grundlage des unmittelbaren Behördenverkehrs bilden regelmäßig bilaterale Vereinbarungen, die anstelle der Übermittlung von Rechtshilfeersuchen auf diplomatischem Wege den unmittelbaren Verkehr zwischen einzelnen Stellen zulassen[321].

Die Bedenken Schnyders werden schon durch die Zielsetzung des Europäischen Rechtsauskunftsübereinkommens weitestgehend ausgeräumt. Das Verhältnis zu anderen völkerrechtlichen oder innerstaatlichen Möglichkeiten, Rechtsauskünfte zu erlangen, ist nicht ausdrücklich geregelt[322]. Laut Präambel dient das Übereinkommen als ein Beitrag zur Erleichterung der Beschaffung von Auskünften. Infolgedessen beansprucht es keine ausschließliche Geltung, da es anderenfalls dem geäußerten Ziel der engeren Verbindung der europäischen Staaten die notwendige Eigendynamik nähme. Auch innerhalb des Anwendungsbereichs des Europäischen Rechtsauskunftsübereinkommens können daher andere zwischenstaatliche Wege zur Erlangung von Rechtsauskünften beschritten werden[323].

In diesem Zusammenhang schlug Wengler vor, nach U.S. amerikanischem Vorbild Auskünfte oberster ausländischer Gerichte in den Fällen einzuholen, in denen sich Zweifel über den Stand des Rechtes oder bei besonderen Ausle-

---

[319] *Kropholler*, IPR § 59 III 1.c), S. 526; Denkschrift von *Arndt, Ferid, Kegel, Lauterbach, Neuhaus, Zweigert*, RabelsZ 35 (1971), S. 323, 324; *Schnyder*, Anwendung, S. 90 f.; vgl. *Krause*, S. 63, *Küster*, S. 67.

[320] *Schnyder*, Anwendung, S. 94 in FN. 252a.

[321] Vgl. Art. 9 Abs. 4 Haager Übereikommen über den Zivilprozeß, v. 1.5.1954, der unmittelbare Behördenverkehr ist mit Belgien (BGBl. 1959 II, S. 1525f), Österreich (BGBl. 1959 II, S:1523) und der Schweiz (RGBl. 1930, S. 674) vereinbart, *Jayme/Hausmann* Nr. 106, Anm. 15; vgl. *Bülow/Böckstiegel/Geimer/Schütze* Bd.III G I §§ 96 f. ZRHO, S. 900-69, Anm. 297.

[322] Vgl. *Bülow/Böckstiegel/Geimer/Schütze - Pirrung* Bd. I A I, S. 380 -3.

[323] *Bülow/Böckstiegel/Geimer/Schütze - Pirrung* Bd. I A I, S. 380 -3.

gungsfragen ergeben[324]. Dabei sollte es sich jedoch nur um Anfragen handeln, die bislang als nicht hinreichend und abschließend geklärt gelten. Neben der zusätzlichen Belastung der höchsten Gerichtshöfe erkannte Wengler die daraus resultierende Gefahr, daß ausländische Anfragen aus Zeitmangel voreilig beanwortet werden könnten[325]. Ihm ist insoweit zuzustimmen, als das ersuchte Gericht nach der Bearbeitung einer umstrittenen Rechtsfrage sich bei einem nachfolgenden Inlandsverfahren an seine in der Beanwortung zum Ausdruck kommende Rechtsansicht halten wird. Die Nähe des Gerichts zum praktizierten Rechtsleben spricht dafür, daß die tatsächlich bestehende Rechtspraxis bei der Beantwortung von Anfragen eine ausreichende Berücksichtigung findet. Die alltägliche Praxis eines Richters, welcher sich ständig mit rechtlichen Beurteilungen auseinandersetzt, steht der Beantwortung einer Rechtsfrage von Anfang an näher als das umfangreiche Tätigkeitsfeld der eingeschalteten Justizverwaltung[326]. Eine direkte Anfrage an ausländische Richter und Gerichte erscheint unter diesen Gesichtspunkten gegenüber einer behördlichen Auskunft durch die Justizministerien eher geeignet, dem Postulat der besonderen Berücksichtigung der praktizierten Rechtswirklichkeit Rechnung zu tragen[327] und bei umstrittenen Rechtsfragen mit deren Beantwortung zukünftig für Rechtssicherheit zu sorgen.

Die Möglichkeit der Weiterleitung von Anfragen im Rahmen des Europäischen Übereinkommens zur Bearbeitung durch ein „qualified lawyer" bzw. „juriste qualifié" nach Art. 6 Abs. 2 EuRAÜ würde zumindest nicht ausschließen, daß in gleicher Weise Richter mit der Beanwortung eingehender Ersuchen betraut werden können, vgl. § 6 Abs. 1 Satz 2 AuRAG[328]. Bedenken gegen die Einholung amtlicher Auskünfte speziell oberster ausländischer Gerichte sind schon in einem anderen Zusammenhang erhoben worden[329]. Neben der vermeintlichen Verlagerung der Entscheidung ins Ausland wird vor allem geltend gemacht, daß die Hindernisse nicht wirksam werden, die einer solchen Entscheidung normalerweise im Wege stehen, wenn dem ausländischen Gericht die Befassung mit erstinstanzlichen Sachen fernliegt[330].

---

[324] *Wengler*, JR 1986, S. 221, 226.

[325] *Wengler*, JR 1986, S. 221, 226.

[326] *Wengler*, JR 1986, S. 221, 226 f.

[327] Vgl. statt vieler *Stein/Jonas-Leipold* § 293 ZPO Rn. 58.

[328] In diesem Sinne *Wengler*, JR 1986, S. 221, 227 FN. 43.

[329] *Kegel*, FS Nipperdey, S. 453, 467 f.; Denkschrift von *Arndt, Ferid, Kegel, Lauterbach, Neuhaus, Zweigert*, RabelsZ 35 (1971), S. 323, 324; *Müller*, RabelsZ 32 (1968), S. 156, 157; vgl. Vorschlag der Studienkommission der Internationalen Richtervereinigung, DRiZ 1968, S. 278, 279 III.

[330] Denkschrift von *Arndt, Ferid, Kegel, Lauterbach, Neuhaus, Zweigert*, RabelsZ 35 (1971), S. 323, 324; vgl. *Wengler*, JR 1986, S. 221, 227.

II. Die einzelnen Erkenntnisquellen und ihre prozessuale Behandlung

e) Die prozessuale Behandlung einer amtlichen Rechtsauskunft

Im Hinblick auf ihre Erscheinung besitzt die amtliche Auskunft verschiedene Gesichter. Da sie ausdrücklich im Gesetz genannt ist, und infolge des § 293 Satz 2 ZPO besteht kein Anlaß, die Zulässigkeit ihrer Einholung infrage zu stellen[331]. Die Möglichkeit, eine amtliche Auskunft einzuholen, wirft jedoch die Frage auf, auf welche Weise dies zu geschehen hat. Ihre prozessuale Behandlung ist gesetzlich nicht näher geregelt.

Dadurch, daß die amtliche Auskunft unmittelbar von keiner förmlichen Verfahrensregelung erfaßt wird, könnte eine Bindung an die Vorschriften der §§ 355 ff. ZPO grundsätzlich abgelehnt werden[332]. Die amtliche Auskunft wäre danach als ein selbständiges Beweismittel zu behandeln, das die Zeugen- und Sachverständigenvernehmung ersetzt. Die Parteien hätten auf ihre Verwertung keinen Einfluß, selbst für den Fall, daß eine behördliche Auskunft ein konkrete Begutachtung enthält[333]. Zugleich erkannte die Rechtsprechung jedoch auch die Gefahr der Beeinträchtigung des Erkenntniswertes insbesondere durch eine etwaige Befangenheit des Auskunfterteilenden[334] oder durch die fehlende mündliche Erläuterung. Eine Berücksichtigung dessen soll auf der Ebene der Würdigung des Beweiswertes erfolgen[335].

Demgegenüber bestimmt das Gesetz insoweit auch nicht positiv, daß das Gericht bei der Einholung amtlicher Auskünfte nicht an die Vorschriften der §§ 355 ff. ZPO gebunden sein soll. Wie die §§ 358a Nr. 2, 437 Abs. 2 ZPO zu erkennen geben, kann eine amtliche Auskunft auch im Rahmen eines förmlichen Beweisverfahrens eingeholt werden. Infolgedessen wird vertreten, daß der Schluß aus der fehlenden Regelung im Strengbeweisverfahren auf die Nichtanwendbarkeit der förmlichen Beweisregeln nicht zwingend sei, da die

---

[331] *Stein/Jonas-Schumann* VII vor § 373 ZPO Rn. 51.

[332] BGH LM § 147 BGB Nr. 1; BGH LM § 272b ZPO Nr. 4: sieht die amtl. Auskunft als ein „überall zulässiges selbständiges Beweismittel, das nicht den Regeln des Strengbeweises,[..] sondern dem sog. Freibeweis unterliegt, und für das [..], soweit es ein Gutachten zum Gegenstand hat, die Vorschriften über den Sachverständigenbeweis nicht gelten". *Rosenberg/Schwab/Gottwald* § 112 II.3., S. 639; *Blomeyer*, § 66 II.3., S. 349; vgl. *Hohlfeld*, Einholung amtlicher Auskünfte, S. 73.

[333] BGH LM § 402 ZPO Nr. 16 = MDR 1964, 223 = ausführlich in WM 1964, 202, 204.

[334] BGH WM 1964, 202, 204; OLG Stuttgart NJW-RR 1987, 190 f. (Ausschluß der Befangenheitsablehnung bei Gutachterausschüssen); vgl. BVerwG NJW 1988, 2491; NVwZ 1988, 1019, 1020.

[335] BGH LM § 402 ZPO Nr. 16 = WM 1964, 202, 204; BVerwG NVwZ 1986, 35, 36; vgl. BGHZ 62, 93, 94 zur Befangenheitsablehnung; ablehnend MünchKomm-*Damrau* § 402 ZPO Rn. 11 FN. 45.

bloße Bezeichnung die substanzielle Qualität der Äußerung der Behörde nicht ändert[336]. Die Eigenschaften einer Behörde, die einer Gutachtenbeauftragung angesichts der §§ 404 Abs. 3, 407a Abs. 2 ZPO entgegenzustehen scheinen, vermögen einen Verzicht auf die Vorschriften über den Sachverständigenbeweis nicht zu rechtfertigen[337]. Wird die eingeholte Auskunft daher in der Form einer Begutachtung erteilt, so müßte auch dargelegt werden, welche natürliche Person das Behördengutachten verantwortlich erstellt habe, so daß diese Person gegebenenfalls zur Erläuterung geladen bzw. von einer Partei abgelehnt werden könnte[338]. Es besteht nach dieser Ansicht kein Bedürfnis, von der Geltung der Verfahrensvorschriften abzusehen[339]. Diese regeln zum Schutz der Parteien, auf welche Weise sachkundiges Wissen in den Prozeß eingeführt wird. Die Möglichkeit der Ablehnung wegen Befangenheit sowie die der Beeidigung des Sachbearbeiters und der Anspruch auf Erläuterung in der mündlichen Verhandlung dienten aussschließlich der Gewährleistung einer sachlich richtigen Auskunft. Die Maßstäbe des Sachverständigenbeweises müßten demzufolge auch bei einer amtlichen Auskunft berücksichtigt werden, sofern diese eine konkrete Begutachtung enthält[340].

Soweit danach amtliche Auskünfte sowohl formlos eingeholt werden können als auch unter Beachtung der förmlichen Verfahrensvorschriften zu verwerten sind, scheint das aufgezeigte Spannungsverhältnis zwischen dem freien und beweisrechtlichen Vorgehen bei der Einholung einer behördlichen Rechtsauskunft wieder aufzuleben.

---

[336] *Stein/Jonas-Schumann* VII vor § 373 ZPO Rn. 51; *Peters*, Freibeweis, S. 126; *Hohlfeld*, Einholung amtlicher Auskünfte, S. 76.

[337] *Baumbach/Lauterbach/Albers/Hartmann - Hartmann* Übers § 373 ZPO Rn. 33; *Hohlfeld*, Einholung amtlicher Auskünfte, S. 104 u. 108 f.

[338] BGHZ 62, 93, 95 (angepaßte Anwendung der §§ 402 ff. ZPO bei Erläuterung eines Ausschußgutachtens); BGH BB 1976, 480, 481 (Anhörung des Sachbearbeiters der Handelskammer); vgl. BVerwG NJW 1988, 2491; NVwZ 1988, 1019, 1020; MünchKomm-*Damrau* § 402 ZPO Rn. 11, § 406 ZPO Rn. 3, § 407a ZPO Rn. 6; *Baumbach/Lauterbach/Albers/Hartmann - Hartmann* Übers § 373 ZPO Rn. 33; *Stein/Jonas-Leipold* § 404 ZPO Rn. 11 f.; in gleicher Weise sind Auskünfte von privaten Instituten und anderen Organisationen zu behandeln. Im Gegensatz zu Behördenauskünften bleiben Auskünfte privater Organisationen gesetzlich unerwähnt. Soweit eine förmliche Begutachtung angeordnet wird, ist angesichts des Übertragungsverbotes nach § 407a Abs. 2 Satz1 ZPO auch bei privaten Organisationen eine konkrete Person als Sachverständiger zu benennen.

[339] *Peters*, Freibeweis, S. 126; *ders.*, Beweisarten, JA 1981, S. 65, 69; *Hohlfeld*, Einholung amtlicher Auskünfte, S. 83 u. 109; vgl. *Baumbach/Lauterbach/Albers/Hartmann - Hartmann* Übers § 373 ZPO Rn. 33.

[340] *Peters*, Freibeweis, S. 126, *ders.*, Beweisarten, JA 1981, S. 65, 69; *Baumbach/Lauterbach/Albers/Hartmann - Hartmann* Übers § 373 ZPO Rn. 33; *Hohlfeld*, Einholung amtlicher Auskünfte, S. 109.

Vor dem Hintergrund des § 293 ZPO erfolgt die Abgrenzung hingegen nach den bereits dargelegten Ansätzen. Diesbezüglich sei nach oben verwiesen. Das Gericht entscheidet dementsprechend nach seinem Ermessen, ob es lediglich formlos um die Ablichtung eines Gesetzestextes ersucht oder die auskunfterteilende Behörde zu einer gutachterlichen Stellungnahme auffordert.

In der Regel beinhaltet die amtliche Auskunft nur die Wiedergabe aktenkundiger Umstände, die aus behördlichen Unterlagen hervorgehen[341], ohne Auskunft darüber zu geben, zu welchem Ergebnis die Anwendung der ausländischen Rechtsordnung im Einzelfall führt. In der Praxis kommen dafür entweder die Mitteilung von Gesetzestexten oder eine Stellungnahme, ob die aktuelle Rechtswirklichkeit von der Gesetzeslage abweicht, in Betracht[342]. Die Erstellung einer konkreten Begutachtung wird vielfach schon mangels Aktenversendung, insbesondere ins Ausland, nicht in Frage kommen[343].

Mit Blick auf den Inhalt der zu erwartenden Antwort wird sich eine amtliche Rechtsauskunft regelmäßig nur anbieten, soweit es sich um kurze, gezielte und eindeutig zu beantwortende Rechtsfragen handelt. Im Rahmen dessen stößt ein formloses Vorgehen nicht auf Bedenken, sondern erscheint durch den konkreten Gegenstand der Ermittlung gerechtfertigt. Soweit sich das Problem durch eine Kurzauskunft nicht bewältigen läßt, wird es bei komplexen Rechtsfragen dagegen erforderlich sein, auf einem anderen Wege unter Vorlage der Akten ein umfassendes Sachverständigengutachten anzufordern, um zuverlässige Angaben zu erhalten[344].

4. Mitwirkung der Parteien

Die Feststellung ausländischen Rechts stellt sich nicht als eine ausschließliche Tätigkeit des Gerichts dar, sondern bezieht, wie der Wortlaut des § 293 ZPO erkennen läßt, auch die Parteien in die Ermittlung ein. Es soll in diesem Abschnitt dargelegt werden, inwieweit die Parteien an der Feststellung zu beteiligen sind und welche Wirkung ihrem Verhalten zugemessen wird.

---

[341] *Hohlfeld*, Einholung amtlicher Auskünfte, S. 63.
[342] OLG Hamm RIW 1994, 513, 514 (Gegenseitigkeit der Prozeßkostensicherheit).
[343] Vgl. *Samtleben*, NJW 1992, S. 3057, 3061 FN. 52; *Fuchs*, RIW 1995, S. 807, 808; *Ferid*, IPR § 4-95, S. 156.
[344] MünchKomm-*Prütting* § 293 ZPO Rn. 26; *Schack*, IZVR, Rn. 631; *Luther*, RabelsZ 37 (1973), S. 660, 678.

a) Grundlagen der Parteibeteiligung

Um die Mitwirkung der Parteien zu ermöglichen und sicherzustellen, muß das Gericht die Ergebnisse eines formlosen sowie förmlichen Beweisverfahrens den Parteien regelmäßig mitteilen[345]. Dies fordert zugleich der Anspruch auf rechtliches Gehör aus Art. 103 Abs. 1 GG, der auch das Recht der Parteien umfaßt, sich zu Rechtsfragen zu äußern. Da sich der Anspruch auf rechtliches Gehör jedoch nicht auf die eigentliche Rechtsanwendung bezieht, wird eine generelle Verpflichtung des Gerichts zu einem Rechtsgespräch überwiegend abgelehnt[346]. Damit die Parteien aber von ihrem Recht zu Rechtsausführungen im Verfahren nach Maßgabe des § 137 Abs. 2 ZPO sinnvoll Gebrauch machen können, erscheint es erforderlich, daß das Gericht den Parteien Hinweise gibt, wie es die ausländische Rechtslage beurteilt. Ausreichend ist die Offenlegung der gerichtlichen Rechtsansicht, ohne daß diese zu einer Diskussion oder einer umfassenden Urteilsvorhersage führt, so daß die Parteien infolgedessen ihren Tatsachenvortrag darauf einstellen und gegebenenfalls ergänzen können[347]. Die Grenze der richterlichen Hinweise muß durch das allgemeine Gebot der Unparteilichkeit gezogen werden, die durch die bloße Mitteilung einer vorläufigen Rechtsansicht in der Regel nicht überschritten wird[348].

§ 278 Abs. 3 ZPO weist als Ausprägung des Anspruchs auf rechtliches Gehör einer für die Parteien unvorhersehbaren, gerichtlichen Entscheidung Schranken, indem er ein Verbot von Überraschungsentscheidungen festschreibt[349]. Neben der Aufklärungspflicht zum vollständigen Tatsachenvortrag nach § 139 ZPO beinhaltet § 278 Abs. 3 ZPO eine Hinweispflicht des Gerichts auf die von einer Partei für unerheblich gehaltenen oder übersehenen rechtlichen Gesichtspunkte[350]. Der BGH erkannte bereits vor der Einführung des § 278 Abs. 3 ZPO durch die Vereinfachungsnovelle von 1976, daß eine uner-

---

[345] *Stein/Jonas-Leipold* § 293 ZPO Rn. 53; MünchKomm-*Prütting* § 293 ZPO Rn. 54; *Soergel-Kegel* Vor Art. 3 EGBGB Rn. 175; *Sommerlad/Schrey*, NJW 1991, S. 1377, 1381.

[346] BVerfGE 31, 364, 370; 42, 64, 68 f. u. 70; vgl. BVerwG IPRspr.1984 Nr. 3, S. 3; *Stein/Jonas-Leipold* Vor § 128 ZPO Rn. 42; *Rosenberg/Schwab/Gottwald* § 85 III. 2-4., S. 458.

[347] *Stein/Jonas-Leipold* § 293 ZPO Rn. 53; *Arens*, FS Zajtay, S. 7, 18; *Stürner/Stadler*, Aktive Rolle des Richters, S. 173, 191; *Laumen*, Rechtsgespräch, S. 57 ff., 187; MünchKomm-*Prütting* § 293 ZPO Rn. 54.

[348] Vgl. *Stürner/Stadler*, Aktive Rolle des Richters, S. 173, 191; *Stürner*, Richterl. Aufklärung, Rn. 29, 31.

[349] *Thomas/Putzo* § 278 ZPO, Rn. 3; MünchKomm-*Prütting* § 278 ZPO Rn. 22; *Zöller-Greger* § 278 ZPO Rn. 5; *Rosenberg/Schwab/Gottwald* § 78 III. 1.d), S. 430; *Stein/Jonas-Leipold* § 293 ZPO Rn. 53.

[350] *Zöller-Greger* § 278 ZPO Rn. 5; MünchKomm-*Prütting* § 278 ZPO Rn. 23.

II. Die einzelnen Erkenntnisquellen und ihre prozessuale Behandlung 181

wartete Annahme der Anwendbarkeit ausländischen Rechts in der Berufungsinstanz eine entsprechende Hinweispflicht des Gerichts nach § 139 ZPO statuiert[351]. Nach der Vereinfachungsnovelle ist dies nunmehr ein Fall des § 278 Abs. 3 ZPO, der gerichtliche Hinweise bei neuen rechtlichen Gesichtspunkten selbst dann vorsieht, wenn deren Berücksichtigung keine Prozeßhandlungen der Parteien auslösen würde, sondern lediglich Anlaß zu Rechtsausführungen wäre[352].

Neben den Fällen, in denen ein Gericht unerwartet seine Rechtsauffassung ändert oder von der Beweiswürdigung der Vorinstanz abweicht, setzt eine Hinweispflicht nicht notwendigerweise eine bereits vorhandene, ausdrückliche Stellungnahme des Gerichts oder der Parteien zu rechtlichen Gesichtspunkten voraus[353]. Da einem Tatsachenvortrag einer Partei in der Regel bestimmte rechtliche Erwägungen zugrundeliegen, läßt auch die unvorhersehbare Abweichung von einer erschließbaren rechtlichen Einordnung eine gerichtliche Hinweispflicht entstehen[354]. Um der Besonderheit der Anwendung fremder Rechtssätze darüber hinaus Rechnung zu tragen und die Beteiligung der Parteien als ergänzende Erkenntnismöglichkeit zu nutzen, wird sich das Gericht bereits frühzeitig über das bislang bekannte, ausländische Recht äußern. Dem entspricht auch durchaus die Praxis routinierter, mit Auslandsrecht erfahrener Kammern, die die Parteien von Anfang an möglichst umfassend über die rechtlichen Grundlagen informieren[355]. Neben der Besprechung der Rechtsanwendungsregeln wird das Gericht den Parteien, falls die Anwendung ausländischen Rechts in Betracht kommt, häufig Hinweise zum entsprechenden Recht geben. Es wird demnach nicht abgewartet, was die Parteien zum ausländischen Recht vorbringen, sondern das Gericht legt, soweit es hierzu in der Lage ist, die Rechtssituation von sich aus dar. Das Verfahren gerät dadurch weder auf Abwege, da die Anwälte gehalten sind, Ausführungen nur zu wesentlichen Fragen zu machen, noch sind die Parteien auf diese Art der Gefahr von Überraschungsentscheidungen ausgesetzt[356].

---

[351] BGH NJW 1976, 474, 476; *Baumbach/Lauterbach/Albers/Hartmann - Hartmann* § 278 ZPO Rn. 16; *Thomas/Putzo* § 278 ZPO Rn. 10; MünchKomm-Prütting § 278 ZPO Rn. 40.

[352] *Stürner*, Richterl. Aufklärung, Rn. 82 ff.

[353] BGH VersR 1977, 733, 734; BGH NJW 1982, 580, 581; *Stürner*, Richterl. Aufklärung, Rn. 87.

[354] *Laumen*, Rechtsgespräch, S. 162; *Stürner*, Richterl. Aufklärung, Rn. 86.

[355] *Luther*, RabelsZ 37 (1973), S. 660, 673 f.

[356] *Luther*, RabelsZ 37 (1973), S. 660, 674.

182   D. Die Ermittlung ausländischen Rechts

Als prozessuale Konkretisierung des Rechts auf rechtliches Gehör gewährleistet die Hinweispflicht des § 278 Abs. 3 ZPO die diesem Anspruch zugrundeliegende Berechtigung der Parteien zu eigenen Rechtsausführungen. Dafür ist es erforderlich, daß das Gericht die Parteien über die für entscheidungserheblich gehaltenen Gesichtspunkte im ausländischen Recht regelmäßig aufklärt. Anderenfalls gingen die Rechtsausführungen der Parteien fehl[357].

b) Behandlung des Parteivorbringens

Das Vorbringen der Parteien bildet nach allgemeinem Verständnis keine eigenständige Erkenntnismöglichkeit, sondern lediglich einen Unterfall der internen Ermittlung durch das Gericht[358]. Im Rahmen dessen ermöglicht § 293 Satz 2 ZPO dem Richter, die Parteien zur Beibringung von Nachweisen aufzufordern. Die aufgeforderte Partei kann sich entweder ihrerseits auf eine Behördenauskunft beziehen oder dem Gericht sonstiges Material vorlegen.

Fraglich ist, wie der Nachweis durch die Parteien zu behandeln ist. Unabhängig von einer richterlichen Aufforderung können die Parteien auch selbständig zum Inhalt ausländischen Rechts vortragen, ohne daß das Gericht hieran gebunden wäre. Ihr Vortrag wird durch die Rechtsprechung infolgedessen grundsätzlich freibeweislich berücksichtigt[359]. Vereinzelt wird vertreten, daß die von den Parteien beigebrachten Nachweise regelmäßig urkundenbeweislich zu verwerten seien[360]. Dem liegt eine Auffassung zugrunde, welche das Institut des Freibeweises strikt ablehnt[361]. Wie sich aber bereits gezeigt hat, eröffnet § 293 ZPO in Satz 2 insoweit gerade eine formlose Berücksichtigung der vorhandenen Erkenntnisquellen.

Trägt eine Partei ein von ihr eingeholtes Privatgutachten vor, dann ist der Inhalt dieses Gutachtens ein Parteivorbringen[362]. Das Gericht kann ein Privatgutachten zwar durchaus verwerten, dabei hat es jedoch stets zu beachten, daß es sich grundsätzlich nicht um ein Beweismittel im Sinne der §§ 355 ff. ZPO

---

[357] *Laumen*, Rechtsgespräch, S. 163.

[358] MünchKomm-*Prütting* § 293 ZPO Rn. 51; *Stein/Jonas-Leipold* § 293 ZPO Rn. 36.

[359] BGH NJW 1976, 1581, 1583; NJW 1966, 296, 298; HansOLG IPRax 1995, 391, 393; OLG Hamm, RIW 1994, 413, 514.

[360] *Wieczorek* 2.Aufl. (1976) § 293 ZPO C I b, ders., § 415 ZPO A II b 2; dagegen ausdrücklich BGH NJW 1976, 1581, 1583.

[361] *Wieczorek* 2.Aufl. (1976) § 282 ZPO Anm. D III.

[362] BGH NJW 1987, 1145; *Stein/Jonas-Leipold* vor § 402 ZPO Rn. 56; *Schneider*, Beweis, Rn. 1370.

II. Die einzelnen Erkenntnisquellen und ihre prozessuale Behandlung   183

handelt, sondern um einen qualifizierten, substantiierten Parteivortrag[363]. Soweit ein Privatgutachten in Schriftform vorgelegt wird, stellt dieses darüber hinaus einen urkundlich belegten Parteivortrag dar und wäre demzufolge auch einer urkundenbeweislichen Verwertung zugänglich[364]. Der Beweiswert wird angesichts des einseitigen Tätigwerdens des Gutachters für eine Partei in der Regel zwar gemindert sein, dies steht einer urkundenbeweislichen Nutzung ebensowenig wie der Widerspruch des Prozeßgegners entgegen[365]. Die Beweiskraft eines derartigen urkundlichen Parteigutachtens über Auslandsrecht kann sich jedoch grundsätzlich nur darauf beziehen, daß der Aussteller die vorliegende Erklärung abgegeben hat, § 416 ZPO; sie vermag sich freilich nicht darauf zu erstrecken, ob der Inhalt des Privatgutachtens auch zutreffend ist[366].

Die Verwertbarkeit beigebrachter ausländischer Gesetzestexte wird durch ihre fremdsprachige Fassung nicht beeinträchtigt[367]. Abgesehen davon, daß ausländische Gesetzestexte stets unter Rückgriff auf ihre Originalsprache zu verwenden sind, ergibt sich ihre Verwertbarkeit schon aus § 143 Abs. 3 ZPO[368]. Einer unmittelbaren Verwertung beigebrachter ausländischer Gesetzestexte steht auch die deutsche Gerichtssprache nach § 184 GVG nicht entgegen, der sich nach seinem Zweck nur auf die Verhandlung, die Schriftsätze der Parteien sowie die Gerichtsbeschlüsse und Entscheidungen bezieht, aber für den prozeßordnungsmäßigen Gebrauch von Texten, die in fremder Sprache abgefaßt sind, Raum läßt und damit der sachlichen Notwendigkeit der Auslandsrechtsfeststellung Rechnung trägt[369].

---

[363] RGZ 9, 375, 380; RGZ 162, 223, 227; BGH NJW 1993, 2382, 2383; BGH NJW 1992, 1459; BGH VersR 1981, 576, 577; OLG Düsseldorf RIW 1995, 947, 949; OLG München NJW-RR 1988, 1534, 1535.
[364] BGH NJW 1982, 2874, 2875; BGH NJW 1986, 3077, 3079; BGH NJW-RR 1994, 255, 256; *Thomas/Putzo* Vorbem § 402 ZPO Rn. 5; *Baumbach/Lauterbach/Albers/Hartmann - Hartmann* Übers § 402 ZPO Rn. 21 f.; *Stein/Jonas-Leipold* vor § 402 ZPO Rn. 56.
[365] BGH NJW 1987, 2300, 2301; OLG Karlsruhe NJW 1990, 192 (Hinweispflicht des Gerichts); *Baumbach/Lauterbach/Albers/Hartmann - Hartmann* Übers § 402 Rn. 22 f.; *Zöller-Greger* § 402 ZPO Rn. 2; *Schneider*, Beweis, Rn. 1374.
[366] Vgl. *Kralik*, ZfRV 1962, S. 75, 89.
[367] *Wieczorek* 2.Aufl. (1976) § 415 ZPO A I b; *Blomeyer* § 77 I.1., S. 409; *Jauernig* § 55 I., S. 203.
[368] OLG Hamm RIW 1994, S. 513, 514; so schon RGZ 162, 282, 287; *Zöller-Geimer* § 293 ZPO Rn. 16; vgl. MünchKomm-*Schneider* § 415 ZPO Rn. 4.
[369] RGZ 162, 282, 288; BGH NJW 1989, 1432, 1433; OLG Hamm RIW 1994, S. 513, 514 = IPRax 1996, 33, 35 mit Anm. *Otto*, IPRax 1996, S. 22, 23; *Zöller-Gummer* § 184 GVG Rn. 1; *Linke*, IZPR, Rn. 258, 262.

Soweit die Parteien danach schriftliche Nachweise über ausländisches Recht beibringen oder in den Händen halten, können diese sowohl formlos als auch mit den prozessualen Mitteln des Urkundenbeweises in das Verfahren eingeführt werden[370]. Das schriftliche Privatgutachten steht einem vom Gericht angeordneten Sachverständigenbeweis dagegen nicht gleich[371].

Darüber hinaus ist umstritten ist, ob ein Parteigutachten als Sachverständigenbeweis verwertet werden kann. Während nach einer Ansicht die Verwertung im Wege des Sachverständigenbeweises zulässig sei, sofern die Parteien zustimmen[372], könne nach einer anderen Auffassung ein Privatgutachten nur in der Form des Urkundenbeweises verwertet werden[373]. Soweit die Verwertung eines Privatgutachtens im Wege des Urkundenbeweises auch ohne das Einverständnis einer Partei zulässig wäre, müßte dies erst recht für solche Äußerungen eines Privatgutachtens gelten, auf die in einem gerichtlichen Obergutachten ausdrücklich Bezug genommen wurde bzw. die gebilligt worden sind[374]. Durch das Parteigutachten wäre eine eigene Beweisaufnahme des Gerichts dann entbehrlich, wenn der Richter aufgrund dessen zu einer zuverlässigen Beantwortung der ausländischen Rechtsfrage gelangen könnte[375]. In der Regel richten sich die mit einem Privatgutachten vorgebrachten Einwände häufig gegen ein bereits vorliegendes Sachverständigengutachten, so daß entweder ein weiteres Gutachten einzuholen oder die persönliche Anhörung des gerichtlichen Sachverständigen zu besorgen ist[376].

In diesem Zusammenhang übergeht jedoch das bereits erwähnte Urteil des BGH über die Feststellung venezolanischer Schiffspfandrechte die bislang dargelegten Grundsätze[377]. Nachdem sich in der ersten Instanz vier widersprechende Parteigutachten gegenüberstanden und ein gerichtliches Obergutachten eingeholt worden war, legte die Klägerseite im späteren Berufungsverfahren zwei weitere Parteigutachten vor, die von einer ausländischen Professorin ab-

---

[370] Vgl. *Kralik*, ZfRV 1962, S. 75, 89.

[371] *Schneider*, Beweis, Rn. 1370.

[372] BGHZ 98, 32, 40 = BGH NJW 1986, 3077, 3079; BGH NJW 1993, 2382, 2383; BGH NJW-RR 1994, 255, 256; *Thomas/Putzo* Vorbem § 402 ZPO Rn. 5; *Baumbach/Lauterbach/Albers/Hartmann - Hartmann* Übers § 402 ZPO Rn. 23; *Kerameus*, Sachverständigenbeweis, S. 115 f., 117.

[373] *Stein/Jonas-Leipold* vor § 402 ZPO Rn. 57 f.; MünchKomm-*Damrau* § 402 ZPO Rn. 9; *Zöller-Greger* § 402 ZPO Rn. 2.

[374] *Schneider*, Beweis, Rn. 1371 m.w.N., Rn. 1444.

[375] Vgl. BGH NJW 1993, 2382, 2383; BGH VersR 1987, 1007, 1008; OLG Düsseldorf RIW 1995, 947, 949.

[376] BGH NJW 1992, 1459 f.; BGH NJW 1993, 2382, 2383; *Soergel-Kegel* Vor Art. 3 EGBGB Rn. 175.

[377] BGH NJW 1991, 1418 = NJW-RR 1991, 1211 = LM § 293 ZPO Nr. 16.

gefaßt waren[378]. Der Rechtsansicht der Gutachterin hat sich das Berufungsgericht trotz persönlicher Anhörung in der mündlichen Verhandlung nicht angeschlossen. In prozessualer Hinsicht ist zu beachten, daß das Berufungsgericht die von der Klägerseite zum mündlichen Termin gestellte Gutachterin zwar angehört, aber nicht wie beantragt als sachverständige Zeugin vernommen hatte[379]. Neben dem Hinweis auf die Einholung eines erneuten Obergutachtens gab der BGH daraufhin der Verfahrensrüge des Klägers mit der Begründung statt, daß das Gericht die vom Kläger gestellte Gutachterin hätte vernehmen müssen, da die Vernehmung dem Berufungsgericht möglicherweise zusätzliche Erkenntnisse über die einschlägige Rechtspraxis vermittelt hätte[380].

Dies stößt unter Zugrundelegung der bisher gewonnenen Ergebnisse über die verfahrensrechtliche Behandlung von Privatgutachten zum ausländischen Recht auf Verwunderung. Nach den Regeln des Zivilprozesses ist der von einer Prozeßpartei gestellte Privatgutachter weder Zeuge noch gerichtlicher Sachverständiger oder ein sachverständiger Zeuge, da es nicht um die Wahrnehmung vergangener Tatsachen oder Zustände geht, § 414 ZPO. Vielmehr hatte das OLG die vom Kläger angebotene Erkenntnisquelle in der Form der schriftlichen und mündlichen Stellungnahme der Gutachterin im Rahmen des Freibeweises ausreichend genutzt und ausgeschöpft[381]. Die Qualität als Parteivorbringen bleibt davon grundsätzlich unberührt[382]. Falls der BGH an seiner Rechtsprechung festhält, wäre eine neue Möglichkeit der Verwertung von Privatgutachten zum ausländischen Recht eröffnet. Da der BGH auf eine dogmatische Begründung verzichtete, wurde von Samtleben die Befürchtung geäußert, daß der BGH künftig die Feststellung ausländischen Rechts als Tatsache den förmlichen Regeln des Zeugenbeweises unterstellen könnte[383]. Die Konsequenz wäre eine Annäherung an die englische Rechtspraxis der Beweisführung durch einen *expert witness*[384].

Soweit das Gericht nach Maßgabe des § 293 ZPO berechtigt ist, Beweismittel auch ohne Beweisantritt der Partei zu verwenden, räumen § 142 ZPO sowie § 273 Abs. 2 Nr. 1 ZPO daneben weitere Spielräume für eine richterliche Anordnung zur Vorlage schriftlicher Auslandsrechtsnachweise ein. Während der Wortlaut des § 142 Abs. 1 ZPO fordert, daß sich die Partei auf die in ihrem

---

[378] Vgl. *Samtleben*, NJW 1992, S. 3057, 3058; *Kronke*, IPRax 1992, S. 303, 304.
[379] *Samtleben*, NJW 1992, S. 3057, 3059.
[380] BGH NJW 1991, 1418, 1419 = NJW-RR 1991, 1211, 1212.
[381] *Kronke*, IPRax 1992, S. 303, 304; *Samtleben*, NJW 1992, S. 3057, 3059.
[382] *Dölle*, FS Nikisch, S. 185, 189 f.
[383] *Samtleben*, NJW 1992, S. 3057, 3059.
[384] *Kronke*, IPRax 1992, S. 303, 304; *Samtleben*, NJW 1992, S. 3057, 3059; vgl. *Küster*, S. 66.

Besitz befindliche Urkunde bezogen hat, setzen weder § 273 Abs. 2 Nr. 1 ZPO noch § 293 Satz 2 ZPO eine Bezugnahme voraus. Daraus könnte gefolgert werden, daß das Erfordernis der Bezugnahme in § 142 Abs. 1 ZPO infolgedessen an Aussagekraft verloren hat[385]. § 142 Abs. 3 ZPO eröffnet dem Gericht darüber hinaus die Möglichkeit, bei Vorlage fremdsprachiger Texte eine Übersetzung zu verlangen. Damit vermag § 142 Abs. 3 ZPO der Situation Rechnung zu tragen, daß Nachweise über ausländisches Recht größtenteils in fremder Sprache abgefaßt sind und im inländischen Verfahren einer Übersetzung bedürfen.

Die Berücksichtigung des Vorbringens einer auslandsrechtskundigen Partei wird grundsätzlich außerhalb prozessualer Beweismittel vom Gericht zur Kenntnis genommen. Es hat sich zugleich gezeigt, daß die Verfahrensordnung mit ihren Vorschriften zur Vorlegung von Urkunden darüber hinaus gesetzliche Regelungen bereithält, die die Vorlage entsprechend vorhandener, schriftlicher Nachweise veranlassen und eine daraus erwachsene Mitwirkung der Parteien bei der Ermittlung ausländischen Rechts sicherstellen können.

c) Mitwirkungspflicht der Parteien

Fraglich ist im folgenden, inwieweit mit dem Recht der Parteien, sich an den Ermittlungen zu beteiligen, eine Pflicht zur Mitwirkung korrespondiert[386]. Obgleich in der Rechtsprechung eine Pflicht der Prozeßparteien anerkannt wird, den Tatrichter bei der Ermittlung ausländischen Rechts zu unterstützen[387], besteht über die dogmatische Grundlage dieser Verpflichtung Uneinigkeit. Die Voraussetzungen und die Grenzen einer Mitwirkungspflicht sind ebensowenig geregelt wie die bei ihrer Verletzung auftretenden Folgen.

Nachdem der BGH zunächst vereinzelt auf die Mitwirkungsbeiträge der Parteien abgestellt hat[388], findet sich in seiner Rechtsprechung die Formel, daß die Parteien „nach ihren Kräften" sowie „im Rahmen des Zumutbaren" das

---

[385] *Stein/Jonas-Leipold* § 142 ZPO Rn. 2 m.w.N.; *Thomas/Putzo* § 142 ZPO Rn. 1; MünchKomm-*Peters* §§ 142-144 ZPO Rn. 11; offen *Zöller-Greger* § 142 ZPO Rn. 1; a.A. *Baumbach/Lauterbach/Albers/Hartmann - Hartmann* § 142 ZPO Rn. 9 und *Rosenberg/Schwab/Gottwald* § 121 IV.1., S. 702.

[386] MünchKomm-*Prütting* § 293 ZPO Rn. 52.

[387] BGHZ 122, 16, 17; 118, 151, 164; 118, 313, 319; BGH NJW 1987, 1145, 1146; NJW 1982, 933, 934; NJW 1976, 1581, 1583; OLG Düsseldorf IPRspr. 1986 Nr. 43, S. 97, 98; OLG Frankfurt MDR 1983, 410; KG Berlin VersR 1982, 1199; OLG Hamm WM 1981, 882, 886 = IPRspr.1980 Nr. 1b); OLG Düsseldorf WM 1977, 546, 547; LG Detmold IPRax 1995, 249, 251; LG Frankfurt IPRax 1981, 134, 135; LG Köln VersR 1978, 957.

[388] BGH NJW 1964, 2012; BGHZ 57, 72, 78 = NJW 1972, 391, 394.

Gericht bei der Auslandsrechtsermittlung unterstützen müssen[389]. Vor allem, wenn die Parteien zu den Erkenntnisquellen einer ausländischen Rechtsordnung unschwer Zugang haben, soll man von ihnen in der Regel erwarten können, daß sie das ausländische Recht konkret darstellen[390]. Danach konnten die Parteien das Vorgehen des Gerichts jeweils nur durch einen substantiierten Vortrag beeinflussen. In den Fällen, in denen das Berufungsgericht bereits fundierte Feststellungen zum ausländischen Recht getroffen hatte, genügte es nicht, das Ergebnis einfach anzuzweifeln, sondern es mußte sich vielmehr aufgrund des Parteivorbringens aufdrängen, daß die maßgebliche Rechtslage mit der bisher gewonnenen Überzeugung nicht übereinstimmt[391]. Infolgedessen hielt der BGH eine Angabe, die sich auf das Datum und Aktenzeichen eines Urteils beschränkt, ohne Wiedergabe der Urteilsgründe ebensowenig für ausreichend[392], wie die bloße Bezeichnung einer Norm, ohne diese vorzulegen[393].

Auf die dogmatischen Grundlagen einer derartigen Mitwirkungspflicht ist die Rechtsprechung bislang nicht eingegangen. Gleichzeitig erkannte der BGH jedoch, daß die Mitwirkung der Parteien das Gericht nicht davon entbindet, das für die Entscheidung maßgebende Recht von Amts wegen zu ermitteln[394]. Im Zuge einer jüngeren Entscheidung bestätigte der BGH die Zugangsmöglichkeit der Parteien zu den Erkenntnisquellen des ausländischen Rechts als maßgebliches Kriterium[395]. Dabei stellte er jedoch heraus, daß das Berufungsgericht die Ermittlung nicht insgesamt den Parteien überlassen dürfe, insbesondere wenn sich die Klägerin nur unter Schwierigkeiten Zugang zu jenen Rechtsquellen verschaffen könnte, während nicht damit zu rechnen ist, daß die Gegenpartei ohne weiteres eine für sie nachteilige Rechtslage offenlegen würde.

---

[389] BGH NJW 1976, 1581, 1583; NJW 1982, 933, 934; BGHZ 118, 151, 164; 118, 313, 319.

[390] BGH LM § 293 ZPO Nr. 20 = NJW 1995, 1032 = WM 1995, 506; BGH NJW 1992, 3096, 3098 = BGHZ 118, 313, 319 f.; BGHZ 118, 151, 164; BGH NJW 1976, 1581, 1583; vgl. *Geimer*, IZPR, Rn. 2587.

[391] *Fastrich*, ZZP 97 (1984), S. 423, 427; *Sommerlad/Schrey*, NJW 1991, S. 1377, 1380 f.; *Gottwald*, IPRax 1988, S. 210, 211.

[392] BGH NJW 1976, 1581, 1583.

[393] BGH NJW 1982, 933, 934; Bestätigung des Berufungsurteils OLG Hamm WM 1981, 882, 886; allgemein BGH IPRax 1986, 292, 293: Fehlen eines Parteivortrags zum Inhalt ausländischen Rechts, krit. *Schack* IPRax 1986, S. 272, 274.

[394] BGH NJW 1987, 1145, 1146; vgl. *Stein/Jonas-Leipold* § 293 ZPO Rn. 33.

[395] BGH LM § 293 ZPO Nr. 20 = NJW 1995, 1032 = WM 1995, 506.

Teilweise wird vertreten, eine Mitwirkungspflicht sei aus einer allgemeinen oder besonderen Prozeßförderungspflicht herzuleiten[396]. Demgegenüber scheint bereits der Ausgangspunkt zweifelhaft zu sein, der außerhalb eines zeitlichen Bezugs auf eine Prozeßförderungspflicht abstellt, um eine allgemeine Handlungspflicht der Parteien zu begründen[397]. Gesetzlich niedergeschlagen hat sich der Grundsatz einer Prozeßförderung in den §§ 277 Abs. 1, 282 Abs. 1 und § 340 Abs. 3 Satz 1 ZPO[398]. Obwohl § 293 ZPO in unmittelbarer Nähe dieser Vorschriften steht, sah sich der Gesetzgeber nicht zu einer entsprechenden Ausdehnung der Prozeßförderungspflicht auf die Auslandsrechtsermittlung veranlaßt. Leipold folgert aus der Entstehunggeschichte sowie der Stellung im Gesetz, daß die Prozeßförderungspflicht nicht auf alle Bereiche des Zivilverfahrens ausgedehnt werden könne, sondern auf ihren zeitlichen Aspekt zu beschränken sei[399]. Soweit daher anzunehmen ist, daß die Prozeßförderungspflicht nicht weiter reicht als die prozessual geregelte Mitwirkung der Parteien in § 293 ZPO selbst, läßt sich eine Unterstützungspflicht aus einer allgemeinen Pflicht zur Prozeßförderung nicht herleiten[400].

Teilweise wird eine Mitwirkungpflicht der Parteien mit dem Hinweis auf den Wortlaut des § 293 ZPO abgelehnt[401]. Der Vorschrift des § 293 ZPO sei weder dem Wortlaut nach noch dem Sinn eine Pflicht zur Mitwirkung zu entnehmen[402]. Vor dem Hintergrund, daß der Wortlaut nicht nur die Grundlage, sondern auch die Grenzen einer möglichen Auslegung bildet, vertritt Küster, daß die Annahme einer Pflicht zur Mitwirkung über den Normwortlaut hinausginge[403]: Mit der Bezugnahme auf die „von den Parteien beigebrachten Nachweise" räume der Gesetzgeber den Parteien bei der Feststellung ausländischen Rechts lediglich eine Mitwirkungsmöglichkeit ein.

Dem kann jedoch nicht gefolgt werden, da der Wortlaut des § 293 ZPO in Satz 2 ausdrücklich vorsieht, daß das Gericht zum Zwecke der Benutzung zusätzlicher Erkenntnisquellen das Erforderliche anordnen kann[404]. Daraus ist

---

[396] *Sommerlad/Schrey*, NJW 1991, S. 1377, 1380; *Huzel*, IPRax 1990, S. 77, 80; *Mankowski/Kerfack*, IPRax 1990, S. 372, 373; *Hök*, JurBüro 1987, Sp. 1760, 1762; *Baumbach/Lauterbach/Albers/Hartmann* - Hartmann § 293 ZPO Rn. 5.

[397] *Leipold*, ZZP 93 (1980), S. 237, 240.

[398] Vereinfachungsnovelle vom 03. Dezember 1976, BGBl. I S. 3281.

[399] *Leipold*, ZZP 93 (1980), S. 237, 239.

[400] *Leipold*, ZZP 93 (1980), S. 237, 244; *Krause*, S. 22.

[401] *Küster*, S. 45; vgl. *Krause*, S. 22.

[402] MünchKomm-*Prütting* § 293 ZPO Rn. 51; *Soergel-Kegel* Vor Art. 3 EGBGB, Rn. 178; *Fastrich*, ZZP 97 (1984), S. 423, 426; *Krause*, S. 22.

[403] *Küster*, S. 45 mit Hinweis auf *Larenz*, S. 324 (negative Wortlautgrenze).

[404] *v.Bar*, IPR Bd.I, Rn. 373; *Mankowski/Kerfack*, IPRax 1990, S. 372, 373. *Spellenberg*, IPRax 1988, S. 1, 7; *Müller*, Kolloquium MPI, S. 66, 70; *Riezler*, S. 496.

zu schließen, daß der Richter die Parteien auch zu weiteren Nachweisen auffordern kann. Mit dieser Anordnung korrespondiert notwendigerweise eine Mitwirkung. Anderenfalls bliebe die dem Richter eingeräumte Anordnungsbefugnis weitgehend wirkungslos. Der Richter kann danach die Unterstützung der Partei verlangen. Soweit aus § 293 ZPO eine Amtsermittlungspflicht nicht unmittelbar hervorgeht, läßt sich mit dem Wortlaut dieser Vorschrift ebensowenig eine Mitwirkungspflicht der Parteien ablehnen[405]. Wie sich bereits gezeigt hat, nahm das Reichsgericht aufgrund des § 293 ZPO anfänglich die Parteien in die Pflicht, ausländisches Recht darzulegen. Der historische Gesetzgeber hätte nicht diese Formulierung gewählt, wäre er nicht zumindest von einer Unterstützungshandlung der Parteien ausgegangen. § 293 ZPO steht der Annahme einer Mitwirkungsverpflichtung infolgedessen nicht entgegen[406]. Seinem Wortlaut ist diesbezüglich zu entnehmen, daß die Parteien nach einer entsprechenden Aufforderung den Richter bei seiner amtswegigen Ermittlung auch zu unterstützen haben[407].

Die Mitwirkungsverpflichtung bietet jedoch keinen Anhaltspunkt, um die Verantwortung der Ermittlung gänzlich auf die Parteien zu verlagern[408]. In diesem Zusammenhang führt Fastrich aus, daß die Aufforderung zur Mitwirkung infolgedessen keine Einschränkung, sondern vielmehr eine Konsequenz der Amtsermittlung sei. Er gibt im folgenden zu bedenken, daß durch eine unbedingte Mitwirkungsverpflichtung die Amtsermittlungspflicht weitgehend entwertet wäre. Der Revisionsrüge einer Partei, nach der der Tatrichter greifbare Erkenntnisquellen nicht ausgeschöpft habe, könnte regelmäßig entgegengehalten werden, sie hätte es eben an der notwendigen Unterstützung fehlen lassen[409]. Daher bedarf es der Bildung von Kriterien, unter welchen Voraussetzungen eine Partei mitwirkungsverpflichtet ist. Die mit ausländischem Recht vertraute Partei kann nicht einerseits mit ihrer Verfahrensrüge über den Ermittlungsvorgang, der Tatrichter habe bestimmte Vorschriften oder Entscheidungen übersehen, gehört werden, während sie andererseits eine ihr zumutbare Mitwirkung in der Verhandlung unterlassen hat. Dem liegt schließlich das Gebot der redlichen Prozeßführung als Ausdruck des *venire contra factum proprium* zugrunde[410].

---

[405] *Spellenberg*, IPRax 1988, S. 1, 7; *Süß*, JW 1934, S. 835, 836; vgl. *Baumbach/Lauterbach/Albers/Hartmann - Hartmann* § 293 ZPO Rn. 5.
[406] Vgl. *Spellenberg*, IPRax 1988, S. 1, 7.
[407] *Hök*, JurBüro 1987, Sp. 1760, 1761; *v.Bar*, IPR Bd.I, Rn. 373; *Mankowski/Kerfack*, IPRax 1990, S. 372, 373; *Müller*, Kolloquium MPI, S. 66, 70.
[408] BGH NJW 1987, 1145, 1146; MünchKomm-*Prütting* § 293 ZPO Rn. 25; *Stein/Jonas-Leipold* § 293 ZPO Rn. 33; *Fastrich*, ZZP 97 (1984), S. 423, 431.
[409] *Fastrich*, ZZP 97 (1984), S. 423, 426.
[410] *Rosenberg/Schwab/Gottwald* § 65 VII.2.-3., S. 363.

Im Lichte einer so verstandenen Mitwirkung sind im folgenden die Entscheidungen der Tatsachengerichte und die Voraussetzungen näher zu betrachten, die für die Annahme einer Mitwirkungspflicht ursächlich waren. Dabei wird sich herausstellen, welche Auswirkungen die Mitwirkungspflicht auf die Amtsermittlung hat.

Nach einer Entscheidung des OLG Hamm hatte der Kläger der ihm obliegenden Darlegungslast nicht genügt, indem er lediglich unsubstantiierte Behauptungen zum ausländischen Recht aufstellte[411]. Das Gericht hielt es in diesem Zusammenhang für eine reine Aufgabe des Klägers, die entsprechenden holländischen Bestimmungen anzuführen, damit es die Richtigkeit der Darlegungen hätte überprüfen können. Hinsichtlich des Streits um einen, dem § 89b HGB entsprechenden, Ausgleichsanspruch sah das LG Frankfurt die amerikanische Klägerin mit Blick auf den § 293 ZPO für darlegungs- und beweispflichtig an, daß im amerikanischen Recht ein derartiger Anspruch existiert[412]. Mit Hinweis auf § 293 ZPO hielt auch das OLG Düsseldorf die Beklagte für verpflichtet, den Inhalt eines angeblich entgegenstehenden, amerikanischen Börsengesetzes darzulegen[413]. Soweit diesen drei Entscheidungen gemein ist, daß sie über eine Mitwirkung hinaus ausschließlich die Parteien für verpflichtet ansehen, das ausländische Recht darzulegen, begeben sie sich in Widerspruch zu einer amtswegigen Ermittlung.

Das LG Köln sah eine beklagte Versicherung als beweispflichtig an, die geltend gemachte mangelnde Passivlegitimation nach holländischem Recht darzubringen, nachdem das gerichtliche Sachverständigengutachten trotz eingehender Berücksichtigung dieses Einwands keine Anhaltspunkte für die Rechtsansicht der Beklagten enthielt[414]. Soweit sich das Gericht durch einen sachverständigen Rat versicherte, der ausdrücklich auf das Vorbringen der Beklagten einging, war es Aufgabe der Partei im Rahmen der Mitwirkung ihr Vorbringen näher zu begründen.

Indem die Parteien bei der Ermittlung herangezogen werden können, ist laut OLG Frankfurt ein Auflagenbeschluß zulässig, der einer Partei aufgibt, ein zu pauschales, undeutliches oder wenig einleuchtendes Vorbringen zum

---

[411] OLG Hamm WM 1981, 882, 886 = IPRspr.1980 Nr. 1b), bestätigt durch BGH NJW 1982, 933, 934 (Verstoß einer Mitbestimmungsregelung gegen holländisches Recht).

[412] LG Frankfurt IPRax 1981, 134, 135 (Ausgleichanspruch des Handelsvertreters).

[413] OLG Düsseldorf WM 1977, 546, 547 angesichts des für anwendbar befundenen deutschen Rechts konnte dies allerdings dahinstehen.

[414] LG Köln VersR 1978, 957 (Zulässigkeit der Direktklage des Geschädigten gegen den Versicherer).

ausländischen Recht mit einem Gutachten zu substantiieren[415]. Der Auflagenbeschluß als solcher steht hier nicht im Widerspruch zur amtswegigen Ermittlung. Ausgehend von einer Parteiverpflichtung, ausländische Rechtsquellen herbeizuschaffen, belastete aber das OLG Düsseldorf, ohne von sich aus Ermittlungen anzustellen, die niederländische Klägerin mit Verspätungsfolgen, weil sie entgegen einer prozeßleitenden Verfügung niederländische Rechtsquellen nicht rechtzeitig vorgelegt hatte[416]. Hierbei führte die Aufforderung zur Mitwirkung zu einer Ersetzung der Amtsermittlung. Die Zulässigkeit der Präklusion wird später näher betrachtet.

In einer Verkehrssache ging das Kammergericht davon aus, daß nach algerischem Recht eine Anschnallpflicht nicht bestand, da der Beklagte eine entsprechende Frage des Gericht unbeantwortet ließ, obwohl er sich gewöhnlich in Algerien aufhielt und deshalb über verhältnismäßig gute Informationsmöglichkeiten verfügte[417]. Das Kammergericht orientierte sich konsequent an der Zugangsmöglichkeit der Partei zu der maßgebenden Rechtsordnung.

In Anlehnung an die BGH Rechtsprechung[418] ging auch das LG Detmold davon aus, daß das ausländische Recht grundsätzlich von Amts wegen zu erforschen sei. Das Gericht dürfe dennoch jedenfalls dann von der Nichtexistenz einer behaupteten Rechtsposition ausgehen, wenn eine Partei die ihr zumutbare Beschaffung eines angeblich existierenden Gesetzestextes unterläßt[419]. Der Kläger behauptete ein dem bisherigen Kenntnisstand entgegenstehendes spanisches Gesetz. Einer gerichtlichen Aufforderung, dieses Gesetz vorzulegen, damit das Gericht prüfen konnte, ob danach eine grundbuchlich gesicherte Rechtsposition bestand, ist der Kläger nicht nachgekommen.

Den Entscheidungen ist gemein, daß sich die unterbliebene Mitwirkung für die aufgeforderte Partei jeweils nachteilig auswirkte. Die Grundlage der Mitwirkung liegt in der Möglichkeit, sich überhaupt Kenntnis über die ausländische Rechtslage zu verschaffen. Eine Mitwirkung ist daher nur zu erwarten, wenn sie den Parteien möglich ist. Dem trägt die Rechtsprechung durch die Bezugnahme auf das Kriterium des Zugangs Rechnung. Der Umfang der Mitwirkungspflicht der einzelnen Partei hängt infolgedessen von ihren Zugangsmöglichkeiten zur anwendbaren Rechtsordnung ab. Diese richtet sich nach den konkreten Umständen der jeweiligen Prozeßpartei, wie z.B. der

---

[415] OLG Frankfurt MDR 1983, 410 (Ausschluß der selbständigen Anfechtung, § 355 Abs. 2 ZPO).
[416] OLG Düsseldorf IPRspr. 1986 Nr. 43, S. 97, 98 = RIW 1987, 793 (Chartervertrag).
[417] KG Berlin VersR 1982, 1199.
[418] BGH NJW 1976, 1581, 1583.
[419] LG Detmold IPRax 1995, 249, 251.

ständige Aufenthalt oder die Tätigkeit eines Rechtsanwaltes im entsprechenden Ausland[420]. Darüber hinaus hängt die Inanspruchnahme zur Mitwirkung einer Partei auch partiell von ihren Behauptungen im Prozeß ab. Wer bestimmte, unsubstantiierte Behauptungen über den Inhalt ausländischen Rechts aufstellt, kann in stärkerem Maße zur Mitwirkung verpflichtet werden als der bloß Passive[421]. Dem liegt schließlich der Gedanke zugrunde, daß sich eine Partei in besonderer Weise um die Ermittlungen bemühen muß, soweit sie durch ihr nicht fundiertes Vorbringen die bereits gewonnenen Erkenntnisse in Frage stellt[422]. Die Grenze sämtlicher Pflichten zieht wie auch gegenüber der Mitwirkung bei der Auslandsrechtsfeststellung die Zumutbarkeit[423]. Diese ist jedenfalls dann überschritten, soweit von einer Partei erwartet wird, daß sie eine ihr nachteilige Rechtslage offenlegt[424]. Stützt sich eine Partei auf eine eingeholte Auskunft, so hat sie diese jedoch vollständig vorzulegen, auch wenn darin nachteilige Passagen enthalten sind[425].

Allgemein anerkannt wird, daß die Ermittlung ausländischen Rechts weiterhin eine richterliche Aufgabe ist, so daß eine Partei nicht mit der Begründung abgewiesen werden kann, sie habe das im Ausland geltende Recht nicht dargelegt[426]. Dem widerspricht ein Vorgehen, die Verantwortung der Auslandsrechtsermittlung unter dem Vorwand einer Mitwirkungspflicht bei den Parteien zu suchen. Die Ermittlungspflicht des Gerichts bleibt auch bei unterlassener Unterstützung sowie von dem Mißlingen der von einer Partei angetretenen Beweisführung grundsätzlich unberührt[427]. Bei fehlender Mitwirkung einer Partei droht dieser daher kein zwangsläufiger Rechtsnachteil[428]. Es besteht allerdings ein natürliches Beweisinteresse der Parteien, sobald das Gericht bei Nichtermittlung eines Rechtssatzes dem darauf gestützten Begehren nicht stattgeben kann[429].

---

[420] BGH LM § 293 ZPO Nr. 20 = NJW 1995, 1032 = WM 1995, 506; vgl. *Huzel*, IPRax 1990, S. 77, 80 FN. 64; *Lüderitz*, IPR Rn. 179 u. 189.

[421] *Mankowski/Kerfack*, IPRax 1990, S. 372, 373.

[422] *Soergel-Kegel* Vor Art. 3 EGBGB Rn. 175, 178.

[423] *Hök*, JurBüro 1987, Sp. 1760, 1762; *Stein/Jonas-Leipold* § 293 ZPO Rn. 47.

[424] BGH LM § 293 ZPO Nr. 20; *Stein/Jonas-Leipold* § 293 ZPO Rn. 50.

[425] *Stein/Jonas-Leipold* § 293 ZPO Rn. 50; vgl. *Müller*, Kolloquium MPI, S. 66, 73 FN. 23.

[426] Statt vieler OLG Köln FamRZ 1995, 172, 173.

[427] BGH NJW 1987, 1145, 1146; BGH IPRax 1983, 193, 194; *Stein/Jonas-Leipold* § 293 ZPO Rn. 33 u. 49; MünchKomm-*Prütting* § 293 ZPO Rn. 52; *Stürner/Stadler*, Aktive Rolle, S. 173, 192.

[428] MünchKomm-*Prütting* § 293 ZPO Rn. 52.

[429] *Stein/Jonas-Leipold* § 293 ZPO Rn. 48; *Soergel-Kegel* Vor Art. 3 EGBGB Rn. 178; *Kralik*, ZfRV 1962, S. 75, 95.

II. Die einzelnen Erkenntnisquellen und ihre prozessuale Behandlung 193

Vor dem Hintergrund, daß die unterbliebene Mitwirkung in den angegebenen Fällen jeweils zum Nachteil einer Partei führte, stellt sich im folgenden die Frage, wie sich der Mitwirkungsbeitrag und der Verhaltensdruck an die Parteien prozessual qualifizieren läßt. § 293 ZPO trifft keine Beweislastentscheidung[430]. Infolge der Amtsermittlungspflicht ist sowohl die Verantwortung der Parteien für die Stoffsammlung reduziert, als auch eine prozessuale Beweisführungslast abzulehnen[431]. Satz 2 des § 293 ZPO räumt lediglich ein, daß auch die Parteien Nachweise erbringen können. Er enthält jedoch darüber hinaus keine konkrete Zuweisung, wer Beweisanträge zu stellen hat[432].

Auch wenn sich im Anschluß an die Rechtsprechung in der Literatur die Auffassung findet, daß es sich um eine *Pflicht* der Parteien handelt, das Gericht im Rahmen des Zumutbaren bei der Rechtsermittlung zu unterstützen[433], so wird demgegenüber teilweise geltend gemacht, daß die mangelnde Erzwingbarkeit der Handlung eher für eine Beibringungs*last* bei fehlender Substantiierung spricht[434]. Für diese Einordnung wird ein Vergleich mit der Substantiierungslast angeführt[435]. Kommt eine Partei jener Anforderung nicht nach, wird ihr Verhalten nicht prozeßrechtlich mißbilligt. Die Partei nimmt bei fehlender Substantiierung bewußt in Kauf, daß ein für sie günstiger Tatsachenvortrag nicht berücksichtigt werden kann. Das Risiko eines möglichen Prozeßnachteils bis hin zum Prozeßverlust wirke daher als psychologischer Verhaltensdruck auf die Parteien. Es sei aber als mittelbare Folge nicht geeignet, der Substantiierungslast den Charakter einer Pflicht zuzusprechen.

Diese Ansicht verkennt jedoch, daß das Risiko der Substantiierung die Partei trifft, ohne daß es auf eine Verhaltensbewertung wie die Zumutbarkeit ankäme[436]. Gegen die Qualifizierung als Last hat sich in diesem Zusammenhang auch Prütting gewandt[437]. Der Begriff der Last bezeichnet das Verhalten der Parteien, deren Tätigwerden nicht erzwungen werden kann, aber an deren Untätigbleiben sich Nachteile knüpfen. Der Begriff der Last verliere nach Prütting daher jegliche Konturen, wenn die Untätigkeit diese Nachteile nicht

---

[430] BGH NJW 1982, 1215, 1216 = FamRZ 1982, 262, 265; BGH NJW 1961, 410.

[431] BGH ZZP 107 (1994), 67, 71 = BGHZ 120, 334, 341 = NJW 1993, 1073 = WM 1993, 524; vgl. *Rosenberg*, Beweislast (1965), S. 29; *Rosenberg/Schwab/Gottwald* § 117 I.3.a), S. 670.

[432] *Prütting*, Gegenwartsprobleme der Beweislast, S. 29, 123.

[433] *Stein/Jonas-Leipold* § 293 ZPO Rn. 47; *Thomas/Putzo* § 293 ZPO Rn. 6; *v.Bar* Bd.I, Rn. 373; *Huzel*, IPRax 1990, S. 77, 80.

[434] *Geimer* IZPR, Rn. 2588; *Küster*, S. 49; vgl. MünchKomm-*Prütting* § 293 ZPO Rn. 52; *Linke* IZVR, Rn. 270; *Wengler* JR 1983, S. 221, 225.

[435] *Küster*, S. 49.

[436] *Stürner*, Aufklärungspflichten der Parteien, S. 75.

[437] MünchKomm-*Prütting* § 293 ZPO Rn. 52; *Süß*, JW 1934, S. 835, 836.

als unabwendbare Folge nach sich ziehe. Gerade bei einer Amtsermittlung knüpften sich an das Untätigbleiben der Parteien keine zwingenden Nachteile[438]. Die Unterstützung der Partei läßt sich infolgedessen nicht als Last bezeichnen. Durch eine derartige Risikozuweisung wäre schließlich eine richterliche Beurteilung des Parteiverhaltens ausgeschlossen[439]. Wie sich aber gezeigt hat, setzt die Würdigung der Untätigkeit der zur Mitwirkung aufgeforderten Partei eine Verhaltensbewertung voraus. Diese richtet sich nach der jeweiligen Prozeßsituation, respektive der Zugangsmöglichkeit und der Zumutbarkeit. Die prozessuale Mitwirkungspflicht bürdet den Parteien kein Risiko auf, sondern soll sie zur Unterstützung des Gerichts bei der Auslandsrechtsermittlung anhalten[440]. Daher ist der geforderte Mitwirkungsbeitrag der Parteien als prozessuale Pflicht einzuordnen. Diese Einordnung stellt klar, daß Prozeßnachteile als Sanktionen nicht zwangsläufig, sondern nur drohen dürfen, sofern mögliche und zumutbare Mitwirkungsbeiträge verweigert werden[441].

Jede Partei wird sich im Rahmen dessen schon durch das eigene Erfolgsinteresse veranlaßt sehen, zu der in Frage stehenden Rechtslage von sich aus fundiert Stellung zu nehmen, da das Gericht den von einer Partei behaupteten, aber nicht feststellbaren Rechtssatz nicht anwenden kann[442]. Im Zuge der Ermittlung und Anwendung ausländischen Rechts ergibt sich eine zweifache Verteilung des Feststellungsrisikos. Zum einen betrifft sie die tatsächlichen Umstände, an die das ausländische Recht seine jeweilige Rechtsfolge knüpft[443]. Zum anderen kann sie auch für die Feststellung der ausländischen Norm selbst bedeutsam werden. Läßt sich das ausländische Recht trotz Ausschöpfung aller gebotenen Beweismittel nicht hinreichend sicher feststellen, so trägt die Partei, der die spezielle, nicht durch Normen anderer Rechtsordnungen ersetzbare ausländische Vorschrift günstig wäre, den Nachteil in der Sache[444].

Das Verhalten der Parteien kann im Hinblick auf die Feststellung ausländischen Rechts unterschiedlich ausfallen. Zum einen können sie den Inhalt ausländischen Rechts übereinstimmend vortragen, eine Partei kann den Vortrag der anderen ohne Widerspruch hinnehmen oder beide Parteien sind sich einig

---

[438] *Prütting*, Gegenwartsprobleme der Beweislast, S. 25.

[439] *Stürner*, Aufklärungspflichten der Parteien, S. 82 f.

[440] Vgl. *Stürner*, Aufklärungspflichten der Parteien, S. 83.

[441] *Stürner*, ZZP 98 (1985), S. 237, 243; *ders.*, Aufklärungspflichten der Parteien, S. 84.

[442] *v.Hippel*, Wahrheits-u. Aufklärungspflicht (1939), S. 298; *Stein/Jonas-Leipold* § 293 ZPO Rn. 48; MünchKomm-*Prütting* § 293 ZPO Rn. 52.

[443] BGH ZZP 107 (1994), 67, 71 = BGHZ 120, 334, 341 f.; vgl. *Müller*, Kolloquium MPI, S. 66, 69.

[444] BGH ZZP 107 (1994), 67, 71; *Süß*, JW 1934, S. 835, 836.

II. Die einzelnen Erkenntnisquellen und ihre prozessuale Behandlung 195

über die Auslegung ausländischer Rechtssätze. Zwar werden die Parteien das Gericht weder durch Beweisanträge noch in der Frage der Rechtsanwendung binden können, aber das Vorbringen der Parteien kann durchaus die Anforderungen an die Ermittlungspflicht des Gerichts bestimmen[445]. Der übereinstimmende Vortrag der Parteien wird in der Regel zur Überzeugung des Gerichts von der inhaltlichen Richtigkeit führen[446]. Auch wenn die Parteien zu dem Inhalt des vom Gericht angeführten ausländischen Rechts keine Stellung nehmen, obwohl sie dieses kennen, mußte das Gericht bislang grundsätzlich nicht damit rechnen, daß der bisherigen Feststellung andere ausländische Vorschriften entgegenstehen[447].

Im Anschluß daran bleibt zu klären, welche prozessuale Wirkung dem Verhalten der Parteien zukommt bzw. auf welcher Grundlage das Gericht die Untätigkeit der Parteien beurteilt. Verhindert oder verweigert eine Partei eine zumutbare Mitwirkung, so könnte dies zu einer widerlegbaren Fiktion der bisherigen Erkenntnisse führen und im Rahmen der freien Beweiswürdigung Beachtung finden[448]. § 286 Abs. 1 ZPO sieht die Berücksichtigung des gesamten Inhalts der Verhandlungen und damit auch des Prozeßverhaltens der Parteien vor[449]. Gegen eine allgemeine Bezugnahme auf die freie Beweiswürdigung könnte in diesem Zusammenhang sprechen, daß diese den Vorgang der richterlichen Überzeugungsbildung betrifft, während die Untätigkeit einer Partei nicht unmittelbar auf die Wahrheit schließen läßt. Soweit nur § 286 Abs. 1 ZPO zur Beurteilung der Parteipassivität Anwendung findet, handelt es sich nicht um die Beurteilung der Wahrheit, sondern vielmehr um eine Sanktionierung des Parteiverhaltens durch das Gericht[450]. Nachteilig würdigen läßt sich die Untätigkeit der Partei bei der Ermittlung ausländischen Rechts insoweit nur, wenn diese zur Mitwirkung verpflichtet ist[451]. Die Würdigung im Rahmen des § 286 Abs. 1 setzt daher die Annahme einer Mitwirkungspflicht

---

[445] BGHZ 118, 151, 164 = NJW 1992, 2026, 2029; NJW 1976, 1581, 1583; *Huzel*, IPRax 1990, S. 77, 78; *Gottwald*, IPRax 1988, S. 210, 211.

[446] BAGE 27, 99, 109 f.; OLG Düsseldorf VersR 1962, 536; *Stein/Jonas-Leipold* § 293 ZPO Rn. 34; *Baumbach/Lauterbach/Albers/Hartmann - Hartmann* § 293 ZPO Rn. 8; *Soergel-Kegel* Vor Art. 3 EGBGB Rn. 178.

[447] BGHZ 77, 32, 38; 118, 151, 164; KG VersR 1982, 1199; vgl. RG JW 1934, 835, 836.

[448] *Kralik*, ZfRV 1962, S. 75, 89.

[449] *Zöller-Greger* § 286 ZPO Rn. 14; *Stürner*, Die Aufklärungspflichten der Parteien, S. 235 f., 251.

[450] *Stürner*, Die Aufklärungspflichten der Parteien, S. 236.

[451] *Peters*, FS Schwab (1990), S. 399, 403.

grundsätzlich voraus[452]. Im Rahmen dessen werden die bisherigen Feststellungen regelmäßig die Grundlage der Überzeugung des Gerichts bilden.

Daneben hat Kegel vorgeschlagen, das Verhalten der Parteien mittels einer *Strafbeweislast* zu beurteilen, sobald eine Partei sich nicht angestrengt hätte, ausländisches Recht zu ermitteln, oder dieses nicht preisgibt, obwohl es ihr bekannt sei[453]. Soweit sich eine Partei die Kenntnis über die ausländische Rechtslage erheblich leichter verschaffen könne, würde sie eine sog. *Leichtigkeitsbeweislast* treffen[454]. Im Anschluß daran befürwortet auch Wengler eine *Beibringungslast* für das von den Parteien gewählte Recht, wenn es ihnen ohne weiteres zugänglich wäre[455]. In ähnlicher Weise vertritt Müller die Ansicht, daß zum Nachteil der Partei zu entscheiden sei, die den Richter nicht in seiner Forschungspflicht unterstützt hat[456]. Unter Heranziehung des § 444 ZPO sei eine nachteilige Entscheidung gegenüber der Partei zu treffen, die bewußt Material zurückhält. Soweit die genannten Ansichten begrifflich von einer Last ausgehen, kann ihnen angesichts der oben gewonnenen Erkenntnisse nicht gefolgt werden.

Wie sich bereits gezeigt hat, ist das Parteivorbringen grundsätzlich freibeweislich zu würdigen. Erfüllen die Parteien ihre Mitwirkungspflicht nur unzureichend und bleiben sie trotz der gerichtlichen Aufforderung untätig, wurde dies demzufolge von der Rechtsprechung bislang im Wege des Freibeweisverfahrens zu ihrem Nachteil berücksichtigt[457]. Das Gericht kann im Rahmen dessen zu Lasten einer unsubstantiiert vortragenden Partei von weiteren Ermittlungen absehen und davon ausgehen, daß durchgreifend neue Erkenntnisse nicht zu gewinnen sind[458]. Das Gericht hat jedoch seinerseits der Pflicht nachzukommen, sich eine notwendige Grundlage für seine Entscheidung zu beschaffen. Unterbleibt die Stellungnahme der Partei, so wird das Gericht regelmäßig von den bisher gewonnenen Erkenntnissen ausgehen. Durch das Parteiverhalten kann das Gericht dementsprechend die Überzeugung gewinnen, daß die Anwendung ausländischen Rechts nachteilig für eine Partei ist. Sobald das Gericht im Zuge der bislang erfolgten Ermittlung die Überzeugung gewonnen hat, daß der geltend gemachte Anspruch nach ausländischem Recht

---

[452] *Stürner*, Die Aufklärungspflichten der Parteien, S. 86 f., 236; *Peters*, FS Schwab (1990), S. 399, 404.

[453] *Kegel*, Kolloquium MPI, S. 157, 181 u. 159.

[454] *Kegel*, Kolloquium MPI, S. 157, 159 u. 174.

[455] *Wengler*, JR 1983, S. 221, 225, vgl. *Linke*, IZVR, Rn. 270.

[456] *Müller*, Kolloquium MPI, S. 66, 73 FN. 23; vgl. *Kralik*, ZfRV 1962, S. 75, 89.

[457] BGH NJW 1976, 1581, 1583; NJW 1961, 410; *Mankowski/Kerfack*, IPRax 1990, S. 372, 373; *Hök*, JurBüro 1987, Sp. 1760, 1763; *v.Bar*, IPR Bd.I, Rn. 373.

[458] BGH NJW 1976, 1581, 1583; *Stein/Jonas-Leipold* § 293 ZPO Rn. 49; *Geimer*, IZPR, Rn. 2588.

nicht besteht, wird es die Partei auffordern, sich zu weiteren Anspruchsgrundlagen zu äußern. Aus der Untätigkeit der Partei kann das Gericht einerseits schließen, daß der Partei derartige Vorschriften nicht bekannt sind. Andererseits läßt das Schweigen der Partei den Schluß zu, daß auch sie erkannt hat, daß einschlägige Anspruchsgrundlagen im ausländischen Recht nicht existieren. Das Gericht wird infolgedessen zum Nachteil einer Partei entscheiden können, soweit die unterbliebene Mitwirkung eine bereits bestehende Überzeugung des Gerichts bestätigt.

Der Umfang der Mitwirkung gründet sich, wie schon die Rechtsprechung erkannte, maßgeblich auf die Zugangsmöglichkeiten der Parteien zu der berufenen ausländischen Rechtsordnung[459]. Diese sind im Anwaltsprozeß um ein vielfaches erweitert, da Auskünfte über Korrespondenzanwälte im Ausland hinzutreten[460], wie aber auch gegebenenfalls eine Pflicht des Rechtsanwalts, selbst Erkundigungen über ausländisches Recht einzuholen[461]. Anstelle der früher vom Deutschen Anwaltsverein geführten Kartei ausländischer Rechtsanwälte[462] besteht nunmehr die Möglichkeit, Rechtsanwälte im Ausland, die außerordentliche Mitglieder des DAV sind, direkt über das ausländische Recht zu befragen. Nach Auskunft des DAV werden täglich rund fünf bis sechs Anfragen weitergeleitet.

Um den praktischen Schwierigkeiten, die das Gericht bei der Auslandsrechtsermittlung zu bewältigen hat, Rechnung zu tragen, nimmt § 293 ZPO keine starre Verteilung der Ermittlungsaufgabe vor, sondern ermöglicht dem Gericht, die Parteien zur Mitwirkung heranzuziehen. Wie bereits im Anschluß an die Entstehungsgeschichte festzustellen war, eröffnet § 293 ZPO damit die Möglichkeit, angemessen auf die konkrete Verfahrenssituation reagieren zu können. Es hat sich aber zugleich gezeigt, daß eine generelle sowie unbedingte Mitwirkungsverpflichtung der Parteien, die auf eine Ersetzung der amtswegigen Ermittlung ausländischen Rechts hinausliefe, nicht angenommen werden

---

[459] *Huzel*, IPRax 1990, S. 77, 80.

[460] BGH NJW 1987, 1145; HansOLG IPRax 1995, 391, 393; *Schack*, IZVR, Rn. 630; *Lüderitz*, IPR Rn. 179 u. 189; *Firsching/v.Hoffmann*, IPR § 3 Rn. 137; *Nagel*, IZPR, Rn. 437; *Sommerlad*, RIW 1991, S. 856; *Huzel*, IPRax 1990, S. 77, 80 FN. 64.

[461] BGH NJW 1972, 1044: Auslegung des Anwaltvertrags; *Soergel-Kegel* Vor Art. 3 EGBGB Rn. 185; *Zöller-Geimer* § 293 ZPO Rn. 8a; *v.Bar*, IPR Bd.I, Rn. 372; dazu *Raiser* NJW 1991, S. 2049, 2052: Standesregeln der Anwälte der EG (CCBE) 3.13: *Der Rechtsanwalt hat ein Mandat abzulehnen, wenn er weiß oder wissen muß, daß es ihm an den erforderlichen Kenntnissen fehlt, es sei denn, er arbeitet mit einem Rechtsanwalt zusammen, der diese Kenntnisse besitzt.*

[462] Mitteilungen AnwBl 1974, S. 304; *Stein/Jonas-Leipold* § 293 ZPO Rn. 72 FN. 120; vgl. für das Notarwesen DNotZ 1979, S. 130 f.

kann, da der einzelnen Partei ansonsten der Schutz genommen wäre, den ihr die Amtsermittlungspflicht gewähren soll[463]. Darüber hinaus ist grundsätzlich zu berücksichtigen, daß die Nachweise der Parteien häufig von Subjektivität gekennzeichnet sein werden und deshalb nur bedingt verwertbar sind[464]. Die Parteien werden grundsätzlich versucht sein, nur das ihnen günstige ausländische Recht vorzutragen.

aa) Parteivortrag im Säumnisverfahren und einstweiligem Rechtsschutz

Fraglich ist, inwieweit erhöhte Anforderungen an die Mitwirkungspflicht der Parteien im Versäumnis- und Eilverfahren zu stellen sind. Da die Geständnisfiktionen der §§ 331 Abs. 1, 542 Abs. 2 ZPO ausschließlich Tatsachenbehauptungen betreffen, kann ein Parteivortrag im Rahmen des Versäumnisverfahrens über den maßgeblichen Inhalt ausländischen Rechts nicht als zugestanden fingiert werden. Ebensowenig ist das Angebot eines Sachverständigenbeweises über den behaupteten Inhalt des ausländischen Rechts einer Fiktion zugänglich[465]. Die gegenteilige Auffassung vertrat das OLG München, ohne zu erkennen, daß es zwischen den vorgebrachten tatsächlichen Behauptungen des Klägers und den nach Meinung des Klägers daraus zu ziehenden Rechtsfolgerungen hätte trennen müssen[466].

Obgleich das Säumnisverfahren durch wesentliche Vereinfachungen gegenüber dem normalen Verfahren gekennzeichnet ist, könnte die bestehende Amtsermittlungspflicht infolgedessen nur gemindert sein, falls im Zuge richterlicher Würdigung keine begründeten Zweifel am Vortrag des Klägers über ausländisches Recht vorhanden sind[467]. Als Indiz für eine gesteigerte Mitwirkungsverpflichtung des Klägers könnte § 335 Abs. 1 Nr. 1 ZPO analog herangezogen werden, wonach der Antrag zurückzuweisen ist, wenn die erschienene Partei dem Gericht den Nachweis der von Amts wegen zu berücksichtigenden, rechtlichen Entscheidungsgrundlagen nicht zu verschaffen vermag. Dabei ist jedoch auch der Gefahr Rechnung zu tragen, daß der Kläger aus Eigenin-

---

[463] BGH LM § 293 ZPO Nr. 20 = NJW 1995, 1032; *Fastrich*, ZZP 97 (1984), S. 423, 431 u. 444.

[464] *Schütze*, DIZPR, S. 117; *Schack*, IZVR, Rn. 630.

[465] *Stein/Jonas-Leipold* § 293 ZPO Rn. 54; MünchKomm-*Prütting* § 293 ZPO Rn. 55; *Geimer*, IZPR, Rn. 2592; *Nagel*, IZPR, Rn. 446; *v.Bar*, IPR Bd.I, Rn. 373.

[466] OLG München NJW 1976, 489 mit krit. Anm. *Küppers*, NJW 1976, S. 489, 490; in diesem Sinne ebenso *Schellhammer*, Rn. 511; vgl. auch *Soergel-Kegel* Vor Art. 3 EGBGB Rn. 184.

[467] *Sommerlad/Schrey*, NJW 1991, S. 1377, 1382; *Baumbach/Lauterbach/Albers/ Hartmann - Hartmann* § 293 ZPO Rn. 13; *Stein/Jonas-Leipold* § 293 ZPO Rn. 54; *Küppers*, NJW 1976, S. 489, 490; vgl. OLG Düsseldorf VersR 1962, 536.

teresse das Gericht nur einseitig informieren und nur die ihm günstigen Vorschriften vortragen könnte. Während im Säumnisverfahren der Antrag auf Erlaß eines Versäumnisurteils demzufolge abgelehnt werden kann, ist im Eilverfahren innerhalb kürzester Zeit eine Entscheidung zu treffen.

Als Ausnahmevorschrift bestimmt § 24 Abs. 3 EGBGB, daß vorläufige Maßnahmen auf dem Gebiet der Vormundschaft und Pflegschaft nach der *lex fori* zu beurteilen sind. Diese Regelung findet neben Praktikabilitätserwägungen ihre Rechtfertigung in dem Ziel eines möglichst effektiven Rechtsschutzes[468]. Die besondere Eilbedürftigkeit im Arrest-, Verfügungs- und Anordnungsverfahren erschwert die Möglichkeit, ausländisches Recht hinreichend festzustellen. Als Ausweg werden verschiedene Lösungen vorgeschlagen.

Im Verfahren des einstweiligen Rechtsschutzes verlangt § 920 Abs. 2 ZPO von dem Antragssteller, daß er seinen Anspruch und damit auch das ausländische Recht, aus dem er folgen soll, glaubhaft macht[469]. Eine Ansicht begegnet den Ermittlungsschwierigkeiten dadurch, daß die Pflicht zur Feststellung ausländischen Rechts auf präsente Erkenntnisquellen beschränkt und darüber hinaus dem Antragsteller eine Darlegungs- bzw. Glaubhaftmachungslast auferlegt sei[470]. Da die Rechtsprüfung jedoch weiterhin dem Gericht obliegt, wird man den Antrag auf einstweiligen Rechtsschutz nicht allein deshalb abweisen können, weil dem Antragsteller die Glaubhaftmachung der ausländischen Rechtslage nicht gelungen ist; hierdurch wäre dem Antragsteller im Ergebnis eine Beweislast auferlegt[471]. Grundsätzlich ist eine vollständige rechtliche Prüfung des Hauptsacheanspruchs anzustreben, die jedoch bei der Anwendung ausländischen Rechts zwangsläufig eingeschränkt werden muß[472]. Reichen präsente Erkenntnisquellen nicht aus, soll daher nach einer anderen Auffas-

---

[468] *Staudinger/Sturm/Sturm* Einl zum IPR Rn. 180; *Sommerlad/Schrey*, NJW 1991, S. 1377, 1381; *Mankowski/Kerfack*, IPRax 1990, S. 372, 374 FN. 44 m.w.N.

[469] Glaubhaftmachung i.S.d. § 920 Abs. 2 ZPO unterscheidet nicht zwischen Tatsachen u. Rechtsfolgen, vgl. *Leipold*, Grundlagen des einstweiligen Rechtsschutzes (1971), S. 64 f. u. 70; *Schack*, IZVR, Rn. 627; *Linke*, IZPR, Rn. 273; *Zöller-Vollkommer* § 922 ZPO Rn. 6.

[470] OLG Frankfurt NJW 1969, 991, 992; OLG Hamm AWD 1970, 31, 33; OLG Stuttgart IPRspr. 1977 Nr. 107, S. 311, 312 = WRP 1977, 822, 823; *Soergel-Kegel* Vor Art. 3 EGBGB Rn. 183; *Luther*, RabelsZ 37 (1973), S. 660, 675; *Schack*, IPRax 1995, S. 158, 161; *Sommerlad/Schrey*, NJW 1991, S. 1377, 1381; mit überzeugender Ablehnung *Mankowski/Kerfack*, IPRax, 1990, S. 372, 375.

[471] *Stein/Jonas-Leipold* § 293 ZPO Rn. 55; MünchKomm-*Prütting* § 293 ZPO Rn. 56; *Sommerlad/Schrey*, NJW 1991, S. 1377, 1382.

[472] OLG Hamburg IPRax 1990, 400, 401 = TranspR 1989, 374 = VersR 1989, 1164 = RIW 1990, 225; MünchKomm-*Sonnenberger* EGBGB/IPR Einl. Rn. 449; *v.Westphalen*, NJW 1994, S. 2113, 2116.

sung die lex fori Anwendung finden[473]. Ein genereller Rückgriff auf die lex fori in summarischen Eilverfahren erscheint vor dem Hintergrund bedenklich, daß dieser zu einer unterschiedlichen Beurteilung des Rechtsstreites im Zuge der Anwendung divergierender Rechtsordnungen führen kann[474]. Der Rückgriff auf die lex fori setzt in der Regel voraus, daß das ausländische Recht nicht ermittelbar ist, und birgt demzufolge die Gefahr, daß es angesichts des im Hauptverfahren anzuwendenden ausländischen Rechts zu einer Fehlentscheidung kommt[475]. Infolgedessen sprechen Mankowski und Kerfack von dem Postulat, daß Eilentscheidungen gerade wegen ihres vorläufig sichernden Charakters so weit wie möglich mit den Hauptsacheentscheidungen konvergieren sollten[476]. Daher sei nach ihrer Auffassung die Pflicht zur Ermittlung ausländischen Rechts im Eilverfahren dahingehend zu reduzieren, daß der Inhalt bloß mit überwiegender Wahrscheinlichkeit, nicht mit voller Sicherheit zur Überzeugung des Gerichts feststehen muß[477]. Anhand dieser Wahrscheinlichkeitsprognose orientierte sich desgleichen das OLG Koblenz und legte seiner Entscheidung unter Zuhilfenahme aller präsenten und erreichbaren Erkenntnisquellen ausdrücklich den überwiegend wahrscheinlichen Norminhalt zugrunde[478].

Ein anderer Ausweg soll nach Leipold in einer summarischen Schlüssigkeitsprüfung liegen, die die endgültige materielle Rechtslage weitgehend offenläßt. Da bei einem derartigen Vorgehen die Richtigkeitsgewähr der Entscheidung reduziert wäre, soll neben die Wahrscheinlichkeit der für den Antragsteller günstigen Rechtslage noch eine Abwägung der Interessen von Antragsteller und Antragsgegner treten[479]. Damit könnte der besonderen Situation des vorläufigen Rechtsschutzes in interessenausgleichender Weise Rechnung getragen werden[480]. Dem Antragsteller müßte danach eine einstweilige

---

[473] KG Berlin IPRax 1991, 60; *Geimer*, IZPR, Rn. 2593 u. 2600; *Dölle*, FS Nikisch, S. 185, 194; *Müller*, Kolloquium MPI, S. 66, 71.

[474] MünchKomm-*Sonnenberger* EGBGB/IPR Einl., Rn. 562; *Schack*, IPRax 1995, S. 158, 160; *Mankowski/Kerfack*, IPRax 1990, S. 372, 374; *Linke*, IZPR, Rn. 273.

[475] Vgl. OLG Köln IPRspr. 1993 Nr. 3, S. 4, 6 = GRUR 1994, 646; OLG Hamm AWD 1970, 31, 33; *Schack*, IZVR, Rn. 627; MünchKomm-*Prütting* § 293 ZPO Rn. 56; v.*Westphalen*, NJW 1994, S. 2113, 2116.

[476] *Mankowski/Kerfack*, IPRax 1990, S. 372, 374.

[477] *Mankowski/Kerfack*, IPRax 1990, S. 372, 377 f.

[478] OLG Koblenz RIW 1993, 939 = IPRax 1995, 171 f. (Einsichtnahme zweier italienischer Kommentare); mit krit. Anm. *Schack*, IPRax 1995, S. 158, 161.

[479] *Stein/Jonas-Leipold* § 293 ZPO Rn. 56; *ders.*, Grundlagen des einstweiligen Rechtsschutzes (1971), S. 83 ff. u. 164 ff.; ebenso *Staudinger-Spellenberg* §§ 606 ff. ZPO Rn. 402; ähnlich MünchKomm-*Prütting* § 293 ZPO Rn. 56; *Linke*, IZPR, Rn. 273; vgl. *Schack*, IPRax 1995, S. 158, 161.

[480] MünchKomm-*Prütting* § 293 ZPO Rn. 56; *Zöller-Vollkommer* § 922 ZPO Rn. 6.

Verfügung zumindest dann gewährt werden, wenn die Interessen des Antragsgegners vergleichsweise weniger schutzwürdig sind, insbesondere wenn diesen durch Anordnung einer Sicherheitsleistung nach § 921 Abs. 2 Satz 1 ZPO vollständig Rechnung getragen werden könnte[481].

Unabhängig davon, welchem Ansatz man folgt, weist die Eilbedürftigkeit des summarischen Verfahrens der Mitwirkungspflicht eine über das normale Maß hinausgehende Bedeutung zu. Dem Antragsteller als Initiator des Verfahrens kann eine Mitwirkung diesbezüglich eher zugemutet werden als seinem Gegner[482]. Der Antragsteller ist im Rahmen dessen in stärkerem Maße als der Kläger im normalen Erkenntnisverfahren zur Präsentation von Nachweisen verpflichtet. Es wird vertreten, daß dieser verstärkten Mitwirkungspflicht schließlich die Obliegenheit entspräche, eine tragfähige Entscheidungsbasis für das Gericht herzustellen[483]. Schon vor dem Hintergrund des § 945 ZPO zeigt sich, daß der Antragsteller im eigenen Interesse in seiner Antragsschrift alle beizubringenden Nachweise über das ausländische Recht vorwegzunehmen hat, um eine bewußte Anwendung falschen Rechts im Eilverfahren zu vermeiden[484]. Anderenfalls könnte er schadensersatzpflichtig werden, sollte sich sein Anspruch im Hauptsacheverfahren bei der Anwendung des einschlägigen ausländischen Rechts als nicht bestehend erweisen[485]. Reichen dem Gericht die Nachweise ausländischen Rechts in der Antragsschrift nicht aus, so wird es in der Regel ins kontradiktorische Verfahren übergehen und weitere Ermittlungen anstellen[486].

Der Einfluß der Parteien auf die Ermittlung ausländischen Rechts verschiebt sich sowohl im Säumnisverfahren als auch beim einstweiligen Rechtsschutz in Richtung des jeweiligen Antragstellers[487]. Ihm kommt daher nicht nur eine erhöhte Mitwirkungsbefugnis, sondern auch die Verpflichtung zu, sich über die Anwendung ausländischen Rechts konkret zu äußern.

---

[481] *Schack*, IPRax 1995, S. 158, 161; *ders.*, IZVR, Rn. 627.

[482] *Mankowski/Kerfack*, IPRax 1990, S. 372, 374; *v.Westphalen*, NJW 1994, S. 2113, 2116; *Kropholler*, IPR § 31 III.3.c), S. 198 f.; *Linke*, IZPR, Rn. 273; vgl. *Nagel*, IZPR, Rn. 448.

[483] *Mankowski/Kerfack*, IPRax 1990, S. 372, 374.

[484] *Sommerlad/Schrey*, NJW 1991, S. 1377, 1382.

[485] *Schack*, IZVR, Rn. 627; *ders.*, IPRax 1995, S. 158, 160; *Mankowski/Kerfack*, IPRax 1990, S. 372, 376 f.; auch dem Richter, der durch Beschluß entschieden hat, § 922 Abs. 1 Satz 1 ZPO, kommt das Spruchrichterprivileg des § 839 Abs. 2 BGB nicht zugute.

[486] *Sommerlad/Schrey*, NJW 1991, S. 1377, 1382.

[487] *Luther*, RabelsZ 37 (1973), S. 660, 675; *Koerner*, Fakultatives Kollisionsrecht, S. 77; vgl. *Schack*, IPRax 1995, S. 158, 161; *Baumbach/Lauterbach/Albers/Hartmann - Hartmann* § 293 ZPO Rn. 10 (53.Aufl).

Zugleich wird deutlich, daß das Gericht im Rahmen des summarischen Verfahrens sowie im Säumnisverfahren daneben grundsätzlich auf eine eigenständige Ermittlung der rechtlichen Entscheidungsgrundlagen beschränkt ist, ohne auf Erkenntnismittel zurückgreifen zu können, deren Beschaffung das Verfahren wesentlich verzögern würde[488]. Damit gewinnt in diesem Bereich auch die Selbstermittlung an besonderer Bedeutung.

bb) Wirkung einer prozeßleitenden Verfügung

Soweit das Gericht die Parteien zur Mitwirkung auffordert, stellen sich im folgenden die Fragen, in welcher Form dies zu geschehen hat, sowie ferner, ob die Parteien mit ihrem späteren Vorbringen gegebenenfalls präkludiert sein könnten. Grundsätzlich muß es zulässig sein, den Parteien aufzugeben, Nachweise zum ausländischen Recht beizubringen oder ein zu pauschales, undeutliches Vorbringen zum ausländischen Recht mit einem Gutachten zu substantiieren[489]. Dies geschieht in der Regel durch eine gerichtliche Auflage, sei es als Gerichtsbeschluß oder als Verfügung des Vorsitzenden, die nicht isoliert anfechtbar ist[490]. Ein derartiger Auflagenbeschluß findet seine Grundlage entweder in § 273 Abs. 2 Nr. 1 ZPO oder im Rahmen der richterlichen Anordnung zur Benutzung anderer Erkenntnisquellen unmittelbar in § 293 Satz 2 2. HS ZPO.

Die terminvorbereitende Auflage, die grundsätzlich der Aufklärung des Sachverhalts dient, kann nach § 273 Abs. 2 Nr. 1 ZPO auch mit einer Fristsetzung verbunden werden, so daß eine Nichterfüllung zum Ausschluß des Vorbringens als verspätet führen kann, § 296 Abs. 1, Abs. 4 ZPO. Andere Fälle der Nichtbefolgung soll das Gericht im Rahmen der Beweiswürdigung nach § 286 ZPO frei würdigen können[491].

Die Frage, ob ein Parteivorbringen zum Inhalt des ausländischen Rechts als verspätet zurückgewiesen werden kann, wurde vom BGH jüngst offengelassen[492]. Er hat im Rahmen dessen jedoch Bezug nehmend auf das Reichsgericht

---

[488] OLG Koblenz IPRax 1995, 171, 172; *Mankowski/Kerfack*, IPRax 1990, S. 372, 374 u. 376 FN. 69; *v.Bar*, IPR Bd.I, Rn. 375; *Nagel*, IZPR, Rn. 446.

[489] OLG Frankfurt MDR 1983, 410; *Huzel*, IPRax 1990, S. 77, 80; a.A. Münch-Komm-*Prütting* § 293 ZPO Rn. 53.

[490] OLG Frankfurt MDR 1983, 410; *Stein/Jonas-Leipold* § 293 ZPO Rn. 68; *Linke* IZPR, Rn. 270; *Dölle*, FS Nikisch, S. 185, 190; *Lüderitz*, IPR, Rn. 179.

[491] *Stein/Jonas-Leipold* § 273 ZPO Rn. 39; *Huzel*, IPRax 1990, S. 77, 80 f.

[492] BGH RIW 1984, 644, 646 = NJW 1984, 2763, 2764; *Geimer*, IZPR, Rn. 2590; vgl. OLG Düsseldorf IPRspr. 1986 Nr. 43, S. 97, 98 = RIW 1987, 793 (Verspätete Geltendmachung der Anwendung niederländischen Rechts).

II. Die einzelnen Erkenntnisquellen und ihre prozessuale Behandlung 203

erkannt, daß es sich hierbei um einen Bereich der Amtsermittlung handelt, in dem die Behauptungen der Parteien lediglich als Anregungen zu verstehen sind und die Zurückweisung eines Vorbringens als verspätet grundsätzlich unzulässig wäre[493]. Verfolgt eine Partei ihren in der ersten Instanz erfolglos gestellten Antrag auf Einholung eines Gutachtens nicht mehr in der Berufungsinstanz, so ist es nach der Rechtsprechung des BGH in der Regel nicht verfahrensfehlerhaft, wenn auch das Berufungsgericht im folgenden von der Einholung eines Rechtsgutachtens von Amts wegen absieht[494].

(1) Zurückweisung verspäteten Vorbringens im Verwaltungsverfahren

Mit der Ermittlung ausländischen Rechts im Zivilprozeß ist die Feststellung von Tatsachen im Verwaltungsprozeß vergleichbar, soweit sie die Zuweisung der Ermittlungsaufgabe betrifft. Die Klärung des Sachverhalts erfolgt im verwaltungsgerichtlichen Verfahren nach Maßgabe des § 86 Abs. 1 VwGO von Amts wegen. Für die Ermittlung ausländischen Rechts ebenso wie für die Feststellung sprachlich fremder Rechtsakte wird neben der Berufung des § 293 ZPO durch § 173 VwGO eine analoge Anwendung von § 86 VwGO angeführt[495]. Ob eine Beweisaufnahme über den Normzweck der ausländischen Vorschrift erforderlich ist, hat das Verwaltungsgericht nach § 86 Abs. 1 VwGO zu beurteilen[496]. Die Beteiligten werden allgemein als verpflichtet angesehen, bei der Sachaufklärung mitzuwirken[497]. Der Mitwirkungsbeitrag der Beteiligten im Verwaltungsprozeß geht somit über den Wortlaut des § 86 Abs. 1 VwGO hinaus, nach dem die Beteiligten lediglich „heranzuziehen" sind[498].

Obwohl der Verwaltungsprozeß grundsätzlich von dem Untersuchungsgrundsatz beherrscht wird, besteht nach der Einführung des § 87b Abs. 3 VwGO[499] die Möglichkeit einer Zurückweisung verspäteten Vorbringens. Der

---

[493] RGZ 151, 43, 44; BGH RIW 1984, 644, 646; *Rosenberg/Schwab/Gottwald* § 69 II.4., S. 384; a.A. OLG Düsseldorf IPRspr. 1986 Nr. 43, S. 97, 98.

[494] BGHZ 118, 151, 165 = NJW 1992, 2026, 2029; dazu *Geimer*, IZPR, Rn. 2590; vgl. schon BGHZ 77, 32, 38.

[495] *Kopp*, VwGO, 10. Aufl. (1994), § 86 Rn. 1b; ausgehend von § 293 ZPO: BVerwG FamRZ 1994, 627 = IPRspr. 1993, Nr. 1; NJW 1989, 3107.

[496] *Baumbach/Lauterbach/Albers/Hartmann - Hartmann* § 293 ZPO Rn. 20 m.w.N.

[497] BVerwGE 19, 87, 94; 60, 140, 143; *Redeker/von Oertzen*, VwGO, 11. Aufl. (1994), § 86 Rn. 10 ff. m.w.N., *Kopp*, VwGO, 10. Aufl. (1994), § 86 Rn. 11 f.; *Sommerlad/Schrey*, NJW 1991, S. 1377, 1380.

[498] *Redeker/von Oertzen*, VwGO, 11. Aufl. (1994), § 86 Rn. 1.

[499] 4.VwGOÄndG. vom 17. Dezember 1990 (BGBl.1990, 2809) seit dem 01. Januar 1991 in Kraft.

Untersuchungsgrundsatz und das Zurückweisungsrecht stehen im Rahmen dessen in einem Spannungsverhältnis[500]. Eine Verpflichtung zur Zurückweisung ist nicht vorgesehen. Da das Gericht auch ein verspätetes Vorbringen gleichwohl berücksichtigen kann, hat es nach pflichtgemäßem Ermessen unter Abwägung seiner Amtsermittlungspflicht und der Erfordernisse einer Verfahrenbeschleunigung seine Entscheidung zu treffen[501].

Die Einführung der Präklusion erscheint als konsequente Fortführung der Rechtsprechung des BVerwG, soweit die Amtsermittlungspflicht ihre Grenze dort findet, wo die Mitwirkung der Beteiligten einsetzt. Dies hat zur Folge, daß sich die Anforderung an die Aufklärungspflicht des Gerichts verringert und das Beweismaß mindert, sobald die Beteiligten ihrer Mitwirkungspflicht nicht nachkommen[502]. § 87 b VwGO ergänzt und präzisiert insoweit die allgemeine Mitwirkungspflicht[503]. Mit Blick auf das verwaltungsgerichtliche Verfahren zeigt sich damit die Möglichkeit, einen Gegenstand der amtswegigen Ermittlung zugleich einer späteren Präklusion zu unterziehen.

Offen geblieben ist bislang, ob sich die Ausgangsvoraussetzungen entsprechen, insbesondere der Hintergrund, vor dem die Mitwirkung der einzelnen Partei erforderlich wird und eine Präklusion infolgedessen als gerechtfertigt erscheint. Nicht selten sind die Parteien im verwaltungsgerichtlichen Verfahren die primären Wissensträger. Das für die verwaltungsgerichtliche Praxis zur Zeit bekannteste Beispiel sind die ausländischen Asylbewerber, denen es obliegt, ihr Verfolgungsschicksal lückenlos zu schildern. Eine Mitwirkungspflicht knüpft im Verwaltungsprozeß dementsprechend an Umstände an, die in die Sphäre des Einzelnen fallen. § 87 b VwGO betrifft daher regelmäßig nur solche Angaben eines Beteiligten, die ohne ihn nicht zu klären oder zu ermitteln sind und deren Klärung durch das Gericht überhaupt nicht oder nur unter großen sachlichen und zeitlichen Schwierigkeiten möglich ist[504]. Im Gegensatz dazu kann die Feststellung über ausländisches Recht nicht ausschließlich einer Parteisphäre zugeordnet werden. Die vom BGH betonte bloße Zugangsmöglichkeit scheint dafür jedenfalls nicht auszureichen.

Auf der anderen Seite greifen die grundsätzlichen Bedenken, die gegenüber einer Präklusion im verwaltungsgerichtlichen Verfahren geltend gemacht

---

[500] *Redeker/von Oertzen*, VwGO, 11. Aufl. (1994), § 87b Rn. 2.
[501] *Kopp*, VwGO, 10. Aufl. (1994), § 87b Rn. 9.
[502] BVerwG NJW 1959, 2134; NJW 1964, 786; *Redeker/von Oertzen*, VwGO, 11. Aufl. (1994), § 86 Rn. 11 und 11a; *Kopp*, VwGO, 10. Aufl. (1994), § 86 Rn. 12 m.w.N.; krit. *Eyermann-Fröhler-Kormann*, VwGO, 9. Aufl. (1988), § 86 Rn. 3.
[503] *Kopp*, VwGO, 10. Aufl. (1994), § 87b Rn. 3.
[504] *Redeker/von Oertzen*, VwGO, 11 Aufl. (1994), § 87b Rn. 2; *Kopp*, VwGO, 10. Aufl. (1994), § 86 Rn. 12 a.E. u. § 87b Rn. 3.

werden, hingegen nicht im Zivilprozeß[505]. Zusammenfassend folgt daraus, daß die Ausgangslage im Hinblick auf die Stellung der Verfahrensbeteiligten und damit ein verspätetes Vorbringen nicht deckungsgleich ist. Zugleich wird jedoch deutlich, daß auch im Bereich des Untersuchungsgrundsatzes die Geltung einer Amtsermittlungspflicht der Zurückweisung eines verspäteten Vorbringens nicht entgegensteht.

(2) Verfassungsrechtliche Vorgaben

Bedenken gegen einen Ausschluß des Parteivorbringens zum ausländischen Recht als verspätet könnten sich gleichermaßen aus verfassungsrechtlichen Gesichtspunkten ergeben, die in einem Wirkungszusammenhang mit dem einfachen Verfahrensrecht stehen. Nach Art. 103 Abs. 1 GG haben die Parteien das Recht, Tatsachen und Beweismittel in den Prozeß einzubringen[506]. Die Garantie des rechtlichen Gehörs umfaßt aber nicht nur die Berücksichtigung des tatsächlichen Vorbringens der Prozeßbeteiligten, sondern auch ihre rechtlichen Erwägungen[507]. Eine Verletzung von Art. 103 Abs. 1 GG ist daher dann anzunehmen, wenn das Gericht eine für den Prozeßausgang wesentliche rechtliche Erwägung einer Partei übersieht[508].

In diesem Zusammenhang hat das Bundesverfassungsgericht stets den Ausnahmecharakter der Präklusion betont, da sich eine Präklusion zwangsläufig nachteilig auf das Bemühen um eine materiell richtige Entscheidung auswirkt[509]. Ebenso hat der BGH im Anschluß an das Bundesverfassungsgericht erkannt, daß der Ausschluß verspäteten Parteivorbringens keine entsprechende Anwendung findet, soweit dieser nicht im Gesetz ausdrücklich vorgesehen ist[510].

---

[505] *Kopp*, VwGO, 10. Aufl. (1994), § 87b Rn. 1, äußert rechtspolitische Bedenken und führt das stärkere öffentliche Interesse an der sachlichen Richtigkeit der Entscheidung sowie den Grundsatz der Gesetzmäßigkeit der Verwaltung an: Die Richtermacht als Ausdruck inquisitorischen Verfahrens, während beim vom Beibringungsgrundsatz beherrschten Zivilprozeß das Parteihandeln im Vordergrund steht; rechtsvergleichend *Stürner*, Stellung des Anwalts, JZ 1986, S. 1098, 1093 f.

[506] BVerfGE 75, 183, 190; *Stürner*, FS Baur (1981), S. 647, 657.

[507] BVerfGE 55, 1, 6; 60, 175, 210; 64, 135, 143; *Arens*, FS Zajtay, S. 7, 17.

[508] BVerfG NJW-RR 1993, 383.

[509] BVerfGE 55, 72, 94; 69, 145, 149; 75, 302, 312.

[510] BVerfGE 59, 330, 334; 61, 14, 17; BGHZ 86, 218, 224; NJW 1982, 1533, 1534; MünchKomm-*Prütting* § 296 ZPO Rn. 26; *Thomas/Putzo* § 296 ZPO Rn. 11.

(3) Stellungnahme

Gegen eine Zurückweisung des Parteivorbringens zum Inhalt des ausländischen Rechts spricht, daß der Gegenstand der Präklusion Umstände betrifft, deren Offenbarung den Parteien ohne größere Anstrengung möglich ist, während Rechtsausführungen von ihr nicht erfaßt werden[511]. Auch das Parteivorbringen in der Form eines beigebrachten Privatgutachtens ist angesichts des dem ausländischen Recht zuerkannten Normcharakters im Prozeß als eine Rechtsausführung zu behandeln. Eine entsprechende Anwendung der Präklusionsvorschriften wäre mangels gesetzlicher Bezugnahme ausgeschlossen. Ließe man sie darüber hinaus zu, könnte sich desweiteren ein Ausweg über die Säumnis eröffnen[512].

Da den Parteien durch § 293 ZPO keine Beweislast auferlegt wird, fehlt bei der Auslandsrechtsermittlung jede Grundlage für die Annahme einer Präklusion, die schließlich eine Beweislastentscheidung vorwegnimmt. Die gerichtliche Ermittlungspflicht bleibt von der Untätigkeit der Parteien grundsätzlich unberührt[513]. Dennoch wird die versäumte Parteimitwirkung trotz der amtswegigen Erforschung in der Regel zu einer Ermäßigung der richterlichen Ermittlungstätigkeit führen[514]. Soweit die Parteien auf eine Aufforderung zum Inhalt ausländischen Rechts schweigen, obwohl sie dieses kennen oder unschwer Zugang dazu haben, wird das Gericht nicht damit rechnen können, daß das ausländische Recht von dem bisherigen Kenntnisstand abweicht[515]. Dem liegt eine allgemeine, freibeweisliche Würdigung des Parteiverhaltens zugrunde[516].

Soweit das Parteivorbringen zum ausländischen Recht im Zuge dessen jedoch nicht als verspätet nach Maßgabe der §§ 273 Abs. 2 Nr. 1, 296 Abs. 1 ZPO zurückgewiesen werden kann, erscheint es naheliegend, eine Aufforderung des Gerichts an die Parteien zur Erbringung von Nachweisen zum Inhalt des ausländischen Rechts als eine Auflage eigener Art im Sinne des § 293

---

[511] MünchKomm-*Prütting* § 296 ZPO Rn. 45 u. § 282 ZPO Rn. 6; *Thomas/Putzo* § 146 ZPO Rn. 2.

[512] *Leipold*, ZZP 93 (1980), S. 237, 251 f.; MünchKomm-*Prütting* § 296 ZPO Rn. 110.

[513] BGH IPRax 1983, 178, 180; *Schack*, IZVR, Rn. 630; *Huzel*, IPRax 1990, S. 77, 81.

[514] BGHZ 118, 151, 164; 118, 313, 319 f.; vgl. *Stürner*, Richterliche Aufklärung, Rn. 9; ders., Stellung des Anwalts, JZ 1986, S. 1098, 1093.

[515] BGHZ 118, 151, 165; 77, 32, 38; KG Berlin VersR 1982, 119; vgl. schon RG JW 1934, 835, 836.

[516] BGH NJW 1976, 1581, 1583.

Satz 2 2. HS ZPO zu qualifizieren[517]. Ob dem Auflagenbeschluß darüber hinaus in Anbetracht des mißverständlichen Wortlautes von § 293 ZPO der Zusatz der Sanktionslosigkeit anhaften muß[518], kann dahinstehen. Eine Fristversäumung wäre diesbezüglich jedenfalls unbeachtlich und keiner Sanktion nach § 296 Abs. 1 ZPO zugänglich[519]. Eine Partei kann dementsprechend mit ihrem Vorbringen zum Inhalt ausländischen Rechts nicht als verspätet abgewiesen werden, sondern dieses muß, sofern es hinreichend substantiiert ist, bis zum Schluß der mündlichen Verhandlung Berücksichtigung finden.

III. Verhältnis der Erkenntnisquellen

1. Kriterien für die Auswahl des Erkenntnismittels durch das Gericht

Vereinzelt wird vertreten, daß das Gericht das Europäische Rechtsauskunftsübereinkommen in Anspruch zu nehmen hätte, soweit dies eine Partei beantragt und dem Gericht die Kenntnis des berufenen ausländischen Rechts fehlt[520]. Diese ältere Auffassung gründet sich auf die Prämisse, daß eine staatsvertragliche Regelung zu einer exklusiven Anwendung zwingt[521]. Das Verhältnis zu innerstaatlichen Möglichkeiten, Rechtsauskünfte zu erlangen, ist, wie sich bereits gezeigt hat, im Übereinkommen nicht geregelt. Seinem Zweck entsprechend beansprucht es hingegen keine ausschließliche Geltung, so daß auch innerhalb seines Anwendungsbereiches andere Wege zur Erlangung von Rechtsauskünften beschritten werden können[522]. Ebensowenig gefolgt werden kann der Ansicht, daß der Richter seine Ermittlungspflicht nur durch die Einschaltung eines inländischen Sachverständigen wahrnehmen könnte[523]. Beide Ansätze lassen sich nur schwer mit dem in § 293 ZPO eingeräumten Auswahlermessen vereinbaren.

Dementsprechend obliegt es weiterhin dem Ermessen des Richters, welches zugängliche Erkenntnismittel er zur Ermittlung ausländischen Rechts heranzieht. Dieses muß jedoch geeignet sein, dem Gericht den maßgeblichen Inhalt

---

[517] In diesem Sinne *Huzel*, IPRax 1990, S. 77, 81; *Lüderitz*, IPR, Rn. 179.

[518] *Huzel*, IPRax 1990, S. 77, 81 f.

[519] MünchKomm-*Prütting* § 296 ZPO Rn. 45; *Schack* IZVR, Rn. 630; offen *Lüderitz*, IPR, Rn. 179 wohl nur auf den neuen Tatsachenvortrag hinweisend.

[520] *Wieczorek*, 2.Aufl. (1976), § 293 ZPO Rn. C I.

[521] *Wieczorek*, 2.Aufl. (1976), § 293 ZPO Rn. D I.

[522] *Bülow/Böckstiegel/Geimer/Schütze - Pirrung* Bd. I A I, S. 380-3.

[523] *Simitis*, StAZ 1976, S. 6, 8 f.; vgl. *Hetger*, DRiZ 1983, S. 233; ders., FamRZ 1995, S. 654.

der rechtlichen Entscheidungsgrundlagen zu vermitteln. Infolgedessen richtet sich die Wahl der Erkenntnisquelle nach der Komplexität der Rechtsfrage. Der BGH erkannte in diesem Zusammenhang, daß sich die Anforderungen an die Ermittlung nur in sehr eingeschränktem Maße generell-abstrakt bestimmen lassen[524]. Es wird jedoch daran zugleich deutlich, daß die Wahl des Erkenntnismittels jeweils mit der zu entscheidenden Rechtsfrage korrespondiert. Danach wird das Erkenntnismittel durch die Besonderheiten des Einzelfalles bestimmt. Das Gericht muß daher bei der Wahl der Erkenntnisquelle sowohl auf die rechtliche Problematik als auch auf den zu erwartenden Umfang der Auskunft abstellen. Diese Kriterien können mit dem *Schwierigkeitsgrad* der Rechtsfrage und der *Auskunftstiefe* der Erkenntnisquelle beschrieben werden.

a) Verbindung zwischen Schwierigkeitsgrad und Auskunftstiefe

Der Schwierigkeitsgrad einer Rechtsfrage wird mit zunehmendem Maße das Gericht bewegen, umfangreiche Ermittlungen anzustellen. Der BGH stellte diesbezüglich fest, daß an die Ermittlungen um so höhere Anforderungen zu stellen seien, je komplexer oder fremder im Vergleich zum eigenen das anzuwendende Recht sei[525]. Desweiteren hält der BGH den Richter für verpflichtet, regelmäßig umfassendere Ausführungen zur Rechtslage zu machen, soweit die Parteien eine bestimmte Rechtslage detailliert, aber kontrovers vortragen[526]. Der Blick in den Gesetztestext wird dafür, wie sich bereits gezeigt hat, in der Regel nicht ausreichen, so daß die Ansprüche, die an die Auskunftstiefe der Erkenntnisquelle zu stellen sind, steigen. Dem trägt der BGH insoweit Rechnung, wenn er ausführt, daß eigenständige Erforschungen nicht genügen, sobald Spezialkenntnisse erforderlich sind, die regelmäßig nur durch langjährige Arbeit und Erfahrung auf dem Gebiet des einschlägigen ausländischen Rechts erworben werden können[527].

Mithin wird vertreten, bei komplizierten Rechtsfragen ein Sachverständigengutachten einzuholen[528]. Häufig ist es den Gerichten in diesen Fällen nicht möglich, eine Vorauswahl der entscheidenden Tatsachen zu treffen oder eine

---

[524] BGHZ 118, 151, 163 = NJW 1992, 2026, 2029.

[525] BGHZ 118, 151, 163; vgl. *Geimer*, IZPR, Rn. 2618; *Otto*, IPRax 1995, S. 299, 303.

[526] BGHZ 118, 151, 164.

[527] BGH NJW 1984, 2763, 2764 = RIW 1984, 644, 646; NJW 1981, 522, 526 = IPRax 1981, 130, 134; vgl. *Zöller-Geimer* § 293 ZPO Rn. 20.

[528] MünchKomm-*Prütting* § 293 ZPO Rn. 26; *Arens*, FS Zajtay, S. 7, 11 u. 17; *Lüderitz*, IPR, Rn. 187; *Firsching/v.Hofmann*, IPR, § 3 Rn. 137-139; *Otto*, IPRax 1995, S. 299, 303; *ders.*, FS Firsching, S. 209, 229, und Jhb.f.ital.R. Bd.4 (1991), S. 139, 144; *Sommerlad/Schrey*, NJW 1991, S. 1377, 1380.

konkrete Rechtsfrage zu formulieren, wie es Art. 4 EuRAÜ vorsieht. Dem kommt entgegen, daß im Rahmen des Sachverständigenbeweises die Aktenversendung zulässig ist, so daß der Sachverständige Zugriff auf alle notwendigen Tatsachen erhält. Mit der Komplexität einer Rechtsfrage steigt zugleich die Schwierigkeit der Überzeugungsbildung des Gerichts. Diese wird erleichtert, soweit die nachträgliche Möglichkeit besteht, bei Zweifeln die auskunfterteilende Person anzuhören. Damit ist gleichermaßen eine dynamische Anpassung an das Verfahren gewährleistet, um einer sich ändernden Tatsachenlage gerecht zu werden und Ergänzungsfragen stellen zu können. Die Auskunftstiefe gibt Aufschluß über den Umfang der Antwort und über die Frage, welche Angaben aus der Erkenntnisquelle regelmäßig zu schöpfen sind. Im Hinblick auf Gutachen renommierter Institute spielt dabei auch die Zugriffsmöglichkeit des Bearbeiters auf einen sehr umfangreichen Bestand an Literatur und Entscheidungssammlungen eine maßgebliche Rolle[529].

In einem obiter dictum hat der BGH infolgedessen entschieden, daß der Tatrichter *im Regelfall* seiner Erforschungspflicht genügt, wenn er das Gutachten eines mit den einschlägigen Fragen vertrauten wissenschaftlichen Instituts einholt und auf entsprechenden Antrag den Gutachter seine Ausführungen mündlich erläutern läßt[530]. Im Anschluß daran erkannte der BGH jedoch, daß die Einholung eines Lehrbuchgutachtens nicht ausreicht, soweit es mangels positiv-rechtlicher Bestimmungen auf die Rechtspraxis ankommt. Dem lag die besondere Konstellation zugrunde, daß sich der Bearbeiter auf die Auswertung der ihm zugänglichen Literatur und die Auslegung der einschlägigen Gesetze beschränkt hatte, ohne über spezielle Kenntnisse der bestehenden Rechtspraxis zu verfügen. Mit dieser bereits erwähnten Entscheidung hob der BGH den Bezug zwischen der zu entscheidenden Rechtsfrage und der Auskunftstiefe der Erkenntnisquelle deutlich hervor. Da sich die Rechtspraxis weder in dem Wissen des Sachverständigen noch in dem zugänglichen Material manifestierte, konnte die Erkenntnisgewinnung nur über die Befragung einer ausländischen Rechtsexpertin erfolgen.

Dementsprechend findet auch das Europäische Rechtsauskunftsübereinkommen seinen Anwendungsbereich, indem es die Erteilung aktueller Auskünfte über die ausländische Rechtspraxis vorsieht. Die Auskunftstiefe ist ausdrücklich in Art. 7 EuRAÜ niedergelegt. Wie die Erfahrungen jedoch gezeigt haben, betreffen die Auskünfte vornehmlich Rechtsfragen, die sich entweder unmittelbar aus dem Wortlaut des Gesetzes lösen oder kurz und eindeutig be-

---

[529] *Otto*, IPRax 1995, S. 299, 303; *Schütze*, EWS 1991, S. 372, 373; *Kegel*, FS Nipperdey, S. 453, 468.
[530] BGH NJW 1991, 1418, 1419; NJW 1991, 1211, 1212; *Zöller-Gummer* § 549 ZPO Rn. 14; vgl. *Fuchs*, RIW 1995, 807, 808 FN. 13.

antworten lassen[531]. Eine umfangreiche Stellungnahme scheitert häufig an der fehlenden Mitteilung der erforderlichen Tatsachen. Soweit daneben auf die Kriterien der *Zuverlässigkeit* oder *Verläßlichkeit* der Erkenntnisquelle abgestellt wird[532], kann mit Küster bezweifelt werden, ob diese für den Rechtsanwender einen geeigneten Abgrenzungsmaßstab bilden[533], da es doch regelmäßig darauf ankommt, ein zuverlässiges Erkenntnismittel zu finden[534].

b) Prozeßökonomische Kriterien

In diesem Zusammenhang wird auch die *Bedeutung* der Rechtsfrage als entscheidungssteuerndes Kriterium angeführt[535]. Diese führt schließlich zu einer Abwägung zwischen dem Aufwand der Ermittlung ausländischen Rechts und der Bedeutung der Angelegenheit. Maßgebend dafür können regelmäßig die konkrete Höhe des Streitwertes und die zu erwartenden Ermittlungskosten sein[536]. Das Europäische Rechtsauskunftsübereinkommen trägt dem insoweit Rechnung, als es nach Art. 6 Abs. 3 EuRAÜ i.V.m. § 2 AuRAG eine Rückfrage vorsieht, falls durch die Weiterleitung des Ersuchens mit erhöhten Kosten zu rechnen ist. Die geringe Bedeutung der Angelegenheit bzw. ein geringer Streitwert werden jedoch nur selten einen Ausschlag bei der Abwägung geben können, obgleich durchaus zu bedenken ist, daß bei der Amtsermittlung nicht unverhältnismäßig hohe Kosten verursacht werden sollten, die zu Lasten der unterlegenen Partei gehen[537].

Im Anschluß daran wird desgleichen auf die Kriterien der *Verfahrensbeschleunigung* und der *Kostenersparnis* als Ausfluß prozeßökonomischer Erwägungen Bezug genommen[538]. Sowohl der Selbstermittlung als auch der Auskunft über das Europäische Übereinkommen käme danach eine herausragende Bedeutung zu. Dadurch bestätigt sich, daß der Weg der Ermittlung ausländischen Rechts, sofern sich die rechtliche Problemstellung eingrenzen

---

[531] Vgl. *Firsching/v.Hofmann* IPR, § 3 Rn. 138; *Schack*, IZVR, Rn. 631.

[532] BGH IPRax 1981, 130, 134 = NJW 1981, 522, 526; *Sommerlad/Schrey*, NJW 1991, S. 1377, 1380; *Luther*, RabelsZ 37 (1973), S. 660, 677; *Kegel*, FS Hübner, S. 504, 515; *ders.*, FS Nipperdey (1965), S. 453, 465; vgl. *Buchholz*, FS Hauß, S. 15, 25.

[533] *Küster*, S. 86 f.

[534] Vgl. *Samtleben*, NJW 1992, S. 3057, 3060 f.

[535] *Arens*, FS Zajtay, S. 7, 11; *Sommerlad/Schrey*, NJW 1991, S. 1377, 1380.

[536] Vgl. *Staudinger/Sturm/Sturm* Einl zum IPR Rn. 176 f., u. *Lando*, Kolloquium MPI, S. 128, 131 erwägen bei Bagatellsachen den Rückgriff auf die lex fori.

[537] *Sommerlad/Schrey*, NJW 1991, S. 1377, 1380; *Küster*, S. 103 ff., 134.

[538] *Kropholler*, IPR § 59 III 2.a), S. 526; *Luther*, FS Bosch, S. 559, 569; *Sommerlad/Schrey*, NJW 1991, S. 1377, 1380.

läßt, zunächst über den Versuch einer eigenständigen Erforschung oder eine Kurzauskunft führt. Eine Abgrenzung der Erkenntnismittel anhand prozeßökonomischer Erwägungen kann jedoch nur gezogen werden, soweit sich durch die in Betracht kommenden Erkenntnisquellen das gleiche Ziel der Ermittlung realisieren läßt, d.h. ihre erforderliche Auskunftstiefe übereinstimmt. Sofern im Anschluß an das LG Oldenburg das Erkenntnismittel favorisiert wird, das einfacher, schneller und billiger ist[539], fehlt es an der entscheidenden Verbindung zum Einzelfall, mit dem schließlich die Auswahl der Erkenntnisquelle korrespondiert. Die Verwendung derartiger prozeßökonomischer Maßstäbe setzt die Austauschbarkeit der möglichen Erkenntnismittel gerade voraus. Der Wahl der Ermittlungsmethoden gemessen an Kostengesichtspunkten, Bearbeitungszeit und Aufwand liegt daher ein gleicher Stellenwert der in Betracht kommenden Erkenntnisquellen zugrunde. Infolgedessen können derartige wirtschaftliche Kriterien grundsätzlich nur einen subsidiäreren Einfluß auf die Ermessensentscheidung des Gerichts ausüben. Erst wenn sich abzeichnet, daß die zur Verfügung stehenden Erkenntnisquellen in ihrer erforderlichen Auskunftstiefe vergleichbar sind, wird es auf eine Abwägung in prozeßökonomischer Hinsicht ankommen.

c) Stellungnahme

Die Inanspruchnahme einzelner Erkenntnismittel richtet sich im wesentlichen nach der rechtlichen Problematik. Verbindliche Vorgaben zur Benutzung bestimmter Erkenntnisquellen lassen sich mit Hilfe der dargelegten Kriterien nicht verallgemeinern. Daher ist dem BGH grundsätzlich zuzustimmen, wenn er die Genzen der Ermessensausübung nach den jeweiligen Umständen des Einzelfalls zieht[540]. Nur auf diese Weise ist gewährleistet, daß die Ermittlung einer angemessenen und einzelfallgerechten Überprüfung unterliegt. Der Betrachtung ist jedoch zu entnehmen, daß eine Wechselwirkung zwischen dem Schwierigkeitsgrad der Rechtsfrage und der Auskunftstiefe der Erkenntnisquelle besteht. Das Kriterium der Zuverlässigkeit des Erkenntnismittels geht in dieser Wechselbeziehung auf. Nur subsidiär kommen dabei prozeßökonomische Aspekte zum Tragen.

Wie sich schon gegenüber Behördenauskünften im unreglementierten Bereich der Rechtshilfe gezeigt hat, liegt eine weitere Schwierigkeit in der *ex ante* Beurteilung, aus welcher Erkenntnisquelle sich für die Beantwortung der Rechtsfrage das nötige Wissen schöpfen läßt. In der Regel kommt es im Pro-

---

[539] LG Oldenburg IPRspr. 1984 Nr. 2, S. 2, 3; *Kropholler*, IPR § 59 III 2.a), S. 526; *Küster*, S. 97 f.
[540] BGHZ 118, 151, 163.

zeß jedoch zu einer Häufung verschiedener Erkenntnismöglichkeiten. Auf die amtswegig eingeholten Auskünfte ist der Richter daher in den seltensten Fällen beschränkt, sondern er wird regelmäßig auch auf die von den Parteien beigebrachten Nachweise zurückgreifen können[541]. Die Erkenntnisgewinnung erfolgt dann unter Bezugnahme der gesamten, vorliegenden Nachweise. Infolgedessen stehen die Erkenntnismittel nicht in einem streng alternativen Verhältnis. Auf der Grundlage der bisher gewonnenen Einsicht ergibt sich vielmehr ein abgestuftes Bild. Soweit das Gericht über eigene Erfahrungen im Umgang mit der ausländischen Rechtsordnung verfügt, wird es die eigenständige Erforschung als unmittelbaren Ausdruck der Amtsermittlung wählen. Führt diese zu einer offenen Rechtsfrage, deren Beantwortung aus den zugänglichen Materialien nicht möglich ist, wird die Einholung einer Kurzauskunft notwendig sein, für die sich die Inanspruchnahme des Europäischen Übereinkommens anbietet. Wie sich gezeigt hat, ist der Erfolg einer ausländischen Auskunft aber davon abhängig, ob es dem Gericht gelingt, die rechtliche Problematik aus dem Sachverhalt zu lösen und in eine kurze und eindeutige Anfrage zu fassen. In Ermangelung des dafür erforderlichen Einblicks in die ausländische Rechtsordnung verbleibt dem Sachverständigengutachten im übrigen sein Anwendungsbereich.

Im Zusammenhang mit den Schwierigkeiten der Auswahl der geeigneten Erkenntnisquelle stehen die Probleme der Abgrenzung revisibler Ermittlungsfehler von irrevisiblen Rechtsanwendungsfehlern. Diese sind ursächlich für die Zurückhaltung des BGH, die Kriterien und Grenzen der richterlichen Ermessensausübung näher zu bestimmen.

2. Abgrenzung zwischen Fehlern im Ermittlungsvorgang und Rechtsanwendungsfehlern

Während die Revision im Zivilprozeß nach §§ 549 Abs. 1, 562 ZPO grundsätzlich nicht auf die Verletzung ausländischen Rechts gestützt werden kann, können hingegen Verfahrensverstöße bei der Ermittlung nach Maßgabe des § 554 Abs. 3 Nr. 3 b) ZPO gerügt werden[542]. Die Schwierigkeit besteht nunmehr darin, zu verhindern, daß über den Umweg der Verfahrensrüge die Anwendung ausländischen Rechts zur Revision gestellt wird, ohne daß die Über-

---

[541] HansOLG Hamburg IPRax 1995, 391, 393; OLG Düsseldorf RIW 1995, 947, 949; vgl. BGH NJW-RR 1991, 1211, 1212; BGH FamRZ 1982, 263, 265.
[542] BGHZ 118, 313, 319; 118, 151, 162; *Gottwald*, IPRax 1988, S. 210, 211.; vgl. aber § 73 Abs.1 ArbGG, §§ 27 f. FGG, zu den weiteren Ausnahmen MünchKomm-*Sonnenberger* EGBGB/IPR Einl., Rn. 480; *Wiedemann*, S. 38 ff., 182 ff.

III. Verhältnis der Erkenntnisquellen

prüfung des Ermittlungsverfahrens aufgegeben wird[543]. Da einer fehlerhaften Anwendung in der Regel eine unvollständige Feststellung ausländischen Rechts zugrundeliegt, könnten Rechtsanwendungsfehler stets als Folgen fehlerhafter Ermittlungen aufgefaßt werden[544]. Die Rechtsanwendung stützt sich auf Feststellungen, die im Ermittlungsverfahren getroffen werden. Damit scheint der Schluß unvermeidlich, daß sich die fehlerhafte Anwendung jeweils auf einen Verfahrensfehler zurückführen läßt. Die Rechtsprechung weist infolgedessen jedoch die Rüge der unvollständigen Ermittlung grundsätzlich ab, soweit mit dieser Verfahrensrüge der Sache nach die Überprüfung der Anwendung ausländischen Rechts bezweckt wird[545].

Um zu verhindern, daß über die Verfahrensrüge eine Nachprüfung ausländischen Rechts erreicht werden kann, ist dem Richter ein pflichtgemäßes Ermessen eingeräumt, auf welche Weise er sich die Kenntnis von dem maßgeblichen ausländischen Recht verschafft[546]. Soweit sich das Gericht im Rahmen des pflichtgemäßen Ermessens hält, ist seine Entscheidung der Revision entzogen[547]. Der Revision unterliegt jedoch die Kontrolle der Einhaltung der Ermessensgrenzen, die der BGH, wie sich bereits gezeigt hat, je nach Einzelfall zieht[548].

Ein Verfahrensfehler kann grundsätzlich nur angenommen werden, wenn das Verfahren selbst und nicht nur sein Ergebnis fehlerhaft ist[549]. Aus der Unrichtigkeit des Ermittlungsergebnisses läßt sich allein nicht belegen, daß dieses verfahrensfehlerhaft zustande gekommen ist. Vielmehr ist allgemein zu unterscheiden, ob diesem eine verfahrensfehlerhafte Ermittlung zugrundeliegt oder aus dem ordnungsgemäßen Ermittlungsvorgang lediglich fehlerhafte

---

[543] *Fastrich*, ZZP 97 (1984), S. 423, 435; *Müller*, Kolloquium MPI, S. 66, 78; *Hanisch*, IPRax 1993, S. 69, 71.

[544] *Hanisch*, IPRax 1993, S. 69, 71; *Fastrich*, ZZP 97 (1984), S. 423, 424 u. 437; *Müller*, Kolloquium MPI, S. 66, 78.

[545] BGH NJW-RR 1990, 248, 249; BGH RIW 1990, 581; BGH NJW 1988, 647, 648; BGH WM 1971, 1094, 1095; BGH NJW 1963, 252, 253; RGZ 152, 23, 28 f.; RGZ 114, 197, 200; *Gottwald*, IPRax 1988, S. 210, 211 f.; *Fastrich*, ZZP 97 (1984), S. 423, 437.

[546] BGH EWIR § 549 ZPO 1/90, 515 (*Thode*) = zu BGH RIW 1990, 581; *Stein/Jonas-Leipold* § 293 ZPO Rn. 67; *Fastrich*, ZZP 97 (1984), S. 423, 440.

[547] MünchKomm-*Sonnenberger* EGBGB/IPR Einl., Rn. 481; *Stein/Jonas-Leipold* § 293 ZPO Rn. 67; *Gottwald*, IPRax 1988, S. 210, 211; *Müller*, Kolloquium MPI, S. 66, 78.

[548] BGHZ 118, 151, 163; BGH EWIR § 549 ZPO 1/90, 515 (*Thode*); *Fastrich*, ZZP 97 (1984), S. 423, 440; *Hanisch*, IPRax 1993, S. 69, 71; *Sommerlad*, RIW 1991, S. 856; *ders./Schrey*, NJW 1991, S. 1377, 1380.

[549] *Fastrich*, ZZP 97 (1984), S. 423, 427.

Schlüsse gezogen wurden[550]. Im folgenden wird sich zeigen, inwieweit anhand anerkannter Verfahrensfehler die Grenzen einer pflichtgemäßen Ermessensausübung deutlich werden.

a) Verstoß gegen die Amtsermittlungspflicht durch Ermessensunterschreitung

Einen Verfahrensfehler stellt die Verletzung der Amtsermittlungspflicht als solche dar. Der Tatrichter, der seiner Ermittlungspflicht nicht nachkommt, unterschreitet sein ihm eingeräumtes Ermessen, wie der BGH jüngst aufgrund einer Vertragsauslegung nach spanischem Recht formuliert hat[551]. Regelmäßig ermessensfehlerhaft ist daher eine Entscheidung, die mangels Ermittlung des maßgebenden Rechts das Recht eines anderen Staates anwendet[552]. So hat der BGH zuvor das Urteil eines Berufungsgerichts aufgehoben, welches sich zur Anwendung englischen Rechts durch die Vermutung veranlaßt sah, daß das maßgebliche Seerecht von Sri Lanka im wesentlichen auf englischem Recht basiere[553].

Darüber hinaus wird als Ermessensfehler anerkannt, wenn das Gericht nicht erkennen läßt, ob und auf welche Weise es zu klären versucht hat, ob ein von ihm angewendeter Rechtssatz im ausländischen Recht besteht[554]. Kennzeichnend dafür sind jeweils die Entscheidungsgründe, die offenlegen müssen, daß der Tatrichter sein Ermessen bei der Ermittlung ausländischen Rechts auch tatsächlich ausgeübt hat und woher er die Kenntnis des ausländischen Rechts schöpft[555]. Dem Schweigen der Gründe kann daher regelmäßig nur entnommen werden, daß das Gericht seiner Ermittlungspflicht nicht nachgekommen ist[556]. Danach führt der Ausfall der Betätigung des Ermessens grundsätzlich zur Annahme eines Verfahrensfehlers.

---

[550] MünchKomm-*Prütting* § 293 ZPO Rn. 67 f.; *Zöller-Gummer* § 549 ZPO Rn. 9; *Kropholler*, IPR § 59 I. 3., S. 522 f.; *Linke*, IZVR, Rn. 285; *Fastrich*, ZZP 97 (1984), S. 423, 424 u. 437; *Hanisch*, IPRax 1993, S. 69, 71; *Sommerlad/Schrey* NJW 1991, S. 1377, 1383.

[551] BGH NJW-RR 1990, 248, 249; vgl. BGH VersR 1996, 380 f.

[552] BGHZ 118, 151, 163; BGH NJW 1987, 1145, 1146.

[553] BGH NJW 1987, 1145, 1146.

[554] BGHZ 118, 151, 163; BGH EWiR § 549 ZPO 1/90, 515 (*Thode*) = BGH RIW 1990, 581 f.; BGH LM § 293 ZPO Nr. 14 = IPRax 1988, 228; *Gottwald*, IPRax 1988, S. 210, 212.

[555] BGH NJW-RR 1990, 248, 249; BGH IPRspr. 1980 Nr. 3, S. 4, 7; *Zöller-Gummer* § 549 ZPO Rn. 9; *Soergel-Kegel* Vor Art. 3 EGBGB Rn. 219; *Fastrich*, ZZP 97 (1984), S. 423, 442.

[556] BGH NJW 1992, 3106, 3107 = LM § 293 ZPO Nr. 18; BGH LM § 293 ZPO Nr. 13; BGH IPRax 1995, 38, 39; vgl. BGH NJW-RR 1995, 766, 767.

III. Verhältnis der Erkenntnisquellen 215

*b) Überschreitung der Ermessensgrenzen durch
den Abbruch weiterer Ermittlungsbemühungen*

Im übrigen wird ein Verfahrensfehler anerkannt, wenn das Gericht die ihm zugänglichen Erkenntnisquellen über den Inhalt ausländischen Rechts und die Rechtspraxis nicht ausgeschöpft hat. Hierbei liegt der Verfahrensfehler nicht in dem Unterlassen der Ermessensausübung, sondern in dem Abbruch weiterer Ermittlungsbemühungen.

Dem liegt zum einen die voreilige Folgerung zugrunde, nach der das Gericht ausländisches Recht als nicht feststellbar behandelt, ohne seine Möglichkeiten zu dessen Ermittlung ausgeschöpft zu haben[557]. Zum anderen wird damit die Situation bezeichnet, wonach die Ausführungen der Parteien dem Gericht Anlaß geben mußten, von weiteren Erkenntnismöglichkeiten Gebrauch zu machen[558]. Infolge der Beurteilung von Schmerzensgeldbeträgen nach österreichischem Recht unterließ das Berufungsgericht trotz Einwand der Beklagten die Ermittlung der einschlägigen Rechtspraxis[559]. Der BGH stellte daraufhin fest, daß dem Tatrichter zwar insoweit ein Ermessen eingeräumt sei, der Ermessensspielraum aber *überschritten* wäre und weitere Ermittlungen zumutbar und unerläßlich waren. Diese Entscheidung fügt sich in das Bild, wonach nicht nur die positiv-rechtlichen Bestimmungen des ausländischen Rechts, sondern auch die einschlägige ausländische Rechtspraxis zu ermitteln sind[560]. Das Unterlassen weiterer Ermittlungsbemühungen war indessen pflichtwidrig. Das Gericht ist zumindest verpflichtet, im Urteil Ausführungen zur Ermittlung der ausländischen Rechtspraxis zu machen, wenn eine Partei konkret auf sie hingewiesen hat. Das Fehlen derartiger Ausführungen kann mittels Verfahrensrüge angegriffen werden[561].

Exkurs - Aufklärung im verwaltungsgerichtlichen Verfahren: Eine vergleichbare Situation bietet sich mit Blick auf die Verwaltungsgerichtsordnung. Für die Reichweite der Amtsermittlungspflicht des Gerichts im Verwaltungs-

---

[557] BGH NJW 1983, 2773, 2775 = WM 1983, 655, 657 = IPRax 1985, 154, 156; vgl. BGH FamRZ 1982, 263, 265; *Stein/Jonas-Leipold* § 293 ZPO Rn. 66; *v.Bar*, IPR Bd.I, Rn. 379; *Linke*, IZVR, Rn. 285; *Gottwald*, IPRax 1988, S. 210, 211; *Fastrich*, ZZP 97 (1984), S. 423, 439.

[558] BGH NJW-RR 1991, 1211, 1212; BGH EWiR § 549 ZPO 1/90, 515, 516 (*Thode*).

[559] BGH LM § 293 ZPO Nr. 13 = RIW 1987, 545, 546 f. = MDR 1987, 833 = IPRax 1988, 227 f., Anm. *Gottwald*, IPRax 1988, S. 210, 212.

[560] BGH NJW-RR 1991, 1211, 1212; BGH NJW 1976, 1588, 1589; *v.Bar*, IPR Bd.I, Rn. 379; *Fastrich*, ZZP 97 (1984), S. 423, 439.

[561] BGH LM § 293 ZPO Nr. 13 = IPRax 1988, 227 f., *Gottwald*, IPRax 1988, S. 210, 212; vgl. BGH NJW-RR 1990, 248, 250.

prozeß ist anerkannt, daß ein wesentlicher Verfahrensmangel vorliegt, wenn das Gericht eine sachlich mögliche, zusätzliche Aufklärung unterläßt, obgleich die Beteiligten im Verfahren entsprechende Beweisanträge gestellt oder zumindest substantiiert auf weitere Ermittlungsmöglichkeiten hingewiesen haben, so daß sich dem Gericht die Notwendigkeit einer weitergehenden Ermittlung aufdrängen mußte[562]. Das Verwaltungsgericht darf danach bei der Aufklärung des Sachverhalts auf bestehende Erkenntnismöglichkeiten entsprechend § 244 Abs. 3, 4 StPO nur verzichten, wenn diese unzulässig, untauglich, unerreichbar sowie für die Entscheidung unerheblich sind, oder wenn zugunsten der betroffenen Belange eine rechtliche Folge als erwiesen unterstellt werden kann. Im Rahmen einer Beschwerde über den Verlust einer Auslandsstaatsangehörigkeit hat das BVerwG zur Beurteilung von Verfahrensmängeln bei der Ermittlung ausländischen Rechts auf die allgemeinen Grundsätze zurückgegriffen, die für das gerichtliche Ermessen bei der Entscheidung gelten, ob zur Aufklärung des Sachverhalts insbesondere ein weiteres Gutachten einzuholen ist[563]. Danach darf sich das Gericht nicht auf die ihm zur Verfügung stehenden Erkenntnisquellen beschränken, wenn diese unklar, unvollständig oder widersprüchlich sind, oder Zweifel an der Sachkunde ihrer Urheber erkennen lassen. Der Tatrichter übt infolgedessen sein Ermessen rechtsfehlerhaft aus, wenn er von weiteren Ermittlungen absieht, obwohl sich ihm deren Notwendigkeit aufdrängen mußte[564]. Soweit das Verwaltungsgericht ausländisches Rechts selbständig ermittelt hat, verletzt es seine Aufklärungspflicht nur, wenn es sich eine ihm unmöglich zur Verfügung stehende Sachkunde zuschreibt oder seine Entscheidungsgründe auf eine mangelnde Sachkunde schließen lassen[565].

Vor dem Hintergrund des identischen Ausgangspunktes nach Maßgabe der §§ 293 ZPO, 173 VwGO lassen sich die Anforderungen gleichermaßen für die Ermittlungspflicht im Zivilprozeß nutzbar machen. Wie sich gezeigt hat, geht der BGH von ähnlichen Kriterien aus, wenn er eine weitere Ermittlung für zumutbar und unerläßlich hält[566]. Die Feststellung, daß die Parteibehauptungen Anlaß geben mußten, weitere Erkenntnismöglichkeiten zu gebrauchen[567], entspricht der Wendung, daß sich dem Gericht nähere Ermittlungen hätten aufdrängen müssen. Auch in der Literatur findet sich die Aussage, einen Verfahrensfehler anzunehmen, wenn Ermittlungen unterblieben sind, deren Er-

---

[562] § 86 VwGO; *Kopp*, VwGO, 10. Aufl. (1994), § 86 Rn. 7; *Sommerlad/Schrey*, NJW 1991, S. 1377, 1380.
[563] BVerwG NJW 1989, 3107.
[564] BVerwG NJW 1989, 3107.
[565] BVerwG IPRspr.1993 Nr. 1 = FamRZ 1994, 627.
[566] BGH LM § 293 ZPO Nr. 13 = MDR 1987, 833 = IPRax 1988, 227 f.
[567] BGH NJW-RR 1991, 1211, 1212.

III. Verhältnis der Erkenntnisquellen

forderlichkeit sich im Einzelfall aufdrängen mußte[568]. Voraussetzung dafür sind desgleichen Parteibehauptungen, welche die bereits vorliegenden Erkenntnisse qualifiziert in Zweifel ziehen[569]. Daher ist Thode zuzustimmen, wenn er ausführt, daß die Parteien das relevante ausländische Recht konkret vorzutragen hätten, damit ihnen die Möglichkeit der Revision eröffnet wäre[570].

Ebenso wie das BVerwG versagt auch der BGH den Weg der Selbstermittlung, wenn das Gericht ersichtlich keine besonderen Kenntnisse für sich in Anspruch nimmt[571]. Damit wird zugleich deutlich, daß die Nichtheranziehung zugänglicher Erkenntnisquellen ermessensfehlerhaft ist, solange die gewählte Erkenntnismethode objektiv keine ausreichende Grundlage für die Überzeugungsbildung bietet[572]. Zur Beurteilung der Tragfähigkeit genutzter Erkenntnisquellen kann gemeinsam mit dem BVerwG Rückgriff auf die allgemeinen Grundsätze genommen werden, die eine weitere Aufklärung notwendig werden lassen, insbesondere auf die Voraussetzungen für die Einholung eines neuen Gutachtens, wie sie auch in § 412 Abs. 1 ZPO vorgesehen sind[573]. Diese Erwägungen lagen schließlich auch der Entscheidung des BGH über die Feststellung venezolanischer Schiffspfandrechte zugrunde[574]. Danach war die Verwendung des vorgelegten Gerichtsgutachtens mangels spezieller Kenntnisse des Bearbeiters über die maßgebliche Rechtspraxis ermessensfehlerhaft, ohne eine durch die Partei aufgezeigte weitere Erkenntnismöglichkeit zu nutzen. In einem anderen Fall konnte eine nach dem Europäischen Übereinkommen eingeholte Auskunft die Entscheidung über die Existenz eines angewandten Vertrauensgrundsatzes nicht tragen, da sie mangels hinreichender Fragestellung diesbezüglich keine Angaben enthielt[575]. Eine weitere Ermittlung wäre notwendig gewesen, da die Auskunft zur Annahme der rechtlichen Entscheidungsgrundlage unvollständig im Sinne der dargelegten Maßstäbe war.

---

[568] *Fastrich*, ZZP 97 (1984), S. 423, 440 u. 438.
[569] BGH NJW-RR 1991, 1211, 1212; BGH LM § 293 ZPO Nr. 13 = MDR 1987, 833 = IPRax 1988, 227 f.; BGH EWIR § 549 ZPO I/90, 515, 516 (*Thode*); *Gottwald*, IPRax 1988, S. 210, 211 f.
[570] BGH EWIR § 549 ZPO I/90, 515, 516 (*Thode*); vgl. *Hanisch*, IPRax 1993, S. 69, 72.
[571] BGH NJW 1984, 2763, 2764 = RIW 1984, 644, 646; NJW 1981, 522, 526 = IPRax 1981, 130, 134.
[572] *Fastrich*, ZZP 97 (1984), S. 423, 442 f.
[573] MünchKomm-*Damrau* § 412 ZPO Rn. 2 f.
[574] BGH NJW-RR 1991, 1211, 1212.
[575] BGH LM § 293 ZPO Nr. 14 = IPRax 1988, 228; *Gottwald*, IPRax 1988, S. 210, 212.

c) Bindung an verfahrensrechtliche Vorschriften

Soweit die Ermittlung ausländischen Rechts durch die förmliche Einholung eines Sachverständigengutachtens betrieben wird, sind, wie sich bereits gezeigt hat, die Verfahrensvorschriften einzuhalten, ohne daß dem Gericht ein besonderer Ermessensspielraum eingeräumt wäre[576]. Das Übergehen des rechtzeitig gestellten Antrags einer Partei zur ergänzenden Anhörung des gerichtlichen Sachverständigen nach §§ 402, 397 ZPO führt daher regelmäßig zu einem revisiblen Verfahrensfehler, wie der BGH in seiner Entscheidung aus dem Jahre 1994 bestätigt hat[577]. Ausreichend war dazu die Angabe der Partei, in welcher Richtung sie durch ihre Fragen eine weitere Aufklärung herbeizuführen wünscht.

d) Kausalität

Nach § 549 ZPO ist die Revision begründet, wenn die Entscheidung auf einer Verletzung revisiblen Rechts beruht. Während für das materielle Recht im einzelnen der Nachweis der Kausalität verlangt wird, genügt es bei verfahrensrechtlichen Gesetzesverletzungen, wenn die Möglichkeit nicht ausgeschlossen werden kann, daß die Entscheidung ohne Verletzung anders ausgefallen wäre[578].

Fraglich ist, ob für die Geltendmachung der Verletzung des § 293 ZPO die Bezeichnung des Verfahrensfehlers ausreicht, oder ob entsprechend den Erfordernissen wie bei Aufklärungsrügen nach § 554 Abs. 3 Nr. 3 b) ZPO darzulegen ist, welche konkreten Erkenntnisse ein ordnungsgemäßes Ermittlungsverfahren hätte hervorbringen müssen[579]. Danach wäre der Revisionskläger neben dem Vortrag des Verfahrensfehlers verpflichtet, die dem Urteil des Berufungsgerichts entgegenstehende ausländische Rechtslage anzuführen[580].

Der allgemeine Grund für den eingeschränkten Kausalitätsnachweis bei Verfahrensfehlern liegt jedoch darin, daß das Revisionsgericht nicht beurteilen

---

[576] BGH IPRspr.1974 Nr. 1b, S. 10, 14 f.; *Stein/Jonas-Leipold* § 293 ZPO Rn. 43, 67; *Baumbach/Lauterbach/Albers/Hartmann - Albers* § 549 ZPO Rn. 8; *Dölle*, FS Nikisch, S. 185, 190; *Fastrich*, ZZP 97 (1984), S. 423, 434; *Otto*, IPRax 1995, S. 299, 304 f.

[577] BGH IPRax 1995, 322, 323 = LM § 293 ZPO Nr. 19; BGH NJW 1975, 2142, 2143.

[578] MünchKomm-*Walchshöfer* § 549 ZPO Rn. 16; *Thomas/Putzo* § 549 ZPO Rn. 12.

[579] *Zöller-Gummer* § 554 ZPO Rn. 14; *Thomas/Putzo* § 554 ZPO Rn. 9; MünchKomm-*Walchshöfer* § 554 ZPO Rn. 22.

[580] *Dölle*, FS Nikisch, S. 185, 195; *Fastrich*, ZZP 97 (1984), S. 423, 443.

III. Verhältnis der Erkenntnisquellen 219

kann, wie das Berufungsgericht ohne Verfahrensfehler entschieden hätte. Dies gilt für die verfahrensfehlerhafte Tatsachenfeststellung ebenso wie für die Rechtsermittlung, die der Revisionsinstanz grundsätzlich verwehrt ist[581]. Dadurch wäre aus Gründen der Prozeßökonomie zwar nicht ausgeschlossen, wie bei Aufklärungsrügen zu verlangen, daß nicht nur der Ermittlungsfehler, sondern auch das Ergebnis ordnungsgemäßer Ermittlung vom Revisionskläger vorgetragen wird. Damit wäre aber im Widerspruch zum Grundsatz, daß das materielle ausländische Recht keiner revisionsrechtlichen Überprüfung unterliegt, dessen Darlegung zur Revisionsvoraussetzung erhoben[582].

Soweit der BGH auf einen Verfahrensfehler erkannte, begnügte er sich jeweils mit der Feststellung, daß nicht auszuschließen sei, daß die ordnungsgemäße Ermittlung zu einer anderen Beurteilung durch das Berufungsgericht geführt hätte[583]. Infolgedessen wird es weiterhin ausreichen, wenn der Revisionskläger bei der Verfahrensrüge lediglich die Verletzung der Grundsätze des Ermittlungsverfahrens nachweist. Der Verfahrensfehler birgt für sich genommen die Gefahr eines fehlerhaften Ergebnisses, so daß in der Regel nicht ausgeschlossen werden kann, daß bei ordnungsgemäßer Ermittlung in der Sache anders entschieden worden wäre[584].

e) Stellungnahme

Eine Abgrenzung zwischen revisiblem Verfahrensverstoß und irrevisiblen Rechtsanwendungsfehlern läßt sich nicht mit deutlicher Schärfe durchführen. Die Grenzen sind fließend, soweit der BGH den Rahmen der Ermessensausübung jeweils im Einzelfall bestimmt. Dabei läßt sich die Rechtsprechung offenbar auch von der Offensichtlichkeit und Schwere des Verstoßes leiten[585]. Um eine Überprüfung der Ermittlungen zu gewährleisten, werden von der Rechtsprechung hohe Anforderungen an die Darlegung ausländischen Rechts in den Urteilsgründen gestellt[586]. Gleiches gilt für die Parteien, die aufgefor-

---

[581] BGH LM § 293 ZPO Nr. 14; vgl. *v.Bar*, IPR Bd.I, Rn. 380 zu den Ausnahmen BGHZ 40, 197, 200 (unbekannt gebliebene Norm), BGHZ 36, 348, 352 f. (späterer Gesetzeserlaß); *Soergel-Kegel* Vor Art. 3 EGBGB Rn. 227 f.
[582] *Fastrich*, ZZP 97 (1984), S. 423, 444.
[583] BGH IPRax 1995, 322, 323; IPRax 1995, 38, 39; NJW-RR 1991, 1211, 1212; LM § 293 ZPO Nr. 14; NJW 1984, 2763, 2764.
[584] *Fastrich*, ZZP 97 (1984), S. 423, 445.
[585] *Dölle*, FS Nikisch, S. 185, 195; *Fastrich*, ZZP 97 (1984), S. 423, 435; vgl. *Linke*, IZVR, Rn. 285.
[586] *Gottwald*, IPRax 1988, S. 210, 212.

dert sind, zum Inhalt ausländischen Rechts ausführlich Stellung zu nehmen, damit ihnen die Möglichkeit der Revision erhalten bleibt[587].

Eine Gegenüberstellung der Reichweite der Aufklärungspflicht im Verwaltungsprozeß und der Auslandsrechtsermittlung im Zivilprozeß zeigt, daß sich ihre Anforderungen übertragen lassen. Sofern sich dem Gericht nicht die Notwendigkeit einer weitergehenden Ermittlung aufdrängt und die genutzte Erkenntnisquelle klar und vollständig Auskunft über die ausländische Rechtslage gibt, ohne Widersprüche zu enthalten oder Aufschluß über die mangelnde Sachkunde des Urhebers zu geben, bewegt sich das Gericht im Rahmen seines pflichtgemäßen Ermessens.

Die Anwendung ausländischen Rechts durch die Tatsacheninstanz kann infolgedessen grundsätzlich nur aus formellrechtlichen Gesichtspunkten mit der Revision angegriffen werden[588], indem geltend zu machen ist, daß die der Entscheidung zugrundegelegte ausländische Rechtslage verfahrens- bzw. ermessensfehlerhaft ermittelt wurde.

---

[587] BGH EWIR § 549 ZPO 1/90, 515, 516 (*Thode*); *Hanisch*, IPRax 1993, S. 69, 72.
[588] *Soergel-Kegel* Vor Art. 3 EGBGB Rn. 220 f.; *Sommerlad/Schrey*, NJW 1991, S. 1377, 1383.

E. Nichtermittelbarkeit ausländischen Rechts

Trotz Ausschöpfung aller erreichbaren Erkenntnisquellen und unter der Mitwirkung der Parteien kann es vorkommen, daß das Gericht keine eindeutige Klarheit über den Inhalt des ausländischen Rechts zu gewinnen vermag[1]. Während bei einem *non liquet* in der Tatfrage die Beweislastnormen einen Ausweg eröffnen[2], liefe eine Entscheidung zum Nachteil einer Partei, die aus dem nicht feststellbaren Recht für sich eine Rechtsposition ableitet, auf eine Beweislastentscheidung bezüglich des Inhalts des ausländischen Rechts hinaus, die nach § 293 ZPO nicht besteht[3].

Eine Klageabweisung kann daher keine Folge der Nichtfeststellbarkeit ausländischen Rechts sein[4], da sie im Ergebnis eine Sachentscheidung darstellt, indem durch sie eine geltend gemachte Rechtsposition mit materieller Rechtskraftwirkung aberkannt wird. Soweit die Klage auf die Feststellung einer Rechtsposition gerichtet ist, wäre durch eine Abweisung rechtskräftig festgestellt, daß diese nicht besteht. Die Entscheidung über die Rechtslage würde damit nicht auf der Anwendung materiellen Rechts, sondern gerade auf der Nichtanwendung des unbekannt gebliebenen, ausländischen Rechts beruhen[5]. Eine Abweisung durch Prozeßurteil käme nur in Betracht, wenn Prozeßvoraussetzungen fehlen oder Prozeßhindernisse vorliegen. Dagegen ist die Ermittlung des zur Anwendung berufenen ausländischen Rechts keine Zulässigkeitsvoraussetzung der Klage[6].

---

[1] *Stein/Jonas-Leipold* § 293 ZPO Rn. 60; *Sommerlad/Schrey*, NJW 1991, S. 1377, 1382.

[2] *Müller*, Kolloquium MPI, S. 66, 69; MünchKomm-*Prütting* § 293 ZPO Rn. 59.

[3] BGH FamRZ 1982, 262, 265 = IPRax 1983, 193, 194; BGHZ 69, 387, 393 f. zgl. FamRZ 1978, 179, 182; KG Berlin IPRax 1991, 60; MünchKomm-*Prütting* § 293 ZPO Rn. 59; *Schack*, IZVR, Rn. 639; *Geimer*, IZPR, Rn. 2598; *Stürner/Stadler*, Akive Rolle des Richters, S. 173, 192 f.; *Coester-Waltjen*, Rn. 58.

[4] So aber *Hellwig*, System des Deutschen Zivilprozeßrechts, Bd.I (1912), S. 677; *Zitelmann*, IPR, Bd.I (1897), S. 289; *Kralik*, ZfRV 1962, S. 75, 93 f.

[5] *Müller*, NJW 1981, S. 481, 483; *Schütze*, DIZPR, S. 120.

[6] Vgl. BGH NJW 1997, 324 f. (Der BGH hielt jüngst die Klageabweisung im Gerichtsstand des Vermögens wegen ungeklärter völkerrechtlicher Beziehungen zwischen den Nachfolgestaaten der ehemaligen jugoslawischen Föderation für unzulässig und hob mit Hinweis auf die Ermittlungspflicht des § 293 ZPO das Urteil vom OLG Frank-

Als Ursachen für eine Nichtaufklärbarkeit der ausländischen Rechtslage kommen neben einer mangelnden Kodifikation das Fehlen von hinreichenden Auskünften zur Rechtspraxis oder auch äußere Umstände in Betracht, die es dem inländischen Gericht unmöglich machen, das im Ausland geltende Recht zuverlässig festzustellen[7]. Wie bereits Dölle erkannte, sieht § 293 ZPO, soweit er das ausländische Recht als des Beweises fähig und bedürftig bezeichnet, jedenfalls implizit zugleich die Möglichkeit des Mißlingens dieses Beweises vor, so daß der kollisionsrechtliche Auftrag nicht befolgt werden kann[8].

Der Abbruch der Ermittlungstätigkeit und die Feststellung der Nichtermittelbarkeit erfordert eine gerichtliche Entscheidung. Ebenso wie die Art und Weise der Ermittlung dem Ermessen des Gerichts unterstellt ist, gehört zur pflichtgemäßen Ermessensausübung die Entscheidung, wann die Ermittlungen abzubrechen sind, weil entweder die Rechtslage hinreichend geklärt ist oder ein ausreichendes Ergebnis trotz Ausschöpfung aller zugänglichen Erkenntnisquellen nicht zu erzielen ist[9]. Diese Situation hat der Richter mit den Parteien nach Maßgabe des § 139 ZPO zu erörtern[10].

Im Hinblick auf die Annahme der Nichtermittelbarkeit ausländischen Rechts erhebt sich die Frage, welche Anforderungen grundsätzlich an die richterliche Überzeugung zu stellen sind. Es bedarf daher in diesem Zusammenhang einer Betrachtung, inwieweit neben § 286 ZPO ergänzende oder erleichternde Würdigungsvorschriften anwendbar sind. § 286 verlangt einen so hohen Grad von Wahrscheinlichkeit, daß er den Zweifeln Schweigen gebietet, ohne sie völlig auszuschließen[11]. § 293 ZPO enthält selbst keinen Hinweis, ab wann das Gericht eine ausländische Rechtslage als erwiesen ansehen kann. Daher ist fraglich, ob sich die Anforderungen an die Beurteilung des Bestehens einer ausländischen Rechtslage nach der Überzeugung im Sinne des § 286 ZPO richtet bzw. inwieweit diese gemindert sein könnten. Läßt sich über den Grad einer Wahrscheinlichkeit noch streiten, ist die Überzeugung hingegen einer inneren Differenzierung entzogen[12].

---

furt, NJW-RR 1996, 186, 187 f., auf); *Riezler*, Fremdenrecht, S. 497; *Brauksiepe*, S. 84; *Müller*, NJW 1981, S. 481, 483.

[7] *Stein/Jonas-Leipold* § 293 ZPO Rn. 60; *Sommerlad/Schrey*, NJW 1991, S. 1377, 1382; *Kreuzer*, NJW 1983, S. 1943.

[8] *Dölle*, FS Nikisch, S. 185, 192; vgl. *Mankowski/Kerfack*, IPRax 1990, S. 372, 376 FN. 72.

[9] *Linke*, IZVR, Rn. 280.

[10] *Nagel*, IZPR, Rn. 449.

[11] BGHZ 53, 245, 256; BGH NJW 1993, 935, 937; BGH NJW-RR 1994, 567, 568; BGH NJW 1994, 1348, 1349; *Thomas/Putzo* § 286 ZPO Rn. 2; *Stein/Jonas-Leipold* § 286 ZPO Rn. 4.

[12] *Arens*, ZZP 88 (1975), S. 1, 30.

Während inländische Rechtsnormen hinsichtlich ihres Vorliegens und Inhalts keine Beweiswürdigung dulden, nimmt § 293 ZPO ausländisches Recht davon aus, so daß die Feststellung zum Bestehen einer ausländischen Rechtslage grundsätzlich einer Würdigung nach § 286 ZPO zugänglich wäre[13]. Zugleich sind die Feststellungen des Tatrichters, wie bereits deutlich wurde, für das Revisionsgericht bindend, §§ 562, 549 Abs.1 ZPO. § 286 ZPO verlangt die *volle* Überzeugung und verbietet dem Richter, sich mit der überwiegenden Wahrscheinlichkeit zu begnügen, wie dies bei der Glaubhaftmachung nach § 294 ZPO gestattet ist[14]. Während der Wortlaut des § 294 ZPO die Glaubhaftmachung auf tatsächliche Behauptungen beschränkt, verweigert sowohl die Amtsermittlung als auch die Stellung hinter dem § 293 ZPO eine Ausdehnung des § 294 ZPO auf die Ermittlung ausländischen Rechts.

Ohne konkret auf die Schwierigkeiten der Auslandsrechtsermittlung einzugehen, wurde von Arens im Anschluß an Ekelöf erwogen, daß auch außerhalb von § 287 ZPO typische Beweisschwierigkeiten zu einer Modifikation des Beweisquantums führen könnten[15]. In § 287 Abs. 1 Satz 1 ZPO fehlt im Gegensatz zu der vergleichbaren Formulierung des § 286 Abs. 1 Satz 1 ZPO der Hinweis, daß das Gericht zu entscheiden habe, ob eine tatsächliche Behauptung für wahr oder nicht wahr zu erachten sei. Dieser bewußte Unterschied der beiden eng zusammenhängenden Normen wird dahingehend verstanden, daß entgegen den strengen Anforderungen an das Regelbeweismaß des § 286 ZPO in § 287 ZPO eine Beweismaßreduzierung auf die überwiegende Wahrscheinlichkeit anzunehmen sei[16]. Eine entsprechende Modifikation soll mit Blick auf den jeweiligen Normzweck nach Arens zumindest dann geboten sein, wenn anderenfalls dieser Zweck verfehlt wäre und Ansprüche an grundsätzlichen, nicht nur im Einzelfall begründeten Beweisschwierigkeiten scheitern müßten[17]. Infolgedessen wäre § 287 Abs. 1 ZPO nicht allein auf die Ermittlung der Schadenshöhe beschränkt[18].

Gegen eine darüber hinausgehende Reduzierung der Anforderungen an die richterliche Überzeugung wenden sich grundsätzlich Peters und im besonderen mit Blick auf die Feststellung ausländischen Rechts Prütting[19]. Unter Be-

---

[13] *Zöller-Greger* § 286 ZPO Rn. 10.
[14] *Stein/Jonas-Leipold* § 286 ZPO Rn. 4.
[15] *Arens*, ZZP 88 (1975), S. 1, 32; *Ekelöf*, ZZP 75 (1962), S. 289, 297; *Stürner*, Die Aufklärungspflichten der Parteien, S. 250 FN. 54.
[16] MünchKomm-*Prütting* § 287 ZPO Rn. 17; *Baumbach/Lauterbach/Albers/Hartmann* - *Hartmann* § 287 ZPO Rn. 2; *Rosenberg/Schwab/Gottwald* § 116 I., S. 665; *Arens*, ZZP 88 (1975), S. 1, 28 m.w.N.
[17] *Arens*, ZZP 88 (1975), S. 1, 33.
[18] *Arens*, ZZP 88 (1975), S. 1, 47.
[19] *Peters*, JA 1981, S. 65, 66; *Prütting*, Gegenwartsprobleme der Beweislast, S. 122.

zugnahme des Grundsatzes *iura novit curia* führt Prütting an, daß der Richter allgemein bei der Frage nach dem anzuwendenden Recht nicht im Stadium des Zweifelns verbleiben dürfe, sondern sich zu einer eindeutigen Rechtsauffassung durchringen müsse. Diese Anforderung sei nach Prütting auf die in § 293 ZPO genannte Ermittlung ausländischen Rechts zu übertragen[20]. Der Richter, der das Bestehen eines ausländischen Rechtssatzes auch nach Erschöpfung aller Hilfsmittel nicht zweifelsfrei ermitteln und hilfsweise keine vergleichbare Regelung finden könne, sei schließlich vom Zwang, zu einer eindeutigen Entscheidung zu gelangen, nicht entbunden[21]. Eine Reduktion des Beweismaßes käme danach nicht in Betracht[22].

Die Grenze erleichterter Wahrscheinlichkeitsanforderungen zog der BGH bereits in seinem Urteil aus dem Jahre 1960, wonach ein nur wahrscheinlich geltendes Recht, das möglicherweise in keiner anderen Rechtsordnung Niederschlag gefunden hätte und lediglich in der Vorstellung einer Partei existiere, nicht angewendet werden könne[23]. Bestand und Inhalt eines derartigen Rechts seien zu ungewiß, um Grundlage einer richterlichen Entscheidung zu sein. Der BGH verzichtete jedoch darauf, den Grad der Wahrscheinlichkeit näher zu konkretisieren.

Staatlicher Rechtsschutz kann demzufolge nicht schon dann gewährt werden, wenn der behauptete Rechtsanspruch wahrscheinlich ist, sondern erst, wenn er in der richterlichen Überzeugung zur Gewißheit geworden ist[24]. Daher ist davon auszugehen, daß auch gegenüber der Ermittlung ausländischen Rechts die Anforderungen an die richterliche Überzeugung nicht reduziert sind, sondern in ihrer Intensität der des § 286 Abs. 1 ZPO entsprechen. Anderenfalls könnte der Prozeß der Entscheidungsfindung seine innere Rechtfertigung verlieren, wenn die richterliche Überzeugung im Hinblick auf die rechtlichen Entscheidungsgrundlagen reduziert wäre, während man hinsichtlich der tatbestandsbildenden Tatsachen weiterhin die volle Überzeugung verlangen würde[25]. Der Beurteilung, welche Konsequenzen sich aus der Nichtermittelbarkeit des berufenen ausländischen Rechts ergeben, muß die Feststellung vorangestellt sein, wann ausländisches Recht als nicht ermittelbar anzusehen ist.

---

[20] MünchKomm-*Prütting* § 293 ZPO Rn. 59; *ders.*, Gegenwartsprobleme der Beweislast, S. 122 f.; a.A. *Krause*, S. 99, 105.
[21] *Prütting*, Gegenwartsprobleme der Beweislast, S. 123.
[22] *Müller*, Kolloquium MPI, S. 66, 73.
[23] BGH NJW 1961, 410, 412 = LM § 293 ZPO Nr. 2 (Afghanischer Wechsel).
[24] MünchKomm-*Kreuzer* Einl IPR (1.Aufl.) Rn. 454; *Baumbach/Lauterbach/Albers/Hartmann* - Hartmann § 293 ZPO Rn. 9; *Müller*, NJW 1981, S. 481, 483; *Kralik*, ZfRV 1962, S. 75, 94.
[25] Vgl. *Peters*, JA 1981, S. 65, 66.

I. Feststellbares ausländisches Recht bei kontroverser Rechtslage

Für den Fall, daß sich das ausländische Recht zwar feststellen läßt, aber keine klare Antwort auf die konkrete Rechtsfrage enthält, erkannte der BGH bereits die Nichtermittelbarkeit und hielt unter dem Hinweis der Praktikabilität einen Rückgriff auf die lex fori für zulässig[26]. Falls demnach die maßgebliche Rechtsfrage im Ausland selbst umstritten und von der Rechtsprechung noch nicht eindeutig entschieden ist, oder eine Norm festgestellt werden kann, ohne mit Sicherheit zu klären, ob sie eine konkrete Rechtsfolge vorsieht, könnte nach einem derart weiten Verständnis stets die Annahme der Nichtermittelbarkeit begründet sein, da sich ohne einschlägige Gerichtsentscheidungen häufig keine sicheren Feststellungen treffen ließen.

Demgegenüber wird der Richter vom überwiegenden Schrifttum als berechtigt sowie verpflichtet angesehen, die festgestellten Rechtssätze zunächst unter Berücksichtigung der ausländischen Auslegungsregeln selbst auszulegen oder einer im Sachverständigengutachten dargelegten Auslegung zu folgen[27]. Dem ist zu folgen, da es sich bei der Auslegung um die exakte Ermittlung des ausländischen Rechts handelt. Dem Versuch einer selbständigen Auslegung nach ausländischen Maßstäben ist daher stets der Vorrang vor der Feststellung der Nichtermittelbarkeit einzuräumen. Als Hilfsmittel kann, sofern sich aus den unmittelbaren Rechtsquellen die geltende Rechtspraxis nicht ergibt, auch der Blick auf die Rechtsentwicklung eines verwandten Rechts dienen, sobald feststeht, daß dieses Recht jedenfalls in seinem substanziellen Gehalt gleichermaßen in der kollisionsrechtlich berufenen Rechtsordnung Geltung beansprucht. Es handelt sich diesbezüglich nicht um die Anwendung des verwandten Rechts als Ersatzrecht, sondern dieses kann vielmehr parallel als Erkenntnisquelle genutzt werden, um neben der ausländischen Rechtslehre eine gefundene Auslegung der berufenen Rechtsordnung zu bestätigen[28]. Eine Auslegungshilfe können sowohl nahe verwandte Rechtsordnungen bieten wie z.B. die Rechte islamischer Staaten gleicher Rechtsschule oder Einzelstaaten

---

[26] BGHZ 69, 387, 393 f. = FamRZ 1978, 179, 182; FamRZ 1982, 263, 264 f. zgl. IPRax 1983, 193, 194; in seinem Urteil v. 22.10.1996 (XI ZR 261/95) in NJW 1997, 324 f., stellt der BGH hingegen höhere Anforderungen.

[27] *Stein/Jonas-Leipold* § 293 ZPO Rn. 64; MünchKomm-*Sonnenberger* EGBGB/IPR Einl. Rn. 456 f.; *Staudinger-Spellenberg* §§ 606 ff. ZPO Rn. 396; MünchKomm-*Prütting* § 293 ZPO Rn. 58; *Heldrich*, FS Ferid, S. 209, 211 f.; *Wengler*, JR 1983, S. 221, 224; *Scheffler*, IPRax 1995, S. 20, 23; *Rumpf*, IPRax 1983, S. 114, 116; vgl. *Sommerlad/Schrey*, NJW 1991, S. 1377, 1382.

[28] *Müller*, NJW 1981, S. 481, 482; MünchKomm-*Sonnenberger* EGBGB/IPR Einl. Rn. 457, 560; *Staudinger-Spellenberg* §§ 606 ff. ZPO Rn. 396; *Zöller-Geimer* § 293 ZPO Rn. 27; *Lüderitz*, IPR, Rn. 183; *Schütze*, DIZPR, S. 121; *Müller*, Kolloquium MPI, S. 66, 72 f.; *Knittel*, S. 52.

der USA, als auch Mutterrechtsordnungen wie z.B. englisches und französisches Recht in ehemaligen Kolonialstaaten oder schweizerisches Recht für die Türkei[29].

Falls die Haltung der ausländischen Behörden und Gerichte in der Beurteilung der entscheidungserheblichen Rechtsfrage nicht sicher geklärt werden kann, erscheint ein Abbruch der Ermittlungen als erfolglos und die Feststellung der Nichtermittelbarkeit voreilig, solange anhand anderer Rechtsanzeichen nicht der Versuch einer Auslegung unternommen wird, um zu einem Ergebnis über die mutmaßliche Rechtspraxis zu gelangen. Dementsprechend wurde vom Schrifttum in kritischer Auseinandersetzung mit den beiden ergangenen Entscheidungen des BGH der Versuch einer näheren Auslegung des jeweils maßgebenden Rechts unternommen[30]. Gegenüber dem Urteil aus dem Jahre 1977 wurde angeführt, daß das einschlägige tunesische Recht selbst genügend Anhaltspunkte für die Wirksamkeit einer Legitimation geboten hätte, so daß für die Heranziehung eines Ersatzrechts kein Anlaß bestand[31]. Gegen die jüngere Entscheidung wird überwiegend geltend gemacht, daß trotz Fehlens einschlägiger Rechtsprechung eine einhellige Auffassung in der türkischen Rechtsliteratur ermittelt werden konnte, die nach Maßgabe des Art. 1 Abs. 2 türk. ZGB hätte gewürdigt werden können, der schließlich dem schweizerischen Recht nachempfunden ist[32].

Im Anschluß an diese Entscheidung wurde von Wengler die Befürchtung geäußert, daß der BGH die Anwendung des deutschen Rechts jeweils für angebracht halten könnte, wenn das Instanzgericht feststelle, daß eine umstrittene Frage des ausländischen Rechts in dem betreffenden Fall von gleichrangigen Gerichten unterschiedlich beurteilt werde[33]. In diesem Zusammenhang stellt auch Heldrich fest, daß die praktische Bedeutung des Kollisionsrechts drastisch reduziert wäre, falls die Anwendung ausländischen Rechts auf die

---

[29] RGZ 163, 367, 370 ff.; OLG Bremen MDR 1955, 427 = IPRspr. 1954-55 Nr. 94, S. 278, 280; OLG Köln NJW 1980, 2646, 2648, m. krit. Anm. *Kropholler*, BayObLGZ 1970, 77, 83; AG Kitzingen IPRax 1985, 298, m. Anm. *Jayme*; OLG Hamburg IPRspr.1984 Nr. 24b, S. 68, 70; *Staudinger-Spellenberg* §§ 606 ff. ZPO Rn. 396; *Heldrich*, FS Ferid, S. 209, 217 f.; vgl. *Soergel-Kegel* Vor Art. 3 EGBGB Rn. 215 m.w.N.

[30] BGHZ 69, 387, 393 f. = FamRZ 1978, 179, 182; FamRZ 1982, 263, 264 f. zgl. IPRax 1983, 193, 194.

[31] *Heldrich*, FS Ferid, S. 209, 212 u. 218; *Wengler*, JR 1983, S. 221, 226; *Dilger*, FamRZ 1978, S. 771, 772.

[32] MünchKomm-*Sonnenberger* EGBGB/IPR Einl., Rn. 457; *Staudinger-Spellenberg* §§ 606 ff. ZPO Rn. 397; *Stein/Jonas-Leipold* § 293 ZPO Rn. 64; Kegel, IPR § 15 V.2., S. 371 f.; *Krause*, S. 107; vgl. aber in der Sache dem BGH zustimmend: *Wengler*, JR 1983, S. 221, 226 FN. 34; *Firsching*, IPRax 1983, S. 194.

[33] *Wengler*, JR 1983, S. 221, 222.

Fälle beschränkt sei, in denen man sich auf dem festen Fundament einer eindeutigen Rechtslage bewegen könnte[34]. Das erkennende Gericht wird in diesen Fällen aufgefordert, selbst Stellung zu nehmen[35]. Anderenfalls wäre die Anwendung ausländischen Rechts ausschließlich von dem Vorliegen einer gesicherten, ausländischen Rechtsprechung abhängig. In schwierigen und grundlegenden Fragen bedarf es dafür aber eines ausreichenden Einblicks in das fremde Rechtssystem, der dem Richter häufig fehlen wird[36].

1. Fortbildung ausländischen Rechts

Falls auch die Auslegung keine konkrete Rechtsklarheit ergibt, ist umstritten, ob darüber hinaus das inländische Gericht für den Fall einer Regelungslücke zur Fortbildung des ausländischen Rechts befugt ist[37]. In Betracht kommt zunächst die Möglichkeit, eine Gesetzeslücke im Wege der Analogie zu schließen, soweit die ausländische Rechtsordnung diese Methode anerkennt. Das betrifft die Frage, ob man bei entsprechender Interessenlage einen Gesetzesbefehl anwenden darf, obwohl das zu beurteilende Rechtsverhältnis nicht die Voraussetzungen aufweist, von denen die Wirkung der Norm abhängt. Dem könnte desgleichen das Instrument des *argumentum e contrario* entgegengebracht werden, welches dazu führt die Anwendung der Norm abzulehnen, da eine von ihr geforderte Voraussetzung fehlt. Vor dem Hintergrund der Auslandsrechtsanwendung erscheint das *argumentum e contrario* gleichermaßen berechtigt zu sein wie eine Gesetzesanalogie[38]. Es ist diesbezüglich denkbar, daß das ausländische Recht aus deutscher Sicht vermeintliche Lücken enthält, die infolge einer andersartigen sozialen Umwelt im entsprechenden Ausland keine Lücken sind. Ob in solchen Fällen das Schweigen des berufenen Rechts im Inland hinzunehmen ist oder eine Korrektur erforderlich ist, wird schließlich als Frage des deutschen *ordre public* angesehen[39]. Eine allgemeine Schlußfolgerung, daß man sich im Zweifel für eine Gesetzesanalogie zu entscheiden habe, kann demzufolge nicht gezogen werden. Vielmehr kommt es auf die Bedeutung der durch die Analogie kompensierten Tatbestandsvoraussetzung an. Nur wenn das Ergebnis der Analogie mit Blick auf

---

[34] *Heldrich*, FS Ferid, S. 209, 213.
[35] *Soergel-Kegel* Vor Art. 3 EGBGB, Rn. 194; MünchKomm-*Sonnenberger* EGBGB IPR Einl., Rn. 457.
[36] *Buchholz*, FS Hauß, S. 15, 23 f.; vgl. BGH FamRZ 1982, 263, 264 = IPRax 1983, 193, 194.
[37] *Sommerlad/Schrey*, NJW 1991, S. 1377, 1382.
[38] *Kegel*, IPR, § 15 III, S. 366; *Fischer*, Methode der Rechtsfindung im IPR, S. 19.
[39] MünchKomm-*Sonnenberger* EGBGB/IPR Einl., Rn. 445.

die ausländischen Wertvorstellungen folgerichtig erscheint und sich nicht aus dem Fehlen der betreffenden Voraussetzung ergibt, daß der Gesetzeszweck eine Anwendung ausschließt, wäre eine Analogie zulässig[40]. Daran wird deutlich, daß die Gesetzesanalogie bereits außerhalb des positiven Rechts liegt, soweit Erwägungen erforderlich sind, die sich nicht unmittelbar aus dem geschriebenen Recht herleiten lassen. Die Gesetzesanalogie stellt im Rahmen dessen ein Mittel dar, welches im Einzelfall der Interessenlage gerecht wird, ohne mit dem Anspruch einer schöpferischen Rechtsfortbildung in die ausländische Rechtsordnung einzugreifen[41].

Die Grenzen gegenüber einer Fortbildung ausländischen Rechts sind jedoch fließend[42]. Während das Instrument der Analogie die Tragweite einer Normwirkung im Einzelfall ausdehnt, können davon aber grundsätzlich jene Fälle unterschieden werden, in denen das Recht ohne einen konkreten Analogieschluß, im besonderen *extra legem* fortgebildet werden soll[43].

Für die Befugnis des Gerichts zu einer derartigen Fortentwicklung wird angeführt, daß der inländische Richter gegenüber dem ausländischen Recht die gleichen Bindungen und Freiheiten wie ein ausländischer Richter besitzt[44]. Er soll demnach im gleichen Umfang zur Rechtsfortbildung berechtigt sein, die im Geiste und unter Berücksichtigung der Systemzusammenhänge der ausländischen Rechtsordnung zu erfolgen hätte. Die Lücken einer ausländischen Rechtsordnung wären infolgedessen nicht durch die Anwendung der lex fori, sondern unter Zugrundelegung ausländischer Wertvorstellungen zu überwinden. Als Grundlage für die Fortbildung des ausländischen Rechts kämen insbesondere Bestimmungen der berufenen Rechtsordnung selbst in Betracht, die sich jeweils an den inländischen Rechtsanwender richten.

---

[40] *Fischer*, Methode der Rechtsfindung im IPR, S. 19; *Rumpf*, IPRax 1983, S. 114, 115.

[41] *Jayme/Bissias*, IPRax 1988, S. 94, 95; vgl. *Rumpf*, IPRax 1983, S. 114 f., 116.

[42] MünchKomm-*Prütting* § 293 ZPO Rn. 58; *Staudinger-Spellenberg* §§ 606 ff. ZPO Rn. 397; MünchKomm-*Sonnenberger* EGBGB/IPR Einl., Rn. 457; vgl. *Stürner/Stadler*, Akive Rolle des Richters, S. 173, 196 f.

[43] Vgl. BGH FamRZ 1982, 263, 264 = IPRspr. 1981 Nr. 2; OLG Stuttgart IPRspr. 1984 Nr. 1 zustimmend *Staudinger-Spellenberg* §§ 606 ff. ZPO Rn. 396; *Scheffler*, IPRax 1995, S. 20, 23 FN. 76; allgemein zur Differenzierung *Larenz*, Methodenlehre, S. 143 f., 370 ff., 381 f., 413 f.; *Stürner/Stadler*, Akive Rolle des Richters, S. 173, 197.

[44] MünchKomm-*Prütting* § 293 ZPO Rn. 58; MünchKomm-*Sonnenberger* EGBGB IPR Einl., Rn. 457; *Staudinger-Spellenberg* §§ 606 ff. ZPO Rn. 397; *Palandt-Heldrich* Einl § 3 EGBGB, Rn. 34; *Zöller-Geimer* § 293 ZPO Rn. 26; *ders.*, IZPR, Rn. 2597; *Jayme*, FS Universität Heidelberg, S. 567, 570; *Müller*, Kolloquium MPI, S. 66, 68; *Dölle*, IPR, S. 101; *Schack*, IZVR, Rn. 628.

I. Feststellbares ausländisches Recht bei kontroverser Rechtslage

So bestimmt Art. 1 des schweizerischen ZGB in Absatz 2 und 3:

(2) Kann dem Gesetz keine Vorschrift entnommen werden, so soll der Richter nach Gewohnheitsrecht und, wo auch ein solches fehlt, nach der Regel entscheiden, die er als Gesetzgeber aufstellen würde.

(3) Er folgt dabei bewährter Lehre und Überlieferung.

Gleichermaßen geht Art. 4 des französischen CC von dem Verständnis aus, daß es für die Rechtsprechung keine unausfüllbaren Lücken gibt[45]. Ebenso sieht Art. 12 Abs. 2 des italienischen Codice civile für einen Streitfall, der nicht auf Grund einer bestimmten Vorschrift entschieden werden kann, vor, daß auf jene Vorschriften Rückgriff zu nehmen ist, die ähnliche Fälle oder verwandte Sachbereiche regeln; bleibt der Fall immer noch zweifelhaft, so ist nach den allgemeinen Grundsätzen der staatlichen Rechtsordnung zu entscheiden[46].

Fraglich ist, ob diese Vorschriften auch den ausländischen Richter ermächtigen, das aus seiner Sicht fremde Recht fortzubilden. Teilweise hielten sich die Tatsachengerichte zur Fortentwicklung des ausländischen Rechts berechtigt. Anzuführen ist in erster Linie das Urteil des AG Charlottenburg, welches im Rahmen eines Unterhaltsstreits, der nach türkischem Recht zu beurteilen war, über die Gewährung eines Prozeßkostenvorschusses zu entscheiden hatte[47]. Das Gericht stellte fest, daß weder das türkische ZGB noch sein Vorbild, das schweizerische ZGB eine ausdrückliche Regelung der Prozeßkostenvorschußpflicht unter Ehegatten vorsah. Allerdings hatte die Rechtsprechung in der Schweiz unter Bezugnahme auf die allgemeine Beistandspflicht der Ehegatten eine Prozeßkostenvorschußpflicht entwickelt, die von türkischen Gerichten hingegen noch nicht übernommen worden war, so daß dieses Rechtsinstitut nicht als Bestandteil des türkischen Rechts angesehen werden konnte. Als Grund hierfür wurde angeführt, daß die Prozeßkosten in der Türkei offenbar weit niedriger sind als in Deutschland[48]. Das Gericht vertrat die Auffas-

---

[45] Art. 4 CC „Le juge qui refusera de juger, sous prétexte du silence, de l'obscurité ou de l'insuffisance de la loi, pourra être poursuivi comme coupable de déni de justice"; vgl. *Fischer*, Methode der Rechtsfindung im IPR, S. 21.

[46] Art. 12 Abs. 2 Cc „Se una controversia non può essere decisa con una precisa disposizione, si ha riguardo alle disposizioni che regolano casi simili o materie analoghe; se il caso rimane ancora dubbio, si decide secondo i principi generali dell'ordinamento giuridico dello Stato".

[47] AG Charlottenburg IPRax 1983, 128, m krit.Anm. *Rumpf*, IPRax 1983, S. 114, 116; *Jayme*, FS Universität Heidelberg, S. 567, 569 f.; *Zöller-Geimer* § 293 ZPO Rn. 26; *Palandt-Heldrich* Einl § 3 EGBGB Rn. 34; *Staudinger-Spellenberg* §§ 606 ff. ZPO Rn. 397.

[48] *Rumpf*, IPRax 1983, S. 114 FN. 13; *Jayme*, FS Universität Heidelberg, S. 567, 570.

sung, daß der deutsche Richter ausländisches Recht für Sonderfallgestaltungen, die den Gerichten des Urheberstaates nicht vorgelegen haben, weiter entwickeln könnte und gab der Klage statt. Es bezog sich dabei auf die in das türkische Recht übernommene Regel des Art. 1 Abs. 2 des schweizerischen ZGB. Das OLG Oldenburg hielt in einem ähnlich gelagerten Rechtsstreit den Rückgriff auf die schweizerische Rechtsentwicklung für gerechtfertigt, da die Schweizer Rechtsprechung ein erhebliches Gewicht für die türkische Rechtspraxis hätte[49].

Anstoß gefunden hat zunächst die voreilige Bezugnahme auf das Instrument der Rechtsfortbildung, soweit nicht der Versuch unternommen wurde, den Anspruch durch Auslegung dem türkischen Recht selbst zu entnehmen[50]. Demzufolge hätte sich nach *Rumpf* bei einer entsprechenden Anwendung türkischer Unterhaltsansprüche eine Prozeßkostenvorschußpflicht aus türkischem Recht herleiten lassen[51]. Darüber hinaus stößt die Begründung des AG Charlottenburg auf Kritik, daß durch die unterschiedliche Ausgangslage im Inland und in der Türkei die Übernahme einer Prozeßkostenvorschußpflicht gerechtfertigt sei. Hierbei besteht die Gefahr, daß inländische Gerechtigkeitsvorstellungen anstelle ausländischen Rechts Anwendung finden und einer Partei Ansprüche zugebilligt werden, die ihr im Ausland nicht zustehen[52].

Anläßlich eines Auskunftsanspruchs zur Bezifferung einer Zugewinnausgleichsklage unter Zugrundelegung griechischen Rechts hat das OLG Hamm eine erkannte Lücke durch die entsprechende Anwendung von Auskunftsrechten zur Vorbereitung von Unterhaltsansprüchen geschlossen[53]. Das Gericht nahm jedoch von dem so geschaffenen Auskunftsanspruch die streitigen Vermögensgüter aus, von denen die Beklagte behauptete, sie beträfen dem Ausgleich nicht unterliegende Schenkungen, so daß der Kläger erneut in Beweisnot kam. Diese Einschränkung findet in der analog herangezogenen Vorschrift des Art. 1445 des griechischen ZGB keine Entsprechung[54]. Gegenstand der Kritik bildete infolgedessen nicht die Gesetzesanalogie, die ausdrücklich ge-

---

[49] OLG Oldenburg FamRZ 1981, 1176; vgl. *Jayme*, FS Universität Heidelberg, S. 567, 570 FN. 16.
[50] *Staudinger-Spellenberg* §§ 606 ff. ZPO Rn. 396 u. 398; *Rumpf*, IPRax 1983, S. 114, 116.
[51] *Rumpf*, IPRax 1983, S. 114, 115.
[52] *Staudinger-Spellenberg* §§ 606 ff. ZPO Rn. 396 f.; *Rumpf*, IPRax 1983, S. 114, 116 FN. 43; *Krause*, S. 95.
[53] OLG Hamm IPRax 1988, 108, 109.
[54] Art. 1445 Satz 1 griech. ZGB: „Jeder der früheren Ehegatten ist verpflichtet, dem anderen genaue Auskunft über sein Vermögen und seine Einkünfte zu geben, soweit diese zur Feststellung der Unterhaltshöhe von Bedeutung sind.", vgl. *Jayme/Bissias*, IPRax 1988, S. 94 FN. 7.

I. Feststellbares ausländisches Recht bei kontroverser Rechtslage   231

billigt wurde, sondern die Einführung eines güterrechtsbezogenen Auskunftsanspruchs, den das griechische Recht in dieser Form nicht kennt. Daher wurden von Jayme und Bissias Zweifel geäußert, ob diese Art der Fortbildung nicht die Grenzen der Befugnisse überschreitet, die dem deutschen Richter durch die Verweisung des deutschen IPR auf das griechische Recht eingeräumt sind[55].

Vor dem Hintergrund der umstrittenen Rechtslage bezüglich der Annahme eines Ehelichkeitsanfechtungsrecht des Kindes in der Türkei stellte der BGH in seiner bereits erwähnten Entscheidung zwar im Anschluß an Buchholz heraus, daß die Rechtsfortbildung in der Weise zulässig sei, wie sie von dem ausländischen Richter vorzunehmen sein würde, er erkannte jedoch im folgenden, daß ihm ein ausreichender Einblick in das fremde Rechtssystem oft fehle[56]. Soweit sich deshalb keine sicheren Feststellungen zum maßgeblichen Inhalt ausländischen Rechts treffen lassen und dieses daher nicht ermittelbar ist, soll deutsches Recht zur Anwendung kommen. Dem hat sich in der gleichen Rechtsfrage auch das OLG Stuttgart angeschlossen[57]. Während diese Entscheidungen bei den Vertretern, die eine Rechtsfortbildung durch deutsche Gerichte befürworten, Widerspruch auslöste[58], wurden desgleichen Stimmen laut, die eine Fortbildung ausländischen Rechts allein aufgrund von Äußerungen im Schrifttum ablehnen[59].

Es kann infolgedessen grundsätzlich bezweifelt werden, ob ein inländisches Gericht in der Lage ist, ausländisches Recht tatsächlich weiterzuentwickeln. Der Betrachtung ist bislang zu entnehmen, daß die Auslegung und die Gesetzesanalogie als geeignete Mittel bei der Feststellung der ausländischen Rechtslage zur Verfügung stehen und einer schöpferischen Rechtsfortbildung, *extra legem*, vorzuziehen sind. Ebenso erkannte der österreichische OGH in diesem Zusammenhang, daß der Rechtsprechung inländischer Gerichte wegen der fehlenden Leitfunktion im ursprünglichen Geltungsbereich keine maßgebende Bedeutung zukommen kann. Der höchstrichterlichen Rechtsprechung

---

[55] *Jayme/Bissias*, IPRax 1988, S. 94, 95.
[56] BGH FamRZ 1982, 263, 264 = IPRax 1983, 193, 194; *Buchholz*, FS Hauß, S. 15, 23 f.
[57] OLG Stuttgart IPRspr.1984 Nr. 1.
[58] MünchKomm-*Sonnenberger* EGBGB/IPR Einl., Rn. 457; *Kegel*, IPR § 15 V.2., S. 372.
[59] *Scheffler*, IPRax 1995, S. 20, 23; *Staudinger-Spellenberg* §§ 606 ff. ZPO Rn. 396; vgl. *Wengler*, JR 1983, S. 221, 225 u. 226 FN. 34; *Stein/Jonas-Leipold* § 293 ZPO Rn. 58.

im Inland käme daher nicht die Aufgabe zu, die Einheitlichkeit oder gar die Fortentwicklung fremden Rechts zu gewährleisten[60].

Gegen eine Fortbildung ausländischen Rechts durch inländische Gerichte spricht in praktischer Hinsicht, daß sich der Richter zu einer selbständigen rechtsschöpferischen Fortentwicklung zumeist deshalb nicht berufen fühlt, weil er mit den Wertvorstellungen, die der ausländischen Rechtsordnung immanent sind, nicht vertraut ist[61]. Den inländischen Gerichten fehlt daneben eine Funktionszuweisung und damit die demokratische Legitimation[62] zur Fortbildung ausländischen Rechts, welche im allgemeinen den höchstrichterlichen ausländischen Gerichten vorbehalten ist. Damit wäre im Falle einer Rechtsfortbildung zugleich die Konsensfähigkeit einer Entscheidung, die für die Rechtfertigung richterlicher Rechtsgewinnung eine wesentliche Rolle spielt[63], in Frage gestellt. Desweiteren besteht die Gefahr, daß der unter Anmaßung einer rechtsetzenden Position ergangenen Entscheidung im entsprechenden Auslandsstaat eine Verweigerung der Anerkennung entgegensteht[64]. Es ist daher Wengler und Leipold zuzustimmen, wenn sie die inländischen Gerichte demzufolge nicht für berechtigt halten, das Recht eines anderen Staates allgemein fortzubilden. Der Richter ist lediglich zu dessen Anwendung berufen[65]. Ergibt sich nach hinreichenden Ermittlungen eine Regelungslücke, ist der Richter aufgefordert, diese im Wege der Auslegung nach ausländischen Maßstäben zu schließen oder durch eine Gesetzesanalogie zu überwinden.

Sind die Grenzen eines derartigen methodischen Vorgehens erreicht und gelangt das Gericht zur Überzeugung, daß eine ausländische Rechtspraxis nicht vorhanden ist, auf die sich das Begehren stützen läßt, ist dieses abzuweisen[66]. Das ist im besonderen dann der Fall, wenn ein ausländischer Rechtssatz auch nach erfolgter Auslegung eine Rechtsfolge nicht vorsieht, und sich darüber hinaus nicht belegen läßt, daß diese von der ausländischen Rechtspre-

---

[60] OGH 31.1.1985, IPRE 2 Nr. 8, S. 35, 36 f.; OGH 3.9.1987, IPRE 2 Nr. 12, S. 39, 40 f.

[61] *Neuhaus*, RabelsZ 20 (1955), S. 201, 245 f.; ; *Otto*, FS Firsching, S. 209, 214; MünchKomm-*Sonnenberger* EGBGBIPR Einl. Rn. 456; *Buchholz*, FS Hauß, S. 15, 23 f.; vgl. *Luther*, FS Bosch, S. 559, 571.

[62] Vgl ORG Nürnberg RzW 1962, 65, 67, bei *Otto*, FS Firsching, S. 209, 215.

[63] Vgl. *Stürner/Stadler*, Akive Rolle des Richters, S. 173, 203.

[64] *Geimer*, ZfRV 33 (1992), S. 401, 413; vgl. OLG Frankfurt RzW 1962, 65, 66 dazu *Otto* FS Firsching, S. 209, 214 f.

[65] *Stein/Jonas-Leipold* § 293 ZPO Rn. 58 u. 64; *Wengler*, JR 1983, S. 221, 225; vgl. *Lauterbach* in Diskussion, Kolloquium MPI, S. 215; vgl. *Kreuzer*, NJW 1983, S. 1943, 1946.

[66] *Stein/Jonas-Leipold* § 293 ZPO Rn. 64; MünchKomm-*Sonnenberger* EGBGB/IPR Einl. Rn. 458; *Wengler*, JR 1983, S. 221, 225 f.

chung anerkannt werden würde. Läßt sich der Rechtszustand trotz Ausschöpfung aller zugänglichen Erkenntnisquellen hingegen nicht eindeutig klären, so darf keine abweisende Entscheidung ergehen. Von der Pflicht zur Rechtsanwendung ist das Gericht nicht entbunden. Vielmehr muß eine Ersatzlösung gefunden werden[67].

2. Relative Nichtermittelbarkeit

Die Situation der relativen Nichtermittelbarkeit kennzeichnet vorwiegend das Eilverfahren[68]. Ob darüber hinaus aus Gründen der Verhältnismäßigkeit der schnelle Ausweg aus der Auseinandersetzung mit ausländischem Recht eröffnet sein sollte, ist streitig. In einer älteren Leitentscheidung hielt der BGH die Annahme der Nichtermittelbarkeit nicht nur dann für gerechtfertigt, wenn sich keine sicheren Feststellungen über die ausländische Rechtslage treffen ließen, sondern auch wenn Feststellungen mit unverhältnismäßigem Aufwand und erheblicher Verfahrensverzögerung verbunden sind[69]. Dieses wurde von einem Teil der Literatur aufgegriffen und als relative Nichtermittelbarkeit bezeichnet, die der Nichtfeststellbarkeit ausländischen Rechts gleichsteht, obwohl eine Ermittlung objektiv noch möglich wäre[70]. Andererseits sind die vom BGH angestellten Erwägungen auf Kritik gestoßen, indem befürchtet wird, daß die Gerichte auf diese Weise geneigt sein könnten, die Nichtermittelbarkeit ausländischen Rechts voreilig zu behaupten[71].

In seiner Folgeentscheidung bezog sich der BGH zwar auf das zuvor ergangene Urteil, ohne jedoch hilfsweise Verhältnismäßigkeitserwägungen als Voraussetzungen für die Annahme der Nichtermittelbarkeit anzuführen[72]. Als Be-

---

[67] MünchKomm-*Sonnenberger* EGBGB/IPR Einl. Rn. 459; *Stein/Jonas-Leipold* § 293 ZPO Rn. 60; MünchKomm-*Prütting* § 293 ZPO Rn. 59.

[68] *Kreuzer*, NJW 1983, S. 1943 f., 1945; *Mankowski/Kerfack*, IPRax 1990, S. 372, 376; *Heldrich*, FS Ferid, S. 209, 216 f.; vgl. *Lauterbach* u. *Kegel* in Diskussion, Kolloquium MPI, S. 186.

[69] BGHZ 69, 387, 393 f. = FamRZ 1978, 179, 182.

[70] MünchKomm-*Kreuzer* Einl IPR (1.Aufl.) Rn. 455; *ders.*, NJW 1983, S. 1943; *Stein/Jonas-Leipold* § 293 ZPO Rn. 60; MünchKomm-*Sonnenberger* EGBGB/IPR Einl., Rn. 559; vgl. *Staudinger/Sturm/Sturm* Einl zum IPR Rn. 176; *Lando*, Kolloquium MPI, S. 128, 131 f.; *Wichard*, Anwendung der UNIDROIT-Prinzipien, RabelsZ 60 (1996), S. 267, 294.

[71] *Schack*, IZVR, Rn. 640; *Heldrich*, FS Ferid, S. 209, 216 f. u. 220; vgl. *Huzel*, IPRax 1990, S. 77, 81 FN. 86; *Luther*, RabelsZ 37(1973), S. 660, 665; *Simitis*, StAZ 1976, S. 6, 9.

[72] BGH FamRZ 1982, 263, 265 = IPRax 1983, 193, 194 = IPRspr. 1981 Nr. 2 zgl. NJW 1982, 1215.

gründung einer relativen Nichtermittelbarkeit könnte die Pflicht des Richters dienen, effektiven Rechtsschutz zu gewährleisten. Im Rahmen dessen ist die Schnelligkeit des Verfahrens zugleich als ein Stück materieller Gerechtigkeit anzusehen[73]. Dieses Zusammenspiel wird insbesondere im Verfahren des vorläufigen Rechtsschutzes deutlich, wonach, wie bereits dargelegt wurde, nur eine eingeschränkte Ermittlung ausländischen Rechts in Betracht kommt und damit der speziellen Eilbedürftigkeit angemessen Rechnung getragen wird. Hier reicht die richterliche Ermittlungspflicht nur so weit, wie sie im vorgegebenen zeitlichen Rahmen erfüllbar ist[74].

Eine darüber hinausgehende Beschränkung der Ermittlungen in zeitlicher Hinsicht sowie eine Abwägung unter Verhältnismäßigkeitsgesichtspunkten ist hingegen in § 293 ZPO nicht vorgesehen. Auch das Internationale Privatrecht kennt keine „prozeßökonomische" Differenzierung. Der Vorschlag, bei Bagatellsachen stets auf die lex fori zurückzugreifen[75], weil sich bei einem geringen Gegenstandswert der Aufwand an Zeit, Mühe und Kosten nicht lohne, wurde infolgedessen vom *Deutschen Rat für IPR* abgelehnt[76].

Den Begriff der Nichtermittelbarkeit auszudehnen und darauf anzuwenden, sobald die Feststellungen das Verfahren erheblich verzögern und die Kosten der Ermittlung den Streitwert übersteigen, entspricht zumeist dem Parteiinteresse, bedarf aber einer Entscheidungsgrundlage, die das Gesetz dem Gericht nicht zugesteht. Demgegenüber gestattet § 4 Abs. 2 des österreichischen IPRG in diesem Zusammenhang den Abruch der Ermittlungen, falls sich das ausländische Recht nicht innerhalb einer angemessenen Frist feststellen läßt[77]. Dem liegt einerseits zwar der Gedanke zugrunde, die Parteien vor dem Verlust des effektiven Rechtsschutzes zu bewahren, andererseits wird dadurch zugleich aber auch eine mißbräuchliche Möglichkeit der Umgehung ausländischen Rechts eröffnet[78]. Eine derartige Lösung ist daher wegen ihrer Dehnbarkeit nicht zu befürworten[79]. Vielmehr obliegt es regelmäßig der Entscheidung

---

[73] Vgl. *Stürner*, Richterliche Aufklärung, Rn. 34.

[74] *v.Bar*, IPR Bd.I, Rn. 375; *Mankowski/Kerfack*, IPRax 1990, S. 372, 376.

[75] *Staudinger/Sturm/Sturm* Einl zum IPR Rn. 177; *Lando* in Kolloquium, S. 128, 131 f.; MünchKomm-*Kreuzer* Einl IPR (1.Aufl.) Rn. 455.

[76] *Beitzke*, Vorschläge und Gutachten zur Reform, S. 70; vgl. Diskussion, Kolloquium MPI, S. 186; *Ferid*, FS Möhring, S. 1, 11; vgl. *Luther*, FS Bosch S. 559, 566; *Krause*, S. 135.

[77] § 4 Abs. 2 des österreichischen IPR-Gesetzes (v. 15. Juli 1978) lautet: „Kann das fremde Recht trotz eingehender Bemühen innerhalb angemessener Frist nicht ermittelt werden, so ist das österreichische Recht anzuwenden".

[78] OGH 14.3.1990, IPRE 3/77, S. 162, 164; *Schwimann*, Grundriß IPR, S. 54.

[79] Vgl. *Huzel*, IPRax 1990, S. 77, 81, der § 4 Abs. 2 IPRG in FN. 86 als „Gummiparagraph" bezeichnet.

der Parteien, angemessen auf die Situation zu reagieren. Falls die Parteien nachträglich im Prozeß eine Rechtswahl treffen können, werden sie im eigenen Interesse die Anwendung eines anderen Rechts vereinbaren, um zu verhindern, daß der Aufwand für die Ermittlung zum Streitwert außer Verhältnis steht, soweit die Ermittlung nur durch ein kostenintensives Erkenntnismittel möglich ist. Motivierend wirkt für sie dabei das Risiko, daß die unterliegende Partei schließlich die Verfahrenskosten trägt. Dieses Risiko könnte die Parteien desgleichen dazu veranlassen, sich in den Fällen vergleichsweise zu einigen, in denen sie keinen Einfluß auf die Anwendung des Auslandsrechts nehmen können[80].

Infolgedessen ist die Annahme einer relativen Nichtermittelbarkeit abzulehnen, die es dem Gericht grundsätzlich erlauben würde, unter Bezugnahme auf die Unverhältnismäßigkeit zur Nichtfeststellbarkeit ausländischen Rechts zu gelangen. Um einer vertieften Auseinandersetzung mit der ausländischer Rechtsmaterie zu entgehen, bestünde ansonsten die Gefahr eines voreiligen Rückzuges, indem das Gericht den Ermittlungsaufwand bereits nach anfänglichen Schwierigkeiten als unverhältnismäßig empfindet. Verfahrensverzögerungen sind in der Regel notwendige Konsequenzen der Auslandsrechtsermittlung und können nicht gleichermaßen ursächlich für den Abbruch der Ermittlungsbemühungen sein[81]. Anderenfalls genügten für sich genommen schon Informationsschwierigkeiten, um der versteckten Neigung der Anwendung der lex fori eine scheinbar unanfechtbare Rechtfertigung zu verleihen[82].

II. Folgen der Nichtermittelbarkeit

Den Tatbestand der Nichtermittelbarkeit ausländischen Rechts wird man in der Regel erst nach erfolgloser Ausschöpfung aller zugänglichen Erkenntnismittel als eingetreten ansehen können. Das setzt zugleich eine vorangegangene Inanspruchnahme des Europäischen Rechtsauskunftsübereinkommens voraus, sofern sich ein Auskunftsersuchen in die klaren Formen des Abkommens fassen läßt[83]. So gingen auch der grundlegenden Entscheidung des BGH

---

[80] *Wengler*, JR 1983, S. 221, 225; *Krause*, S. 136.
[81] Vgl. KG Berlin IPRax 1991, 60.
[82] *Ferid*, FS Möhring, S. 1, 4 u. 23; *Luther*, RabelsZ 37(1973), S. 660, 665; *Simitis*, StAZ 1976, S. 6, 9; *Schack*, IZPR, Rn. 640; *Heldrich*, FS Ferid, S. 209, 216 f. u. 220.
[83] BGH NJW 1982, 2773, 2775 = IPRax 1985, 154, 156, dazu *Bülow/Böckstiegel/Geimer/Schütze - Pirrung* Bd.I A I 380-6; vgl. BGH IPRax 1981, 130, 134 = NJW 1981, 522, 526.

zur Nichtermittelbarkeit aus dem Jahre 1981 zwei Auskünfte des türkischen Justizministeriums voraus[84].

Den Fall, daß über den Inhalt des ausländischen Rechts keine Klarheit gewonnen werden kann und dieses infolgedessen nicht feststellbar ist, hat der historische Gesetzgeber zwar gesehen, jedoch die Lösung ausdrücklich der Wissenschaft und Praxis überlassen[85]. Die *Gebhardschen* Entwürfe von 1881 und 1887 zum deutschen internationalen Privatrecht enthielten mit § 38 eine Bestimmung, welche die Anwendung der lex fori auf Grund einer Identitätsvermutung anordnete[86]. Die Vorschrift wurde von der ersten Kommission gestrichen, weil man Bedenken trug, den vorgeschlagenen Satz „in der ihm gegebenen Schärfe auszusprechen"[87]. Ebenso blieb ein Vorschlag im Bundesrat erfolglos, eine Vorbehaltsklausel einzufügen, welche bei Nichtermittelbarkeit des durch das EGBGB berufenen Rechts die Anwendung des deutschen Rechts vorsah[88].

Auch im Rahmen der Neuregelung des IPR im Jahre 1986 folgte man der Empfehlung, eine Einheitslösung nicht zu reglementieren[89]. Dementsprechend bietet sich eine Mehrzahl an Lösungsvorschlägen, die nicht zwingend in einem streng alternativen Verhältnis stehen müssen, sondern durchaus miteinander verknüpft werden können im Sinne einer pluralistischen Ersatzlösung[90].

---

[84] BGH FamRZ 1982, 263, 265.

[85] *Hartwieg/Korkisch*, Materialien, S. 155 (Prot. 11607 Sitzung 1.Kommission v. 28.09.1887); vgl. *Sommerlad/Schrey*, NJW 1991, S. 1377, 1382; *Kreuzer*, NJW 1983, S. 1943 FN. 4.

[86] *Hartwieg/Korkisch*, Materialien, S. 62, 67 (Entw. v. 1881), S. 68, 74 (Entw. v. 1887).

[87] *Hartwieg/Korkisch*, Materialien, S. 155.

[88] Vgl. MünchKomm-*Sonnenberger* EGBGB/IPR Einl., Rn. 558; *Hartwieg/Korkisch*, Materialien, S. 293.

[89] *Kühne*, IPR-Gesetz-Entwurf, S. 172; *Beitzke*, Vorschläge und Gutachten zur Reform, S. 71; *Gottwald*, ZZP 96 (1982), S. 3, 7 f.; vgl. *Frank*, Les problèmes actuels, S. 86, 102; *Stoll*, IPRax 1984, S. 1, 5; *Linke*, IZPR, Rn. 280; *Otto*, IPRax 1995, S. 299, 301.

[90] *Kreuzer*, NJW 1983, S. 1943, 1944; MünchKomm-*Sonnenberger* EGBGB/IPR Einl., Rn. 559.

1. Anwendung der lex fori als Ersatzrecht

Im Falle der Nichtfeststellbarkeit ausländischen Rechts hat der BGH bisher die Anwendung der lex fori zugelassen, wenn der Sachverhalt einen starken Inlandsbezug aufweist und die Beteiligten nicht widersprochen haben[91]. Die subsidiäre Geltung der lex fori wird auch von Vertretern der Literatur befürwortet, da sie darüber hinaus den Vorzug hat, eine Parallele zu den Fällen zu wahren, in denen sich ausländisches Recht am inländischen ordre public bricht[92]. Der Versuch, die Anwendung der lex fori allerdings über die Vermutung einer Übereinstimmung zu rechtfertigen, erscheint weder als zutreffend noch überzeugend[93]. Ursächlich für die Annahme einer derartigen Übereinstimmung ist das Verständnis, daß die Parteien und nicht das Gericht eine Abweichung ausländischen Rechts von der lex fori darzulegen haben, wie es das englische und noch in Teilen das französische Recht vorsehen. Dölle begründet die Anwendung der lex fori damit, daß durch das Mißlingen der Ermittlung die Kollisionsnorm nicht befolgt werden könnte und damit ausgeschaltet sei. In diesem Fall müsse der Rechtsstreit ebenso behandelt werden, wie wenn von vornherein auf eine anwendbare Kollisionsnorm Verzicht geleistet und der in Betracht kommende Tatbestand trotz seiner Auslandsbeziehung den eigenen Sachnormen unterstellt worden wäre[94].

Der BGH sah die Anwendung der Sachnormen des eigenen Rechts schlicht als die praktikabelste Lösung an[95]. Für Sachverhalte ohne Inlandsbezug läßt der BGH die Anwendbarkeit der lex fori dahingestellt. Wie die Inlandsbeziehung im einzelnen beschaffen sein muß, ließ der BGH in seiner Leitentscheidung offen[96]. In seinem Urteil aus dem Jahre 1981 war der Inlandsaufenthalt von Mutter und Kind für die Annahme einer Inlandsbeziehung ausreichend. Ebenso rechtfertigte das OLG Stuttgart die Anwendung der lex fori mit dem

---

[91] BGHZ 69, 387, 394 = FamRZ 1978, 179, 182; BGH FamRZ 1982, 263, 265 = NJW 1982, 1215, 1216 = IPRax 1983, 193, 194 = IPRspr. 1981 Nr. 2; OLG Stuttgart IPRspr.1984 Nr. 1; AG Salzgitter IPRspr. 1968-69 Nr. 153, S. 384 f.; vgl. RG JW 1900, 589; JW 1902, 36.
[92] *v.Bar*, IPR Bd.I, Rn. 376; *Wieczorek*, (2.Aufl.) § 293 ZPO Rn. C I b 2, C II; *Baumbach/Lauterbach/Albers/Hartmann - Hartmann* § 293 ZPO Rn. 9; *Thomas/Putzo* § 293 ZPO Rn. 9; *Erman/Hohloch* Einl Art 3 EGBGB, Rn. 56; MünchKomm-*Sonnenberger* EGBGB/IPR Einl., Rn. 560; *Sommerlad/Schrey*, NJW 1991, S. 1377, 1383; *Dölle*, FS Nikisch, S. 185, 192; *Buchholz*, FS Hauß, S. 15, 27; Internationale Richtervereinigung bei *Firsching* DRiZ 1968, S. 278, 279.
[93] *Kegel*, Kolloquium MPI, S. 157, 176; *Müller*, Kolloquium MPI, S. 66, 73; *Riezler*, Fremdenrecht, S. 497 f.; *Ferid*, IPR § 4-100, S. 158.
[94] *Dölle*, FS Nikisch, S. 185, 192.
[95] BGH FamRZ 1978, 179, 182; vgl. *Stein/Jonas-Leipold* § 293 ZPO Rn. 63.
[96] *Müller*, NJW 1981, S. 481, 482.

jahrelangen Aufenthalt von Mutter und Kind im Inland, durch den eine genügend enge Inlandsbeziehung hergestellt sei[97]. Infolgedessen wird deutlich, daß sich die Heranziehung der lex fori auch durch eine entsprechende Anwendung des Art. 5 Abs. 2 EGBGB begründen ließe. Sofern an die Staatsangehörigkeit einer Person angeknüpft wird und das Recht des berufenen Staates nicht feststellbar ist, wäre aus einer Analogie zu Art. 5 Abs. 2 EGBGB die Anwendung der lex fori dann gerechtfertigt, wenn sich die Anknüpfungsperson am Gerichtsort gewöhnlich aufhält[98]. In der Praxis wird es daher regelmäßig zur Anwendung der lex fori kommen, soweit die internationale Zuständigkeit und der Wohnort zusammenfallen.

Die Grenze der ersatzweisen Heranziehung der lex fori soll laut BGH aber in den Fällen erreicht sein, in denen die Anwendung des inländischen Rechts „äußerst unbefriedigend" wäre. Dabei ließ der BGH erneut offen, wie derartige Fälle im einzelnen zu konkretisieren sind[99]. Davon sind in der Regel die Fälle betroffen, in denen die Anwendung inländischer Normen mit dem soweit ermittelbaren Sachrecht nicht harmonieren, da das ausländische Recht von grundsätzlich anderen Rechtsvorstellungen beherrscht wird[100].

Die Vertrautheit mit der lex fori und die Fremdheit der ausländischen Rechtsordnung führen das Gericht unweigerlich in Versuchung, bevorzugt inländisches Recht anzuwenden. Der allgemeinen Neigung der bevorzugten Anwendung der lex fori liegt in erster Linie das Ordnungsinteresse an einer sicheren und schnellen Entscheidung zugrunde, welches durch das Interesse an der Durchsetzbarkeit, d.h. einer eventuellen ausländischen Anerkennung, begrenzt werden muß[101]. Dieses wiegt umso höher, je geringer die Möglichkeit zu bewerten ist, daß der im Klageweg geltend gemachte Anspruch im Inland befriedigt werden kann.

Die Begründung der Heranziehung der lex fori als Ergebnis einer entsprechenden Anwendung des Art. 5 Abs. 2 EGBGB findet darüber hinaus weitere kollisionsrechtliche Parallelen. Der Abbruch der Verweisungskette zugunsten inländischer Sachvorschriften im Fall eines renvoi deutet gleichfalls in diese Richtung[102]. Doch neben Art. 4 Abs. 1 Satz 2 EGBGB, der die Rückverwei-

---

[97] OLG Stuttgart IPRspr.1984 Nr. 1.

[98] *Lüderitz*, IPR, Rn. 183; vgl. *Müller*, NJW 1981, S. 481, 485.

[99] Krit. *Wengler*, JR 1983, S. 221, 223; vgl. OLG Köln IPRspr. 1993 Nr. 3, S. 4, 6 (zum Eilverfahren).

[100] MünchKomm-*Sonnenberger* EGBGB/IPR Einl., Rn. 561; *Staudinger-Spellenberg* §§ 606 ff. ZPO Rn. 399; *v.Bar*, IPR Bd.I, Rn. 376; *Kropholler*, IPR § 31 III.2., S. 195 f.; *Ferid*, IPR § 4-100, S. 158, § 2-109, S. 99; *Wolff*, IPR, S. 88 f.

[101] *Kegel*, IPR § 2 II c), S. 115; *Luther*, FS Bosch S. 559, 566.

[102] *Palandt-Heldrich* Art. 4 EGBGB Rn. 3; *Firsching/v.Hofmann*, IPR, § 6 Rn. 91; *Kegel*, IPR § 10 III.3., S. 287.

II. Folgen der Nichtermittelbarkeit 239

sung in jedem Fall annimmt, erfährt die Vorrangstellung inländischen Rechts auch in Art. 5 Abs. 1 Satz 2 EGBGB eine gesetzliche Manifestation[103], wonach ungeachtet der effektiven Staatsangehörigkeit bei Mehrstaatern die deutsche maßgebend ist. Das Gesetz stellt insoweit die Vereinfachung der Rechtsanwendung über das Interesse der Maßgeblichkeit einer sachnäheren Rechtsordnung[104].

2. Die Anwendung des nächst verwandten Rechts

Nach einer Ansicht im Schrifttum wird vorrangig die ersatzweise Anwendung einer Rechtsordnung vorgeschlagen, die mit dem an sich berufenen ausländischen Recht verwandt ist, wobei dieses zum Teil als „nächst verwandtes Recht" oder als „Mutterrecht" präzisiert wird[105]. Im Rahmen dessen wird teilweise noch differenziert, daß zunächst das zeitlich vorher geltende Recht anzuwenden sei, solange bis eine Übereinstimmungsvermutung widerlegt sei bzw. dessen Feststellung mißlinge[106]. Das entspricht im wesentlichen der Auffassung der größtmöglichen Annäherung an den nicht genau feststellbaren Rechtszustand[107]. Erst wenn sich ein nächst verwandtes Recht nicht ermitteln läßt, soll ein Rückgriff auf das inländische Recht erfolgen, damit der Rechtsstreit noch nach rechtlichen Grundsätzen seine Entscheidung finden kann[108].

Die Anwendung eines nächst verwandten Rechts wird auch vom BGH als eine denkbare Lösung der Nichtermittelbarkeit aufgeführt, die jedoch nur unter sorgfältiger Berücksichtigung des tatsächlichen Einflusses der verwandten

---

[103] *MünchKomm-Sonnenberger* Art. 5 EGBGB Rn. 9; *Palandt-Heldrich* Art. 5 EGBGB Rn. 3; *Firsching/v.Hofmann*, IPR, § 1 Rn. 151.

[104] *Erman/Hohloch* Art 5 EGBGB Rn. 6; *Firsching/v.Hofmann*, IPR, § 5 Rn. 22; *Kegel*, IPR § 10 III.3., S. 287 ff.; *Palandt*-Heldrich Art. 5 EGBGB Rn. 3.

[105] *Stein/Jonas-Leipold* § 293 ZPO Rn. 63; *Wieczorek/Schütze-Schütze* Einl.§§ 1-49 ZPO, Rn. 178; *ders.*, DIZPR, S. 121 f.; *Schack*, IZPR, Rn. 641, 644; *Linke*, IZPR, Rn. 280; *Nagel*, IZPR, Rn. 451; *Frank*, Les problèmes actuels, S. 86, 102; *Dölle*, IPR, S. 100 f.; *Knittel*, S. 54; *Rosenberg/Schwab/Gottwald* § 114 III., S. 648.

[106] *Ferid* IPR § 4-101, S. 158; *Müller*, Kolloquium MPI, S. 66, 72; *Knittel*, S. 51 f.

[107] *Soergel-Kegel* Vor Art. 3 EGBGB, Rn. 215; *ders.*, IPR § 15 V.2., S. 371; *ders.*, Kolloquium MPI, S. 157, 175 f.; *Staudinger-Spellenberg* §§ 606 ff. ZPO, Rn. 399; *Zöller-Geimer* § 293 ZPO Rn. 27; *ders.*, IZPR, Rn. 2600, *Palandt-Heldrich* Einl Art 3 EGBGB Rn. 36; *ders.*, FS Ferid, S. 209, 216; vgl. *Firsching/v.Hoffmann*, IPR § 3, Rn. 142.

[108] *Stein/Jonas-Leipold* § 293 ZPO Rn. 63; *Palandt-Heldrich* Einl. Art 3 EGBGB Rn. 36; *Dölle*, IPR, S. 101; *Geimer*, IZPR, Rn. 2600.

auf die berufene Rechtsordnung geboten ist[109]. Angesichts seiner Entscheidungen aus den Jahren 1977 und 1981 kommt für den BGH eine derartige Lösung allenfalls dann in Betracht, wenn die Heranziehung des eigenen Rechts „äußerst unbefriedigend" wäre[110].

3. Anwendung allgemeiner Rechtsgrundsätze und internationalen Einheitsrechts

Der unvorhergesehenen Anwendung einer Rechtsordnung, die infolge fehlenden inhaltlichen Bezuges den Interessen der Beteiligten häufig nicht gerecht wird, wird durch den Vorschlag begegnet, anstelle einer anderen Rechtsordnung allgemeine Rechtsgrundsätze anzuwenden, die im Zuge einer rechtsvergleichenden Betrachtung zu gewinnen seien[111]. Soweit derartige weltweit geltenden Rechtssätze nicht feststellbar sind, soll sich eine rechtsvergleichende Betrachtung auf die Rechtsordnungen beschränken, die im Hinblick auf die geschichtliche Tradition und kulturelle Entwicklung mit der an sich zur Anwendung berufenen Rechtsordnung ein gemeinsames Fundament haben. Damit wäre eine Beurteilung auf die Grundlage der Rechtsfamilie gestellt, die auch bei der Lösung durch die Heranziehung eines nächst verwandten Rechts regelmäßig Berücksichtigung finden würde[112].

Darüber hinaus wird die Anwendung von internationalem Einheitsrecht vorgeschlagen, welches alle Sachnormen für nationale oder transnationale Sachverhalte des Privatrechts umfaßt, deren Geltung auf internationalem Konsens, d.h. insbesondere auf multilateralen Konventionen oder supranationalen Rechtssetzungsakten beruht[113]. Damit wird sowohl nur regional beschränktem, faktisch übereinstimmendem Recht als auch einem autonomen Welthandelsrecht als Ersatzrecht eine Absage erteilt[114]. Grenzüberschreitende Übereinstimmungen von Überzeugungen und Grundsätzen sowie inhaltlicher Gleichklang oder Ähnlichkeit nationaler Rechtsnormen schaffen nach diesem Ver-

---

[109] BGH NJW 1960, 410, 411 f.; BGHZ 49, 50, 53; BGH NJW 1987, 1145, 1146 = WM 1987, 273, 275.

[110] BGH FamRZ 1982, 263, 265 = NJW 1982, 1215, 1216; BGHZ 69, 387, 394.

[111] *Broggini*, AcP 155 (1956), S. 469, 484; *Kötz*, RabelsZ 34 (1970), S. 663, 671 f.; *Stoll*, IPRax 1984, S. 1, 5; vgl. MünchKomm-*Prütting* § 293 ZPO Rn. 65; *Müller*, Kolloquium MPI, S. 66, 73; *Kralik*, ZfRV 1962, S. 75, 96 f.

[112] Vgl. *Schütze*, DIZPR, S. 122; *Luther*, RabelsZ 37 (1973), S. 660, 665 f.; *Müller*, NJW 1981, S. 481, 482.

[113] MünchKomm-*Prütting* § 293 ZPO Rn. 65; *Kreuzer*, NJW 1983, S. 1943, 1947; MünchKomm-*Sonnenberger* EGBGB/IPR Einl., Rn. 561.

[114] *Kreuzer*, NJW 1983, S. 1943, 1947; vgl. *Schütze*, DIZPR, S. 122.

II. Folgen der Nichtermittelbarkeit   241

ständnis noch kein Einheitsrecht[115]. Generell kommt die Eignung von Einheitsrecht als Ersatzrecht jedoch nur in Betracht, wenn es nicht schon Bestandteil und damit unmittelbar geltendes ausländisches Rechts ist. Auch soweit das internationale Einheitsrecht Bestandteil des deutschen Rechts ist, stellt sich die IPR-Frage und damit die Frage eines Ersatzrechts in der Regel nicht. Nach Kreuzer ist die Anwendung eines bereits in Kraft getretenen Einheitsrechts als Ersatzrecht auch dann möglich, wenn die autonomen Anwendungsvoraussetzungen nicht erfüllt sind oder wenn das Einheitsrecht Mindestregeln enthält, die hinter der lex fori zurückbleiben. Demzufolge hält Kreuzer den Fall, Wiener UN-Kaufrecht als Ersatzrecht heranzuziehen, für denkbar, wenn weder die autonomen Anwendungsvoraussetzungen (Niederlassung der Parteien in verschiedenen Staaten) vorliegen noch auf das Recht eines Vertragsstaates verwiesen wird[116].

Vor dem Hintergrund der ersatzweisen Anwendung sowohl allgemeiner Rechtsgrundsätze als auch eines internationalen Einheitsrechts gewinnt das Herausarbeiten verbindlicher Regeln und ihres Geltungsbereichs sowie die Zusammenfassung der nationalen Rechtsprechung zu internationalen Verträgen eine herausragende Bedeutung. Dieses wurde bereits frühzeitig als eine vordringliche Aufgabe der Rechtsvergleichung bezeichnet[117].

Infolgedessen werden die Reaktionen auf die jüngste Ausarbeitung von UNIDROIT über die Regeln für internationale Handelsbeziehungen, *Principles for International Commercial Contracts*, neben dem Vorhaben der Lando-Kommission über *Principles of European Contract Law*, mit großem Interesse zu verfolgen sein. Vorgeschlagen wird, die Ergebnisse dieser Arbeiten zukünftig als Ersatzlösungen im Falle der Nichtermittelbarkeit ausländischen Rechts in Betracht zu ziehen[118].

---

[115] Vgl. MünchKomm-*Sonnenberger* EGBGB/IPR Einl. Rn. 156.
[116] *Kreuzer*, NJW 1983, S. 1943, 1947 f. m.w.N.
[117] *Kötz*, RabelsZ 34 (1970), S. 663, 672 f. u. 677; *Kralik*, ZfRV 1962, S. 75, 97; *Luther*, RabelsZ 37 (1973), S. 660, 666.
[118] Preamble (*Purpose of the Principles for International Commercial Contracts*) [..] They may provide a solution to an iussue raised when it proves impossible to establish the relevant rule of applicable law. [..]; *Wichard*, Anwendung der UNIDROIT-Prinzipien, RabelsZ 60 (1996), S. 267, 296; *Bonell*, RabelsZ 56 (1992), S. 274, 285 u. 287 f.; *Magnus*, RabelsZ 59 (1995), S. 469, 491 u. 493 f.

4. Kollisionsrechtliche Ersatzanknüpfung

Als Lösungsweg auf kollisionsrechtlicher Ebene wird auch ein Wechsel des anzuwendenden Rechts durch eine im IPR vorhandene Hilfsanknüpfung erwogen[119]. Soweit Normen über Hilfsanknüpfungen vorhanden sind, ist nach dieser Auffassung ihre analoge Heranziehung bei Nichtermittelbarkeit des maßgeblichen Rechts geboten, da die vorrangige Anknüpfung nicht zu anwendbaren Rechtssätzen führt. Die Analogie findet ihre Grundlage darin, daß die primäre Verweisung bei inhaltlicher Nichtermittelbarkeit des anwendbaren Rechts im Ergebnis ebenso scheitert wie bei fehlenden oder nicht nachgewiesenen Anknüpfungsmomenten. Durch eine entsprechende Ersatzanknüpfung wäre gewährleistet, daß eine Rechtsordnung herangezogen wird, die den international privatrechtlichen Vorstellungen des Gesetzgebers entspricht[120].

Die Hilfsanknüpfung führt aber nicht in allen Fällen zum Ziel. Falls im Kollisionsrecht keine positivrechtliche Hilfsanknüpfung gegeben ist, wäre nach Müller in anderer Weise ein Bezug zu wählen, der die Anwendung auf den Sachverhalt sachlich sinnvoll erscheinen läßt. Dabei seien vorrangig die in ausländischen Rechtsordnungen verwendeten Anknüpfungsmerkmale zu berücksichtigen[121]. Andererseits wird in diesem Fall von Kreuzer vorgeschlagen, nach Maßgabe eines internationalen Einheitsrechts zu entscheiden[122].

III. Stellungnahme

Grundsätzlich ist zu bemerken, daß die Heranziehung einer Ersatzlösung nicht erforderlich wird, solange das berufene Sachrecht noch der Auslegung fähig ist, die sowohl unter Bezugnahme einer anderen Rechtsordnung als auch unter Gesichtspunkten der Rechtsvergleichung erfolgen kann. Soweit die Anwendung eines verwandten Rechts der lex fori vorgezogen wird, findet sich oft eine Vermengung der Heranziehung zur Auslegung des berufenen Auslandsrechts und seiner Ersetzung. Bei einigen für die Anwendung eines nächst ver-

---

[119] *Müller*, NJW 1981, S. 481, 484 f.; MünchKomm-*Kreuzer* Einl IPR (1.Aufl.) Rn. 453 u. 456; *ders.*, NJW 1983, S. 1943, 1946 f.

[120] *Müller*, NJW 1981, S. 481, 485; vgl. *Kralik*, ZfRV 1962, S. 75, 95.

[121] *Müller*, NJW 1981, S. 481, 486.

[122] *Kreuzer*, NJW 1983, S. 1943, 1947 f.; vgl. *Stein/Jonas-Leipold* § 293 ZPO Rn. 65.

III. Stellungnahme

wandten Rechts in Anspruch genommenen Entscheidungen handelt es sich lediglich um eine Auslegung des maßgeblichen Rechts[123].

Da im Regelfall nicht jeglicher Zugang zum ausländischen Recht versperrt ist, sondern häufig nur Einzelfragen offen geblieben sind, erscheint es bei unvollständigen Erkenntnissen angemessen, in diesem Recht zu bleiben und sich um eine größtmögliche Annäherung an den aktuellen Rechtszustand zu bemühen[124]. Diese führt über eine rechtsvergleichende Betrachtung zur Heranziehung einer dem berufenen Recht verwandten Rechtsordnung, aus der sich als mittelbare Erkenntnisquelle ergänzende Angaben schöpfen lassen. Es handelt sich dabei um einen Vorgang, der noch der Ermittlung des berufenen ausländischen Rechts im weiteren Sinne zugerechnet werden kann[125]. Mit der Lösung über eine vergleichende Heranziehung nächst verwandter Rechtsordnungen läßt sich infolgedessen bei Teilerkenntnissen über den Inhalt ausländischen Rechts häufig eine sachgerechte Annäherung erzielen.

Der generelle Rückgriff auf das sog. „Mutterrecht" oder insbesondere früher geltendes Recht unabhängig des Kenntnisstandes vernachlässigt hingegen die Möglichkeit, daß eine Novellierung grundsätzlich andere Wege und Lösungen für die Rechtspraxis eröffnet[126]. Auch die Existenz gleichlautender Gesetzestexte ist kein Beleg für die Annahme übereinstimmender Rechtsfolgen[127]. Vor einer ersatzweisen Anwendung wäre daher sorgfältig zu prüfen, welchen tatsächlichen Einfluß die herangezogene Rechtsordnung auf das berufene Recht hat. Dieses unterließ das OLG Köln, als es bei Zweifeln im Rahmen türkischen Kollisionsrechts auf Schweizer Recht als angeblich verwandt zurückgriff, obwohl sich die türkische Rezeption des Schweizer ZGB nicht auf die kollisionsrechtlichen Bestimmungen der Schweiz erstreckte[128].

---

[123] RGZ 163, 367, 370 ff.; OLG Bremen MDR 1955, 427 = IPRspr.1954-55 Nr. 94, S. 278, 280; *Ferid*, IPR § 4-102, S. 158; *Kegel*, IPR § 15 V.2., S. 372; vgl. MünchKomm-*Sonnenberger* EGBGB/IPR Einl., Rn. 560; *Kropholler*, IPR § 31 III.2.a), S. 196 FN. 14; *Lüderitz*, IPR Rn. 183; *Kreuzer*, NJW 1983, S. 1943, 1944.

[124] MünchKomm-*Prütting* § 293 ZPO Rn. 65; *Zöller-Geimer* § 293 ZPO Rn. 27; ders., IZPR, Rn. 2600; *Linke*, IZPR, Rn. 280.

[125] *Lüderitz*, IPR, Rn. 183; *Müller*, Kolloquium MPI, S. 66, 73; *Müller*, NJW 1981, S. 481, 482.

[126] *Staudinger-Spellenberg* §§ 606 ff. ZPO, Rn. 396; *Müller*, NJW 1981, S. 481, 484; *Kreuzer*, NJW 1983, S. 1943, 1946; *Sommerlad/Schrey*, NJW 1991, S. 1377, 1383.

[127] BGHZ 118, 151, 164; BGH WM 1969, 1140 f.; WM 1960, 374, 375; WM 1959, 1110.

[128] OLG Köln, NJW 1980, 2646, 2648, m. krit. Anm. *Kropholler*.

Der hilfsweisen Anwendung allgemeiner Rechtsgrundsätze steht entgegen, daß es häufig an einer erforderlichen Konkretisierung fehlen wird, um spezielle Rechtsprobleme zu regeln. Vom internationalen Konsens erfaßte Prinzipien wie „pacta sunt servanda" oder Treu und Glauben sind nur bedingt einer unmittelbaren Subsumtion zugänglich[129]. Die Gewinnung eines Ersatzrechts auf einer derart allgemeinen Grundlage kann infolgedessen zu einer erheblichen Rechtsunsicherheit führen und birgt die Gefahr der Überforderung der Gerichte sowie schließlich einer richterlichen Willkürentscheidung[130]. Mangels rechtsvergleichender Erfahrungen liegt darüber hinaus die Versuchung nahe, das eigene Recht in den Rang „allgemeiner Rechtsgrundsätze" zu erheben[131]. Die von UNIDROIT entwickelten Prinzipien verkörpern nicht nur Rechtsgrundsätze, sondern enthalten auch eigenständige Schöpfungen[132]. Ihnen ist entgegenzuhalten, daß es sich hierbei nicht um staatliches Recht handelt. Dafür wäre ein Prozeß institutionalisierter Rechtsangleichung und Vereinheitlichung erforderlich. In Anbetracht des Art. 28 Abs. 1 EGBGB wird deutlich, daß das staatliche IPR derartige, insoweit nichtstaatliche Regeln nicht als gleichwertig anerkennt. Soweit sich die Parteien hingegen im Zuge einer materiellrechtlichen Verweisung auf die *Principles* einigen, könnten diese gleichermaßen ersatzweise herangezogen werden.

Eine hilfsweise Anwendung von internationalem Einheitsrecht könnte mit Rücksicht auf den Geltungsbereich nur in Betracht kommen, falls dieses nicht unmittelbar anwendbar ist. Anderenfalls wäre eine Heranziehung als Ersatzrecht gegenstandslos. Im Vordergrund der Lösung über ein internationales Einheitsrecht steht neben der Normenbestimmtheit die Überzeugung, auf diesem Weg die größtmögliche Akzeptanz der Entscheidung zu erreichen. Demgegenüber ist jedoch die konkrete Anerkennung fraglich, soweit das Einheitsrecht im Verhältnis zu dem ausländischen Staat Anwendung findet, der sich einem Beitritt aus rechtspolitischen Gründen entzogen hat[133]. Bleibt etwa die Heranziehung auf den Fall reduziert, daß die lex causae des ausländischen Staates nicht ermittelt werden kann, jedoch bereits ein einschlägiger Staatsvertrag unterzeichnet wurde, der noch nicht in das innerstaatliche Recht umge-

---

[129] *Müller*, NJW 1981, S. 481, 484; *Firsching/v.Hoffmann*, IPR § 3, Rn. 143.

[130] *Stein/Jonas-Leipold* § 293 ZPO Rn. 65; *Simitis*, StAZ 1976, S. 6, 14 FN. 65; *Sommerlad/Schrey*, NJW 1991, S. 1377, 1383; *Schack*, IZVR, Rn. 642.

[131] *Wichard*, RabelsZ 60 (1996), S. 267, 296; *Kropholler*, IPR § 31 III.2.c), S. 197; *Kreuzer*, NJW 1983, S. 1943, 1946.

[132] *Bonell*, RabelsZ 56 (1992), S. 274, 280 f.; *Magnus*, RabelsZ 59 (1995), S. 469, 492, dort auch zur Verwendung im Rahmen des § 7 Abs. 2 CISG, krit. *Schlechtriem*, UN-Kaufrecht, S. 34 FN. 80; *ders.*, *v.Caemmerer/Schlechtriem* Einl. S. 30 ff.

[133] *Kropholler*, IPR § 31 III.2.c), S. 197; *Wichard*, RabelsZ 60 (1996), S. 267, 296; *Krause*, S. 124.

III. Stellungnahme 245

setzt ist[134], wäre die Inanspruchnahme internationalen Einheitsrechts als Ersatzlösung in der Praxis erheblich beschränkt. Einheitliche materielle Normen, welche sich infolge ihrer Bezogenheit auf grenzüberschreitende Sachverhalte grundsätzlich als Ersatzrecht anbieten, sind nur in Teilbereichen vorhanden. Während im internationalen Transport-, Delikts- und Vertragsrecht teilweise konkurrierende Abkommen existieren, fehlt es insbesondere auf dem zentralen Gebiet des internationalen Kindschafts-, Familien- und Erbrechts an einheitlichen materiellen Bestimmungen, denen grundsätzliche kulturelle Verschiedenheiten entgegenstehen[135]. Die Überwindung der Nichtermittelbarkeit durch die ersatzweise Anwendung eines internationalen Einheitsrechts könnte infolgedessen nur in wenigen Fällen in Betracht kommen.

Für den Wechsel des anzuwendenden Rechts durch eine kollisionsrechtliche Hilfsanknüpfung spricht, daß sich eine derartige Lösung im Rahmen der vom IPR vorgegebenen Wertungen bewegt, indem das relativ sachverhaltsnächste Recht berufen wird. Die subsidiäre Anknüpfung trägt damit den Vorstellungen des Gesetzgebers Rechnung. Zum Ausdruck kommt diese Überzeugung unter anderem im italienischen Recht, wonach Art. 14 Abs. 2 Satz 1 D.i.p. bei Nichtermittelbarkeit zunächst eine Hilfsanknüpfung anordnet[136]. Die Hilfsanknüpfung bietet den Vorteil erhöhter Rechtssicherheit und Praktikabilität. Sie eröffnet darüber hinaus die Möglichkeit einer Entscheidungsgleichheit mit jenen Staaten, die an dieselben Merkmale anknüpfen. Auch gegenüber dem Rückgriff auf die lex fori erscheint sie vorzugswürdig, da die Verbindungen zu der auf diese Weise berufenen Rechtsordnung nach den Wertungen des Kollisionsrechts enger sind als zum Recht des Forums[137]. In der Regel wird ein Ersatz für die Anknüpfung an die Staatsangehörigkeit bereitgestellt. Besteht für ein Rechtsgebiet wie im Familienrecht eine Anknüpfungsleiter, so ist die nächste Sprosse zu wählen, vgl. Art. 14 EGBGB. In Ermangelung einer derartigen Abstufung kommt Art. 5 Abs. 2 EGBGB zur Anwendung[138].

Dagegen ist eine Hilfsanknüpfung nicht möglich, sofern sie vom IPR nicht vorgesehen ist, da dem Richter die Entwicklung außergesetzlicher Anknüp-

---

[134] *Kreuzer*, NJW 1983, S. 1943, 1947.

[135] *Simitis*, StAZ 1976, S. 6, 9 u. 13; Zahlen bei *Jayme*, StAZ 1976, S. 358, 359; *Krüger*, Gesamtinhaltsverzeichnis IPG 1965-1984, S. 3 f., 8.

[136] Qualora il giudice non riesca ad accertare la legge straniera indicata, neanche con l'aiuto delle parti, applica la legge richiamata mediante altri criteri di collegamento eventualmente previsti per la medesima ipotesi normativa; ebenso Portugal vgl. *Kropholler*, IPR § 31 III.2.b), S. 196, *Kreuzer*, NJW 1983, S. 1943, 1946 FN. 66.

[137] *Kropholler*, IPR § 31 III.2.b), S. 197; *Firsching/v.Hoffmann*, IPR § 3, Rn. 145; *Müller*, NJW 1981, S. 481, 484 f.; *Schütze*, DIZPR, S. 121.

[138] *Kegel*, Kolloquium MPI, S. 157, 174 f.; *Kropholler*, IPR § 31 III.2.b), S. 197.

fungstatbestände nicht eingeräumt werden kann[139]. Soweit Hilfsanknüpfungen daher nicht vorhanden sind, scheitert die Möglichkeit die Nichtermittelbarkeit kollisionsrechtlich zu überwinden. Die Schaffung zusätzlicher Anknüpfungsregeln führt zu einer Erweiterung und Neubewertung der Gerechtigkeitsmaßstäbe des internationalen Privatrechts, die dem Gesetzgeber vorbehalten sind. Mit der Rechtsfortbildung von Anknüpfungstatbeständen wäre die Rechtssicherheit, die mit Hilfe dieser Lösung erreicht wird, grundsätzlich wieder in Frage gestellt[140].

In den verbleibenden Fällen muß der Rechtsstreit schließlich auf sicherer Grundlage und damit der des inländischen Rechts entschieden werden. Die ersatzweise Anwendung der lex fori gewährleistet ein hinreichendes Maß an Vorhersehbarkeit und Rechtssicherheit der Entscheidung, die sich infolgedessen durch die Möglichkeit der Überprüfung in der Revisionsinstanz fortsetzt[141]. Die kollisionsrechtliche Bewertung erscheint nicht beeinträchtigt, soweit Inlandsbeziehungen vorliegen, die, wie sich gezeigt hat, insbesondere Gegenstand einer Hilfsfanküpfung sein können[142].

Da es nach den meisten Rechtsordnungen für die Anerkennung einer Entscheidung nicht darauf ankommt, welches Recht in der Sache angewandt wurde, wird eine Anerkennung auch in dem ausländischen Staat, dessen Recht maßgebend war, grundsätzlich nur scheitern, wenn das Ergebnis der Anwendung inländischen Rechts gegen den ordre public dieses Staates verstößt[143]. Für das hilfsweise Abstellen auf das inländische Recht spricht darüber hinaus in rechtsvergleichender Hinsicht, daß die untersuchten ausländischen Rechtsordnungen die Anwendung der lex fori im Fall der Nichtermittelbarkeit - teilweise sogar ausdrücklich - vorsehen[144]. Auch in der Schweiz ist man schließlich aus Gründen der Rechtssicherheit von dem Vorschlag der ersatzweisen Anwendung eines nächstverwandten Rechts zugunsten der lex fori abgerückt[145].

---

[139] MünchKomm-*Kreuzer* Einl IPR (1.Aufl.) Rn. 453; *ders.*, NJW 1983, S. 1943, 1947; *Sommerlad/Schrey*, NJW 1991, S. 1377, 1383.

[140] MünchKomm-*Kreuzer* Einl IPR (1.Aufl.) Rn. 453; *ders.*, NJW 1983, S. 1943, 1947; *Krause*, S. 151.

[141] *Dölle*, FS Nikisch, S. 185, 192; *Sommerlad/Schrey*, NJW 1991, S. 1377, 1383; *Staudinger/Sturm/Sturm* Einl zum IPR Rn. 175 a.E.

[142] Vgl. Art. 5 Abs. 2 EGBGB; *Kropholler*, IPR § 31 III.1., S. 195.

[143] *Kropholler*, IPR § 31 III.1., S. 195; *Geimer*, ZfRV 33 (1992), S. 401, 412 f.

[144] Vgl. Art. 16 Abs. 2 schweiz.IPRG, § 4 Abs. 2 österr.IPRG, Art. 14 Abs. 2 Satz 2 D.i.p.

[145] Art. 15 Abs. 3 Satz 1 Vorentwurf der Expertenkommission zum IPR (1979), S. 314 f.; *Kühne*, IPR-Gesetz-Entwurf, S. 172; *v.Overbeck*, S. 91, 107 f.; *ders.*, Les problèmes actuels, S. 62, 69 ff.; *Heini/Keller - Girsberger* Art. 16 Rn. 6 f. u. 72 f.

III. Stellungnahme

Abzulehnen sind daneben Überlegungen zur Anwendung eines lediglich wahrscheinlich geltenden Rechtssatzes[146]. Diese bilden nur einen vermeintlichen Ausweg aus der Nichtermittelbarkeit. Die bloße Wahrscheinlichkeit ist häufig ursächlich für die Zweifel des Gerichts, die zur Unsicherheit über die konkrete Rechtslage im Ausland führen. Eine Wahrscheinlichkeitslösung beseitigt diese Zweifel nicht, sondern vermindert nur die Anforderungen an die richterliche Überzeugung über den Inhalt des ausländischen Rechts. Sie dient damit in keiner Weise der Rechtssicherheit[147]. Die Anwendung eines nur wahrscheinlich geltenden Rechts entbehrt jeder nötigen Bestimmtheit und kann damit nicht zur Grundlage der Entscheidung gemacht werden[148]. Ebensowenig überzeugt das Ansinnen Wenglers[149], die Zuständigkeit des inländischen Gerichts im Falle der Nichtfeststellbarkeit ausländischen Rechts durch den umstrittenen Ansatz des *forum non conveniens* zu negieren[150]. Wie sich bereits gezeigt hat, vermag die Nichtermittelbarkeit, die sich in der Regel erst im laufenden Verfahren herausstellt, nicht auf die Zuständigkeit durchzuschlagen.

Der Untersuchung ist infolgedessen zu entnehmen, daß, sofern zumindest Teilerkenntnisse vorhanden sind, diese zu dem Versuch führen, die offenen Einzelfragen über eine rechtsvergleichende Heranziehung verwandter Rechtsordnungen zu schließen. Bei näherer Betrachtung erweist sich die Entwicklung allgemeiner Rechtsgrundsätze als kaum durchführbar, während die ersatzweise Anwendung internationalen Einheitsrechts nur auf wenige Fälle beschränkt wäre. Die kollisionsrechtliche Hilfsanknüpfung vermeidet in psychologischer Hinsicht ein frühzeitiges Heimwärtsstreben und nimmt gleichermaßen für sich in Anspruch, daß ein Recht Anwendung findet, das dem zu beurteilenden Rechtsverhältnis nach den Maßstäben des IPR näher steht als die lex fori. Daraus ergibt sich, soweit sich bei Teilerkenntnissen aus einer rechtsvergleichenden Heranziehung verwandter Rechtsordnung keine Ergebnisse gewinnen lassen, eine abgestufte Lösung in der Gestalt, daß nach erfolgloser Ersatzanknüpfung schließlich subsidiär die lex fori zur Anwendung berufen ist. Vor dem Hintergrund einer möglichen Anerkennung im betroffenen Ausland sind die Lösungen der Ersatzleiter nicht zu beanstanden.

---

[146] *Winkler v. Mohrenfels*, JURA 1992, S. 169, 177; *Ferid* IPR § 4-101 f., S. 158.

[147] Einräumend auch *Winkler v. Mohrenfels*, JURA 1992, S. 169, 177.

[148] *Kreuzer*, NJW 1983, S. 1943, 1946; *Baumbach/Lauterbach/Albers/Hartmann - Hartmann* § 293 ZPO Rn. 9.

[149] *Wengler*, JR 1983, S. 221, 224.

[150] Vgl. OLG München IPRax 1984, 319 f.; LG München IPRax 1984, 318 f.; *Jayme*, IPRax 1984, S. 303; *Löber*, IPRax 1986, S. 283, 284; *Luther*, FS Bosch, S. 559, 567; *Ferid*, FS Möhring, S. 1, 6; *Zöller-Geimer* IZPR Rn. 56; *Schack*, IZVR, Rn. 502; *Krause*, S. 142 f.

Welches Recht infolgedessen zur hilfsweisen Anwendung kommt, entscheidet der Einzelfall. Soweit die Parteien sich nicht durch Rechtswahl im Prozeß einigen können, obliegt die Entscheidung dem Gericht. Dabei wird es sich sowohl von der Nähe zum ersatzweise berufenen Recht, insbesondere von Inlandsbeziehungen leiten lassen als auch das Interesse der Durchsetzbarkeit der Entscheidung zu berücksichtigen haben.

F. Schlußbetrachtung

Die Entwicklung internationaler Beziehungen ist ohne die Respektierung der ausländischen Rechtsordnungen nicht vorstellbar[1]. Der Stand der Ermittlung ausländischen Rechts bildet eine Grundfrage des internationalen Privatrechts und kann daher als eine Art *heimlicher König* bezeichnet werden[2]. Trotz der ungenauen Formulierung und der systematischen Stellung des § 293 ZPO wird entgegen der Auffassung eines fakultativen Kollisionsrechts deutlich, daß die Berücksichtigung und Ermittlung des berufenen ausländischen Rechts Aufgabe des Gerichts ist, der es sich von Amts wegen zu unterziehen hat. Diese folgt nicht, wie teilweise angenommen wird, aus der Befugnis in § 293 Satz 2 ZPO, sondern als Notwendigkeit aus dem Rechtsanwendungsbefehl des IPR. Die Aufgabe der Ermittlung ausländischen Rechts ist eng mit der Pflicht zur Beachtung der kollisionsrechtlichen Verweisung verknüpft, wie bereits der rechtsvergleichende Abschnitt herausstellt.

Der historische Gesetzgeber hatte dagegen eine ausdrückliche Amtspflicht zur Ermittlung abgelehnt. Dabei ließ er sich vordringlich von rein praktischen Erwägungen leiten, da die Beschaffung der erforderlichen Erkenntnismittel erhebliche Schwierigkeiten bereitete[3]. Heute wird man eine Ergänzung des Wortlautes von § 293 ZPO um einen ausdrücklichen Hinweis auf die Amtsermittlungspflicht fordern können. Um dem aktuellen Verständnis und der praktizierten Rechtswirklichkeit Rechnung zu tragen, ist eine eindeutige Klarstellung dem bisherigen Gesetzestext vorzuziehen, der unverändert seinem Vorgänger aus dem Jahre 1877 entspricht[4]. Daher ergibt sich *de lege ferenda* folgende Regelung:

(1) Das zur Anwendung berufenene ausländische Recht ist von Amts wegen zu ermitteln. Das Gericht ist berechtigt, alle ihm zur Verfügung stehenden Erkenntnisquellen zu benutzen. Es kann die Mitwirkung der Parteien verlangen und Auskünfte über das Europäische Rechtsauskunftsübereinkommen einholen.

---

[1] Vgl. *Popescu*, S. 72, 88 f.

[2] *Kegel*, Kolloquium MPI, S. 157, 158; *ders.*, FS Nipperdey, S. 453, 462.

[3] *Förster* CPO § 265 Bem.1., S. 473.

[4] *Neuhaus/Kropholler*, RabelsZ 44 (1980), S. 326, 340; *Gottwald*, ZZP 95 (1982), S. 3, 7; *Firsching*, ZZP 95 (1982), S. 121, 134; *Beitzke*, Vorschläge und Gutachten zur Reform, S. 70; a.A. *Kühne*, IPR-Gesetz-Entwurf, S. 170, erkannte hingegen kein Kodifizierungsbedürfnis.

(2) Soweit das Gericht die in diesem Gesetz vorgesehenen Beweismittel heranzieht, richtet sich das Verfahren nach den gesetzlichen Vorschriften.

Die Untersuchung der Nichtermittelbarkeit offenbart, daß nicht mit einem Grundsatz auszukommen ist, sondern mit differenzierten Lösungen gearbeitet werden muß, so daß eine gesetzliche Manifestation der ersatzweisen Anwendung der lex fori im Sinne einer starren Hilfslösung abzulehnen ist[5]. Das dem Gericht eingeräumte Ermessen gewährleistet, daß nicht jede Verfahrensrüge über die Ermittlungstätigkeit revisionsrechtlich zu einer inhaltlichen Überprüfung der Anwendung ausländischen Rechts führt.

Das Gericht bleibt bei der Auslandsrechtsfeststellung nicht auf die Beweismittel der ZPO beschränkt. Wenn es sie aber benutzt, sind die besonderen Beweisaufnahmevorschriften zu beachten. Das daraus resultierende Spannungsverhältnis zwischen der Einhaltung verfahrensrechtlicher Vorschriften und der formlosen Ermittlung wird dabei erkannt und im Sinne des dem Gericht eingeräumten Ermessens aufgelöst. Wählt das Gericht den Weg einer sachverständigen Begutachtung, sind infolgedessen auch die förmlichen Beweisvorschriften einzuhalten.

Die richterliche Ermittlungstätigkeit kann darüber hinaus aber weder durch Beweisregeln noch durch die Bindung an die Parteihandlungen eingeschränkt werden, wie es das englische Recht vorsieht. Letzteres beinhaltete die Gefahr einer unvollständigen und verfälschten Darstellung der ausländischen Rechtslage. In der Praxis ist jedoch eine zunehmende Annäherung beider entgegengesetzten Ansätze zu verzeichnen. Einerseits werden in den Staaten amtswegiger Ermittlung verstärkt die Parteien zum Nachweis herangezogen, andererseits wächst in den Staaten des Parteibeweises die richterliche Einflußnahme auf die Ermittlung der rechtlichen Entscheidungsgrundlagen[6].

Der Amtsermittlungspflicht wird demzufolge eine Mitwirkungspflicht der Parteien gegenübergestellt. Für ausländisches Recht, das nicht durch die Normen des internationalen Privatrechts berufen wird, gilt der Amtsermittlungsgrundsatz hingegen nicht, da von diesem Recht kein Anwendungsbefehl ausgeht. Die für die Parteien somit bestehende Darlegungs- und Beweislast wird dadurch gemildert, daß sie die Einholung eines Sachverständigengutachtens oder einer Auskunft über das Europäische Übereinkommen beantragen können[7]. Eine amtswegige Ermittlung ausländischen Rechts läßt sich nicht postu-

---

[5] *Riezler*, Fremdenrecht, S. 498; *Gottwald*, ZZP 95 (1982), S. 3, 7; vgl. *Kropholler*, IPR § 31 III.3.c), S. 199.

[6] *Volken*, Rechtshilfe, Kap. 4 Rn. 8.

[7] BGH NJW 1987, 591, 592; BGH RIW 1983, 462; BGH ZIP 1982, 363; OLG Stuttgart RIW 1983, 460; OLG Hamm RIW 1994, 513, 514 = IPRax 1996, 33, 35; vgl. *Theiss*, S. 228.

F. Schlußbetrachtung

lieren, ohne den Gerichten zugleich angemessene Hilfsmittel der Erkenntnisgewinnung zum Auffinden der rechtlichen Entscheidungsgrundlagen zur Verfügung zu stellen[8]. Dem dient die vorgeschlagene Aufzählung der in Betracht kommenden Erkenntnisquellen.

Ausdruck richterlicher Souveränität und unmittelbare Folge der Amtsermittlung ist die eigenständige Erforschung. Die gezielte Selbstermittlung setzt aber neben notwendigen Sprachkenntnissen einen Einblick in die ausländische Rechtsordnung voraus. Diese Erfahrungen könnten durch die Konzentration von Auslandsrechtsfällen bei bestimmten Kammern über Geschäftsverteilungspläne nach dem Vorbild von Stuttgart, Hamburg und Berlin ausgebaut und konkret gefördert werden[9]. Die Selbstermittlung, die häufig an der fehlenden Vertrautheit im Umgang mit ausländischem Recht scheitert, bedingt eine derartige Spezialisierung.

Die Konkretisierung des Ermittlungsgegenstandes führt zu einem Anforderungsprofil an die in Betracht kommenden Erkenntnisquellen in der Form, daß sie sowohl den aktuellen Gesetzesstand anführen als auch die ausländische Rechtsprechung und Rechtspraxis erkennen lassen müssen. Dem trägt das Europäische Rechtsauskunftsübereinkommen grundsätzlich Rechnung. Der Inanspruchnahme des Übereinkommens stehen aber die grundlegenden Schwierigkeiten der fehlenden Einsicht in die fremde Rechtsordnung entgegen. Die Forderung einer konkreten Rechtsfrage setzt eine Kenntnis voraus, die das Gericht in der Regel nicht besitzt. Hier gilt es, den Rahmen zu erweitern, das Ersuchen variantenreich zu gestalten, Alternativfragen zu stellen und in Teilen die Ablichtung entsprechender Akten zuzulassen.

Neben den bereits vorgeschlagenen Änderungen der Mechanismen des Europäischen Rechtsauskunftsübereinkommens werden darüber hinaus weitere Veränderungen zu erwägen sein. Die alltägliche Praxis eines Richters, welcher sich regelmäßig mit rechtlichen Beurteilungen und ihren Konsequenzen auseinandersetzt, steht der Beantwortung einer Rechtsfrage grundsätzlich näher als das umfangreiche Tätigkeitsfeld der eingeschalteten staatlichen Verwaltung. Daher wäre die Möglichkeit einer Gerichtsauskunft bei einer ungeklärten Rechtsfrage zu befürworten. Soweit die Gerichtsauskunft in Anlehnung an die Vorabentscheidung des EuGH oder der Normenkontrolle vor dem BVerfG abstrakt gehalten ist, ist eine Verlagerung der Entscheidung ins Ausland nicht

---

[8] *Volken*, Rechtshilfe, Kap. 4 Rn. 14.

[9] Denkschrift von *Arndt, Ferid, Kegel, Lauterbach, Neuhaus, Zweigert*, RabelsZ 35 (1971), S. 323, 328 ff. u. 331; Deutscher Rat für IPR, Denkschrift in RabelsZ 46 (1982), S. 743, 745; *Firsching*, ZZP 95 (1982), S. 121, 134; vgl. *Kropholler*, IPR § 59 III 3., S. 529; *Kegel*, FS Hübner, S. 504, 519; *Ferid*, FS Möhring, S. 1, 12 ff.; *Schack*, IZVR, Rn. 634; *Schütze*, DIZPR, S. 117; *Bendref*, MDR 1983, S. 892, 893; *Luther*, RabelsZ 37 (1973), S. 660, 669 f. m.w.N.; *ders.*, FS Bosch, S. 559, 571.

zu befürchten. Eine Möglichkeit dafür eröffnet Art. 6 Abs. 2 EuRAÜ, der dahingehend zu ergänzen wäre, daß bei Fällen, die von der Empfangsstelle nicht eindeutig zu beantworten sind, die Ersuchen zur Beantwortung an ein Gericht weitergeleitet werden können.

Darüber hinaus ist eine zentrale Veröffentlichung der eingeholten Rechtsauskünfte über das Europäische Übereinkommen anzuregen. In Betracht käme zumindest eine Zusammenfassung aller deutschsprachigen Ersuchen und damit die der Schweiz, Österreichs und Deutschlands. Eine Vorbildfunktion können dafür die veröffentlichten Gutachten zum internationalen und ausländischen Privatrecht einnehmen[10]. Die erteilten Auskünfte sind danach systematisch nach Ländern und Rechtsgebieten zu ordnen und könnten gezielt abgefragt werden. Unter der Beifügung der in der Regel erforderlichen Übersetzung wären die Auskünfte trotz Sprachbarriere für den inländischen Gebrauch ohne weiteres zugänglich. Durch eine Veröffentlichung der gewonnenen Erkenntnisse dienten die erteilten Rechtsauskünfte zugleich der Kautelarjurisprudenz[11]. Damit könnten veröffentlichte Auskünfte nicht nur für den ihrer Einholung zugrundeliegenden Einzelfall verwendet werden, sondern auch spätere Ermittlungen erleichtern. Der Stellenwert des Europäischen Übereinkommens könnte infolgedessen für die Auslandsrechtsfeststellung erheblich an Bedeutung gewinnen. Gleichzeitig ließe sich ein Steigerung des Bekanntheitsgrades erreichen.

Zukünftig wäre - zumindest im europäischen Bereich - auch die Einrichtung eines Informationszentrums denkbar, welches nationale Gesetzessammlungen, Entscheidungen und wissenschaftliches Schrifttum in einer Datenbank zusammenfaßt, die im Zuge der allgemeinen Vernetzung *on-line* abrufbar wären. Durch die gezielte Entwicklung einer europäischen Rechtsdatenbank könnten die Möglichkeiten zur Ermittlung ausländischen Rechts erheblich erweitert werden.

Dagegen besitzt das Europäische Rechtsauskunftsübereinkommen in der Praxis einen seinen Möglichkeiten nicht entsprechenden Stellenwert und kann damit nur einen geringen Beitrag zu dem wünschenswerten Abbau der richterlichen Abhängigkeit vom Sachverständigengutachten leisten.

---

[10] Vgl. *Ferid*, IPR, § 4-96, S. 157; *Lüderitz*, IPR, Rn. 187.
[11] Vgl. *Jayme*, StAZ 1976, S. 358, 360.

Literaturverzeichnis

Alexandre, Danièle: Les problèmes actuels posés par l'application des lois étrangères en droit international privé francais, in Annales de la faculté de droit de Strasbourg XXXIV, S. 11-33, Paris, 1988.

Alternativ-kommentar: Kommentar zur ZPO, Neuwied - Darmstadt, 1987.

Arens, Peter: Dogmatik und Praxis der Schadensschätzung, in ZZP Bd.88 (1975), S. 1-48.

– Prozessuale Probleme bei der Anwendung ausländischen Rechts im deutschen Zivilprozeß, in FS Imre Zajtay, S. 7-20, Tübingen, 1982.

Baier, Anton: Das österreichische IPR-Gesetz in der Praxis, in Praktische Erfahrungen mit den IPR-Gesetzen in Deutschland, Österreich und der Schweiz, hrsg. DACH Europ. Anwaltsvereinigung e.V., S. 7-60, Wien, 1995.

v.Bar, Christian: Internationales Privatrecht, 1.Bd., München, 1987.

Bartoli, Amedeo Leoncini: Considerazioni sulla posizione del guidice rispetto al problema della conoscenza del diritto straniero a seguito della Convenzione di Londra del 7 giugno 1968, in Riv.dir.int.priv.proc. Bd.19 (1983), S. 333-339.

Batiffol, Henri / *Lagarde*, Paul: Traité de Droit International Privé, Bd.I, 8.Aufl., Paris, 1993.

Baumbach, Adolf / *Duden*, Konrad / *Hopf*, Klaus J.: Kommentar HGB, 29.Aufl., München, 1995.

Baumbach, Adolf / *Lauterbach*, Wolfgang / *Albers*, Jan / *Hartmann*, Peter: Zivilprozeßordnung, 55.Aufl., München, 1997.

Beitzke, Günther: Vorschläge und Gutachten zur Reform des deutschen internationalen Personen-, Familien- und Erbrechts, im Auftrag der 1.Kommission des Deutschen Rates für IPR, Tübingen, 1981.

– Betrachtungen zur Methodik im Internationalprivatrecht, in FS Rudolf Smend, S. 1-22, Göttingen, 1952.

Bendref, Bernd: Gerichtliche Beweisbeschlüsse zum ausländischen und internationalen Privatrecht, in MDR 1983, S. 892-895.

– Der Sachverständigenbeweis zum ausländischen und internationalen Privatrecht, in DRiZ 1983, S. 145.

Bonell, Michael Joachim: Das UNIDROIT-Projekt für die Ausarbeitung von Regeln für internationale Handelsverträge, in RabelsZ Bd.56 (1992), S. 274-289.

Bosshard, Willy: Die Aufgabe des Richters bei der Anwendung ausländischen Rechts, Wädenswil, 1929.

Brauksiepe, Jochen: Die Anwendung ausländischen Rechts im Zivilprozeß, Bonn, 1965.

Broggini, Gerardo: Die Maxime "iura novit curia" und das ausländische Recht, in AcP 155. Bd. (1956), S. 469-485.

– La nouvelle loi italienne de droit international privé, in SZIER 1996, S. 1-41.

Brox, Hans: Handelsrecht und Wertpapierrecht, 12. Aufl., München, 1996.

Brulliard, G.: La Convention Européene du 7 juin 1968 relative à l'information sur le droit étranger, et l'influence qu'elle peut avoir sur l'application de la loi étrangère dans la nouvelle procédure civile, I.-Doctrine, 2580, J.C.P. 1973.

– Convention Européene relative a l'information sur les droits étrangers, Rev.int.dr. comp. Bd. 25 (1973), S. 389-396.

Bucher, Andreas: Droit international privé suisse, Bd.I.2., Partie générale- Droit applicable, Basel - Frankfurt a.M., 1995.

Buchholz, Fritz: Zur richterlichen Rechtsfindung in internationalen Familiensachen, in FS Fritz Hauß, S.15-32, Karlsruhe, 1978.

Bülow, Arthur / *Böckstiegel*, Karl-Heinz / *Geimer*, Reinhold / *Schütze*, Rolf A.: Der Internationale Rechtsverkehr in Zivil- und Handelssachen, 16.Ergänzungslieferung, Bd.I/III, München, 1994.

Bundesministerium der Justiz: Zur Verbesserung der deutschen Zivilrechtsprechung in internationalen Sachen, in RabelsZ 38 (1974), S. 759-762 (bearbeitet von *Marquordt*)

Bureau, Dominique: L'application d'office de la loi etrangère, Essai de synthèse, in Clunet Bd.117 (1990), S. 317-364.

Burgerlijke Rechtsvordering: Loseblattausgabe von Doek und anderen, Band 1 Verdragen, bearbeitet von *Vlas*, Deventer, Stand Juni 1990.

v.Caemmerer / Schlechtriem: Kommentar zum Einheitlichen UN-Kaufrecht - CISG, 2. Aufl., München, 1995.

Campeis, Giuseppe / *de Pauli*, Arrigo: Il Processo civile italiano e lo straniero, Teoria e pratica del diritto, Bd. 38, Sezione I: Diritto e procedura civile, Milano, 1986.

Canaris, Claus-Wilhelm: Handelsrecht, begründet von Karl-Hermann Capelle, 22. Aufl., München, 1995.

Cappelletti, Mauro: Länderbericht Italien, Die Anwendung ausländischen Rechts im internationalen Privatrecht, in Kolloquium MPI, S. 28-48, Berlin-Tübingen, 1968.

Carbone, Sergio M.: Articolo 14, Conoscenza della legge straniera applicabile, in Riv.dir.int.priv.proc. Bd. 31 (1996), Riforma del sistema italiano di diritto internazionale privato, Legge 31 maggio 1995, Nr. 218 (S. 905-1279), S. 960-973.

Coester-Waltjen, Dagmar: Internationales Beweisrecht, Bd. 53 Münchener Universitätsschriften, Ebelsbach a.M., 1983.

Cohn, Ernst J.: Neue Regeln zum Beweis ausländischen Rechts im englischen Zivilverfahren, in RabelsZ Bd. 38 (1974), S. 155-167.

Denkschrift: Zur Verbesserung der deutschen Zivilrechtsprechung in internationalen Sachen, Denkschrift vom 26. August 1970, hrsg. v. *Arndt, Ferid, Kegel, Lauterbach, Neuhaus, Zweigert* in RabelsZ Bd. 35 (1971), S. 323-331.

Deutscher Rat für IPR: II. Denkschrift zur Verbesserung der deutschen Zivilrechtsprechung in internationalen Sachen, (vom 27. April 1982), in RabelsZ Bd. 46 (1982), S. 743-745.

Dicey, Albert Venn / *Morris*, John Humphrey Carlile: The Conflict of Laws, 12. Aufl., Vol. I u. II, Hrsg. Lawrence A. Collins, London, 1993.

Dilger, Konrad: Anmerkung zu BGH 26.10.1977 - IV ZB 7/77, FamRZ 1978, 179-182, in FamRZ 1978, S. 771-773.

Dölle, Hans: De l'application du droit étrenger par le juge interne, in Rev.crit.dr.int.pr. Bd. 44 (1955), S. 233-249.

- Über die Anwendung fremden Rechts, Jahrb. MPI, S. 34-61, Hamburg, 1956.
- Bemerkungen zu § 293 ZPO, in FS Arthur Nikisch (70.Geb.), S. 185-203, 1958.
- Internationales Privatrecht, 2. Aufl., Karlsruhe, 1972.

Dopffel, Peter: Vollstreckbarerklärung indexierter Unterhaltstitel, in IPRax 1986, S. 277-282.

Duden, Gustav: Das Europäische Übereinkommen vom 7.Juni 1968 betreffend Auskünfte über ausländisches Recht, in Praktische Erfahrungen mit den IPR-Gesetzen in Deutschland, Österreich und der Schweiz, hrsg. DACH Europ. Anwaltsvereinigung e.V., S. 143-163, Wien, 1995.

Ekelöf, Per Olof: Beweiswürdigung, Beweislast und Beweis des ersten Anscheins, in ZZP 75. Bd. (1962), S. 289-301.

Erman, Walter: Handkommentar zum Bürgerlichen Gesetzbuch, 2. Bd., 9. Aufl., Münster, 1993.

Evangelou, G.: Straßburger Kolloquium über vergleichendes Internationales Privatrecht, in IPRax 1987, S. 263-264.

Expertenkommission zum IPR-Gesetzesentwurf: Schlußbericht zum Gesetzentwurf über das internationale Privatrecht, Zürcher Studien zum internationalen Recht, Bd. 13, Zürich, 1979.

Eyermann, Erich / *Fröhler*, Ludwig / *Kormann*, Joachim: Kommentar zur Verwaltungsgerichtsordnung, 9.Aufl., München, 1988.

Fastrich, Lorenz: Revisibilität der Ermittlung ausländischen Rechts, in ZZP 97. Bd. (1984), S. 423-445.

Fentiman, Richard: Foreign Law in English Courts, in L.Q.R. Bd. 108 (1992), S. 142-156.

Ferid, Murad: Überlegungen, wie der Misere bei der Behandlung von Auslandsrechtfällen in der deutschen Rechtspraxis abgeholfen werden kann, FS Oskar Möhring zum 70. Geburtstag, S. 1-25, München, 1973.

- Internationales Privatrecht, 3. Aufl., Frankfurt a.M., 1986.
- Störungen der internationalen Zusammenarbeit durch laienhaft-unsinnige Übersetzungen deutscher Rechtsbegriffe in von deutschen Behörden erstellten fremdsprachigen Texten, in IPRax 1995, S. 200-201.

Ferrand, Frédérique: Die Behandlung ausländischen Rechts durch die französische Cour de Cassation, in ZEuP 1994, S. 126-137.

Firsching, Karl: Die Anwendung ausländischen Rechts (Aus der Arbeit der Studienkommission für Internationales Recht der Internationalen Vereinigung der Richter), in DRiZ 1968, S. 278-280.

– Die deutsche IPR-Reform und das deutsche internationale Verfahrensrecht, in ZZP 95. Bd (1982), S. 121-135.

– Anmerkung zu BGH, 23.12. 1981 - IV b ZR 643/80, in IPRax 1983, S. 193-194.

Firsching, Karl / v.*Hoffmann*, Bernd: Internationales Privatrecht, 4. Aufl., München, 1995.

Fischer, Otto: Die Methode der Rechtsfindung im internationalen Recht, Abdruck aus Jhrings Jhb. für die Dogmatik des bürgerlichen Rechts Bd. 65 (2. Folge Bd. 29), Jena, 1915.

Flessner, Axel: Fakultatives Kollisionsrecht, in RabelsZ Bd. 34 (1970), S. 547-584.

– Interessenjurisprudenz im Internationalen Privatrecht, Beiträge zum ausländischen und internationalen Privatrecht, Bd.53, hrsg. vom MPI, Tübingen, 1990.

Förster, U.: Civilprozeßordnung für das Deutsche Reich v. 30. Januar 1877, Grünberg i. Schl., 1886.

Frank, Rainer: Les problèmes actuels posés par l'application des lois étrangères en droit international privé allemand, in Annales de la faculté de droit de Strasbourg XXXIV, S. 86-104, Paris, 1988.

Fuchs, Angelika: Die Ermittlung ausländischen Rechts durch Sachverständige, in RIW 1995, S. 807-809.

Geimer, Reinhold: Rechtsauskünfte über ausländisches Recht auch in Strafsachen, Das Zusatzprozokoll vom 15.3.1978 zum Europäischen Übereinkommen betreffend Auskünfte über ausländisches Recht, in NJW 1987, S. 2131-2132.

– Verfassung, Völkerrecht und Internationales Zivilverfahrensrecht, in ZfRV Bd. 33 (1992), S. 401-420.

– Internationales Zivilprozeßrecht, 3. Aufl., Köln, 1996.

Geisler, Werner: Zur Ermittlung ausländischen Rechts durch "Beweis" im Prozeß, in ZZP 91. Bd. (1978), S. 176-197.

Giardina, Andrea: Les caractères généraux de la réforme, in Rev.crit.dr.int.pr. Bd. 85 (1996), S. 1-19.

Goldschmidt, Werner: Die philosophischen Grundlagen des internationalen Privatrechts, in FS Martin Wolff, S. 203-223, Tübingen, 1952.

Gottwald, Peter: Auf dem Weg zur Neuordnung des Internationalen Verfahrensrechts, in ZZP 95 Bd. (1982), S. 3-17.

– Zur Revisibilität ausländischen Rechts, in IPRax 1988, S. 210-212.

Graef, Ralph Oliver: Die Vorbereitung und Durchführung des Haupttermins im deutschen und englischen Zivilprozeß, in ZVglRWiss Bd. 95 (1996), S. 92-113.

Gruber, Joachim: Die Anwendung ausländischen Rechts durch deutsche Gerichte, in ZRP 1992, S. 6-8.

Hahn, C.: Die gesamten Materialien zur Civilprozeßordnung und dem Einführungsgesetz zu derselben vom 30. Januar 1877, 2. Aufl. (bearbeitet v. *Eduard Stegemann*), Berlin, 1881.

Hanisch, Hans: Extraterritoriale Wirkung eines allgemeinen Veräußerungsverbotes im Konkursverfahren - Revisibilität ermessensfehlerhafter Ermittlung ausländischen Rechts - Durchgriff - Auf die Insolvenzanfechtung anwendbares Recht, in IPRax 1993, S. 69-74.

Hantel, Sabine: Anwendung ausländischen Rechts vor französischen Gerichten, in RabelsZ Bd. 55 (1993), S. 143-151.

Hartley, Trevor C.- und *andere*: Pleading and proof of foreign law: The major european systems compared, in I.C.L.Q. Bd. 45 (1996), S. 271-292.

Hartwieg, Oskar / *Korkisch*, Friedrich: Die geheimen Materialien zur Kodifikation des deutschen Internationalen Privatrechts 1881-1896, Tübingen, 1973.

Hay, Peter: Länderbericht Vereinigte Staaten von Amerika, Die Anwendung ausländischen Rechts im internationalen Privatrecht, in Kolloquium MPI, S.102-127, Berlin-Tübingen, 1968.

Heini, Anton / *Keller*, Max / *Siehr*, Kurt / *Vischer*, Frank / *Volken*, Paul: IPRG Kommentar, Zürich, 1993.

Heldrich, Andreas: Heimwärtsstreben auf neuen Wegen, Zur Anwendung der lex fori bei Schwierigkeiten der Ermittlung ausländischen Rechts, FS Murad Ferid (Konflikt und Ordnung), S. 209-220, München, 1978.

Hellwig, Konrad: System des Deutschen Zivilprozeßrechts, Bd. I, Leibzig, 1912.

Herzfelder, Francois, Die Prüfungspflicht der französischen staatlichen Gerichte hinsichtlich kollisionsrechtlicher Fragen, Zur neuen Rechtsprechung des französischen Kassationshof, in RIW 1990, S. 354-358.

Hetger, Winfried A.: Der Sachverständigenbeweis zum ausländischen und internationalen Privatrecht, in DRiZ 1983, S. 233.

– Sachverständige zum ausländischen und internationalen Privatrecht, in DRiZ 1994, S. 88-93.

– Die Ermittlung ausländischen Rechts, in FamRZ 1995, S. 654-655.

v. Hippel, Fritz: Wahrheitspflicht und Aufklärungspflicht der Parteien im Zivilprozeß, Frankfurt a.M., 1939.

Hohlfeld, Ulrike: Die Einholung amtlicher Auskünfte im Zivilprozeß, Konstanz, 1994.

Hök, Götz-Sebastian: Zur Mitwirkungspflicht der Prozeßpartei bei der Ermittlung ausländischen Rechts, in JurBüro 1987, Sp. 1760-1765.

Howard, M.N. / *Crane*, Peter / *Hochberg*, Daniel: Phipson on Evidence, Common Law Library Nr. 10, 14. Aufl., London, 1990.

Hübner, Ulrich / *Constantinesco*, Vlad: Einführung in das französische Recht, 3. Aufl., München, 1994.

Huzel, Erhard: Zur Zulässigkeit eines "Auflagenbeschlusses" im Rahmen des § 293 ZPO, in IPRax 1990, S. 77-82.

Jacob, I.H. Jack (Hrsg.), The Supreme Court Practice 1995, Vol.1 u. 2, London, 1994.

Jauernig, Othmar: Zivilprozeßrecht, 24. Aufl., München, 1993.

Jayme, Erik: Nochmals: Über die Entscheidungsfindung im internationalen Privatrecht, in StAZ 1976, S. 358-360.

- Forum non conveniens und anwendbares Recht, in IPRax 1984, S. 303-304.
- Richterliche Rechtsfortbildung im Internationalen Privatrecht, in FS Universität Heidelberg, S.567-597, Heidelberg, 1986.
- Europäisches Schuldvertragsübereinkommen, vergleichendes Übersetzen, Time-Sharing-Verträge, in IPRax 1995, S. 135.
- Zum Stand des IPR in Europa, Tagung der "Europäischen Gruppe für IPR", Genf, 29.9.-2.10.1995, in IPRax 1996, S. 65.
- Ausländische Rechtsregeln und Tatbestand inländischer Sachnormen - Betrachtungen zu Ehrenzweigs Datum-Theorie -, in GS Albert A.Ehrenzweig, S. 37-49, Heidelberg, 1976.

Jayme Erik / *Bissias*, Ilias: Auskunftsanspruch und ausländisches Ehegüterrechtsstatut - Zur Fortbildung griechischen Rechts durch deutsche Gerichte, in IPRax 1988, S. 94-95.

Jayme, Erik / *Kohler*, Christian: Das internationale Privat- und Verfahrensrecht der EG auf dem Wege zum Binnemarkt, in IPRax 1990, S. 353-361.

- Das Internationale Privat- und Verfahrensrecht der EG 1991 - Harmonisierungsmodell oder Mehrspurigkeit des Kollsionsrechts, in IPRax 1991, S. 361-369.
- Das Internationale Privat- und Verfahrensrecht der EG nach Maastricht, in IPRax 1992, S. 246-256.

Jessel-Holst, Christa: Besprechung Schnyder, Anton K.: Die Anwendung des zuständigen fremden Sachrechts im Internationalen Privatrecht, in StAZ 1983, S. 357-358.

Jonas, Martin: Anmerkung zu KG, 20. ZivSen., 25.4. 1936, 20 W 2083/36, in JW 1936, S. 1688.

Kegel, Gerhard: Zum heitigen Stand des IPR: Stoffbewältigung, in FS Heinz Hübner (70. Geb.), S. 504-520, Berlin - New-York, 1984.

- Internationales Pivatrecht, 7. Aufl., München, 1995.
- Zur Organisation der Ermittlung ausländischen Privatrechts, FS Hans Carl Nipperdey (70.Geb.), S. 453-470, München - Berlin, 1965.
- Die Ermittlung ausländischen Rechts, Generalreferate, in Kolloquium MPI, S. 157-184, Berlin-Tübingen, 1968.

Keller, Max / *Siehr*, Kurt: Allgemeine Lehren des internationalen Privatrechts, Zürich, 1986.

Kerameus, Konstantinos D.: Die Entwicklung des Sachverständigenbeweises im Deutschen und Griechischen Zivilprozeßrecht, Prozeßrechtliche Abhandlungen Bd. 26 hrsg. v. Rosenberg, Köln-Berlin-Bonn-München, 1963.

Kessel, Christian: Grundsätze des englischen Zivilprozeßrechts, in ZVglRWiss Bd. 92 (1993), S. 395-419.

- Praktische Probleme bei der Führung von Prozessen nach deutschem Recht vor englischen Gerichten, in RIW 1996, S. 293-299.

Knittel, Wilhelm: Geltendes und nicht geltendes Auslandsrecht im IPR, Schriften zum Deutschen und Europäischen Zivil-, Handels-, und Prozeßrecht, Bd. 21, Bielefeld, 1963.

Koch, Horst Heinrich / *Steinmetz*, Hans-Peter: Möglichkeiten und Grenzen des Freibeweises im Zivilprozeß, in MDR 1980, S. 901-904.

Koehler, Bernhard: Die Feststellung ausländischen Rechts im Prozeß - Ein Beitrag zur Auslegung des § 293 ZPO, in JR 1951, S. 549-552.

Koerner, Dörthe: Fakultatives Kollisionsrecht in Frankreich und Deutschland, Tübingen, 1995.

Kohler, Christian: Einheit, Vielfalt und Relativität im Kollisionsrecht der EG-Mitgliedsstaaten, in IPRax 1992, S. 277-284.

Kolloquium: Die Anwendung ausländischen Rechts im internationalen Privatrecht - Festveranstaltung und Kolloquium zum 40jährigen Bestehen des Max-Planck-Instituts für ausländisches und internationales Privatrecht, Sammelband mit Beiträgen des Kolloquiums v. 6.-8. Juli 1966 in Hamburg, bearbeitet von *Dierk Müller*, Berlin - Tübingen, 1968 (zit.:Autor, Kolloquium MPI)

Kommission für das Zivilprozeßrecht: Bericht der Kommission für das Zivilprozeßrecht, Bonn, 1977.

Kopp, Ferdinand O.: Verwaltungsgerichtsordnung, 10. Aufl., München, 1994.

Kötz, Hein: Allgemeine Rechtsgrundsätze als Ersatzrecht, in RabelsZ Bd. 34 (1970), S. 663-678.

Kralik, Winfried: Iura novit curia und das ausländische Recht, in ZfRV Bd. 3 (1962), S. 75-100.

Krause, Wolfram: Ausländisches Recht und deutscher Zivilprozeß, Konstanz, 1990.

Kreuzer, Karl: Einheitsrecht als Ersatzrecht Zur Frage der Nichtermittelbarkeit fremden Rechts, in NJW 1983, S. 1943-1948.

Kronke, Herbert: Beweisrechtliche Havarie - Internationalsachenrechtlich gute Reise: Venezolanische Schiffspfandrechte vor deutschen Gerichten, in IPRax 1992, S. 303-305.

- Anmerkung zu BGH, Urt. v. 6.3. 1995 - II ZR 84/94, bei BGH LM H. 8/1995 § 293 ZPO Nr. 21.

Kropholler, Jan: Internationales Einheitsrecht, Beiträge zum ausländischen und internationalen Privatrecht hrsg. v. MPI, Tübingen, 1975.

- Internationales Privatrecht, 2.Aufl., Tübingen, 1994.
- Anmerkung zu OLG Köln, 4.2. 1980 - 12 U 121/79, in NJW 1980, S. 2648.

Kühne, Gunther: IPR-Gesetz-Entwurf, Entwurf eines Gesetzes zur Reform des internationalen Privat- und Verfahrensrecht, Motive, Texte, Materialien; Heidelberg - Karlsruhe, 1980.

Küppers, Karsten: Anmerkung zu OLG München, 23.10.1975-1 U 2564/75, in NJW 1976, S. 489-490.

Küster, Utz: Die Ermittlung ausländischen Rechts im deutschen Zivilprozeß und ihre Kostenfolgen - Eine rechtsvergleichende Untersuchung, Hannover, 1995.

Lando, Ole: Länderbericht Skandinavien, Die Anwendung ausländischen Rechts im internationalen Privatrecht, in Kolloquium MPI, S. 128-140, Berlin-Tübingen, 1968.

Langenbeck, W.: Beiträge zur Lehre von dem Beweis fremder Rechte vor inländischen Gerichten, in AcP 41. Bd. (1858), S. 129-160.

Larenz, Karl: Methodenlehre der Rechtswissenschaft, 6. Aufl., Berlin - Heidelberg, 1991.

Laumen, Hans-Willi: Das Rechtsgespräch im Zivilprozeß, Prozeßrechtl. Abhandlg. Heft 58, Köln-Berlin-Bonn-München, 1984.

Leipold, Dieter: Grundlagen des einstweiligen Rechtsschutzes, München, 1971.

– Prozeßförderungspflicht der Parteien und richterliche Verantwortung, in ZZP 93. Bd. (1980), S. 237-265.

Lequette, Yves: L'abandon de la jurisprudence Bisbal (à propos des arrêts de la Première chambre civile des 11 et 18 octobre 1988), Rev.crit.dr.int.pr. Bd. 78 (1989), S. 277-339.

Limbach, Jutta: Die Feststellung von Handelsbräuchen, in FS Ernst E. Hirsch (65.Geb.), S. 77-98, Berlin, 1968

Linke, Hartmut: Internationales Zivilprozeßrecht, 2. Aufl., Köln, 1995.

Löber, Burckhardt, Forum shopping, forum non conveniens oder schlicht: Justizgewährungsanspruch, in IPRax 1986, S. 283-285.

Lüderitz, Alexander: Internationales Privatrecht, 2. Aufl., Neuwied, 1992.

– Anmerkung zu BGH, 29.11.1961 - VIII ZR 146/60, in JZ 1963, S. 169-172.

Lüke, Gerhard / *Prütting*, Hanns (Hrsg.): Zivilverfahrensrecht / Lexikon des Rechts, 2. Aufl., Neuwied, 1995.

Luther, Gerhard: Kollisions- und Fremdrechtsanwendung in der Gerichtspraxis, in RabelsZ Bd. 37 (1973), S. 660-681.

– Zum Rechtsschutz der Ausländer in der deutschen Rechtspflege, in FS Friedrich Wilhelm Bosch, S. 559-572, Bielefeld, 1976.

Magnus, Ulrich: Die allgemeinen Grundsätze im UN-Kaufrecht, in RabelsZ Bd. 59 (1995), S. 469-494.

O'Malley, Stephen / *Layton*, Alexander: European Civil Practice, London, 1989.

Mänhardt, Franz / *Posch*, Willibald: Internationales Privatrecht Privatrechtsvergleichung Einheitsprivatrecht, Wien - New-York, 1994.

Mankowski, Peter / *Kerfack*, Ralf: Arrest, Einstweilige Verfügung und die Anwendung ausländischen Rechts, in IPRax 1990, S. 372-378.

Maunz-Dürig, Grundgesetz: Kommentar, Loseblattsammlung, München, 1994.

Melchior, Georg: Die Grundlagen des deutschen internationalen Privatrechts, Berlin-Leipzig, 1932.

Menhofer, Bruno: Religiöses Recht und internationales Privatrecht, Heidelberg, 1995.

Müller, Dierk: Länderbericht Deutschland, Die Anwendung ausländischen Rechts im internationalen Privatrecht, in Kolloquium MPI, S.66-80, Berlin-Tübingen, 1968.

– Union internationale des magistrats commission de droit international, in RabelsZ Bd. 32 (1968),S. 156-157.

Müller, Klaus: Der Sachverständige im gerichtlichen Verfahren, 3. Aufl., Heidelberg, 1988.

Müller, Klaus: Zur Nichtfeststellbarkeit des kollisionsrechtlich berufenen ausländischen Rechts, in NJW 1981, S. 481-486.

Müller-Gindullis, Dierk: Das IPR in der Rechtsprechung des BGH, Materialien zum ausländischen und internationalen Privatrecht, Bd. 14, hrsg. vom MPI, New York - Tübingen, 1971.

Münchener Kommentar: Zivilprozeßordnung mit GVG und Nebengesetzen / hrsg. *Gerhard Lüke; Alfred Walchshöfer*, Bd. 1- §§ 1-354, Bd. 2- §§ 355-802, München, 1992.

Münchener Kommentar: Bürgerliches Gesetzbuch, EGBGB / IPR, Bd. 7, 1. Aufl., München, 1983; 2. Aufl., München, 1990.

Nagel, Heinrich: Internationales Zivilprozeßrecht, 3. Aufl., Münster, 1991.

Neuhaus, Paul Heinrich: Internationales Zivilprozeßrecht und internationales Privatrecht, in RabelsZ Bd. 20 (1955), S. 201-269.

Neuhaus, Paul Heinrich / *Kropholler*, Jan: Entwurf eines Gesetzes über Internationales Privat- und Verfahrensrecht (IPR-Gesetz), in RabelsZ Bd. 44 (1980), S. 326-343.

Nicolaysen, Gert: Difficile est satiram non sribere, in EuR 1988, S. 411-412.

d'Oliveira, Jesserun: De Europese overeenkomst nopens het verstrekken van inlichtingen over buitenlands recht (Londen 1968) en art. 48 Rv., in NJB 1979, S. 637-648.

Otto, Dirk: Deutsch-mauretanische Spendenaktionen: Vertragsstatut, Ausländersicherheit und Verfahrensfragen, in IPRax 1996, S. 22-23.

Otto, Günter: Die gerichtliche Praxis und ihre Erfahrungen mit dem Europäischen Übereinkommen vom 7.6.1968 betr. Auskünfte über ausländisches Recht, in FS Karl Firsching, S. 209-232, München, 1985.

− Das Europäische Übereinkommen vom 7.6.1968 betreffend Auskünfte über ausländisches Recht in der deutsch-italienischen Rechtspraxis, in Jhb.f.ital.R. Bd. 4 (1991), S. 139-147.

− Das Europäische Übereinkommen vom 7.6.1968 betreffend Auskünfte über ausländisches Recht - im Abseits?, in Jhb.f.ital.R. Bd. 7 (1994), S. 233-238.

− Der verunglückte § 293 ZPO und die Ermittlung ausländischen Rechts durch Beweiserhebung, in IPRax 1995, S. 299-305.

− Mißstände in der deutsch-italienischen Praxis des Europäischen Übereinkommens vom 7.6. 1968 betreffend Auskünfte über ausländisches Recht, in Jhb.f.ital.R. Bd. 8 (1995), S. 229-230.

v.Overbeck, Alfred E.: Der schweizerische Regierungsentwurf eines Bundesgesetzes über internationales Privtarecht, in IPRax 1983, S. 49-52.

− Die Ermittlung, Anwendung und Überprüfung der richtigen Anwendung des anwendbaren Rechts, in "Die allgemeinen Bestimmungen des Bundesgesetzes über das Internationale Privatrecht" (Hrsg. Yvo Hangartner), Veröffentlichungen des Schweizerischen Instituts für Verwaltungskurse an der Hochschule St. Gallen, Bd. Nr. 29, S. 91-113, St.Gallen, 1988.

- Les problèmes actuels posés par l'application des lois étrangères en droit international privé suisse, in Annales de la faculté de droit de Strasbourg XXXIV, S. 62-79, Paris, 1988.
- Das neue schweizerische Bundesgesetz über das Internationale Privatrecht, in IPRax 1988, S. 329-334.

Palandt: Bürgerliches Gesetzbuch, 55. Aufl., München, 1996.

Perl, Raphael: European Convention on Information on Foreign Law, in Int.J.L.L. Vol. 8 (1980), S. 145-153.

Pesce, Angelo: Die Reform des italienischen Internationalen Privat- und Verfahrensrechts, in RIW 1995, S. 977-983.

Peters, Egbert: Der sogenannte Freibeweis im Zivilprozeß, Köln - Berlin, 1962.
- Die Verwertbarkeit rechtswidrig erlangter Beweise und Beweismittel im Zivilprozeß, in ZZP 76. Bd. (1963), S. 145-165.
- Beweisarten im Zivilprozeß, in JA 1981, S. 65-69.
- Anmerkung zu BGH, Urteil v. 12.1.1987 - VII ZB 10/86, in ZZP 101. Bd. (1988), S. 296-298.
- Auf dem Wege zu einer allgemeinen Prozeßförderungspflicht der Parteien, in FS Karl-Heinz Schwab, hrsg. v. Peter Gottwald, Hans Prütting, S. 399-408, München, 1990.

Petersen, Julius / *Anger*, Ernst: Die Civilprozeßordnung für das Deutsche Reich v. 17.5.1898, 4. Aufl., Bd. I, Lahr, 1899.

Pfeiffer, Thomas: BGH-Rechtsprechung aktuell: Internationales Zivilprozeßrecht (Teil 2: u.a.Ermittlung ausländischen Rechts), in NJW 1994, S. 1634-1636.

Pirrung, Jörg: Der Regierungsentwurf eines Gesetzes zur Neuregelung des Internationalen Privatrechts, in IPRax 1983, S. 201-208.
- Internationales Privat- und Verfahrensrecht nach dem Inkrafttreten der Neuregelung des IPR, Bundesanzeiger, Köln, 1987.

Ponsard, André: La pratique judiciare de la Cour de cassation, in Annales de la faculté de droit de Strasbourg XXXIV, S. 34-40, Paris, 1988.

Popescu, T.R.: Die Achtung vor dem ausländischen Recht, in Fragen des IPR, zusammengestellt und bearbeitet von Horst Wiemann, Berlin, 1958.

Prütting, Hans: Gegenwartsprobleme der Beweislast, Schriften des Instituts für Arbeits- und Wirtschaftsrecht der Universität zu Köln, Bd. 46, München, 1983.

Raape, Leo / *Sturm*, Fritz: Internationales Privatrecht, Bd. I, 6. Aufl., München, 1977.

Raiser, Gottfried: Die Haftung des deutschen Rechtsanwalts bei grenzüberschreitender Tätigkeit, in NJW 1991, S. 2049-2057.

Ranke, Fritz: Übersicht über die Rechtsprechung seit der Neuregelung des deutschen internationalen Privatrechts, in Praktische Erfahrungen mit den IPR-Gesetzen in Deutschland, Österreich und der Schweiz, hrsg. DACH Europ. Anwaltsvereinigung e.V., S. 125-142, Wien, 1995.

Rechberger, Walter H.: Kommentar zur ZPO Jurisdiktionsnorm und ZPO samt Einführungsgesetzen, Wien - New York, 1994.

Redeker, Konrad / *v.Oertzen*, Hans-Joachim: Verwaltungsgerichtsordnung, 11. Aufl., Stuttgart-Berlin-Köln, 1994.

Reichert-Facilides, Daniel: Fakultatives und zwingendes Kollisionsrecht, Studien zum Ausländischen u. IPR Bd. 46, hrsg. v. MPI, Tübingen, 1995.

Riezler, Erwin, Internationales Zivilprozeßrecht und prozessuales Fremdenrecht, Beiträge zum ausl. und internationalen Privatrecht, hrsg.v. Kaiser Wilhelm Institut, Berlin-Tübingen, 1949.

Rödig, Jürgen: Die Theorie des gerichtlichen Erkenntnisverfahrens, Berlin-Heidelberg-New York, 1973.

Rosenberg, Leo: Die Beweislast, 5. Aufl., München, 1965.

Rosenberg, Leo / *Schwab*, Karl Heinz / *Gottwald*, Peter: Zivilprozeßrecht, 15. Aufl., München, 1993.

Roth, Herbert: Konkretisierung unbestimmter ausländischer Titel, in IPRax 1994, S. 350-351.

Rumpf, Christian: Zur "Fortbildung" türkischen Unterhaltsrechts durch deutsche Gerichte - Prozeßkostenvorschußpflicht unter türkischen Ehegatten, in IPRax 1983, S. 114-116.

Samtleben, Jürgen: Der unfähige Gutachter und die ausländische Rechtspraxis, in NJW 1992, S. 3057-3061.

Schack, Haimo: Keine stillschweigende Rechtswahl im Prozeß!, in IPRax 1986, S. 272-274.

– Subrogation und Prozeßstandschaft, Ermittlung ausländischen Rechts im einstweiligen Verfügungsverfahren, in IPRax 1995, S. 158-161.

– Internationales Zivilverfahrensrecht, 2. Aufl., München, 1996.

Scheffler, Arndt: Culpa in contrahendo und Mängelgewährleistung bei deutsch-schweizerischen Werkverträgen, in IPRax 1995, S. 20-23.

Schellhammer, Kurt: Zivilprozeß, 5. Aufl., Heidelberg, 1992.

Schlechtriem, Peter: Internationales UN-Kaufrecht, Tübingen, 1996.

Schlegelberger, Franz: Handelsgesetzbuch, Bd.IV, 5.Aufl., bearbeitet von Wolfgang *Hefermehl*, München, 1976.

Schlemmer, Reinhold: Internationaler Rechtshilfeverkehr, Bonn - Bad Godesberg, 1970.

Schlesinger, Rudolf B.: Die Behandlung des Fremdrechts im Amerikanischen Zivilprozeß, in RabelsZ Bd. 27 (1962/63), S. 54-72.

Schmidtchen, Dieter: Territorialität des Rechts, Internationales Privatrecht und die privatautonome Regelung internationaler Sachverhalte, in RabelsZ Bd. 59 (1995), S. 56-111.

Schmitthoff, Clive M.: Länderbericht England, Die Anwendung ausländischen Rechts im internationalen Privatrecht, in Kolloquium MPI, S. 88-101, Berlin-Tübingen, 1968.

Schneider, Egon: Beweis und Beweiswürdigung, 5. Aufl., München, 1994.

Schneider, Walter: Anmerkungen zu Corte di Cassazione, Urteil Nr. 1877 v. 25. Mai 1977, RIW 1978, 619, in RIW/AWD 1978, S. 619-620.

Schnyder, Anton K.: Die Anwendung des zuständigen fremden Sachrechts im Internationalen Privatrecht, Unter besonderer Würdigung des Entwurfs zu einem schweizerischen IPR-Gesetz, Zürich, 1981.

– Das neue IPR-Gesetz, 2. Aufl., Zürich, 1990.

Schrader, Siegfried / *Steinert*, Karl-Friedrich: Zivilprozeß, Handbuch der Rechtspraxis Bd. 1a, München, 1990.

Schütze, Rolf A.: Ausländisches Recht als beweisbedürftige Tatsache, in NJW 1965, S. 1652-1653.

– Rechtsverfolgung bei Auslandsgeschäften, RWS-Seminarskript Nr. 70, Köln, 1980.

– Deutsches IZPR, Berlin - New York, 1985.

– EG-Recht im deutschen Zivilprozeß, in EWS 1990, S. 49-51.

– Der Abschied von der Nichtrevisibilität ausländischen Rechts?, in EWS 1990, S. 372-373.

– Feststellung und Revisibilität europäischen Rechts im deutschen Zivilprozeß, in "Wege zu einem europäischen Zivilprozeßrecht" Tübinger Symposium - Gedächtnisschrift Fritz Baur, S. 93-100, Tübingen, 1992.

– Zur Verbürgung der Gegenseitigkeit bei der Ausländersichheit im Verhältnis zum Iran, in RIW 1993, S. 942-943.

– Die deutsche Rechtsprechung zur Verbürgung der Gegenseitigkeit bei der Ausländersichheit (§ 110 Abs.2 Nr.1 ZPO), in RIW 1992, S. 1026-1028.

– Ausländer-Prozeßkostensicherheit (Indien), Anmerkungen zu OLG Stuttgart, 18.3.1983 - 2 U 150/82, in RIW 1983, S. 460-461.

Schwander, Ivo: Feststellung fremden Rechts, Anm. zum Urteil des Handelsgerichts des Kanton Zürich v. 19.9.1991, Beitrag zur Rechtsprechung zum internationalen Schuld- und Gesellschaftsrecht, SZIER 1993, S. 76-78.

Schweitzer, Michael: Staatsrecht III, Staatsrecht, Völkerrecht, Europarecht, 5. Aufl., Heidelberg, 1995.

Schwimann, Michael:Länderbericht Österreich, Die Anwendung ausländischen Rechts im internationalen Privatrecht, in Kolloquium MPI, S. 81-87, Berlin-Tübingen, 1968.

– Grundriß des internationalen Privatrechts, Wien, 1982.

Schwind, Fritz: Les problèmes actuels posés par l'application des lois étrangères en droit international privé autrichien, in Annales de la faculté de droit de Strasbourg XXXIV, S. 121-124, Paris, 1988.

– Internationales Privatrecht, Wien, 1990.

Seiffert, W.: Die Anwendung des Rechts der DDR durch ausländische Gerichte, in Aktuelle Beiträge der Staats- und Rechtswissenschaft Heft 53, Sektion IV Institut für ausländisches Recht und Rechtsvergleichung, Potsdam-Babelsberg, 1969.

Seiter, Hugo: Beweisrechtliche Probleme der Tatsachenfeststellung bei richterlicher Rechtsfortbildung, in FS Fritz Baur (70. Geb.), S. 573-593, Tübingen, 1981.

Simitis, Spiros: Über die Entscheidungsfindung im internationalen Privatrecht, in StAZ 1976, S. 6-15.

Soergel, Hs. Th.: Bürgerliches Gesetzbuch mit Einführungsgesetz und Nebengesetzen, Bd. 10, Einführungsgesetz (Redaktion Gerhard *Kegel*), 12. Aufl, Stuttgart-Berlin-Köln, 1996.

Sommerlad, Klaus: Grundsätze für die Ermittlung ausländischen Rechts im Zivilprozeß, in RIW 1991, S. 856.

Sommerlad, Klaus / *Schrey*, Joachim: Die Ermittlung ausländischen Rechts im Zivilprozeß und die Folgen der Nichtermittelbarkeit, in NJW 1991, S. 1377-1383.

Sonnenberger, Hans Jürgen: Europarecht und Internationales Privatrecht, in ZVglRWiss Bd. 95 (1996), S. 3-47.

Spellenberg, Ulrich: Die Neuregelung der internationalen Zuständigkeit in Ehesachen, in IPRax 1988, S. 1-7.

Staehlin, Adrian: Das neue Bundesgesetz über das internationale Privatrecht in der praktischen Anwendung: ZPO/Vollstreckung, in BJM 1989, S. 169-182.

v.Staudinger, J.: Kommentar zum Bürgerlichen Gesetzbuch mit Einführungsgesetz und Nebengesetzen, EGBGB, IPR - Einleitung zum IPR, Art. 3-6 EGBGB, 13. Aufl., Berlin, 1996; EGBGB - Internationales Eherecht u. Verfahrensrecht in Ehesachen, 12. Aufl., Berlin, 1992.

Stein, Friedrich / *Jonas*, Martin: Kommentar zur Zivilprozeßordnung / Stein-Jonas, Bd. 2 Teilbd. 1.-§§ 253-299a 20. Aufl./ Bd. 2 Teilbd. 2. §§ 300-510b 20. Aufl./ Bd. 5 Teilbd. 1 §§ 511-591 21. Aufl., Tübingen, 1987/1989/1994.

Stoll, Hans: Bemerkungen zu den Vorschriften über den "Allgemeinen Teil" im gesetzesentwurf der Bundesregierung zur Neuregelung des IPR (Art. 3-9, 11-12), in IPRax 1984, S. 1-5.

Sturm, Fritz: Die allgemeinen Grundsätze im schweizerischen IPR-Gesetzesentwurf, Beiträge zum neuen IPR des Sachen-, Schuld und Gesellschaftsrecht, in FS Rudolf Moser, zugl. Schweizer Studien zum internationalen Recht, Bd. 51, S. 3-23, Zürich, 1987.

Stürner, Rolf: Die Aufklärungspflicht der Parteien des Zivilprozesses, Tübingen, 1976.

- Verfahrensgrundsätze des Zivilprozesses und Verfassung, in FS Fritz Baur, S. 647-666, Tübingen, 1981.

- Die richterliche Aufklärung im Zivilprozeß, Tübingen, 1982.

- Parteipflichten bei der Sachverhaltsaufklärung im Zivilprozeß, in ZZP 98. Bd. (1985), S. 237-256.

- Die Stellung des Anwalts im Zivilprozeß, in JZ 1986, S. 1089-1095.

Stürner, Rolf / *Stadler*, Astrid: Aktive Rolle des Richters / Judicial activism substantive and procedural, in "Abwaltsberuf und Richterberuf in der heutigen Gesellschaft" Hrsg. Peter Gilles Deutsche Landesberichte zur IX. Weltkonferenz für Prozeßrecht (Coimbra/Lissabon, 1991), S. 173-208, Baden-Baden, 1991.

Süß, Theodor: Anmerkung zu RG, 4.11. 1933; I 90/33.-Hamburg, in JW 1934, S. 835-836.

Theiss, Wolfram: Die Behandlung fremden Rechts im deutschen und italienischen Zivilprozeß, Rechtswissenschaftliche Forschung und Entwicklung, Hrsg. Michael Lehmann, Bd. 235, München, 1990.

Thieme, Jürgen: Notiziarium zur italienischen Rechtsprechung auf dem Gebiet des internationalen Privat- und Privatverfahrensrecht für die Jahre 1989 bis 1991, in Jhb.f.ital.R. Bd. 8 (1995), S. 83-187.

Thode, Reinhold: Kurzkommentar zu BGH Beschl. v. 29.3.1990, in EWiR 1990, S. 515-516.

- Anmerkung zum BGH, Urteil vom 21. Januar 1991, WuB VII A. § 293 ZPO 2.91, S. 929-932.

Thomas, Heinz / *Putzo*, Hans: Zivilprozeßordnung mit GVG und Einführungsgesetzen, EuGVÜ und AVAG, 20. Aufl. München, 1997.

Troller, Alois: Prozessrechtliche Überlegungen zur Anwendung fremden Rechts, in FS Wilhelm Wengler (65 Geb.) Bd. II, S. 839-848, Berlin, 1973.

Ule, Carl Hermann: Verwaltungsprozeßrecht, 9. Aufl., München, 1987.

Veelken, Winfried: Die Bedeutung des EG-Rechts für die nationale Rechtsanwendung, in JuS 1993, S. 265-272.

Vitta, Edoardo: Per una convenzione europea sulle prova del diritto straniero, in Riv.dir.int. Bd. 17 (1963), Teil I, S. 408-409.

Volken, Paul: Die internationale Rechtshilfe in Zivilsachen, Zürich, 1996.

Wagner, Klaus: Zur Feststellung eines Handelsbrauches, in NJW 1969, S. 1282-1284.

Walter, Gerhard: Internationales Zivilprozeßrecht der Schweiz, Bern; Stuttgart; Wien, 1995.

- Reform des internationalen Zivilprozeßrechts in Italien, in ZZP 109. Bd. (1996), S. 3-28.

Weidinger, Renate / *Trüb*, Volker: Rechtsinformation-online Handbuch zur Nutzung in- und ausl. Datenbanken, 2. Aufl.,Loseblattsammlung, Konstanz, 1990.

Wengler, Wilhelm: Der deutsche Richter vor unaufklärbarem und unbestimmtem ausländischen Recht, in JR 1983, S. 221-227.

v.Westphalen, Friedrich: Fallstricke bei Verträgen und Prozessen mit Auslandsberührung, in NJW 1994, S. 2113-2120.

Wichard, Johannes Christian: Die Anwendung der UNIDROIT Prinzipien für internationale Handelsverträge durch Schiedsgerichte und staatliche Gerichte, in RabelsZ Bd. 60 (1996), S. 267-302.

Wieczorek, Bernhard: Zivilprozeßordnung und Nebengesetze, 2.Aufl., 2.Bd. §§ 253-510c, Berlin - New York, 1976.

Wieczorek, Bernhard / *Schütze*, Rolf A.: ZPO und Nebengesetze: Großkommentar, Bd. I, 1 Teilbd.: Einleitung §§ 1-49, 3. Aufl., Berlin - New York, 1994.

Wiedemann, Ingeborg: Die Revisibilität ausländischen Rechts im Zivilprozeß, Nürnberg, 1991.

Winkler, Peter: Zum Reformentwurf für das italienische Kollisionsrecht, in Jhb.f.ital.R. Bd. 4 (1991), S. 101-109.

Winkler v.*Mohrenfels*, Peter: Einführung in das Internationale Privatrecht, in JURA 1992, S. 169-178.

Wolf, Alfred: Das Europäische Übereinkommen v.7.6.1968 betreffend Auskünfte über ausländisches Recht, in NJW 1975, S. 1583-1586.

Wolff, Martin: Das Internationale Privatrecht Deutschlands, 3. Aufl., Berlin - Göttingen - Heidelberg, 1954.

Wollny, Paul: Auskünfte über ausländisches Recht Das Europäische Übereinkommen vom 7.6.1968, in DRiZ 1984, S. 479-480.

Zajtay, Imre: Zur Stellung des ausländischen Rechts im französischen IPR, Beiträge zum ausländischen und internationjalen Privatrecht, hrsg. v. MPI, Berlin - Tübingen, 1963

- Länderbericht Frankreich, Die Anwendung ausländischen Rechts im internationalen Privatrecht, in Kolloquium MPI, S. 15-27, Berlin-Tübingen, 1968.

- Die Lehre vom Tatsachencharakter und die Revisibilität ausländischen Rechts, Generalreferate, in Kolloquium MPI, S. 193-213, Berlin-Tübingen, 1968.

- The application of foreign law, in Int.Enc.Comp.L. - Private International Law, Vol. III, ch. 14, S. 3-43, 1970.

- Grundfragen der Anwendung ausländischen Rechts im Zivilprozeß, in ZfRV Bd. 12 (1971), S. 271-280.

Zitelmann, Ernst: Internationales Privatrecht, Bd. I, Leipzig, 1897.

Zöller, Richard: Zivilprozeßordnung mit GVG und den Einführungsgesetzen, mit Internationalem Zivilprozeßrecht, Kostenanmerkungen, 20 .Aufl., Köln, 1997.

Zweigert, Konrad: Zur Armut des Internationalen Privatrechts an sozialen Werten, in RabelsZ Bd. 37 (1973), S. 435-452.

Anhang

Statistik zum Europäischen Rechtsauskunftsübereinkommen

Tabelle 1: Auskunftsersuchen in den Jahren 1975 - 1984 270

Tabelle 2: Auskunftsersuchen in den Jahren 1985 - 1994 272

Statistik der Gutachten des Max-Planck-Instituts für ausländisches und internationales Privatrecht, Hamburg (Auszug aus den Tätigkeitsberichten der Jahre 1971 - 1994) 274

Statistik zum Europäischen Rechtsauskunftsübereinkommen

Tabelle 1: **Auskunftsersuchen in den Jahren 1975 - 1984**

Vertragsstaaten	1975 aus-/eing.	1976 aus-/eing.	1977 aus-/eing.	1978 aus-/eing.	1979 aus-/eing.	1980 aus-/eing.	1981 aus-/eing.	1982 aus-/eing.	1983 aus-/eing.	1984 aus-/eing.
Belgien		1 \ 0	1 \ 2		1 \ 1	1 \ 0		2 \ 1	5 \ 0	1 \ 0
Costa Rica					1 \ 0					
Dänemark			1 \ 1		0 \ 2		2 \ 0	0 \ 1		1 \ 0
Frankreich			1 \ 0	3 \ 0	2 \ 2	3 \ 1	2 \ 0	3 \ 0	3 \ 0	3 \ 0
Griechenland					1 \ 0					
Island										
Italien		4 \ 0	1 \ 0	4 \ 0	3 \ 1	3 \ 0	4 \ 0	8 \ 1	5 \ 1	4 \ 0
Liechtenstein		1 \ 1			1 \ 0	1 \ 0	2 \ 1	1 \ 0		1 \ 0
Luxemburg							0 \ 1			1 \ 1
Malta										
Niederlande			1 \ 0	2 \ 0	1 \ 1	2 \ 0	3 \ 0	4 \ 4	4 \ 0	5 \ 1
Norwegen		0 \ 1	0 \ 1	0 \ 1						
Österreich		1 \ 7	2 \ 6	3 \ 1	2 \ 3	0 \ 3	0 \ 4	2 \ 3	2 \ 3	1 \ 4
Portugal	1 \ 2					1 \ 0			1 \ 0	

Anhang 271

Schweden		2\0	2\0		2\0		1\1	2\2	1\0	0\1
Schweiz			2\0	6\0	2\1	3\0	0\1	2\0	1\0	
Spanien		1\0	5\0	1\0	2\0	2\0	2\0	3\0	2\0	5\0
Türkei		1\0		6\0	2\0	2\0	3\0	8\0	5\1	3\0
Verein. Königr.	1\0		2\0	2\0	1\0	1\0			1\0	
Zypern										
SUMME	2\2	11\9	18\10	27\2	21\11	19\4	19\8	35\12	30\5	25\7

272 Anhang

Tabelle 2: Auskunftsersuchen in den Jahren 1985 - 1994

Vertragsstaaten	1985 aus-/eing.	1986 aus-/eing.	1987 aus-/eing.	1988 aus-/eing.	1989 aus-/eing.	1990 aus-/eing.	1991 aus-/eing.	1992 aus-/eing.	1993 aus-/eing.	1994 aus-/eing.
Belgien	2\2	3\0	3\0	2\0		1\0	4\1		1\0	1\0
Bulgarien										
Costa Rica										
Dänemark	2\1	1\1	1\4	1\1	1\2	2\3	2\2		0\1	
Finnland										
Frankreich	6\0	3\0	1\1			2\0	2\1	1\0	0\1	1\0
Griechenland	4\0	1\0	1\0	2\0			1\0	2\0		
Island			1\0							
Italien	5\0	2\0	4\1	3\0	4\2	4\0	2\0	2\0	3\0	6\0
Liechtenstein	1\0				1\0	1\0		1\0		
Luxemburg	1\1				0\1	2\1	0\1	1\0		
Malta										
Niederlande	4\0	6\3	7\0	7\0	5\0	3\0	2\0		2\1	2\0
Norwegen										

Anhang   273

Österreich	3\4	3\5	3\0	3\1	2\0	2\4	1\5	1\3	1\6	2\2
Polen										
Portugal		1\0	1\0	1\0	1\1	0\1	0\3	0\1	1\1	2\0
Rumänien										0\1
Schweden	1\1		0\2	0\1		1\0	0\1	0\2	1\1	1\1
Schweiz	2\2	1\0		1\0	1\0	2\1	1\1	2\0	2\1	
Sowjetunion (ehem.)										
Spanien	2\2	3\0	4\0	2\0		1\1	0\1	1\1	4\0	1\2
Türkei	8\1	7\0	3\0	4\2	3\0	3\0	2\3	3\2	1\2	3\2
Ukraine										
Ungarn				2\0				2\4	0\4	1\1
Verein. Königr.	1\0	1\0							2\0	1\0
Zypern										
SUMME	42\14	32\9	29\8	28\5	18\6	24\11	17\19	16\13	20\19	21\9

Statistik der Gutachten des Max-Planck-Instituts
für ausländisches und internationales Privatrecht in Hamburg,
(Auszug aus den jährlich erschienenen Tätigkeitsberichten)

Jahr	Anzahl der Gutachten	Thematische, regionale Schwerpunkte
1971	200 Gutachten	darunter eine vergleichende Darstellung über die Grundpfandrechte in den EWG-Staaten im Auftrag der EWG-Kommission im Interesse der Herstellung eines einheitlichen Kapitalmarktes, insbes. anderen Mitgliedsstaaten die Einführung von Vorschriften zu ermöglichen, die funktionell der deutschen Briefgrundschuld entsprechen, S. 3.
1972	198 Gutachten	für deutsche Stellen- vor allem Gerichte- über ausländische Recht/ IPR.
1973	162 Gutachten	vorwiegend für deutsche Gerichte, bedeutet eine erwünschte Verringerung gegenüber den Vorjahren; „zwar sind Gutachten als Verbindung zur Rechtspraxis an sich nützlich, in großer Zahl beeinträchtigen sie jedoch die eigentliche Forschungsarbeit des Institut".
1974	169 Gutachten	vorwiegend für deutsche Gerichte, bedeutet geringfügige Zunahme: „eine weitere Zunahme ist durchaus unerwünscht, S. 5.
1975	155 Gutachten	vorwiegend für deutsche Gerichte, bedeutet begrüßenswerte Abnahme: es folgt erneut die Begrd. aus dem Jahr 1973/74.
1976	178 Gutachten	insbesondere für (deutsche) Gerichte über ausländische Recht und IPR.
1977	176 Gutachten	für Gerichte und Rechtsanwälte, S. 81: Die Arbeitszeit war je nach dem Schwierigkeitsgrad der Anfrage verschieden, so erforderte manche Anfrage eine Bearbeitungszeit von 10 Arbeitstagen. Verhältnismäßig viele Anfragen betrafen die Rechte der osteuropäischen Staaten, der Länder des arabischen Sprachraumes und den asiatischen Staaten. Sachliche Schwerpunkte bildeteten die Anfragen zum Familien-, Erb- und Staatsangehörigkeitsrecht, läßt sich vor dem Hintergrund des anhaltenden Zustroms von Spätaussiedlern aus Osteuropa erklären, durch die die Ostrechtsreferate in starkem Umfang in Anspruch genommen wurden, S. 25; auch die Anfragen zum Unternehmensprivatrecht nahmen zu. Bei vielen Gutachten ging es um Fragen, die „nur im Institut zufriedenstellend beantwortet werden können", S. 81.

1978	keine näheren Angaben	Institutsforschung für Familien- und Erbrecht mit 2 Großgutachten für BMJ betraut: 1.Zum Problem der Werterhaltung im Eherecht, unter rechtsvgl. Behdlg. von 16 europ.Länder / 2.Vergl. Studie zum Unterhaltsrecht (12 europ. Länder), wobei die Berichte größtenteils anhand eines Fragebogens an Experten der verschied Länder erstattet wurde, S. 6.
1979	183 Gutachten	auf Anfragen von Gerichten und Rechtsanwälten, die sich mit Fragen der Kollision verschiedener Rechtsordnungen (IPR) sowie mit der Feststellung und Anwendung ausländischen Privatrechts beschäftigen. Sowie ein rechtsvgl. Großgutachten zur Entwicklung des Vertragsrechts in Europa im Auftrag des BMJ, S. 5.
1980	keine Angaben	
1981	157 Gutachten	darunter ein umfangreiches vergleichendes Gutachten für die Deutsche Bundesbank: betr. Immunitätsschutz ausl. Zentralbanken, S. 19: „Das Institut war weiterhin bemüht, Gutachtenfragen nur dann anzunehmen, wenn der Gegenstand auch von wissenschaftlichem Interesse war. Diesen Bemühungen sind allerdings dadurch Grenzen gesetzt, daß vielfach allein das Institut über die Materialen, Kontakte und Sachkunde verfügt, die erforderlich sind, um schwierige Anfragen zu beantworten".
1982	157 Gutachten	Besondere Erwähnung findet ein dem State Department der USA erstattetes Gutachten in englischer Sprache zu dem Problem, unter welchen Voraussetzungen die Vereinbarung eines ausländischen Gerichtsstandes wegen Änderung der Umstände unwirksam sein kann. Dem Institut war die Aufgabe gestellt, diese Frage auf breiter rechtsvergleichender Grundlage und unter Einbeziehung des Völkerrechts zu beantworten, dazu S. 3.
1983	206 Gutachten	Hervorhebung findet ein umfangreiches Gutachten über das schwedische und niederländische Recht der Vormundschaft und Pflegschaft im Auftrag des BMJ.
1984	164 Gutachten	„erheblich zurückgegangen" im Vergleich zum Vorjahr und „Tendenz erkennbar, daß die Referenten zunehmend die Form des kurzen Briefgutachtens wählen, während die Anzahl der langen Rechtsauskünfte abnimmt", S. 2.

1985	144 Gutachten	die Anzahl der Gutachten „weiter zurückgegangen", S. 2.
1986	107 Gutachten	„nochmals zurückgegangen" und „gleichzeitig hat sich die Tendenz verstärkt, Anfragen in Form von kurzen Briefgutachten zu beantworten", S. 2.
1987	136 Gutachten	Anzahl „stieg [..] erstmalig seit längerer Zeit wieder", S. 2.
1988	146 Gutachten	für das BVerfG wurde ein rechtsvergleichendes Gutachten über die Anfechtung der Ehelichkeit erstellt, S. 3.
1989	133 Gutachten	Das Institut erstattete zwei rechtsvergleichende Großgutachten: 1. betr. Geschäftsfähigkeit Volljähriger für BMJ u. 2. über das auf die Internationale Produzentenhaftung in den Mitgliedstaaten der EG anzuwendende Recht für die Kommission der EG in Brüssel, S. 3 f..
1990	92 Gutachten	ausdrückl. genannt ein Großgutachten im Auftrag einer niederländ. Anwaltssozietät zu Fragen des belg., brit., franz. und italienischen Aktienrechts. Der Schwerpkt., der lange auf dem Familien- und Erbrecht lag, hat sich „jetzt" eindeutig auf das Schuld- und Handelsrecht verlagert. Dadurch seien die Gutachten nicht zahlreicher, aber schwieriger geworden.
1991	114 Gutachten	„wiederrum" betraf ein „erheblicher Teil" Schuld- und Handelsrecht.
1992	113 Gutachten	auf dem Gebiet des internationalen Privatrechts.
1993	107 Gutachten	auf dem Gebiet des Internationalen Privatrechts.
1994	95 Gutachten	überw. Schuld-u. Handelsrecht regionale Schwerpunkte US-amerikan. u. türk. Recht.

Sachregister

Académie de Droit International
  de La Haye 137
Allgemeine Geschäftsbedingungen 97,
  109 f.
Amtliche Auskunft 128, 171 ff.
Amtsermittlungspflicht 82
Analogie 228
Anerkennung 87, 140, 238, 246
Anknüpfungsmerkmal 24, 77, 238, 242,
  245
argumentum e contrario 227
Auflagenbeschluß 190, 202, 207
Auslandssachverhalt 84, 87
Auslandsvertretungen 174
Auslegung 100, 225, 231, 242
Auswahlermessen 121, 152, 207, 213

Bagatellsachen 234
Begründungserfordernis 122, 169, 214,
  219
Beweiserhebung 124
- Beschluß 163
- Beweismaß 223
Brauchtum 102
Brautgeld 102

comitas gentium 26
Conférence de la Haye
  pour le Droit International Privé 137
courtoisie 26, 72

Datenbanken 167, 252
Datumstheorie 84
DAV 197
DDR 98
- Übergangsvorschriften 98
- Wiedervereinigung 156
Deliktsstatut 116
Deutscher Rat für IPR 234
Divergenzrevision 115

EG-Vertrag 92
- Grundfreiheiten 23, 85
- Richtlinie 94
- Subsidiaritätsprinzip 23
- Verordnung 94
- Vorabentscheidungsverfahren 96
Einheitsrecht 97, 240, 244
Einstweiliger Rechtsschutz 199 ff.
England 57
- Administration
  of Justice Act, 1920 58
- adversary system 57
- affidavit 62
- appelate courts 59
- Bretton Woods 59
- Civil Evidence Act (1968) 62
- Civil Evidence Act (1972) 62
- court expert 65
- distinguishing 114
- doctrine of stare decisis 113
- expert report 63
- expert witness 61
- Foreign Law
  Ascertainment Act (1861) 64
- judicial notice 58
- pleading 57, 61
- question of fact 57
- summary judgement 58
- Staatsverträge 60
- witness statements 63
Entscheidungseinklang 24, 112
Ermessensfehler 123, 169, 213 ff.
Ersatzanknüpfung 242
Europäisches Rechtsauskunfts-
  übereinkommen 140
- Aktenauszug 144
- Alternativfragen 144, 162, 251
- Anwendungsbereich 140
- Ausführungsgesetz 142 ff., 149, 176
- Auskunftsinhalt 145, 153
- Bearbeitungsdauer 157
- Entstehung 137
- Haftung 154

- Kosten 146
- Ladungsausschluß 149
- Prüfgebühr 147
- Rückfrage 145, 210
- Sachverhaltsdarstellung 144
- Sachverständigenausschuß 138, 155
- Sprache 145, 159
- Übermittlungsstellen 142
- Zusatzprotokoll 139
Europarat 138
Exklusivität 175, 207
extra legem 228, 231

Fakulatives Kollisionsrecht 47, 81
forum non conveniens 247
forum regit processum 70, 140
forum shopping 81
Frankreich 47
- aveu 53
- certificats de coutume 53
- charge de la preuve 51
- contradiction 53
- consultation 55
- défaut de base légale 54
- dénaturation 56
- élément de fait 52
- expertise 55
- obligation 49
- pourvoi 56
- Rechtsfortbildung 229
- requête en divorce 161
- serment 53
- Staatsverträge 49
Freibeweis 128, 182
Freiwillige Gerichtsbarkeit 63, 71, 77, 136, 163, 174

Gegenseitigkeit 86
Generalklauseln 114
Gerichtsauskunft 175, 251
Geschäftsverteilungsplan 170, 251
Gesetzesanalogie 227, 231
Gewohnheitsrecht 100, 111, 114

Handelsbrauch 104 ff.
- Industrie u. Handelskammer 108
- Sachverständigengutachten 109
- Selbstermittlung 108
Heimwärtsstreben 247

Hilfsanknüpfung 242, 245
Hinweispflicht 181, 222

Inlandsbezug 237, 246
Interlokales Privatrecht 106
Internationale Handelskammer 97, 110
- Incoterms 97
Internet 168
Interpersonale Abgrenzung 103
Italien 39
- collaborazione 45
- consulente tecnico 41
- Hilfsanknüpfung 46
- iura novit curia 39
- Justizministerium 44
- Legge Consolare 42
- Nichtermittelbarkeit 46
- Rechtsfortbildung 229
- Revisibilität 47
- Staatsverträge 42
- Urkundenbeweis 41
iura novit curia 80, 87, 89, 224

Justizverwaltung 142, 174

Klageabweisung 221
Klauselerteilung 160
Klauselrecht 98
Kommission für das Zivilprozeßrecht 131, 135
Konzentration 170
Kostenvorschuß 148, 229

Lando-Kommission 241
lex fori 70, 199, 225, 234, 237, 242, 246

Marokko 139
Morgengabe 104
Mutterrechtsordnung 226, 239, 243

Nichtermittelbarkeit 235 ff.
- relative 233
nobile officium 78
non liquet 221

ordre public 227, 237, 246
Österreich 34
- Amtsermittlung 35
- Gutachten 37

Sachregister

- Justizverwaltung 37
- Nichtermittelbarkeit 38, 234
- Parteimitwirkung 36
- Revisibilität 38
- Selbstermittlung 37

Osterweiterung 138, 156

Partei 179 ff.
- Beteiligung 180
- Mitwirkungspflicht 186, 193
- Privatgutachten 182
- Öffentlichkeit 132, 149
- Vorbringen 182, 217, 220

Präklusion 202, 206
Prozeßförderungspflicht 188
Prozeßkostensicherheit 85
Prozeßgebühr 148
Prozeßökonomie 210, 234
Prozeßvoraussetzungen 128, 221

Rechtliches Gehör 135, 180, 205
Rechtsfortbildung 227, 232, 246
Rechtsgeltungswille 98, 101, 105
Rechtsgrundsätze 240, 244
Rechtshilfeordnung in Zivilsachen 26, 136, 142 ff., 172
Rechtsprechung 113
Rechtsquellen 99
Rechtsstaatsprinzip 134
Reichsgericht 75, 189
Religionszugehörigkeit 103
renvoi 238
Revisibilität 123, 212 ff.
Rezeption 88, 243
Römisches EWG-Übereinkommen über das auf vertragliche Schuldverhältnisse anzuwendende Recht 60

Sachnormverweisung 83
Sachverständigengutachten 126, 209
- Aktenversendung 144, 209
- Inhalt 152
- Ladung 150

Sachverständiger Zeuge 185
Säumnis 198

Schiedsgericht 143
Schiedsgerichtsbarkeit 71
Schiffspfandrecht 25, 122, 184
Schweiz 27
- Beweisverfahren 30
- Bundesamt für Justiz 31
- Bundesrechtspflege 28, 33
- Gewohnheitsrecht 101
- Institut für Rechtsvergleichung 31
- Mitwirkungspflicht 29
- Nachweispflicht 28
- Nichtermittelbarkeit 33
- Rechtsfortbildung 229
- Revisibilität 33
- Privatgutachten 32
- Selbstermittlung 32
- Staatsverträge 28

Selbstermittlung 126, 164 ff., 251
- Grenzen 208, 217

Sonderanknüpfung 95
Staatenimmunität 155
Staatsreligion 104
Strafprozeß 128
Studienkommission der Internationalen Richtervereinigung 137, 176

Tatsachenbeweis 125
Terminvorbereitung 171, 202
Traditionen 102

UNIDROIT 168, 241, 244
Unmittelbarkeit 132, 149 ff.
Unteranknüpfung 103
Urkundenbeweis 184

venire contra factum proprium 189
Verfahrensfehler 116, 213, 218
Verkehrssitte 104
Verwaltungspraxis 103, 117
Verwaltungsprozeß 128, 203, 216
Völkerrecht 90
Vollstreckung 87
- Vollstreckbarerklärung 160

Wiener UN-Kaufrecht 168, 241